碳达峰经济政策的
中国实践与效应评价

张崇辉 苏为华 著

商务印书馆
The Commercial Press

图书在版编目（CIP）数据

碳达峰经济政策的中国实践与效应评价 / 张崇辉，苏为华著. -- 北京：商务印书馆，2024. -- ISBN 978-7-100-24756-6

Ⅰ.F124.5

中国国家版本馆CIP数据核字第2024Z0C713号

权利保留，侵权必究。

碳达峰经济政策的中国实践与效应评价
张崇辉　苏为华　著

商　务　印　书　馆　出　版
（北京王府井大街36号　邮政编码 100710）
商　务　印　书　馆　发　行
北京虎彩文化传播有限公司印刷
ISBN 978-7-100-24756-6

2024年12月第1版　　开本 700×1000　1/16
2024年12月第1次印刷　印张 28¼

定价：128.00元

本书系国家社会科学基金重大项目"中国式现代化的统计监测评价问题研究"（23&ZD037）阶段性成果。

作者简介

张崇辉，教授，博士生导师，国家社科重大招标项目首席专家，省级领军人才。现任浙江工商大学统计与数学学院副院长、浙江工商大学经济运行态势预警与模拟推演实验室执行主任，在国内外学术期刊上发表论文80多篇，先后获第九届高等学校科学研究优秀成果奖（人文社会科学）三等奖、浙江省哲学社会科学优秀成果奖一等奖等。目前担任中国商业统计学会理事、浙江省统计学会理事。主要研究领域为综合评价方法及在社会经济领域的应用。

苏为华，教授，博士生导师，浙江工商大学原副校长。现任浙江省人大常委会专门委员会副主任委员、民盟浙江省委会副主任委员。享受国务院政府特殊津贴，原国内贸易部突出贡献专家，担任中国统计学会副会长、中国商业统计学会副会长。主要研究方向为统计理论方法与应用。

前　言

为深入贯彻落实党中央、国务院关于碳达峰、碳中和的重大战略决策，扎实推进碳达峰行动，国务院于2021年10月印发《2030年前碳达峰行动方案》（下称"碳达峰行动方案"）。为保障行动方案稳步推进，碳达峰行动方案指出"各级人民政府要加大对碳达峰、碳中和工作的支持力度，完善经济政策"。

碳达峰行动方案包括三类经济政策：碳税政策、电价政策与绿色金融政策。具体地，围绕碳税政策，要求"建立健全有利于绿色低碳发展的税收政策体系"。围绕电价政策，要求"完善绿色电价政策，健全居民阶梯电价制度和分时电价政策，探索建立分时电价动态调整机制"。围绕绿色金融政策，要求"完善绿色金融评价机制，建立健全绿色金融标准体系。大力发展绿色贷款、绿色股权、绿色债券、绿色保险、绿色基金等金融工具，设立碳减排支持工具，引导金融机构为绿色低碳项目提供长期限、低成本资金，鼓励开发性政策性金融机构按照市场化、法治化原则为碳达峰行动提供长期稳定融资支持"。

本书正是以"碳达峰行动方案"为指导，以碳税政策、电价政策和绿色金融政策为研究对象，就碳达峰的经济政策问题及在中国的实践开展讨论，以期为科学助推碳达峰提供参考，也可展示碳达峰经济政策的中国实践、中国方案与中国经验。

为此，本书的具体研究目的包括：（1）通过对碳达峰目标下的最优碳税测算及效应评估，从市场主体角度剖析碳税对碳达峰行动的作用与影响，以期为健全有利于绿色低碳发展的税收政策体系提供借鉴；（2）通过电价政策的最优配置策略评估，以健全居民阶梯电价制度和分时电价政策，探索建立分时电价调整机制；（3）通过分析绿色金融与碳达峰行动的关系，剖析影响机制与效应，为建立健全绿色金融标准体系，科学评估碳减排支持工具与正确理解金融手段在碳达峰行动中的作用提供实证依据。

一、本书的研究意义

本书以碳达峰战略的经济政策为研究目标,重点通过总结碳达峰经济政策的中国实践,开展碳达峰经济政策的实施绩效评估,剖析政策的经济效应与社会效应。本书的研究意义包括:

第一,通过测算省际碳转移,厘清碳转移的省域规模、省际流向和产业分布,展现省际碳转移现状,明确各地区在碳转移中所处地位及存在的优劣势,为碳排放责任的确定提供数据支持。在此基础上提出的多影响因素综合原则秉持"获益、减排能力大,责任大;节能、产业优化、环保水平高,补偿多"的理念,更符合经济伦理,可以为国家制定针对性的减排措施提供实践参考。

第二,立足于能源消费市场,为碳达峰背景下工业能源发展与转型提供实证依据。本书以能源消费作为联系工业经济和碳排放的纽带,在碳达峰的背景下限制排放量,并规划各区域能源的发展路径。通过结合区域能源长期弹性的计算,分析区域能源消费依赖度,提供工业能源的升级方向,为探索出符合工业行业发展趋势的低碳路径提供参考。在此基础上,对征收碳税产生的社会经济效应和收入分配效应进行测算,有助于因地制宜实施政策。

第三,为政府完善电力市场运行机制提供参考,有利于提高政府对工业企业用电的配置效率。本书立足于从政府视角改进电力需求侧管理措施,基于政府一定程度的管制优化差别化电价、季节性电价、激励型需求响应等关键的市场化管理手段,提出激励资金池的公摊机制,有助于为政府完善和创新电力市场运行机制提供参考,更充分发挥政府干预和市场调节相结合的作用,从而提高政府对工业用电的配置效率。

第四,为评估基于碳达峰目标制定的绿色金融政策提供经验证据,并为利用绿色金融政策助力碳达峰目标实现提供参考。绿色金融政策作为引导企业碳减排的有效工具,如何定策施策对加速推进实现碳达峰目标至关重要。本书通过准自然实验、计量分析等手段,评估了绿色金融政策对碳减排的双门槛效应与空间溢出效应、金融歧视与绿色创新的中间作用机制等,对于科学评估基于碳达峰制定的绿色金融政策的有效性具有重要的参考意义。

二、学术创新和价值

(一) 碳税政策

本书在碳达峰行动框架下建立了碳税的测算框架与效应评估体系,主要创新点包括:

(1) 从工业能源需求实际出发,给出了以需求价格弹性为纽带的最优碳税测算方法。需求价格弹性是税收转嫁的纽带,且不同能源、不同地区的需求价格弹性均不同。本书通过使用能源平衡表探究工业行业能耗构成,形成以热力、电力、焦炭三种能源为基础,以能源需求价格弹性为纽带,将能源生产与交易市场进行关联,以工业市场成本最小化为目标函数的最优碳税测算框架。

(2) 提出了碳达峰下最优碳税引致的社会经济损益的测算思路。本书在碳达峰目标下,考虑了碳税的"三重经济效应":碳税的收入效应、碳税的工业市场成本效应和碳税的工业产出效应。同时,本书从环境角度模拟实现二氧化碳减排目标的多种情形,并对"三重经济效应"进行了测算,可为工业能源低碳转型与调控提供参考。

(3) 充分考虑了区域异质性对碳税测算的影响。能源需求的数量、类别均有区域差异性。本书在全国能源需求弹性基础上,充分考虑区域能源消费的异质性,估计了区域能源需求价格弹性,实现了对最优碳税的分区域测算。在此基础上更进一步,通过分区域测算工业总产值,能更准确地反映碳税征收引致的社会经济损益状况。

（二）电力政策

围绕碳达峰行动中的电力政策，本书阐述了政府如何基于分类分级限电、差别化电价、季节性电价等重要需求侧管理措施优化对企业用电的配置，并定量分析这些措施在缓解电力供需方面的效果。主要创新点包括：

（1）利用 CSW-DEA 方法，以最大化产业整体的用电效率为目标函数得到通用权重来刻画电力资源分配的公平性，相比于以往基于传统 DEA 的研究，更能体现电力资源的社会属性。同时，在模型构建中充分考虑产业间差异和产业链之间产出的均衡性，以更科学地避免电力短缺引起的经济动荡。

（2）将全要素效率指标纳入企业评级指标体系，提出了主客观相结合的交叉评级方法。与传统的功效系数法、聚类分析等方法相比，更能从经济效益和用电效率两个维度有效地识别企业异质性。同时，将企业评级方法应用于分类分级限电模型和差别化阶梯电价模型，对不同等级的企业分别设置限电比例的上限或阶梯电价的上限，并在模型约束中嵌入奖惩，能更好地反映资源要素差异化配置的初衷。

（3）在季节性电价模型中，改变了传统的统一定价形式，允许每个企业的季节性电价不同，更能体现企业对电价敏感性的差异。同时，利用微观企业的月度用电量数据研究季节性电价的年度交易形式，更有利于体现电力中长期交易方式在电力市场中的调节作用。

（三）绿色金融政策

围绕绿色信贷、绿色保险、绿色投资等绿色金融政策，本书探索了绿色金融政策对碳减排的作用，并给出了相应的作用机制。主要创新点包括：

（1）构建了绿色金融影响碳排放的双效应（结构突变效应与空间溢出效应）分析框架。已有研究仅揭示了绿色金融对碳排放影响"不显著抑制—显著抑制"的两层突变过程，忽略了绿色金融政策可能导致排放增加的潜在事实。本书采用双门槛模型，发现绿色金融对碳排放的影响具有"不显著抑制—显著促进—显著抑制"的三层突变过程。在绿色金融对碳排放负向空间效应的基础上，进一步探索了绿色金融对碳排放的空间作用机制。

（2）从微观视角揭示了绿色信贷能让重污染企业"变绿"，并从全要素生产率视角解释了作用机制。与现有研究主要从产业或区域角度开展研究不同，本书以重污染企业为研究对象，对2017—2022年3416家工业企业进行跟踪调查，从微观视角探索了绿色信贷政策如何有效促进重污染企业碳减排。在此基础上，通过中介效应模型论证了全要素生产率的中介作用，并进一步探索了全要素生产率的分化效应与重污染企业碳减排的关系。

（3）将清洁技术内生化，对带有环境约束的经济增长模型进行了拓展，从理论上推导了绿色创新会影响绿色信贷对环境代价的作用；引入信贷歧视的概念，从理论上说明了信贷歧视会削弱绿色信贷对降低环境代价的作用。在此基础上，本书从实证角度验证了绿色信贷可以降低环境代价，且信贷歧视和绿色创新均具有中介作用，这有利于正确认识绿色信贷与环境代价的关系及作用机制。

三、重要内容与核心观点

本书共分4篇，包括先导篇"碳排放、碳转移与碳达峰"，上篇"碳达峰经济政策之碳税政策"，中篇"碳达峰经济政策之电价政策"，下篇"碳达峰经济政策之绿色金融政策"。全书秉承理论与应用相结合的写作思路，突出碳达峰经济政策的中国实践与现实问题。

（一）碳达峰与碳转移

为保证碳达峰目标的顺利实现，需要探寻经济循环背后的碳足迹转移规模及影响因素，以便科学核算各地区的碳责任、合理分配碳排放权，形成源头治理、协同控制推进碳减排的有利局面。本书对碳转移规模、碳排放责任核算等问题开展了研究，主要内容有：

第一，基于经济循环视角测算与分析碳足迹转移是碳责任核算的前提，对实现跨区域协同发展、科学制定减排政策具有重要意义。本书基于多区域投入产出（MIRO）模型和空间OD交互模型，成功测算了省际部门间的碳足迹转移规模，并从空间溢出视角分析了碳足迹转移的影响因素。结果发现：（1）源汇地经济水平与环境规制对碳转入、碳转出的影响效果具有同一性，前者促进碳转移，后者抑制碳转移；（2）能源强度高且能源禀赋优异的省份以碳转出为主，而第二产业占比少的省份以碳转入为主；（3）于源地而言，能源强度存在正向溢出效应，于汇地而言，能源强度存在负向溢出效应；（4）源地能源产出存在正向溢出效应，周边地区能源禀赋可为源地碳转移创造有利基础条件。基于上述分析，本书提出了将碳足迹纳入碳配额分配体系、加强源地环境规制与能源结构优化、设置企业迁入门槛及加强区域内协同发展等建议。

第二，碳排放责任核算是有效开展各项碳减排工作、促进经济绿色转型的基本前提。本书通过研究发现：（1）多影响因素综合原则核算下的碳排放责任与产业结构和经济发展密切相关。其中，河北、江苏等地碳排放责任普遍较高，均在4亿吨以上，且碳排放责任构成符合经济伦理，即经济发达地区对碳调入部分承担比重较大，工业大省对碳调出部分承担比重较大。（2）与生产者和消费者责任原则相比，多影响因素综合原则兼顾了生产地与消费地的碳排放责任。与受益原则相比，多影响因素综合原则增加了河北、陕西等重工业结构且低碳环保落后地区的生产侧与消费侧碳排放责任，减少了北京、上海等第三产业发达且低碳环保水平高地区的生产侧与消费侧碳排放责任。（3）多影响因素综合原则将减排能力、节能、产业结构与环保补偿纳入核算框架中，弥补了减排动力不足这一缺点，并且调节幅度更小，偏倚程度更低，增强了可使用性和接受性。

（二）碳税政策

碳税是调控碳排放的有效工具，是引导产业结构优化升级、贯彻落实党的二十大关于碳达峰部署的重要手段。本书通过测度工业能源需求价格弹性，估算不同达峰情景下的最优碳税、社会经济损益与碳税返还政策，为碳达峰行动的实施提供依据。

第一，以工业领域碳达峰问题为研究对象，在异质性框架下，利用2012—2021年全国30个地区的面板数据，通过GMM模型估计能源的需求价格弹性，构建了最优碳税的测算框架。结果发现：（1）工业能源需求价格弹性受产成品需求、规上企业数量、政策等因素影响，具有区域差异性。其中，电力的需求价格弹性高于热力与焦炭，且区域间因能源消费结构不同，表征为能源消费量低的地区具有较大的需求价格弹性，反之同样成立。（2）不同碳达峰情景下的工业碳排放量和碳税额有显著差异。碳达峰每提早一年，碳排放量峰值平均减少2.48亿吨，碳税征收额为16.02—40.55元/吨。（3）碳税具有成本内部化效应，会通过产品价格影响企业生产，由此产生的工业市场成本随碳达峰时间具有单调趋势，绝对规模在11.60亿—72.80亿元之间。

第二，采用时间序列模型估计各区域未来将产生的社会经济损失值，并模拟了碳税替代下的经济效率变化，综合反映碳税产生的社会经济效应，结果发现：（1）碳税具有社会经济效应，其征收将减少工业产出。碳达峰每提早一年，累计碳税收入平均增加2317.30亿元，累计社会经济效益损失值平均增加7363.10亿元。（2）碳税引致的东西部地区的产值损失比例存在差异。在2025年达峰情景下，东部地区的平均产值损失率为2.94%，而中西部地区为5.41%。此外，若使用碳税收入对其他税进行替代，能有效改善征税带来的经济效率下降。

第三，利用投入产出法测算碳税通过生产成本对居民福利产生的具体影响，并以泰尔指数反映碳税征收及返还的收入分配效应，结果发现：（1）碳税具有收入分配效应，其征收使居民物价水平上升，引起福利水平损失，且农村居民整体碳负担高于城镇居民。在六大产业部门中，工业产生的碳负担最高。（2）2025年达峰情景下，全国居民平均碳负担率为0.35%，但由工业引起的碳负担达0.31%。进一步测算发现，碳税征收将使全国居民的福利水平等价变换和补偿变换分别减少703.45亿元和703.90亿元。（3）通过计算泰尔指数发现，征收碳税将从城乡结构和区域间双维加大城乡差异，而不同的碳税返还政策对城乡收入分配差异改善效果各异。

（三）电力政策

现阶段，我国电力市场面临市场化机制不完善、能源安全、环境压力、负荷增长、供需不平衡等诸多复杂挑战。本书聚焦差别化电价和季节性电价策略，探索碳达峰情景下电价的最优化配置问题。具体内容包括：

第一，在基于企业综合评价的差别化电价中融入阶梯电价的思想，提出差别电价、阶梯电价、惩罚性电价等差别化电价的混合定价形式。具体地，将价格因素纳入传统的CSW-DEA模型，构建了基于CSW-DEA的差别化阶梯电价模型。基于浙江省7852家工业企业的微观数据，实证结果表明，通过对D类企业实施惩罚性阶梯电价，差别化电价措施可以在倒逼D类企业转型的同时对A、B、C类企业形成潜在的激励机制，以提高工业用电效率，降低用电需求和用电成本。然而，这一措施也会对部分产业的均衡发展产生不良影响。

第二，改变季节性电价的统一定价形式，设计季节性电价的年度交易模式。具体地，将季节性和价格因素纳入传统的CSW-DEA模型，构建基于CSW-DEA的季节性电价模型，并在模型中纳入产业链产出均衡的约束。以浙江省9593家工业企业的微观数据为例，本书发现季节性电价利用价格的调节机制引导企业错峰生产，可以有效缓解季节性电力供需矛盾，提高工业用电效率。而且，与分类分级限电相比，季节性电价在维持产业均衡发展和降低企业用电成本方面更具优势。但是，季节性电价也会导致少数企业用电成本增加，且随着缺电程度加剧，其转移高峰季节负荷的作用较为有限。

（四）绿色金融政策

绿色金融政策通过将环境因素纳入金融业务决策与运营管理范畴，引导资金流向节约资源技术开发和生态环境保护产业，实现经济社会全面绿色低碳循环发展，从而达到碳减排目标。具体内容包括：

第一，绿色金融通过将环境因素纳入金融产品，引导产业低碳转型，进而加速推进全社会碳减排。本书利用2012—2021年中国省级层面的数据分析了绿色金融对碳排放的影响。研究发现，绿色金融对碳排放的影响具有区域异质性。其中，东部和西部地区的绿色金融能够显著抑制碳排放，而中部地区的绿色金融则会显著促进碳排放。基于该发现，本书利用双门槛模型进一步探索了绿色金融对碳排放影响"不显著抑制—显著促进—显著抑制"的突变过程。此外，本书还发现绿色金融对碳排放具有空间抑制效应，即周围绿色金融水平提升会抑制本地区的碳排放，并通过机制检验发现本地区的产业结构升级具有中介效应。本研究为正确评估绿色金融对碳排放的影响提供了新的经验证据。

第二，重污染企业碳减排是实现全社会碳减排的关键环节，也是碳达峰目标下企业履行社会责任的最主要内容。绿色信贷政策作为引导企业碳减排的有效工具，如何定策施策对加速推进碳达峰战略至关重要。本书利用2017—2022年中国工业企业的跟踪调查数据，通过准自然实验评估基于碳达峰目标制定的绿色信贷政策是否让重污染企业通过减排"变绿"。研究发现，绿色信贷政策能够显著抑制重污染企业的碳排放，即绿色信贷政策有助于重污染企业"变绿"。其中，全要素生产率在重污染企业变绿中具有中介效应，但绿色信贷政策对全要素生产率的分化效应会阻碍重污染企业"变绿"，且这种阻碍作用具有规模异质性。本研究为评估基于碳达峰目标制定的绿色信贷政策实施绩效提供了经验证据，也为如何利用绿色信贷政策助力碳达峰提供了借鉴。

第三，绿色信贷是政府通过信贷资金配置进行环保调控，以遏制高耗能高污染产业扩张的一种有效手段。但是，信贷资金配置的合理性会影响绿色信贷政策的实施效果。本书引入信贷歧视的概念，并将清洁技术内生化，对带有环境约束的经济增长模型进行了拓展，从理论上阐释了信贷歧视和绿色创新会影响绿色信贷对环境代价的作用。同时，基于2012—2021年中国省级面板数据，验证了信贷歧视会削弱绿色信贷对降低环境代价的作用，且绿色信贷会通过增强污染企业的绿色创新降低环境代价。本书从理论与实证两个维度论证了绿色信贷与环境代价之间的关系，为优化绿色信贷政策提供了参考。

目 录

先导篇：碳排放、碳转移与碳达峰

第一章 中国碳排放与碳转移问题及测算 …………………………… 3
  第一节 碳排放、碳转移与碳达峰问题概述 …………………… 5
  第二节 中国碳转移的多区域投入产出模型 …………………… 18
  第三节 中国区域碳转移的测算与分析 ………………………… 23

第二章 中国区域碳转移的影响因素——基于空间 OD 交互模型与溢出视角 ……………………………………………………………… 37
  第一节 区域碳转移的空间 OD 交互模型构建 ………………… 39
  第二节 区域碳转移的空间自相关检验与模型选择 …………… 46
  第三节 中国区域碳转移的本地效应与溢出效应分析 ………… 51

第三章 中国区域碳排放责任核算——基于碳转移影响因素的综合原则分析 …………………………………………………………… 59
  第一节 基于碳转移影响因素的碳排放责任核算综合原则构建 …………………………………………………………………… 61
  第二节 基于综合原则的碳排放责任核算模型 ………………… 66
  第三节 中国区域碳排放责任核算与分析 ……………………… 71

上篇：碳达峰经济政策之碳税政策

第四章 碳税政策的理论基础与中国实践 ·················· 87
    第一节 碳达峰、碳税与碳定价 ·················· 89
    第二节 碳税的三重经济效应 ·················· 97
    第三节 碳税的中国基础与现状 ·················· 103

第五章 中国碳达峰行动的最优碳税测算 ·················· 115
    第一节 中国能源需求弹性分析 ·················· 117
    第二节 基于STIRPAT的碳达峰排放测算模型与中国模拟
    ·················· 129
    第三节 中国最优碳税测算 ·················· 134

第六章 基于最优碳税的经济效应与收入分配效应测算及其中国实践
·················· 147
    第一节 基于最优碳税的经济效应测算模型与中国实践 ··· 149
    第二节 基于最优碳税的收入分配效应测算模型与中国实践
    ·················· 161
    第三节 基于最优碳税的中国碳税政策评价 ·················· 176

中篇：碳达峰经济政策之电价政策

第七章 电力需求侧管理理论与中国实践 ·················· 199
    第一节 电力需求侧管理的理论基础与中国实践 ·················· 201
    第二节 差别化电价的理论基础与中国实践 ·················· 222
    第三节 季节性电价的理论基础与中国实践 ·················· 238

第八章 基于差别化电价的工业企业用电配置策略与中国实践 ··· 251
    第一节 差别化电价的问题描述与研究假说 ·················· 253

第二节　基于通用权的差别化阶梯电价模型 …………… 258
第三节　差别化阶梯电价模型的中国实践 ……………… 267

第九章　基于季节性电价的工业企业用电配置策略与中国实践… 287
第一节　季节性电价的问题描述与研究假说 …………… 289
第二节　基于通用权的季节性电价模型 ………………… 293
第三节　季节性电价模型的中国实践 …………………… 300

下篇：碳达峰经济政策之绿色金融政策

第十章　绿色金融对中国碳排放的影响与效应评价 ………… 315
第一节　绿色金融对碳排放的影响机制 ………………… 317
第二节　绿色金融对碳排放影响的双门槛分析模型 …… 322
第三节　绿色金融对中国碳排放影响的实证分析 ……… 330

第十一章　绿色信贷政策对中国重污染企业碳排放的影响与效应评价
　　　　　　………………………………………………………… 341
第一节　绿色信贷政策对碳排放的影响机制 …………… 343
第二节　绿色信贷政策对中国碳排放影响的DID分析模型… 348
第三节　绿色信贷政策对中国碳排放影响的实证分析 … 353

第十二章　绿色信贷对中国环境代价的影响与效应评价 ………… 365
第一节　绿色信贷对环境代价影响的理论机制 ………… 367
第二节　绿色信贷对环境代价影响的经济增长模型 …… 370
第三节　绿色信贷对中国环境代价影响的实证分析 …… 382

参考文献 ……………………………………………………………… 391

后记 …………………………………………………………………… 430

先导篇：
碳排放、碳转移与碳达峰

第一章

中国碳排放与碳转移问题及测算

第一节　碳排放、碳转移与碳达峰问题概述

本节主要通过阐述碳排放、碳转移与碳达峰的关系，为后文中国碳达峰问题的研究奠定基础。其中，碳排放是碳达峰问题出现的根本缘由，是碳转移的前提；碳转移影响碳排放责任核算，进而影响碳达峰政策。

一、碳排放、碳转移与碳达峰

（一）碳排放与碳达峰

全球变暖是 21 世纪气候变化的主要特征，并逐渐成为世界聚焦的全球性气候问题。联合国政府间气候变化专门委员会（Intergovernmental Panel on Climate Change，IPCC）曾在报告中言明，全球变暖主要归咎于温室气体，而由人类活动产生的二氧化碳排放是温室气体的主要组成部分，由煤、石油、天然气等化石能源燃烧带来的能源消费碳排放是人类活动产生碳排放的主要形式。在全球范围内，碳排放始终伴随着经济的发展逐年递增，对生态系统造成威胁。IPCC 第六次评估报告中提到，2019 年的碳排放规模相较于 2010 年多 12%，相较于 1990 年多 54%，2021 年的碳排放规模相较于 2019 年更甚。中国作为世界第一的能源消费大国，处于经济高速发展的阶段，碳排放问题尤为突出。中国碳核算数据库（China Emission Accounts and Datasets，CEADs）数据显示，截至 2022 年，中国的碳排放规模已达 110 亿吨，大约占全球碳排放总规模的 28.87%。并且，碳排放主要集中在能源领域，约占全国碳排放总规模的 77%。1990—2019 年间，中国碳排放量增长了近 80%，呈现出快速增长的趋势。这意味着

中国碳排放显著增加，已经是全球碳排放中不容忽视的一部分，碳减排行动迫在眉睫，刻不容缓。

面对如此严峻的气候变暖形势，低碳减排逐渐成为全球共识，《联合国气候变化框架公约》、《京都议定书》及其修正案、《巴黎协定》等一系列全球减排方案不断涌现。中国作为世界第一的能源消费大国与世界上最大的发展中国家，一直都是应对气候变化事业的积极参与者。在2015年的巴黎气候大会上，中国提出相较于2005年，2030年的碳排放强度实现60%—65%的下降目标，并努力实现碳达峰。在2020年的第七十五届联合国大会上，习近平总书记提出了"双碳"目标，计划中国碳排放于2030年达到峰值，2060年前实现碳中和。中国正处于能源转型关键时刻，减排压力不容小觑。而"双碳"目标的提出，正高度展现了中国的减排决心与担当。

（二）碳排放与碳转移

地区间碳排放可经由诸多途径发生转移，包括空气流通、光合作用、自然物质流转、经济活动等。从广义角度而言，碳转移包括经济系统中的碳排放转移和生态系统中的碳生物转移；从狭义角度而言，碳转移是指通过经济活动发生的全部隐含碳的排放转移。本书所指的碳转移即为狭义角度的隐含碳转移。根据《联合国气候变化公约》，隐含碳是产品从获得原料、生产加工、运输到消费这段过程中所产生的碳排放，包括直接与间接碳排放。随着地区间的经济流动，隐含碳隐藏在商品和货物贸易背后，形成隐含碳排放转移，即碳转移（郭正权，2021）。

在国内循环中，各地区为了优化资源配置，满足生产和消费需求，发挥其生产优势，省际的生产资料交换、生产价值分配和跨省域消费等是必不可少的一环。随着经济一体化进程的发展，经济内循环的构建，扩大内需战略的实施，中国的省际经济流动规模日渐庞大。在2017—2022年间，中国省际贸易总额年均增长12.8%。在全国贸易总额中，省际贸易额占比从38.2%提升至39.8%，并持续保持在较高水平。在体量巨大的省际贸易背后，隐含碳转移问题不容小觑。

碳转移于消费地而言，是通过调入商品和货物所避免的直接碳排放；于生产地而言，是调出的商品和货物所产生的碳排放。例如，制造业大省会向其他地区输出工业产品，而以轻工业为主的地区会输入高碳产品以满足生活、生产需求，在此过程中，相伴而生的是隐含碳转移。隐含碳转移会致使生产所产生的碳排放与消费分离，进而导致一系列相关问题，如"碳泄漏"等，极大地不利于生产地的生态环境，会加剧其生态负担。因此，研究中国的碳转移问题在中国碳减排进程中有着举足轻重的作用。此外，由于经济流动需要综合地理环境、经济要素、资源禀赋和效率等做出最优选择，中国省际碳转移也会受到诸多因素的驱动影响。研究碳转移的影响因素，有助于优化省际碳转移网络，促进各地区协作减排。

（三）碳排放责任核算与碳达峰

在地区间商品和货物贸易的过程中，隐含在其背后的碳排放发生转移，形成碳转移。生产地生产的商品和货物被其他地区消费，但在生产过程中产生的碳排放却由生产地承担，导致其承担了过多的碳排放责任。在此情形下，对各地区的碳排放责任进行核算，准确反映碳排放责任归属，需要将碳转移考虑其中。党的二十大报告明确提出，落实"双碳"目标，需要推进"双碳工作"的基础制度建设，完善碳排放统计核算制度。省域作为政策落地的主要单位，其碳排放责任核算的准确性、公平性，是国家整体减碳目标实现的关键。

目前，碳排放责任界定的主流方法为生产者责任原则，在该原则下，消费地可通过地区间贸易将隐含碳排放转移至生产地，以此来规避碳排放责任，而生产地则需要承担非本地区消费的那部分碳排放责任。考虑到生产者责任原则的不公平性，随后提出了消费者责任原则，即"谁消费，谁承担"。但该原则在一定程度上会导致生产地减排意愿的降低，不利于中国减排进程的推进。出于公平性和减排目的双重考虑，生产者与消费者需要共同承担碳排放责任，即责任共担原则。该原则逐渐得到学者们的推崇。责任共担分配因子的确定成为主要难点，虽然近来涌现了不少相关研究，但目前并无统一定论。找到公平合理的责任共担分配因子，准确划分各地区应承担的碳排放责任，有利于国家减排进程的推进和减排政策的实施。

二、碳排放测算问题

关于碳排放测算的方法大致可以分为三类：一是以能源排放系数为依托的能源使用测算法；二是以生产过程为线索的生命周期评价法；三是以投入产出表为工具的投入产出分析法。

（一）能源使用测算法

能源使用测算法是以能源统计数据为基础，利用各单位的能源消耗数据与碳排放系数测算碳排放的一种方法，一般以直接碳排放为结果导向。该方法较为权威的应用为 IPCC 碳排放核算指南，不少学者在此基础上展开碳排放研究。武红（2015）借鉴 IPCC 碳排放核算指南，根据化石能源消费测算中国各地区的碳排放总量，并结合空间自相关理论方法发现中国不同地区间具有差异化的减排特征和潜力。汪辉平和张准（Wang & Zhang，2022）也根据 IPCC 方法计算了 2010—2019 年中国 30 个省区市的碳排放，同时构建空间灰色模型预测了 2020—2025 年各地区的碳排放量。何小钢和张耀辉（2012）以煤炭、石油和天然气三类一次能源为基准估算化石燃料燃烧的碳排放，得到中国工业碳排放总量和强度与劳动产出间的走势联系。除原始碳排放系数以外，也有学者对碳排放系数进行创新。例如，田成诗和陈雨（2021）构建了差异化碳排放系数，利用各碳源使用量测算 2006—2016 年中国各地区的农业碳排放规模，发现中国农业碳排放呈先降后升的态势，并基于此构建农业低碳化水平评价体系，得到农业低碳化水平整体有所欠缺的结论。

能源使用测算法的关键在于确定能源消耗规模和碳排放系数，可针对不同研究对象灵活选择能源数据，且简明易懂。但该方法的测算较为笼统，不确定性较大。而且，能源使用测算法是从生产角度计算碳排放，其结果仅限直接碳排放。

（二）生命周期评价法

生命周期评价法（LAC法）是根据生产活动过程，以生产、加工、销售、使用、废料回收等环节为分类单位，通过获取活动、过程、产品或服务在整个生产周期内投入的原料、能源和输出的产品、废弃物，核算全生命周期碳排放。该方法遵循一种"自上而下"的核算逻辑，主要适用于针对单个产品或服务的碳排放核算。王云等（2011）利用生命周期评价法对循环燃烧技术系统进行了囊括"建设、运行、解体"三大过程的全生命周期碳排放核算，并结合全生命周期成本进行技术—经济分析，助力低碳技术发展。王兆君等（2017）、埃兰基和兰迪斯（Eranki & Landis, 2019）也采用生命周期评估法对轮胎产业进行了低碳评估。前者以子午线轮胎为研究对象，侧重于传统轮胎，发现碳排放集中在使用阶段和生产阶段；后者以银胶菊轮胎为研究对象，并将传统轮胎作为对比，评估其环境的可持续能力。刘强等（2008）利用生命周期评价法对中国46类出口重点产品进行载能量和碳排放量核算，发现中国对外贸易所负载的能耗与碳排放规模较为庞大。

生命周期评价法的关键在于确定研究对象在全生命周期中的输入、输出清单，适合微观层面的计算，且计算过程详细清晰。但生命周期各环节边界的划分与确定较为复杂，环节中的排放数据难以获取，系统的完整性往往有所欠缺（耿涌等，2010；王俊博等，2023）。

（三）投入产出分析法

投入产出分析法是根据投入产出表的平衡关系，通过其中的初始、中间投入，中间、最终使用等数据反映生产活动中各经济主体的依存关系，并基于此对碳排放进行核算。该方法遵循一种"自下而上"的核算逻辑，以投入产出表为依据计算直接碳排放与间接碳排放，其优势在于可以对隐含碳排放进行测算（刘宇，2015），因此被广泛应用于碳排放测算研究中。投入产出分析又可以划分为单区域投入产出（SRIO）分析和多区域投入产出（MRIO）分析。

单区域投入产出（SRIO）分析用于测算单个国家或地区的碳排放。洪娜眉等（2022）基于2017年广东省投入产出表以及相关能源数据，测算了广东省11个产业部门的直接与间接碳排放规模，并分析其中的产业关联。蔡浩等（Cai et al.,2020）构建了中国2009—2016年的投入产出表，分析了中国出口碳足迹的变化趋势。但由于单区域投入产出表的限制，SRIO模型假定本地区与其他地区的生产技术条件相同，由此造成较大误差；而且，这一路径无法反映各地区间的生产活动联系，具有一定局限性。

随着研究的深入，多区域投入产出（MRIO）分析被广泛应用于研究中。MRIO模型是将多个地区、多个生产部门间的投入产出关系考虑其中，弥补了SRIO模型的缺陷，使得测算结果更为精确，也能观测到隐含碳排放在地区和产业间的流动情况。肖雁飞等（2014）基于2002年和2007年的MRIO模型测算了中国八大区域间由产业转移而带来的"碳排放转移"效应。梁巧梅等（Liang et al.,2007）建立了中国能源需求以及碳排放的MRIO模型，发现中部地区的能源需求及碳排放占比最大，有必要注重提升中西部地区的能源使用效率。张永姣和王耀辉（2023）利用MRIO模型测算了黄河流域九个省区市间的隐含碳排放，并进一步测算碳转移情况和生态补偿额度。陈晖等（2020）根据MRIO模型方法，编制了2012年中国的区域间投入产出表，并基于此测算了省际碳转移，分析碳公平性问题。

针对碳排放转移的测度，能源使用测算法缺乏经济主体间的联系，仅局限于直接碳排放，无法反映隐含碳排放的转移关系。生命周期评价法在应用上较为烦琐，且对数据的完整性要求较高，不适用于宏观层面的碳排放测算。投入产出分析法则可以反映地区和部门间的生产联系，测算地区间的隐含碳排放转移，同时对数据要求较简单，易于操作。因此，投入产出分析法是目前研究碳转移问题的主要方法。

三、碳转移问题

（一）碳转移相关研究

在经济高速发展的时代，国际、国内经济流动愈加频繁，这不仅关系到各地区的经济发展，同时极大地影响着生态环境。随着地区间贸易关联的加深，隐含碳在碳排放总量中的比重不断增加，并且其空间转移与商品和货物贸易的流向大致相同（石敏俊等，2012）。

1.跨国碳转移研究

在国际层面上，随着经济全球化的发展，国际贸易关系愈加密切，相伴而生的碳转移问题引起了学者重视。在全球分工体系中，发展中国家承接了发达国家较大比例的高耗能、高排放的生产环节，导致发展中国家的直接碳排放规模大幅增加，而发达国家借此规避了一定程度的减排压力（Kanemoto et al.，2014；韩中等，2019）。李晖等（2021）基于全球视角对全球贸易隐含碳的空间转移网络特征展开研究，构建了2000—2015年185个国家的碳转移网络，结果显示资源型国家的核心能力不断弱化，而中国、印度等高度参与全球生产分工体系的国家逐渐成为碳转移网络的中心枢纽。在全球视角下，全球价值链参与度已经成为影响国家碳转移地位的核心要素（Meng et al.，2018；吕延方等，2019；Pan et al.，2022），产出上游度的提高会促进出口贸易隐含碳水平的提高（孙博伟等，2023）。

关于中国的对外贸易和隐含碳转移研究，姜鸿等（2022）研究发现，中国的出口贸易隐含碳主要来源于美国和欧盟，进口贸易隐含碳向巴西、印度等国家转出。并且，出口隐含碳集中在制造业和电热相关产业。徐雪柳等（Xu et al.，2022）从消费的角度量化了中国与贸易伙伴间的碳转移，发现以美国、德国等国家为例的发达国家推动了中国的碳排放规模增加，而中国也推动了俄罗斯等发展中国家的碳排放规模增加。此外，部分学者聚焦于中国与"一带一路"沿线国家间的碳转移情况，发现中国出口隐含碳主要流向韩国、俄罗斯等，中国进口隐含碳主要来源于韩国、印度等（Zhang et al.，2022；孟凡鑫等，2019）。

2. 国内区域间碳转移研究

在中国，随着各地区生产活动的分工化、协作化程度加深，地区间贸易越发频繁，针对国内隐含碳转移的研究逐渐涌现。于幅员辽阔的中国而言，各地区的特征属性差异导致碳转移网络是复杂的、不对称的，并且具有区域性特征（闫敏等，2022）。目前关于国内区域间碳转移的研究主要从大经济区和省域两个层面展开。

在大经济区层面，王安静等（2017）、王育宝和何宇鹏（2020）、冉晨阳等（Ran et al.，2022）通过 MRIO 模型对中国隐含碳转移进行测算，均发现中国东部、南部沿海和京津地区是净碳转出区域，其中东部沿海的净碳转出规模最大；而北部沿海、西北、中部和东北地区是净碳转入区域，其中西北地区的净碳转入规模最大。碳转移的区域路径大致呈现由东南部经济较发达地区向中西部欠发达地区转移的格局（胡雅蓓，2019）。

在省域层面，兰天（2022）、庞军等（2017）通过构建投入产出模型研究中国省际碳转移，发现山西、内蒙古、河北等地区的碳排放主要由省际贸易引致，为主要的净碳转入地区；浙江、广东、江苏等地区的碳排放经由省际贸易向外转移，为主要的净碳转出地区。周洋（2022）借助社会网络分析方法发现浙江、江苏、广东和河南在中国省际碳转移网络中处于中心地位，与其他地区碳转移联系紧密；而云南、甘肃、青海等地区位于碳转移整体网络的边缘位置。

3. 产业间碳转移研究

产业部门基于不同的生产要素条件，存在不同的碳排放特征，由产业部门间商品和货物流动带来的产业间碳转移也值得研究。不难发现，碳转移主要集中在工业部门，而工业部门内部的碳转移则主要是沿能源、采掘、制造业的路径流动（杨顺顺，2015）。在工业细分部门中，上游产业的碳转移规模较大。王宪恩等（2021）和袁学良等（Yuan et al.，2022）通过测算产业部门间碳转移发现，能源生产和供应业、金属和非金属加工业是碳转移比例较高的几个部门。韩梦瑶等（2022）通过构建产业碳转移网络解析高能耗产业的隐含碳转移，发现石油、有色金属加工业等行业的上下游碳转移效率较高，其他行业则效率较低。

结合地区异质性分析产业间碳转移，胡雅蓓（2019）归纳出了六条产业碳转移路径，发现西北地区和中部地区的非金属加工业和能源生产、供应业，北部沿海和东北地区的金属加工业是碳转入的主要产业；而经济发达地区的服务业和工业大省的制造业是碳转出的主要产业。闫云凤（2014）分析区域间碳转移的产业特征发现，西北、东北和西南作为三个主要的隐含碳净流出地区，其隐含碳净流出规模最大的部门均是电力蒸气热水、煤气自来水生产供应业；而东部沿海区域作为主要的隐含碳净流入地区，其隐含碳净流入主要来源于电力蒸气热水、煤气自来水生产供应业和金属、非金属矿物制品业。

（二）碳转移的影响因素研究

中国地域辽阔，地区间自然条件不同，资源禀赋各异，经济基础有别。各地区为了最大程度发挥地域优势进行生产资料、生产价值、最终消费产品的交换，形成了一张关系密切、联络复杂的省际碳转移网络，其背后的驱动因素复杂多样。不少学者对此展开研究，通过结构分解技术（SDA）（冯娅等，2022；Chang & Lin，1998；张忠杰，2017）、指数分解方法（IDA）（王媛，2011；Dong et al.，2022）、二次指派程序（QAP）（Zhu et al.，2022；Huo et al.，2022；李爱等，2021）等方法探究碳转移影响因素。根据现有文献，碳转移影响因素可概括为能源因素、经济因素、地理因素和环境因素。

1. 能源因素

能源禀赋指地区能源资源的丰富程度，根据要素禀赋理论，能源丰富程度决定了能源价格，进而决定了区域能源消费模式（Adom & Adams，2018）。比如，能源丰富地区的供应成本低，从而放松了企业的资源限制，容易导致能源使用粗放、能源效率低下，直接增加碳排放（王少剑等，2021）。并且，丰富的自然资源容易扭曲地区产业结构，致使地区产业具有高耗能、高排放的特点（Wang et al.，2019）。因此，对于具有较高资源禀赋的地区，降低能源消费强度或提高能源消费效率是减少碳转移的关键因素（Cai et al.，2020）。综上，能源对省际碳转移的影响毋庸置疑，不少学者也将能源因素作为碳转移主要影响因素之一。郑航和叶阿忠（2022）通过QAP分析发现，能源效率差异的扩大有利于碳转移空间网络的形成。陈晖等（2020）、庞庆华等（2019）认为能源结构、能源消费差异也是区域碳转移的一大影响因素。

2. 经济因素

经济因素指通过经济结构和经济水平影响地区间经济循环，继而对蕴藏于经济循环中的碳转移产生影响（Yu et al.，2021）。关于经济水平，邵海琴和王兆峰（2021）认为，经济发展水平在一定程度上体现了各地区的经济地位，而经济地位相似的地区之间更有可能因资源要素流动而产生碳转移。江飞涛等（Jiang et al.，2020）依据对数平均迪氏指数法（LMDI）分解结果得出，经济规模是影响国际隐含碳转移的主要驱动因素之一，国际隐含碳的增长主要归因于经济规模、进出口规模的增长。郑航和叶阿忠（2022）认为经济发展水平差异扩大有利于区域碳转移网络关系的形成。关于经济结构，陈晖等（2020）对地区碳转移及碳公平进行研究，认为产业结构处于劣势的地区更多输出碳密集型产品，进而影响区域碳转移。余娟娟和龚同（2020）对国际碳转移网络进行因素分析时将收入水平差异、价值链分工地位差异两个经济因素考虑其中，研究发现价值链差异更容易导致国家间碳转移关系的建立。

3. 地理因素

地理因素包括距离和位置，一方面是由地理距离带来的运输成本和运输效率等差异，影响了地区间碳转移。一般而言，距离越近，成本越低且效率越高，发生碳转移的可能性越大（邵海琴、王兆峰，2021）。另一方面，根据地理学第一定律，地理事物或属性在空间分布上互为相关，且距离越近，联系就越紧密（Tobler，1970）。因此，地理位置邻近地区由于关联紧密会形成经济圈，经济圈内的经济流动便捷性促使地区间碳转移联系更为密切。庞庆华等（2019）通过空间邻接矩阵将地理因素考虑其中，王晓平等（2020）、郑航等（2020）使用空间地理距离矩阵探究地理距离对碳转移的影响，并得出一致结论，即碳转移更可能发生在相邻地区之间。

4. 环境因素

环境规制是以保护环境为目的，对污染环境的各种行为进行规制，其规制水平决定了企业生产成本和发展。为了应对严格的环境规制，一些企业通过技术创新促进能源效率提升，直接降低区域碳排放（Pan et al.，2017）；部分企业则通过产业迁移，转移至环境规制水平较低地区，以规避环境生产成本，进而影响两地区碳转移。从差异角度看，环境规制水平差异越大，两地区更有可能存在上下产业链关系，因此，碳转移关系更密切（郑航等，2020；余娟娟等，2020）。但也有学者认为，环境保护力度相近地区的经济联系紧密，碳转移关联大（Bai et al.，2020）。考虑到环境规制存在滞后性，姜淇川和马雪娇（Jiang & Ma，2021）认为环境规制对碳排放网络的影响存在阈值，即环境规制对碳转移的影响是非线性的。

四、碳排放责任核算问题

"CO_2排放责任"的概念由普鲁普斯等（Proops et al.，1993）基于投入产出分析提出，启发了学者们对碳排放责任的思考。目前，碳排放责任的核算原则主要包括生产者责任原则、消费者责任原则和责任共担原则三类。

（一）生产者责任原则

早期，碳排放责任主要是基于生产者责任原则进行核算，也被称为"领土责任原则"。在该原则下，一个国家或地区需要对在其领地内部所排放的二氧化碳进行责任承担，也可理解为"谁生产，谁承担"。由于操作相对简单，生产者责任原则被广泛运用，并较多应用于碳排放核算清单的编制和相关数据库中，如 IPCC 的碳排放核算清单、中国碳排放数据库（CEADs）等。王文举和向其凤（2011）通过对国家间贸易隐含碳进行测算，发现发达国家向发展中国家转移了较大规模的隐含碳，致使在生产者责任下发展中国家承担了大部分碳排放责任。

基于生产者责任的碳排放责任核算易引起"碳泄漏"问题（黄蕊等，2015；Peters & Hertwich，2008），即在该原则下，经济较为发达的地区通过从其他地区调入高碳产品形成碳转出，达到逃避本地区碳排放责任的目的。而在当前国家、地区间生产的分工合作日益密切的情况下，生产者责任的弊端将更为明显（Schinko et al., 2016），无法准确地划分各国家或地区的碳排放责任，而消费者责任刚好能平衡这一问题（邓荣荣、陈鸣，2014）。

（二）消费者责任原则

蒙克斯高等（Munksgaard et al., 2001）和樊纲等（2010）根据"生产的目的是消费"的经济理念，强调应该根据最终消费来确定碳排放责任，提出了消费者责任原则。消费者责任原则认为一个国家或地区需要对其消费的二氧化碳进行责任承担，即"谁消费，谁承担"。彭水军等（2015）基于对外贸易测算了中国生产侧和消费侧的碳排放规模，发现在基于消费者责任的核算原则下，中国的碳排放责任明显少于生产者责任。另外还有诸多学者基于消费者责任原则测算了碳排放责任（余晓泓、徐苗，2017；Lenzen，1998）。

但在完全的"消费者责任"视角下，碳排放责任核算同样存在公平性问题。李科等（Li et al., 2021）发现，严格的减排政策可以显著减少在生产者责任下的碳排放，但对于消费者责任下的碳排放影响不大。这是因为，通过引导消费者绿色消费而达到减排的实际效果并不显著（Bastianoni et al., 2004）。消费者责任核算原则将贸易隐含碳归于消费方，将会放松对生产者的限制，致使生产者的减排动力大幅降低，不利于减排进程的推进（罗胜，2016）。

（三）责任共担原则

从公平角度而言，生产者责任与消费者责任均有所欠缺。只有充分考虑碳转移双方的协同关系，才能弱化碳转移的影响，使碳排放责任分配更公平化。于是，学者们开启了对责任共担原则的探索，寻找生产者与消费者碳排放责任共担的平衡点。近藤等（Kondo et al., 1998）依据"受益原则"，提出了利用责任分配因子划分贸易隐含碳部分的碳排放责任，但并未对分配因子进行具体设定。芬格（Ferngo, 2003）认为生产者与消费者需各自承担一半责任，以 1/2 为分配比例划分碳排放责任。伦曾等（Lenzen et al., 2007）认为生产者与消费者责任的对称性过于理想，实际操作中并非如此，因此提出以部门增加值比例为分配因子划分碳排放责任。汪燕等（2020），杨军等（2022）和雅各布等（Jakob et al., 2021）均认为碳排放责任的分配应与生产者和消费者的经济获益相匹配，郑志（Zheng, 2021）则从价值链角度出发，认为碳排放责任的分配应与各价值链环节的利润比例挂钩。王育宝和何宇鹏（2021）以省内增加值与流出增加值的占比为分配因子设计责任共担原则。吕洁华和张泽野（2020）认为单"利益原则"具有省域偏好性，因此在"利益原则"的基础上纳入了能源技术水平参数，提出了考虑激励补偿的消费者责任核算原则。王文治（2022）从贸易受益和技术减排双视角出发，依据"受益原则"设计了以双边流动增加值比例为分配因子的责任共担原则，同时制定了减排技术补偿机制来弥补地区间技术差异带来的不公平性问题。总之，责任共担原则平衡了生产者责任和消费者责任，一定程度上弥补了两者的缺陷，是目前关于碳排放责任核算研究的焦点。

第二节 中国碳转移的多区域投入产出模型

本节的内容主要为省际碳转移测度和现状分析，为揭示省际碳转移的省域规模、省际流向和产业分布特征，以及为碳转移影响因素研究、碳排放责任核算研究提供数据基础和研究依据。

一、多区域投入产出表解析

中国多区域投入产出表展示了各地区、各部门间的投入产出来源与规模，是通过省际贸易数据反映各地区各部门间经济关系的工具，也是分析跨地区经济活动的主要手段。投入产出表共有三个象限，分为三块内容：第一象限反映部门间的生产技术联系，为中间产品流量矩阵；第二象限为各部门产品的最终使用，也即最终需求；第三象限为国民收入的初次分配。多区域投入产出表是在基本表式的基础上对所有部门进行地区上的划分，体现了各地区、各部门之间的价值流动。本章采用非竞争型投入产出表，能够剔除进口产品的影响，具体表式如表 1.1 所示。

表 1.1 多区域投入产出表

	产出		中间投入					最终使用			出口	总产出
			地区 1			地区 m		地区 1		地区 m		
			部门 1	...	部门 n	部门 1	...	部门 n					
中间投入	地区 1	部门 1	x_{11}^{ll}	...	x_{1n}^{ll}	x_{11}^{lm}	...	x_{1n}^{lm}	y_1^{ll}	...	y_1^{lm}	ex_1^l	x_1^l
		...											
		部门 n	x_{n1}^{ll}	...	x_{nn}^{ll}	x_{n1}^{lm}	...	x_{nn}^{lm}	y_n^{ll}	...	y_n^{lm}	ex_n^l	x_n^l
	...												
	地区 m	部门 1	x_{11}^{ml}	...	x_{1n}^{ml}	x_{11}^{mm}	...	x_{1n}^{mm}	y_1^{ml}	...	y_1^{mm}	ex_1^m	x_1^m
		...											
		部门 n	x_{n1}^{ml}	...	x_{nn}^{ml}	x_{n1}^{mm}	...	x_{nn}^{mm}	y_n^{ml}	...	y_n^{mm}	ex_n^m	x_n^m
进口			im_1^l	...	im_n^l	im_1^m	...	im_n^m					
增加值			v_1^l	...	v_n^l	v_1^m	...	v_n^m					
总投入			x_1^l	...	x_n^l	x_1^m	...	x_n^m					

表 1.1 所示为 m 个地区、n 个部门间的投入产出联系。其中，x_{ij}^{rs} 为 r 地区 i 部门为 s 地区 j 部门提供的中间产品，即中间使用；y_i^{rs} 为 r 地区 i 部门为 s 地区提供的最终产品，即最终需求；x_i^r 表示 r 地区 i 部门的总产出，ex_i^r 为 r 地区 i 部门的出口，im_i^r 为 r 地区 j 部门的进口。根据投入产出表的基本原理，横向平衡关系为：

$$\sum_{j=1}^{n}\sum_{s=1}^{m} x_{ij}^{rs} + \sum_{s=1}^{m} y_i^{rs} = x_i^r \qquad (1-1)$$

直接消耗系数 a_{ij}^{rs} 表示 s 地区 j 部门在生产过程中单位总产出直接消耗的 r 地区 i 部门产品，其计算方式为：

$$a_{ij}^{rs} = \frac{x_{ij}^{rs}}{x_j^s} \qquad (1-2)$$

其中，x_{ij}^{rs} 表示 s 地区第 j 部门在生产过程中 r 地区第 i 产业的投入，x_j^s 代表 s 地区第 j 部门的总投入。

将直接消耗系数 a_{ij}^{rs} 代入（1-1）等式中，可以得到：

$$\sum_{j=1}^{n}\sum_{s=1}^{m} a_{ij}^{rs} x_j^s + \sum_{s=1}^{m} y_i^{rs} = x_i^r \qquad (1-3)$$

用矩阵形式表示即为：

$$A^{RS} X^R + Y^{RS} = X^R \qquad (1-4)$$

其中，$A^{RS} = \left[a_{ij}^{rs}\right]$，为直接消耗系数矩阵；$X^R = \left[x_i^r\right]$，为地区各部门总产出列矩阵；$Y^{RS} = \left[y_i^{rs}\right]$，为最终需求矩阵，表示省域间对各部门的最终使用。

对（1-4）进行变换可以得到：

$$X^{RS} = (I - A^{RS})^{-1} Y^{RS} \qquad (1-5)$$

其中，$(I - A^{RS})^{-1}$ 为列昂惕夫逆矩阵，也称为完全需求矩阵，记为 $B^{RS} = (I - A^{RS})^{-1}$，其中元素 b_{ij}^{rs} 表示为了满足 s 地区对 j 部门单位最终产品需求而需要 r 地区 i 部门的投入。

二、中国省际碳转移测算模型

碳转移是伴随着地区、部门间商品和货物流动而产生的碳排放转移，而商品和货物流动发生在中间投入使用和最终使用两个阶段。以两地区为例，地区 r 和地区 s 有各自的生产部门和最终需求，地区内及地区间生产部门均存在中间产品的流动，生产部门的最终产品不仅仅供本地区最终使用，还有部分最终产品流向其他地区用以最终使用或出口至国外。以上生产部门与最终需求之间的贸易流动不仅会直接增加本地区碳排放，还会造成地区间碳转移。图 1.1 描绘了由部门和地区间贸易流动引致的碳转移情况。

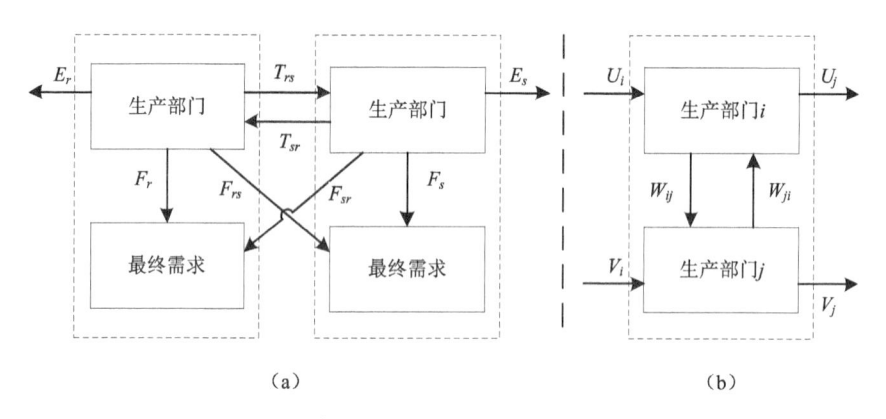

图 1.1 地区及部门间贸易隐含碳转移情况

图 1.1(a) 中，F_r、F_s 分别代表在地区 r、s 生产，并在地区 r、s 最终使用而产生的碳排放；F_{rs}、F_{sr} 分别代表在地区 r、s 生产，流向地区 s、r 最终使用而引起的碳转移；T_{rs}、T_{sr} 分别代表 r、s 地区生产部门对 s、r 地区生产部门的中间投入引起的碳转移；E_r、E_s 分别代表在地区 r、地区 s 生产，并用于出口流向国外而发生的碳转移。图 1.1(b) 反映了地区内部部门间中间投入而引起的碳转移，W_{ij}、W_{ji} 分别代表 r 地区内生产部门 i、j 对生产部门 j、i 中间投入引起的碳转移。U_i、U_j

分别是 r 地区 i 部门、j 部门对其他地区中间使用引起的碳转移之和；V_i、V_j 分别是 r 地区 i、j 部门对其他地区中间投入、流向其他地区最终使用和流向国外引起的碳转移之和。

为了测算碳转移规模，将直接碳排放系数引入多区域投入产出模型中。直接碳排放系数为：

$$ac_j^r = \frac{c_j^r}{x_j^r} \quad (1\text{-}6)$$

其中，ac_j^r 表示 r 地区 j 部门单位总产出排放的二氧化碳，c_j^r 为 r 地区 j 部门碳排放量，x_j^r 为 r 地区 j 部门总产出。n 个部门的直接碳排放系数 ac_j^r 以对角矩阵形式排列得到 A_c^R，代表地区 r 直接碳排放系数矩阵。将 m 个地区的直接碳排放系数矩阵 A_c^R 以对角矩阵形式排列得到涵盖 m 个地区 n 个部门的直接碳排放系数矩阵 A_c，A_c^R 和 A_c 具体形式如下：

$$A_c^R = \begin{bmatrix} ac_1^r & 0 & \cdots & 0 \\ 0 & ac_2^r & \cdots & 0 \\ \vdots & \vdots & \ddots & \vdots \\ 0 & 0 & \cdots & ac_n^r \end{bmatrix}, \quad A_c = \begin{bmatrix} A_c^1 & 0 & \cdots & 0 \\ 0 & A_c^2 & \cdots & 0 \\ \vdots & \vdots & \ddots & \vdots \\ 0 & 0 & \cdots & A_c^m \end{bmatrix} \quad (1\text{-}7)$$

完全碳排放系数是每单位最终产品的直接和间接碳排放之和，其矩阵由直接碳排放系数矩阵 A_c 与列昂惕夫逆矩阵即完全需求矩阵 B^{RS} 相乘得到。多区域完全碳排放系数矩阵 E^{RS} 为：

$$E^{RS} = A_c \times B^{RS} = A_c (I - A^{RS})^{-1} \quad (1\text{-}8)$$

将多区域完全碳排放系数矩阵 E^{RS} 与最终需求矩阵 Y^{RS} 相乘可得地区间碳转移规模，令 T^{RS} 表示碳转移矩阵，则

$$T^{RS} = E^{RS} Y^{RS} = B^{RS} Y^{RS} = A_c (I - A^{RS})^{-1} Y^{RS} \quad (1\text{-}9)$$

将碳转移矩阵 T^{RS} 按地区和部门依次展开，可以得到 m 个地区间的碳转移：

$$T^{RS} = \begin{bmatrix} T^{rs} \end{bmatrix} = \begin{bmatrix} T^{11} & T^{12} & \cdots & T^{1m} \\ T^{21} & T^{22} & \cdots & T^{2m} \\ \vdots & \vdots & \ddots & \vdots \\ T^{m1} & T^{m2} & \cdots & T^{mm} \end{bmatrix} \quad (1\text{-}10)$$

其中，T^{rs} 为地区 r 向地区 s 的碳调出，也即地区 s 向地区 r 的碳转移。

将 T^{rs} 按 n 个产业展开，可以得到：

$$T^{rs} = \begin{bmatrix} t_1^{rs} \\ t_2^{rs} \\ \vdots \\ t_n^{rs} \end{bmatrix} \quad (1\text{-}11)$$

其中，t_i^{rs} 为 r 地区 i 产业向 s 地区的碳调出，也即 s 地区向 r 地区 i 产业的碳转移。

第三节 中国区域碳转移的测算与分析

一、数据的来源

（一）投入产出数据

投入产出表每五年更新一次，到目前为止，中国多区域投入产出表编制的最新数据年份为2017年，数据来源于CEADs数据库中的2017年中国区域间投入产出表（Zheng et al., 2020），共包括31个省区市和42个产业部门。

（二）能源数据

各省区市的能源平衡表来源于《中国能源统计年鉴2018》；能源的二氧化碳排放因子可通过《省级温室气体清单编制指南》中的能源数据计算得到，其中缺少的能源数据参考孙振清等（2015）测算的碳排放因子。

二、数据的说明与处理

（一）投入产出表的处理

首先，由于2017年中国31个省区市的区域间投入产出表是进口非竞争型的，故不需要对进口部分进行剔除。其次，此处仅考虑由国内最终需求引致的省际碳转移，出口转移至国外部分忽略不计。再次，考虑到数据可获得性，将投入产出表的42个产业合并为六大产业，使其与能源平衡表的产业分类保持一致，六大产业依次为农、林、牧、渔业，工业，建筑业，批发、零售业和住宿、餐饮业，交通运输、仓储和邮政业，其他产业。最后，由于西藏、港澳台地区的能源平衡表数据缺失，本书研究对象范围是除上述地区之外的中国 30 个省区市。因此，将投入产出表中西藏的数据剥离，最终得到 30 个省区市、六大产业的多区域投入产出表。

（二）能源消费量的计算

各类能源消费数据来源于 2017 年各省区市能源平衡表的终端消费量，包括原煤、洗精煤、其他洗煤、型煤、焦炭、焦炉煤气、其他煤气、原油、汽油、煤油、柴油、燃料油、液化石油气、炼厂干气、其他石油制品、其他焦化产品和天然气共 17 种能源。其中，工业用作原料、材料的能源并没有被燃烧释放出碳，因此需剔除。此外，由于电力和热力作为二次能源不直接排放二氧化碳，将加工转换中用于火力发电和供热部分的燃料消费量计入工业产业。

（三）碳排放量的计算

各地区各部门碳排放量的计算依据《省级温室气体清单编制指南》，满足：

$$F_\alpha = LC_\alpha \times CPC_\alpha \times CO_\alpha \times \frac{44}{12} \quad (1\text{-}12)$$

$$TC = \sum_{\alpha=1}^{l} F_\alpha \times EC_\alpha \quad (1\text{-}13)$$

其中，F_α 代表第 α 种能源的二氧化碳排放因子，LC_α 为第 α 种能源的平均低位发热量，CPC_α 为第 α 种能源的单位热值含碳量，CO_α 为第 α 种能源的碳氧化率；TC 为所有能源燃料的二氧化碳排放量，EC_α 为第 α 种能源燃料的消费量。表 1.2 为 17 种能源的二氧化碳排放因子。

表 1.2 各能源二氧化碳排放因子

能源	二氧化碳排放因子（kg/kg, kg/m³）	能源	二氧化碳排放因子（kg/kg, kg/m³）
原煤	1.9003	汽油	2.9251
洗精煤	2.3563	煤油	3.0179
其他洗煤	0.7461	柴油	3.0959
型煤	1.9450	燃料油	3.1705
焦炭	2.8604	液化石油气	3.1013
焦炉煤气	0.8864	炼厂干气	3.0119
其他煤气	0.4628	其他石油制品	3.0052
其他焦化产品	3.8326	天然气	2.1622
原油	3.0202		

三、省际碳转移测算结果分析

（一）碳转移省域规模

省际碳转移是指由省际贸易引起的隐含碳排放在碳调出与碳调入地区间的转移，包括碳转出（碳调入）与碳转入（碳调出）。其中，碳调出是指向其他地区调出的商品和货物中隐含的碳排放，即隐含碳调出；碳调入是指从其他地区调入的商品和货物中隐含的碳排放，即隐含碳调入。相对应地，碳转出表示碳调入地区通过从碳调出地区调入商品和货物而转移给碳调出地区的碳排放责任，碳转入表示碳调出地区通过向碳调入地区调出商品和货物而被转移的碳排放责任。根据多区域投入产出表测算得到的省域碳调入与碳调出规模如表 1.3 所示。

经测算，2017 年中国碳转移总规模为 34.51 亿吨，这里的碳转移总规模既是碳调出（碳转入）总规模，也是碳调入（碳转出）总规模。

表 1.3　省域碳调入与碳调出规模

地区	碳调出（亿吨）	碳调入（亿吨）	地区	碳调出（亿吨）	碳调入（亿吨）
北京	0.3226	1.4100	河南	1.9786	2.6525
天津	0.5707	0.8448	湖北	0.4045	1.0205
河北	2.5458	1.7463	湖南	0.8619	1.1191
山西	2.1339	0.9747	广东	1.2866	2.6108
内蒙古	3.6809	0.7599	广西	0.6840	0.8422
辽宁	2.0111	0.9804	海南	0.2030	0.2324
吉林	1.2897	0.8795	重庆	0.6288	1.1076
黑龙江	1.3890	1.1969	四川	0.4978	1.0310
上海	0.8824	0.7121	贵州	0.9652	0.9594
江苏	2.2044	2.0754	云南	0.3689	1.4396
浙江	0.8843	3.0672	陕西	1.1214	1.4305
安徽	1.5219	0.8620	甘肃	0.5983	0.4035
福建	0.5671	0.4685	青海	0.1037	0.1718
江西	0.8177	0.7914	宁夏	0.7917	0.4550
山东	1.5507	1.2649	新疆	1.6430	0.9996

1. 省域碳调出规模

由表 1.3 中数据可知，省域碳调出规模较大的地区有内蒙古、河北、江苏、山西以及辽宁，其碳调出总量分别为 3.68 亿吨、2.55 亿吨、2.2 亿吨、2.13 亿吨、2.01 亿吨，均大于 2 亿吨，合计占碳调出总规模的 36.44%。除此之外，河南、新疆、山东、安徽、黑龙江、吉林、广东以及陕西的碳调出规模也较大，均大于 1 亿吨。以上碳调出主要地区存在两类共同特点：

第一，以内蒙古、河北、山西、辽宁等地区为例的能源大省，其能源资源丰富，适合高耗能、高排放的重工业发展与集聚。例如，山西的煤炭产量位居全国第一，2021年全年煤炭产量高达11.9亿吨，为中国16个地区保供煤炭；河北的钢铁、装备制造和石化等是其重点发展的产业，2021年，河北的粗钢产量位于全国第一。由此可见，这些地区的高耗能重工业发达，以生产高碳产品为主，且较大比例的生产产品用于满足其他地区需求而向外调出，形成大规模的隐含碳调出，成为碳转入的主要地区。

第二，以江苏、山东和广东等为例的制造业强省，作为东部沿海区域制造业的重要支撑，其工业实力强劲，工业产量规模庞大。2021年，江苏和广东制造业增加值达到4.16亿元和4.15亿元，位于全国前列。与此同时，山东是全国唯一拥有完整工业大类的地区，结构完善、配套完备，工业实力雄厚。可见该类地区的制造业较为发达，工业产出体量大，有较大部分向外调出，形成大规模隐含碳调出，因此碳转入承接规模较大。

接下来，根据表1.3的结果，分析2017年中国各地区隐含碳调出的空间分布特征。从总体来看，较大规模的隐含碳调出主要分布在中国的华北、东北地区，华中和华东地区的北部，以及华南地区的广东和西北地区的新疆。其中，华北地区的隐含碳调出最为突出，占隐含碳调出总量的26.82%。此外，隐含碳调出也即碳转入规模较大的地区主要集中在黄河流域的南北区域，呈现出较为明显的区域集聚特征。

2. 省域碳调入规模

由表1.3中数据可知，省域碳调入规模较大的地区有浙江、河南、广东、江苏以及河北，这些地区的碳调入总量分别为3.07亿吨、2.65亿吨、2.61亿吨、2.08亿吨、1.75亿吨，均大于1.5亿吨，合计占中国碳调入总规模的35.21%。碳调入规模较大的地区还有云南、陕西、北京和山东，均大于1.2亿吨。碳调入规模大小主要与经济结构和能源结构挂钩。

首先，浙江、广东和江苏均属于东部沿海地区的制造业大省与经济强省，制造业较为先进，处于全国领先地位。比如，2020年，浙江、广东和江苏的高技术制造业企业分别占比58.6%、72%和57.8%，均占本地区制造业的半数以上（王强等，2022）。可见，这些地区在制造业生产过程中，需要消耗大量的能源产品和高碳产品。但这些地区的能源资源匮乏且能源强度较低，因此需要从其他地区的中上游产业调入高碳产品以满足生产需求，从而形成较大规模隐含碳调入，成为碳转出的主要地区。

其次，河北、陕西和河南等地区所在区域的能源资源较为丰富，是高耗能企业的集聚地，工业结构偏向于传统重工业。这些地区不仅能源生产量大，能源消费量也同样巨大。例如，河北作为钢铁生产基地，需要大量的能源用于生产消耗。但河北省的能源供需关系表现为供不应求（王朝等，2018），也即，其能源消费量高于生产量，需要从其他地区调入能源产品以满足生产需求，形成较大规模的隐含碳调入，引致碳转出。

最后，以北京为例的经济发达地区，产业结构侧重于第三产业。自从改革开放以来，北京逐步形成了以服务业为主导的产业结构，以发展第三产业为主。因此，对于北京而言，其本地生产无法满足自身需求，需要从其他地区调入来填补需求空缺，形成隐含碳调入，引致碳转出。

同样地，进一步分析2017年中国隐含碳调入的空间分布特征。从总体来看，与隐含碳调出相比，隐含碳调入的空间聚集性较弱。广东、河南以及浙江的隐含碳调入规模较为突出，分别属于华南地区、华东地区以及华中地区。其中，河南位于华中地区北部，与隐含碳调出规模较大的华北地区相邻；浙江与广东属于华东与华南的沿海地区。此外，隐含碳调入大致呈现东多西少的趋势，华东、华南、华中以及华北地区是碳转出的主要地区。

3. 省域净碳转移规模

所谓净碳转移，是一地区通过从其他地区调入商品和货物形成的隐含碳调入与对其他地区调出商品和货物而形成的隐含碳调出之间的差值，即碳转出与碳转入之差。若净碳转移为正，则表示该地区为净碳转入地区，即隐含碳调出大于隐含碳调入，以承接来自其他地区的碳排放压力为主。若净碳转移为负，则表示该地区为净碳转出地区，即隐含碳调入大于隐含碳调出，以向其他地区转移碳排放压力为主。表 1.4 为 2017 年各地区的净碳转移规模。

表 1.4　省域净碳转移规模

地区	净碳转移（亿吨）	地区	净碳转移（亿吨）
北京	-1.0874	河南	-0.6739
天津	-0.2741	湖北	-0.6160
河北	0.7995	湖南	-0.2572
山西	1.1592	广东	-1.3242
内蒙古	2.9209	广西	-0.1582
辽宁	1.0307	海南	-0.0294
吉林	0.4102	重庆	-0.4787
黑龙江	0.1922	四川	-0.5333
上海	0.1702	贵州	0.0058
江苏	0.1290	云南	-1.0707
浙江	-2.1829	陕西	-0.3091
安徽	0.6598	甘肃	0.1948
福建	0.0986	青海	-0.0681
江西	0.0263	宁夏	0.3368
山东	0.2858	新疆	0.6434

中国共有 16 个地区处于净碳转入地位，净碳转移值为正数，即隐含碳调出大于隐含碳调入。由表 1.4 中数据可知，净碳转入规模最大的 5 个地区分别为内蒙古、山西、辽宁、河北以及安徽，其对应的净

碳转入规模分别为 2.92 亿吨、1.16 亿吨、1.03 亿吨、0.80 亿吨、0.66 亿吨。此外，新疆、吉林、山东、黑龙江等地区的净碳转入规模也较大。可以发现，净碳转入地区主要集中在华北与东北区域，能源资源相对密集，是高耗能重工业的孕育基地。相对而言，这些地区的能源需求刚性较强，其产业结构以高耗能、高排放的产业为主，并且产量可观，有较大部分产品向其他地区输出以满足其他地区需求。同时，它们能较好地满足自身需求，隐含碳调入相对较少，因此属于净碳转入地区。

中国共有 14 个地区处于净碳转出地位，净碳转移值为负数，即隐含碳调出小于隐含碳调入。由表 1.4 中数据可知，净碳转出规模最大的 5 个地区分别为浙江、广东、北京、云南以及河南，其对应的净碳转出规模分别为 2.18 亿吨、1.32 亿吨、1.09 亿吨、1.07 亿吨、0.67 亿吨。其中，以北京、云南为例，受限于自身生产条件，这些地区产品自给程度较低，依赖于从其他地区调入以满足需求，因此为净碳转出地区。浙江、广东这类地区制造业发达，且以先进制造业为主。但受限于资源禀赋的匮乏，需要调入大量的能源资源与高碳产品用于生产。与该类地区生产并调出的低能耗低碳产品相比，调入的高碳产品所包含的隐含碳排放规模更大，因此，其净碳转移显示为负。以河南为例的传统工业地区，隐含碳调出与隐含碳调入规模均相对较大。但由于对传统能源的依赖性强且能源效率较低，其隐含碳调入规模明显高于隐含碳调出的规模，净碳转移显示为负。

此外，福建、江西、贵州等地区的隐含碳调入与隐含碳调出规模均较大且两者较为平衡。这些地区的经济规模适中，同时拥有能源自给能力，因此净碳转移量接近为零。而海南、青海等地区的经济规模相对较小，对能源需求较低，因此，隐含碳调入与隐含碳调出规模均较小，净碳转移量接近为零。

（二）碳转移省际流向

省际碳转移是有向流量数据，具有流向特征，因此，需要分析中国省际碳转移的流动方向与规模。考虑到中国30个省区市的碳转移表格过大，不便展示，为了分析中国省际碳转移的流向特征，本节对省际碳转移进行规模划分。碳转移规模为0.3亿吨及以上的定义为大规模碳转移，碳转移规模介于0.2亿吨与0.3亿吨之间的定义为较大规模碳转移，碳转移规模介于0.15亿吨与0.2亿吨之间的为中等规模碳转移，碳转移规模在0.1亿吨与0.15亿吨之间的为较小规模碳转移。碳转移规模在0.1亿吨以下的不作分析。

1. 中等及以上规模碳转移的地区分布分析

中等及以上规模的碳转移省际流向情况见表1.5。由表1.5数据可知，大规模（0.3亿吨以上）的碳转移发生在浙江、河北、河南向内蒙古以及广东向辽宁的转移，碳转移规模分别为0.43亿吨、0.32亿吨、0.31亿吨以及0.33亿吨。较大规模（0.2亿—0.3亿吨）的碳转移发生在北京向河北，浙江向江苏、河北、山西，江苏向内蒙古、安徽，河北向山西以及广东向内蒙古、广西的转移。中等规模（0.15亿—0.2亿吨）的碳转移主要发生在山西、内蒙古、江苏、河南、浙江、广东之间。作为碳调出地区，内蒙古出现的次数最多，与浙江等6个地区存在中等及以上规模的碳转移联系；其次为山西，与河北等5个地区存在中等及以上规模的碳转移联系。作为碳调入地区，浙江与河南出现的次数最多，均与6个地区存在中等及以上规模的碳转移联系。

表1.5 中等及以上规模省际碳转移

碳调入地区	碳调出地区	碳转移规模（亿吨）	碳调入地区	碳调出地区	碳转移规模（亿吨）
浙江	内蒙古	0.4282	浙江	河南	0.1964
广东	辽宁	0.3264	河南	江苏	0.1927
河北	内蒙古	0.3202	河南	辽宁	0.1904
河南	内蒙古	0.3109	广东	河南	0.1881

续表

碳调入地区	碳调出地区	碳转移规模（亿吨）	碳调入地区	碳调出地区	碳转移规模（亿吨）
河北	山西	0.2927	河南	河北	0.1848
浙江	江苏	0.2718	江苏	山西	0.1803
江苏	内蒙古	0.2660	黑龙江	山西	0.1803
北京	河北	0.2361	贵州	内蒙古	0.1797
浙江	河北	0.2270	河南	山西	0.1646
广东	内蒙古	0.2270	河南	浙江	0.1565
江苏	安徽	0.2173	广东	江苏	0.1562
浙江	山西	0.2074	浙江	山东	0.1546
广东	广西	0.2025	河南	新疆	0.1522

据此进一步绘制中等以及上规模碳转移的省际流向图，可以发现，华北、华中与东部沿海地区间的碳转移网络较为密集。基于碳转移的空间流向，若以江苏向安徽、北京向河北的碳转移为例，可以得到碳转移在邻近地区间发生的可能性更大；若以河北、河南向内蒙古、山西的碳转移为例，可以得到碳转移易发生在传统重工业地区与能源资源丰富的地区之间；若以浙江、广东、江苏向河北、内蒙古的碳转移为例，则可以得到碳转移易发生在经济发展水平较高的地区与能源密集型的地区之间。

2. 较小规模碳转移的地区分布分析

较小规模的碳转移省际流向情况见表1.6。由表1.6数据可知，较小规模（0.1亿—0.15亿吨）的碳转移主要发生在浙江、江苏、广东、云南、河南与内蒙古、河北、辽宁、山东、黑龙江之间。其中，作为碳调入省，浙江与江苏出现的次数最多，均与5个地区存在较小规模的碳转移联系。作为碳调出省，内蒙古出现的次数最多，与8个地区存在较小规模的碳转移联系；其次是河北，与 6 个地区存在较小规模的碳转移联系。

表 1.6　较小规模省际碳转移

碳调入地区	碳调出地区	碳转移规模（亿吨）	碳调入地区	碳调出地区	碳转移规模（亿吨）
河南	山东	0.1480	江苏	山东	0.1137
广东	河北	0.1466	广东	山东	0.1124
山西	贵州	0.1379	河南	陕西	0.1102
浙江	广东	0.1356	云南	湖南	0.1102
江苏	河北	0.1346	云南	江苏	0.1095
山东	陕西	0.1312	河南	黑龙江	0.1089
陕西	内蒙古	0.1309	山西	内蒙古	0.1089
浙江	安徽	0.1307	江苏	新疆	0.1079
湖南	内蒙古	0.1305	陕西	河南	0.1074
吉林	黑龙江	0.1271	江苏	辽宁	0.1062
浙江	辽宁	0.1223	广东	山西	0.1049
湖南	辽宁	0.1195	湖北	内蒙古	0.1035
山西	河北	0.1193	江苏	河南	0.1030
北京	内蒙古	0.1192	云南	河北	0.1024
浙江	黑龙江	0.1180	黑龙江	辽宁	0.1023
浙江	新疆	0.1156	陕西	河北	0.1022
重庆	内蒙古	0.1144	山东	河北	0.1015
云南	内蒙古	0.1138	黑龙江	内蒙古	0.1014

进一步分析较小规模碳转移的省际流向问题。可以发现，较小规模碳转移所涉及的地区更多元化，且范围更广。其中，华北地区与华东、华中地区的碳转移网络较为密集，西南与西北地区的碳转移网络较为稀疏。归纳而言，首先，与中等以及上规模的省际碳转移相比，较小规模的省际碳转移网络更为复杂，各地区间联系紧密，地域跨度更广。其次，传统重工业区仍然是碳调出即碳转入的主要地区，碳转移与能源及工业资源密切相关。

（三）碳转移产业差异

碳转移规模的差异不仅体现在省域层面，在产业层面同样显著。各产业碳调出情况如图1.2所示，不难发现，碳调出主要集中在工业产业，其转移量高达30.05亿吨，占2017年中国碳转移总量的87.08%，远远高于其余产业碳调出量，可见工业部门是中国能源消费与碳排放的主要部门。其次为交通运输、仓储和邮政业，隐含碳调出规模为2.51亿吨，占2017年中国碳转移总量的7.27%。隐含碳调出规模最小的是建筑业，仅占2017年中国碳转移总量的0.32%，表明各地区建筑业自给自足的能力较强。

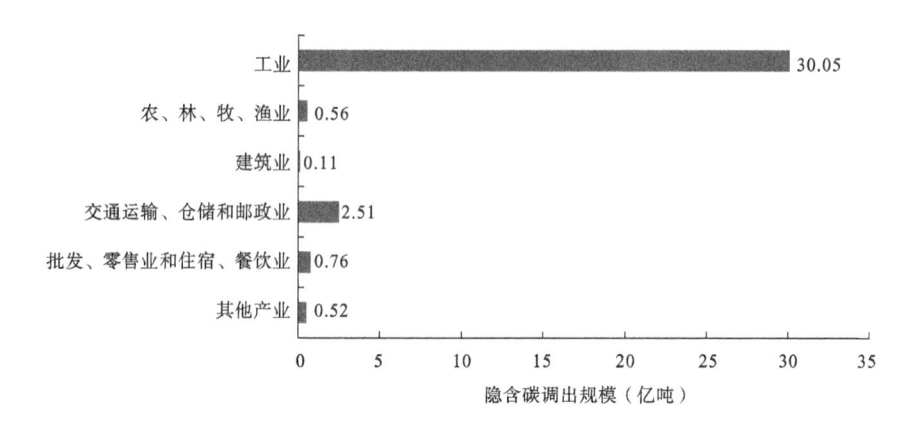

图 1.2　隐含碳调出产业分布情况

具体分析各地区工业产业的碳调出情况，可以发现，工业在任一地区均是隐含碳调出量最大的产业，并且，各地区工业产业的隐含碳调出排名情况与省域隐含碳调出规模的排名情况基本一致，这取决于工业碳排放强度大的产业特点，体现了工业对省际碳转移规模起到了决定性作用。宁夏、新疆和内蒙古的工业隐含碳调出占比最大，分别占各地区碳调出规模的 98.98%、94.21% 和 93.52%，反映了这些地区产业结构的不合理，碳排放强度有待削减。北京和上海的工业隐含碳调出占比最小，分别占各地区碳调出规模的 51.21% 和 57.51%，说明其产业结构高级化水平较高。

分析各地区除工业产业外其余产业的碳调出情况，可以发现，各产业的隐含碳调出量与该产业在各地区的发展程度有着密切的联系。农、林、牧、渔业的隐含碳调出规模较大的地区为黑龙江和内蒙古，其规模大于 0.05 亿吨。其中，黑龙江属于农业大省，粮食生产量全国第一，而内蒙古畜牧业发达。建筑业的隐含碳调出规模较大的地区有浙江、内蒙古以及安徽，其规模均大于 0.01 亿吨。交通运输、仓储和邮政业的隐含碳调出规模较大的地区为上海和辽宁，其规模分别为 0.29 亿吨和 0.2 亿吨。两个地区均位于沿海区域，港口资源较丰富，港口运输、仓储业发展较好。批发、零售业和住宿、餐饮业的隐含碳调出规模较大的地区为贵州和黑龙江，其规模大于 0.05 亿吨。其他产业主要涉及第三产业，该产业隐含碳调出规模较大的地区有贵州、黑龙江、上海和北京，这些地区的工业隐含碳调出比例相对较小，其中，北京、上海的服务、金融业发展水平较高，贵州和黑龙江的第三产业发展较弱，但碳排放强度相对较大。

第二章

中国区域碳转移的影响因素——
基于空间OD交互模型与溢出视角

本章以探究空间视角下省际碳转移的影响因素为目的,分别研究源地与汇地特征因素对省际碳转移的影响和空间溢出,为中国各地区协同减排助力。同时,反映省际碳转移对中国碳排放责任核算的影响,为碳排放责任核算研究提供探究思路。

第一节 区域碳转移的空间OD交互模型构建

省际碳转移是生产地与消费地间的隐含碳排放的方向性流动。因此,其规模大小受到双方的共同影响。并且,生产地与消费地的各特征因素对碳转移的影响可能存在差异。隐含碳调出地区往往能源禀赋较为优异,能源强度也相对较高,发生碳转入的可能性较高。因此,能源因素可能是影响碳转入的关键因素。至于隐含碳调入地区,出于生产和消费需求而调入的高能耗工业产品是其碳转出的主要构成部分。产业结构以第三产业为主且经济水平较高的地区缺少该类产品的本地供给,对其他地区需求较大。因此,经济因素很可能是影响碳转出的关键因素。但就经济水平这一要素而言,对碳转入与碳转出的影响效果可能存在同一性。综上,省际碳转移的影响因素对碳转入与碳转出的影响效果存在差异性与同一性。

此外,这些影响因素不仅仅影响本地区碳转移,还会通过空间溢出效应对周边地区的碳转移产生影响。比如,环境规制严格地区带来的"环境红利"引起其他地区效仿,通过空间溢出的示范效应对周边地区发挥作用。再者,具有能源禀赋优势的地区,其周边地区往往是高能耗企业的聚集地,吸引高能耗企业迁入,通过产业集聚行为对周边地区产生空间溢出。因此,省际碳转移的影响因素可以通过空间溢出效应影响周边地区。综上,本节考虑空间溢出,构建了源汇地双视角下的碳转移影响因素分析模型。研究模型与方法如下。

一、空间 OD 交互模型构建

（一）传统引力模型

源自牛顿万有引力定律的引力模型，自丁伯根（Tinbergen，1962）将其应用于国际贸易研究后，该模型被广泛应用至今，领域涉及国际贸易、地理经济、区域网络等。传统引力模型用于分析空间两地之间配对的流量数据，每个地区可以是源地，也可以是汇地。该模型用于研究源地与汇地之间的相关性及流量水平的影响因素。假设 O_i、D_j 和 $F_{i,j}$ 分别表示源地函数、汇地函数和空间分离函数，则源汇地的流量水平可以表示为：

$$Y(i,j) = \alpha \times O_i \times D_j \times F_{i,j} \qquad (2\text{-}1)$$

其中，$Y(i,j)$ 表示源汇地的流量，α 为常数。$F_{i,j}$ 可以是地区 i 到地区 j 的距离。通过对数化的调整，式（2-1）可以转变为：

$$\ln Y(i,j) = \ln \alpha + \ln O_i + \ln D_j + \ln F_{i,j} \qquad (2\text{-}2)$$

由于省际碳转移存在来源地和目的地的方向性变化，因此，适合使用引力模型对源汇地碳转移的影响因素进行探究。考虑到省际碳转移是隐含碳排放在碳调出地区与碳调入地区间的转移，根据隐含碳排放的调迁方向，将隐含碳调出地区也即碳转入地区定义为碳转移的源地（o），隐含碳调入地区也即碳转出地区定义为碳转移的汇地（d）。基于此，以普通线性回归模型（LM）形式为基础的传统引力模型可以表示为：

$$Y = \alpha \tau_n + X_o \beta_o + X_d \beta_d + D\beta + \varepsilon \qquad (2\text{-}3)$$

其中，Y 是被解释变量，即省际碳转移量；X_o 为源地特征变量集合，X_d 为汇地特征变量集合；D 为源地至汇地的地理距离；α 和 ε 分别是常数项和误差项；τ_N 代表元素为 1 的列向量。

（二）空间计量模型

空间计量模型来源于对个体间的空间分布差异而引起的空间依赖、空间溢出和空间外部性的处理。空间计量模型的空间交互效应主要有三种表现形式：一是不同样本被解释变量间的交互效应；二是一样本解释变量与另一样本被解释变量间的交互效应；三是通过样本间误差项传递的交互效应。包含所有空间交互效应的一般嵌套模型（GNS）具体表达形式见式（2-4）：

$$\begin{cases} Y = \rho W_1 Y + \alpha \tau_N + X\beta + W_3 X\theta + \mu \\ \mu = \lambda W_2 \mu + \varepsilon \end{cases} \quad (2\text{-}4)$$

其中，Y为被解释变量，X为解释变量；W_1、W_2和W_3分别为描述被解释变量、解释变量与误差项间空间相关性的空间权重矩阵，三者可以相同；ρ、θ和λ分别为三种空间效应参数，ε和μ为误差项。

现常用的空间计量模型主要包括空间滞后模型（SAR）、空间误差模型（SEM）、空间杜宾模型（SDM）以及空间杜宾误差模型（SDEM）。当$\rho \neq 0$，$\theta = 0$且$\lambda = 0$，即仅存在被解释变量间的交互效应时，得到空间滞后模型（SAR），即式（2-5）：

$$Y = \rho W_1 Y + \alpha \tau_N + X\beta + \mu \quad (2\text{-}5)$$

当$\rho = 0$，$\theta = 0$且$\lambda \neq 0$，即仅存在误差项间的交互效应时，得到空间误差模型（SEM），即式（2-6）：

$$\begin{cases} Y = \alpha \tau_N + X\beta + \mu \\ \mu = \lambda W_2 \mu + \varepsilon \end{cases} \quad (2\text{-}6)$$

当$\rho \neq 0$，$\theta \neq 0$且$\lambda = 0$，即同时存在被解释变量与解释变量间的交互效应时，得到空间杜宾模型（SDM），即式（2-7）：

$$Y = \rho W_1 Y + \alpha \tau_N + X\beta + W_3 X\theta + \mu \quad (2\text{-}7)$$

当$\rho = 0$，$\theta \neq 0$且$\lambda \neq 0$，即同时存在解释变量与误差项间的交互效应时，得到空间杜宾误差模型（SDEM），即式（2-8）：

$$\begin{cases} Y = \alpha \tau_N + X\beta + W_3 X\theta + \mu \\ \mu = \lambda W_2 \mu + \varepsilon \end{cases} \quad (2\text{-}8)$$

(三) 空间 OD 交互模型

传统引力模型通常仅用于分析空间中的个体，未考虑地区周边的空间影响特征。以式（2-3）为例，该引力模型仅利用碳转移源地、汇地的特征因素和地理距离解释碳转移，并未考虑空间分布格局和地区间的空间相互作用。格里菲斯（Griffith，2007）指出空间双边流量存在空间自相关，并非相互独立。因此，考虑到地区间碳转移存在空间相关性，为了反映空间依赖关系，参考萨热和佩斯（LeSage & Pace，2008）提出的空间 OD 模型，将空间计量模型与传统引力模型相结合构建空间 OD 交互模型。

构建空间 OD 交互模型，基于空间计量模型，首先需要构建空间权重矩阵，体现个体间的空间联系，空间权重矩阵 W 的基本形式为：

$$W = \begin{pmatrix} w_{11} & \cdots & w_{1n} \\ \vdots & \ddots & \vdots \\ w_{n1} & \cdots & w_{nn} \end{pmatrix} \quad (2\text{-}9)$$

其中，w_{ij}（$i,j=1,2,\cdots,n$）为地区 i 到地区 j 的空间地理联系。

目前常用的空间权重矩阵有邻接矩阵、地理距离矩阵和经济距离矩阵。由于邻接矩阵仅根据个体在空间上是否相邻来构建，无法真实反映地理距离上相近但不相邻的个体间的关系。因此，根据托布勒（Tobler，1970）提出的地理事物或属性在空间分布上互为相关，且距离越近，联系就越紧密，本节利用地区间的地理距离构建空间权重矩阵。假设 W 为一个 30×30 阶的地理距离矩阵，反映中国 30 省区市间的地理距离关系，W 中每个元素值为：

$$w_{i,j} = \begin{cases} 0, i = j \\ \dfrac{1}{d^2}, i \neq j \end{cases} \quad (2\text{-}10)$$

其中，d 为地区 i 到地区 j 的直线距离。由于省际碳转移的 OD 数据共有 30×30 个流量值，因此，空间 OD 交互模型的空间权重矩阵应为 900×900 阶。本节基于源地与汇地的双重空间距离构建 900×900 阶的空间权重矩阵。通过对地理距离矩阵 W 进行克罗内克积，即 $W \otimes W$，并对其进行标准化，最终得到模型的空间权重矩阵 W_{od}。

考虑到中国省际碳转移主要取决于经济要素、能源禀赋与地理环境等外生因素，故认为在模型中加入碳转移影响因素的空间滞后项即空间杜宾项是十分必要的。因此，以加入空间杜宾项的空间杜宾模型（SDM）与空间杜宾误差模型（SDEM）为基础，构建空间 OD 交互模型，具体模型见式（2-11）、（2-12）。

$$Y = \rho W_{od} Y + \alpha \tau_N + X_o \beta_o + X_d \beta_d + D\beta + \mu \quad (2\text{-}11)$$

$$\begin{cases} Y = \alpha \tau_N + X_o \beta_o + X_d \beta_d + D\beta + W_{od} X_o \theta_o + W_{od} X_d \theta_d + W_{od} D\theta + \mu \\ \mu = \lambda W_{od} \mu + \varepsilon \end{cases}$$

$$(2\text{-}12)$$

式（2-11）是以 SDM 为基础的空间 OD 交互模型，式（2-12）是以 SDEM 为基础的空间 OD 交互模型。其中，Y 是被解释变量，即省际碳转移量；X_o 为源地特征变量集合，X_d 为汇地特征变量集合；D 为地理距离；α 常数项，ε 和 μ 为误差项；ρ、θ 和 λ 分别为被解释变量、解释变量与误差项的空间效应参数；τ_N 代表元素为 1 的列向量。W_{od} 是空间权重矩阵。

基于上述分析，本章将以普通线性回归模型（LM）形式为基础的引力模型，即式（2-3）作为基准模型，利用以空间误差模型（SDM）和空间杜宾误差模型（SDEM）为基础的空间 OD 交互模型即式（2-11）、（2-12），对空间溢出视角下的碳转移影响因素进行探究。

二、空间自相关检验

在确定是否使用空间计量方法时，应检验不同个体的特定变量间是否存在空间依赖性,因此需要进行空间自相关检验。全局空间自相关分析是研究个体间空间关联程度和空间聚集情况的方法。Moran's I 和 Geary's C 均属于常用的空间自相关统计量,两者在应用中功能基本一致,但 Moran's I 应用更为广泛。因此,本书使用全局 Moran's I 来分析省际碳转移及其影响因素的空间自相关现象。

全局 Moran's I 定义公式如式(2-13):

$$I = \frac{\sum_{i=1}^{n}\sum_{j=1}^{n} w_{ij}(x_i - \bar{x})(x_j - \bar{x})}{s^2 \sum_{i=1}^{n}\sum_{j=1}^{n} w_{ij}} \quad (2\text{-}13)$$

其中,$s^2 = \frac{\sum_{i=1}^{n}(x_i - \bar{x})^2}{n}$ 是变量的方差,$\bar{x} = \frac{1}{n}\sum_{i=1}^{n} x_i$ 是均值,w_{ij} 是空间权重矩阵中的元素。空间权重矩阵标准化后,全局 Moran's I 的公式为:

$$I = \frac{\sum_{i=1}^{n}\sum_{j=1}^{n} w_{ij}(x_i - \bar{x})(x_j - \bar{x})}{\sum_{i=1}^{n}(x_i - \bar{x})^2} \quad (2\text{-}14)$$

Moran's I 的取值范围为 [-1,1]。在给定显著性水平下,当 Moran's I 的取值大于 0 时,表明存在空间正相关性,形成高—高值聚集、低—低值聚集的形态。当 Moran's I 的取值小于 0 时,表明存在空间负相关性,形成高—低值聚集,低—高值聚集的形态。当 Moran's I 的取值接近 0 时,表明不存在空间相关性,越接近 0,空间相关性越弱。

三、空间溢出效应分解

仅依据空间系数无法准确判断各变量对碳转移溢出效应的影响程

度，因此，考虑到数据存在反馈作用和同时性（Anselin，2010），为细致分析各变量的空间溢出效应，需要采用偏微分估计方法将自变量空间效应分解为直接效应与间接效应。

基于萨热和佩斯（2009）提出的空间计量模型偏微分估计方法，将空间溢出效应分解为直接效应与间接效应。

首先，将 GNS 方程改写为解释 Y 的方程：

$$Y = (I - \rho W)^{-1}(X\beta + WX\theta) + R \quad (2-15)$$

其中，R 包含了截距和误差项。Y 的期望值对 X 的偏导可以表示为：

$$\left(\frac{\partial E(Y)}{\partial x_{1r}} \cdots \frac{\partial E(Y)}{\partial_{nr}}\right) = S_r(W) = \begin{pmatrix} \frac{\partial E(y_1)}{\partial x_{1r}} & \cdots & \frac{\partial E(y_1)}{\partial x_{nr}} \\ \vdots & \ddots & \vdots \\ \frac{\partial E(y_n)}{\partial x_{1r}} & \cdots & \frac{\partial E(y_n)}{\partial x_{nr}} \end{pmatrix}$$

$$= (I_n - \rho W)^{-1} \begin{pmatrix} \beta_r & w_{21}\theta_r & \cdots & w_{1n}\theta_r \\ w_{21}\theta_r & \beta_r & \cdots & w_{2n}\theta_r \\ \vdots & \vdots & \ddots & \vdots \\ w_{n1}\theta_r & w_{n2}\theta_r & \cdots & \beta_r \end{pmatrix} \quad (2-16)$$

其中，I_n 是 n 阶单位矩阵，$r=1,2,\cdots,k$，且 k 为解释变量的个数，w_{ij} 是空间权重矩阵 W 的第 (i,j) 个元素，β_r 是第 r 个解释变量的回归系数，θ_r 表示 WX 的第 r 个变量的估计系数。

不同观察值的直接效应和间接效应是不同的，因此，使用综合指标即平均数来衡量直接效应与间接效应。平均直接效应是 i 地区第 r 个自变量对 i 地区因变量的影响，即对 $S_r(W)_{ii}$ 求平均值。平均间接效应无法直接得到，而需要用平均总效应减去平均直接效应得到。

基于上述原理，可对空间 OD 交互模型进行空间效应分解。其中对本地区的影响解释为直接效应，对其他地区的影响为间接效应，直接效应与间接效应相加为总效应。

第二节　区域碳转移的空间自相关检验与模型选择

一、变量选择

碳排放空间转移关系的形成受到诸多因素影响。因为地区间经济流动需要综合地理环境、经济要素、资源禀赋等做出最优选择，所以能源禀赋、经济要素、地理环境等都是碳转移的主要驱动因素。因此，结合文献研究，本研究从能源、经济和地理环境三大要素中选择变量。

关于能源要素，一方面，能源禀赋条件往往能够对一个地区的产业结构特点起到决定性作用，丰富的能源资源会致使地区产业具有高耗能、高排放的特点。另一方面，能源强度与地区的能源结构和技术水平联系紧密，能源结构和技术水平差异促使跨地区合作，进而带来地区间经济价值流动。关于经济要素，从水平角度来看，经济发展水平在一定程度上体现着经济地位与经济产出，经济地位相似且经济产出量大的地区，资源要素流动越频繁，发生碳转移的可能性更高。从结构角度来看，产业结构能体现地区的工业发展，而工业恰好是发生碳转移的主要部门。一般而言，产业结构处于中上游的地区更多输出碳密集型产品。关于地理环境要素，首先，地理距离对运输成本和运输效率起决定性作用，且地理距离越近，地区联系越紧密，因此，碳转移更可能发生在相邻地区之间。其次，环境规制约束地区内高碳产业发展，企业会通过产业迁移，转移至环境规制水平较低地区，进而影响两地区的碳转移。并且，环境规制水平差异越大，两地区更有可能存在上下产业链关系，其碳转移关系也更密切。

综上，从能源禀赋、经济要素、地理环境三方面入手，选择能源产出、能源强度、环境规制、产业结构、地理距离和经济水平六个指标作为解释变量，将测算得到的省际碳转移双边流量数据作为被解释变量，建立影响因素分析模型。

二、变量说明与数据来源

（一）变量说明

能源产出（EP）。据前文所述，能源禀赋优异的地区往往是隐含碳调出也即碳转入的主要地区，因此，能源产出对碳转移的影响不容忽视。能源产出的计算方式为：利用折标煤系数将地区各能源的生产量转化为标准煤后进行加总，并取对数。

能源强度（E）。能源强度反映了地区的能源使用效率，与碳排放直接相关。同时，能源强度与能源结构和技术水平密切相关，而能源结构和技术水平差异会促进地区经济价值流动，从而影响碳转移。能源强度为地区能源消费总量与地区生产总值之比。

环境规制（P）。环境规制约束地区的经济发展，环境规制水平高意味着高耗能高排放企业有更高的生产成本，权衡利弊后企业会考虑向环境规制水平较低地区进行产业转移，进而影响碳转移。环境规制为地区工业污染治理投资完成额与地区工业增加值之比。

产业结构（I）。第二产业是碳转移的主要产业，一般而言，产业结构侧重于工业的地区更有可能输出碳密集型产品，而工业浓度越低，对其他地区工业产品的需求越大。因此，产业结构会影响省际碳转移。产业结构为地区第二产业增加值与地区生产总值之比。

地理距离（D）。地理距离对省际碳转移产生负向影响，地理距离越远，运输成本越高且运输效率越低，发生碳转移的可能性越低。地理距离取两地区省会城市间的球面距离，后取倒数。

经济水平（G）。经济发展水平体现了各地区的经济地位与经济活动频繁性。经济水平越高，经济活动越频繁，在其过程中发生碳转移的可能性越大。本研究用地区生产总值指代地区经济水平，并对其进行对数操作。

（二）数据来源

省际碳转移规模来源于第二章测算结果。各省区市的能源消费总量和各能源的生产量均来源于《中国能源统计年鉴2018》。各省区市的地区生产总值、工业污染治理投资完成额、地区工业增加值、地区第二产业增加值均来源于《中国统计年鉴2018》。

三、空间自相关性检验与模型选择

（一）空间自相关性检验

省际碳转移很有可能会受到邻近地区的影响，因此采用全局莫兰指数（Global Moran's I）检验省际碳转移是否存在空间自相关性。如果存在，则意味着有必要考虑空间依赖性，建立空间计量模型。

表2.1给出了全局莫兰指数计算结果，可以看出碳转移的Moran's I值为0.117，大于0且其P值远小于0.01，表明碳转移存在明显的空间聚集效应。能源产出、经济水平、能源强度以及环境规制的Moran's I值均大于0，且P值为0，说明存在显著的空间正相关性。其中，能源产出、能源强度的聚集性可能与能源禀赋的空间分布有关；经济水平的聚集性可能与经济发展的辐射作用有关；环境规制的聚集性可能与环境保护的示范效应有关。而产业结构的Moran's I值为-0.061，P值为0，表明产业结构存在明显的空间负相关性，这可能与产业迁移有关。

表 2.1　全局莫兰指数检验结果

变量	变量名称	Moran's I	P(I)
T	碳转移	0.117	0.000
EP	能源产出	0.242	0.000
G	经济水平	0.148	0.000
I	产业结构	−0.061	0.000
E	能源强度	0.306	0.000
P	环境规制	0.043	0.000

绘制碳转移的 Moran's I 散点图，得到图 2.1。可以发现，大部分点位于第一、第三象限，且趋势线斜率明显大于 0，表明大多数地区位于"高—高"或者"低—低"区域，在地理空间分布中存在明显的聚集现象。以内蒙古、河北所在的华北地区为例，丰富的能源资源促使碳转入地区的聚集；而浙江、广东所在的东部沿海地区由于经济发展水平较高，容易形成碳转出地区的聚集。因此，一地区的碳转移对邻近地区存在一定的正向辐射作用，即空间溢出效应。

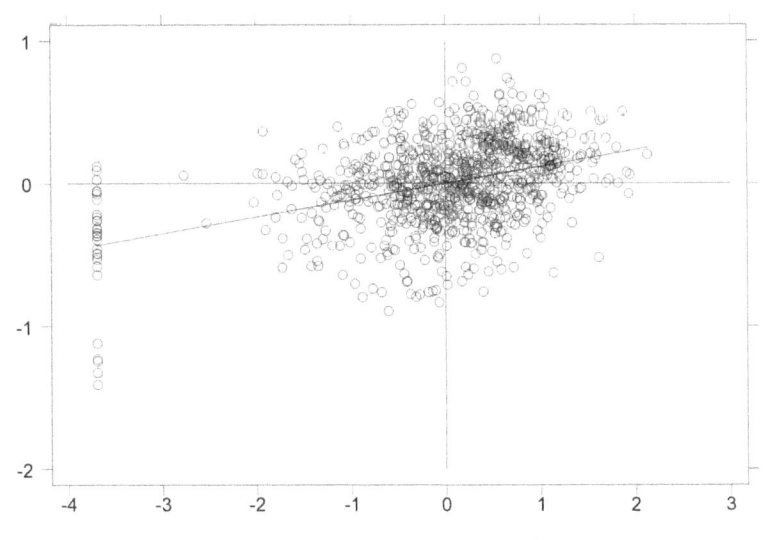

图 2.1　碳转移的 Moran's I 散点图

(二)模型选择

空间自相关检验结果证实,不能忽略空间依赖性,有必要基于空间计量模型构建空间 OD 交互模型。但究竟采用哪种空间计量模型更为适宜,还需通过检验进行比较。选择合适的空间计量模型有助于正确反映空间依赖的作用路径。在此采用拉格朗日乘数法(LM)进行模型选择,若 LM-lag 和 RLM-lag 不拒绝原假设,但 LM-err 和 RLM-err 拒绝原假设,则一般选择空间误差模型(SEM);若 LM-lag 和 RLM-lag 拒绝原假设,但 LM-err 和 RLM-err 不拒绝原假设,则一般选择空间滞后模型(SAR);若所有统计量均无法拒绝原假设,则表明空间关系不显著,不适合采用空间计量模型。

LM 检验结果见表 2.2。LM-err 和 LM-lag 均于 1% 水平上显著,并且 RLM-err 和 RLM-lag 同样于 1% 水平上显著,可见 SAR 和 SEM 均可。因此,初步考虑构建含杜宾项的空间杜宾模型(SDM)和空间杜宾误差模型(SDEM)。

表 2.2 拉格朗日乘数法(LM)检验结果

统计量	统计值	P 值
LM-err	104.43	0.000
LM-lag	11.027	0.000
RLM-err	102.52	0.000
RLM-lag	9.108	0.002

考虑到稳健性,本节对 SDM 和 SDEM 进行 Wald、LR 检验,保证模型不会退化成 SEM 和 SAR。结果显示,二者均拒绝系数为 0 的原假设,因此构建以 SDM 和 SDEM 为基础的空间 OD 交互模型探究碳转移影响因素的空间溢出效应。同时,构建传统引力模型和以 SAR 与 SEM 为基础的空间 OD 交互模型,用以比较和检验各变量参数估计的稳健性。

第三节 中国区域碳转移的本地效应与溢出效应分析

一、影响因素的本地效应分析

空间模型不能依据 R^2 大小进行模型的比较，因此，安瑟伦（Anselin，1998）给出了对数似然值（Log L）、赤池信息准则（AIC）以及施瓦茨信息准则（SC）三种统计量来比较模型，据此选择拟合优度最高的模型。本研究通过 Log L 和 AIC 来判定模型的拟合优度，前者越大、后者越小，表明拟合效果越好。模型估计结果如表 2.3 所示。由表可知，SDEM 的 Log L 最大且 AIC 值最小，因此，以 SDEM 为基础的空间 OD 交互模型较优。空间影响系数 ρ 和 λ 均在 1% 水平上正向显著，说明存在显著的空间依赖性。另外，在不同的模型中，大多数变量的显著性与正负性并没有发生明显变化，表明模型具有较好稳定性。

表 2.3 模型估计结果

	模型一 LM	模型二 SLM	模型三 SAR	模型四 SDM	模型五 SDEM
Intercept	-14.533*** (-19.034)	-15.301** (-18.823)	-13.924*** (-15.384)	-7.096* (-1.900)	-15.800*** (-4.200)
G_o	0.552*** (9.540)	0.534*** (9.345)	0.369*** (7.376)	0.362*** (4.954)	0.417*** (5.557)
EP_o	0.315*** (10.080)	0.311*** (10.055)	0.320*** (11.490)	0.302*** (11.152)	0.263*** (8.351)

续表

	模型一 LM	模型二 SLM	模型三 SAR	模型四 SDM	模型五 SDEM
I_o	1.311***	0.993**	0.707*	-0.995*	-0.970
	(2.755)	(2.064)	(1.884)	(-1.649)	(-1.295)
E_o	0.253*	0.293**	0.135	0.230	0.291*
	(1.907)	(2.211)	(1.180)	(1.404)	(1.695)
P_o	0.003*	0.001	-0.003**	-0.008***	-0.006***
	(1.857)	(0.839)	(-2.237)	(-3.993)	(-2.792)
G_d	0.672***	0.687***	0.667***	0.432***	0.446***
	(11.615)	(11.982)	(13.336)	(6.025)	(5.940)
EP_d	0.11***	0.105***	0.044	0.108***	0.168***
	(3.517)	(3.409)	(1.579)	(3.901)	(5.332)
I_d	-0.56	-0.928*	-0.788**	-0.518	-1.911**
	(-1.177)	(-1.921)	(-2.100)	(-0.865)	(-2.551)
E_d	0.151	0.300**	0.275**	-0.223	-0.213
	(1.141)	(2.178)	(2.406)	(-1.373)	(-1.245)
P_d	-0.005***	-0.007***	-0.008***	-0.008***	-0.009***
	(-3.186)	(-4.122)	(-5.013)	(-3.845)	(-4.152)
D	0.625***	0.605***	0.741***	0.869***	0.883***
	(31.503)	(26.696)	(32.238)	(35.137)	(35.566)
$Lag.G_o$				0.586**	1.071***
				(2.494)	(4.640)
$Lag.EP_o$				-0.065	-0.059
				(-0.715)	(-0.637)
$Lag.I_o$				0.765**	1.704
				(0.659)	(1.243)
$Lag.E_o$				1.056***	2.320***
				(2.010)	(4.535)
$Lag.P_o$				0.026***	0.038***
				(4.690)	(6.784)
$Lag.G_d$				-0.832***	-0.510**
				(-3.636)	(-2.210)
$Lag.EP_d$				0.472***	0.647***
				(5.524)	(7.013)
$Lag.I_d$				2.286**	-1.102
				(1.924)	(-0.804)
$Lag.E_d$				-1.639***	-1.313**
				(-3.171)	(-2.567)
$Lag.P_d$				0.014***	0.013**
				(2.623)	(2.262)
$Lag.D$				-1.155***	-1.017***
				(-13.841)	(-9.319)

续表

	模型一 LM	模型二 SLM	模型三 SAR	模型四 SDM	模型五 SDEM
ρ		0.234***		0.447***	
λ			0.949***		0.914***
AIC	2217.3	2209.6	2129.1	1933.6	1880.5
Log L		-1090.812	1050.571	-941.788	-915.272

注：***、**、*分别代表在1%、5%、10%置信水平下显著；括号内为标准误。本书下同。

根据模型结果分析源汇地各影响因素对碳转移的影响效果，可以得出如下结论：

首先，源汇地经济水平提高能有效促进省际碳转移，即经济水平越高，碳转移规模越大。由表2.3可知，不论是否考虑空间相关性与空间溢出，源地与汇地经济水平均在1%显著水平上正向影响碳转移。其中，源地经济水平系数值分别为0.552、0.534、0.369、0.362和0.417，表明源地经济水平每上升1%，隐含碳调出量会相应增长0.55%、0.53%、0.37%、0.36%和0.42%；汇地经济水平系数值分别为0.672、0.687、0.667、0.432和0.446，表明汇地经济水平每上升1%，隐含碳调入量会相应增长0.67%、0.69%、0.67%、0.43%和0.45%。碳转移蕴藏在贸易背后，而经济水平高的地区通常贸易活动频繁，碳转移发生的可能性大。于源地而言，调出商品和货物以获得经济收益的同时，碳转入也随之形成。于汇地而言，经济水平高，本地区的高碳产品供应少，需从其他地区调入，由此形成碳转出。因此经济水平地位相似的地区间更可能发生碳转移（Ma et al., 2019），尤其是经济均处于较高水平的地区之间。

其次，能源强度高且能源禀赋优异的地区以碳转入为主，而第二产业占比少的地区以碳转出为主。如表2.3所示，在最优空间OD交互模型（SDEM）中，源地能源强度与能源产出分别于 10% 和 1% 置信水平下显著正向影响碳转移，其中，能源强度系数值为 0.291，能源产出系数值为 0.263。可见，源地能源强度与能源产出水平分别增长 1%，隐含碳调出规模会相应增长 0.30% 和 0.26%。能源强度大、能源禀赋优异的地区能源消费结构低（Chen et al., 2018），一般以发展高耗能产业为主，比如河北、内蒙古、山西、辽宁等能源资源丰富且能耗大的地区，其产出多以隐含碳的形式调出以满足其他地区生产与生活的需要，如长三角区域，由此形成碳转入。汇地产业结构的系数值为 -1.911，小于 0 且在 1% 置信水平下显著，表明第二产业占比越小，汇地的碳转出量就越大。可见，作为碳转出主要地区，其产业结构一般以第三产业为主，工业产出难以满足省内需求，需从其他地区调入引致碳转出。

再次，环境规制对碳转移存在抑制作用，但影响较小。如表 2.3 所示，在 SDM 与 SDEM 中，源地环境规制与汇地环境规制均在 1% 置信水平上显著为负，但影响系数值较小。其中，源地环境规制系数值为 -0.006 和 -0.008，汇地环境规制系数值为 -0.009 和 -0.008。一方面，环境规制有助于中国工业技术向绿色进步靠拢（Chen et al., 2022），减排技术进步有助于降低碳排放，间接减少碳转移量。另一方面，高耗能高排放的企业倾向选址于环境规制水平较低地区。因此环境规制水平越高，碳转移量越小，但其影响作用有限。

最后，地理距离对碳转移的显著正向影响说明地理距离越远，运输成本、风险越高，时间效率越低，碳转移的可能性越小。此外，汇地能源产出这一变量在模型中显著正向影响碳转出，间接说明碳转移的主要部门是工业部门，依赖于能源资源，能源产出量大的地区重工业较为发达，碳转入与碳转出规模均较大。

二、影响因素的溢出效应分析

由于存在空间依赖，某个变量发生变化时，不仅会引起本地区碳转移量的变化,也会引起相邻地区碳转移量的变化,再通过空间反馈效应传导回来。为了准确反映空间溢出效应,我们通过偏微分分解将空间溢出效应分解为直接效应与间接效应,其中直接效应指某解释变量对本地区碳转移的影响大小,间接效应则是"邻近"地区某解释变量对本地区碳转移的影响。空间效应分解结果如表 2.4 所示。由于 SDEM 不存在被解释变量的空间滞后项,因此,其溢出效应即为解释变量空间滞后项的回归系数。下文将着重分析间接效应即溢出效应。

表 2.4 空间效应分解结果

	直接效应 SDM	直接效应 SDEM	间接效应 SDM	间接效应 SDEM	总效应 SDM	总效应 SDEM
G_o	0.371*** (5.366)	0.417*** (5.557)	1.342*** (3.093)	1.071*** (4.640)	1.714*** (3.587)	1.489*** (5.107)
EP_o	0.303*** (11.230)	0.263*** (8.351)	0.126 (0.648)	−0.059 (−0.637)	0.429** (2.194)	0.204* (1.787)
I_o	−0.991* (−1.681)	−0.970 (−1.295)	0.575 (0.236)	1.704 (1.243)	−0.416 (−0.153)	0.734 (0.361)
E_o	0.245 (1.512)	0.291* (1.695)	2.081** (2.111)	2.320*** (4.535)	2.326** (2.138)	2.611*** (4.030)
P_o	−0.008*** (−3.811)	−0.006*** (−2.792)	0.040*** (3.209)	0.038*** (6.784)	0.032** (2.406)	0.032*** (4.620)
G_d	0.424*** (5.683)	0.446*** (5.940)	−1.146** (−2.221)	−0.510** (−2.210)	0.722 (−1.361)	−0.064 (−0.220)
EP_d	0.115*** (4.332)	0.168*** (5.332)	0.934*** (3.947)	0.647*** (7.013)	1.048*** (4.385)	0.815*** (7.128)
I_d	−0.493 (−0.686)	−1.911** (−2.551)	3.687 (1.397)	−1.102 (−0.804)	3.195 (1.080)	−3.013 (−1.481)
E_d	−0.245 (−1.518)	−0.213 (−1.245)	−3.121** (−2.393)	−1.313** (−2.567)	−3.366** (−2.430)	−1.527** (−2.358)
P_d	−0.007*** (−3.678)	−0.009*** (−4.152)	0.020* (1.788)	0.013** (2.262)	0.012 (1.101)	0.004 (0.567)

根据源汇地各影响因素的间接效应分析其空间溢出，可以得到如下结论：

首先，周边地区的经济水平促进碳转入而抑制碳转出。由表2.4可知，源地经济水平间接效应值为1.342与1.071，在1%置信水平下显著为正；汇地经济水平间接效应系数值为-1.146与-0.51，在5%置信水平下显著为负。可见，经济水平对碳转入而言存在正向溢出效应，对碳转出而言存在负向溢出效应。经济高水平地区往往注重产业结构升级，重点发展高新技术产业和轻工业等下游产业。为满足生产与生活需求，需要从周边地区调入一定规模的上中游产品，由此形成隐含碳调入，增加周边地区的碳转入规模。同时，在经济高水平地区产业结构升级过程中，产业迁移时有发生。一些中游企业有较大可能迁至周边地区，增加产出供给，减少对其他地区的需求，从而降低周边地区碳转出规模。

其次，于源地而言，能源强度存在正向溢出效应，周边地区能源强度提高将有效促进碳转入。于汇地而言，能源强度存在负向溢出效应，周边地区能源强度降低将有效促进碳转出。由表2.4数据可知，源地能源强度间接效应系数值为2.081和2.32，汇地能源强度间接效应系数值分别为-3.121和-1.313，且分别在5%和1%置信水平下显著。一般情况下，能源强度高意味着能耗大而经济产出相对较少，以高能耗、高排放的重工业为主，极易在能源禀赋优异地区周边形成区域型产业聚集。通过空间溢出效应中的产业聚集这一路径，能源强度较高地区发挥"虹吸效应"，诱使中游企业在周边地区聚集，从而增加周边地区碳转入规模。而周边地区能源强度降低促进源地碳转出，这可能与周边地区的经济结构相关。比如，北京等经济水平较高的地区会将高能耗、高排放工业等中游产业向周边地区转移（Yuan & Zhou, 2021），由此，本地区能源强度、工业浓度下降，而周边地区中游产业得到发展，进而促进周边地区碳转移。

再次，能源产出对汇地的碳转出存在正向溢出效应，也即周边地区优异的能源禀赋为其碳转出提供有利资源条件。汇地能源产出的间接效应系数值分别为 0.934 和 0.647，于 1% 置信水平上显著大于 0，说明周边地区能源禀赋对碳转出存在正向空间溢出。一方面，能源孕育工业，为了节约能源运输成本，高耗能企业会聚集在能源禀赋优异地区的周边地区，例如河北省，北靠内蒙古，西接山西省。为满足工业生产需求，需从周边能源禀赋优异地区调入工业原料，从而形成较大规模碳转出。另一方面，能源禀赋高值地区主要聚集在黑龙江、内蒙古、山西、宁夏等北部地区，也就是说能源资源本身具有空间聚集性，对碳转移呈现正向溢出影响。

最后，周边地区环境规制水平正向影响碳转移。表 2.4 中数据显示，源汇地环境规制间接效应系数值均大于 0，且在不同显著性水平下显著。根据"污染避难所"假说，随着某一地区环境规制水平的不断提高，地区内高排放工业企业优先选择环境规制水平相对较低的周边地区进行产业迁移，从而增加周边地区碳转移规模。

第三章

中国区域碳排放责任核算——
基于碳转移影响因素的综合原则分析

第三章 中国区域碳排放责任核算——基于碳转移影响因素的综合原则分析

本章以探究更为公平、合理的碳排放责任核算原则为目的，基于碳转移影响因素提出综合原则视角下的碳排放责任核算框架，核算各地区的碳排放责任。同时，探究不同责任视角下碳排放责任的差异与特点，为中国各地区的碳排放责任划分提供借鉴参考。

第一节 基于碳转移影响因素的碳排放责任核算综合原则构建

基于公平视角探究中国碳排放责任核算原则时，首先考虑的就是"共同但有区别的责任"原则。该原则确立于1992年的联合国环境与发展会议，并已取得国内外广泛认可。其中包含两种含义：一是共同责任，意味着中国各地区应共同承担碳排放责任，尤其是省际碳转移部分。二是差异化责任，意味着核算各地区碳排放责任时应考虑到不同地区的异质性，包括经济水平、结构、技术和可持续发展能力等。因此，基于"共同但有区别的责任"原则，本节从共同责任和差异化责任两个维度探究公平合理的碳排放责任核算原则。

一、共同责任

早期，各国政府和学者提出基于生产者责任的碳排放责任核算原则，该原则虽易于操作，但忽略了部门与地区间的贸易流动。生产地完全承担贸易流动引致的碳转移部分，将导致严重的"碳泄漏"问题。鉴于生产者责任原则的不足，后有学者提出基于消费者责任的碳排放责任核算原则。该原则在一定程度上弥补了生产者责任原则的不足，但降低对生产者的排放约束，会导致生产地减排动力不足，不利于减排进程的推进。综上，基于生产者和基于消费者的碳排放责任核算原则都将省际碳转移部分完全分配给其中一方承担，这对于任一方而言都是不公平的。实际上，碳转移由地区间贸易引起，而生产地与消费地在地区间贸易中均有获益。因此，有必要基于共同责任提出多影响因素综合原则的第一个核算准则。

准则一：共担责任准则——生产地与消费地共同承担两者间碳转移部分的责任。

二、差异化责任

在中国，由于地域辽阔，各地区间的经济发展、能源禀赋以及地理环境等均存在较大差异，极大地影响了中国的省际碳转移。鉴于此，除了共同责任，多影响因素综合原则还需要根据各地区的不同情况来划分碳排放责任，也即设置差异化责任。差异化责任的目的是促进碳排放责任核算的公平，避免消费方逃避责任，同时激励生产方技术革新，促进经济可持续发展。

本节从碳转移的影响因素出发，探究差异化责任这一维度的核算准则。第三章结果显示，能源相关的能源禀赋、能源强度，经济相关的经济发展水平、产业结构，以及地理距离、环境规制等，均对碳转移存在或多或少的影响。考虑到省际碳转移是省域碳排放核算的关键部分，有必要将碳转移的影响因素纳入碳排放核算框架。而在上述影响因素中，能源禀赋和地理距离属于各地区的固有属性，难以改变，在碳排放责任核算中并不能体现公平性，也不存在潜力和激励效应，因此不予考虑。能源强度、经济发展水平、产业结构以及环境规制在一定程度上反映了各地区的减排能力与潜力，将其纳入碳排放核算框架有助于使核算结果与省域的减排能力、潜力更匹配，同时起到减排激励的作用。

除碳转移的影响因素外，造成碳转移产生的经济活动所带来的经济价值流动也不容忽视。省际碳转移由地区间商品和货物贸易产生，而省际贸易又涉及贸易双方间的经济价值收益。目前，学者们普遍认为，获益越大的地区应承担的碳排放责任也越大。换言之，省际获益也应体现在碳排放责任划分中。

综上，本节从利益、能力和激励补偿三个角度出发设计省域碳排放责任的共担原则，在已有"获益原则"的基础上，将碳排放影响因素中的能源强度、产业结构、环境规制和经济发展水平纳入碳排放责任核算框架中，提出多影响因素综合原则。差异化责任由以下准则体现：

（一）获益准则

在省际贸易的过程中，生产者与消费者获得经济利益与碳排放的双向反馈。碳排放是经济生产的副产品，碳转移是经济贸易流动的副产品。因此，碳排放责任核算不能忽视省际贸易中经济利益的分配。只有充分考虑省际碳转移与贸易双方经济价值收益间的协同关系，制定贸易双方的碳排放责任核算准则，才能更大程度地确保区域间的经济与环境效益（Baker，2017）。考虑到经济利益与碳排放间的双向关系，在省际贸易流动中，获得经济收益较高的一方应承担较多的碳排放责任。也即，若某一地区在省际贸易流动中获得的收益较大，那么在两地区间的碳转移中，该地区应分配到更多的碳排放责任。鉴于此，提出多影响因素综合原则的第二个核算准则。

准则二：获益准则——收益越大，需要承担的责任就越大。

（二）减排能力准则

在国际上，秉着"能力越大，责任越大"的原则，一国的经济发展水平往往决定了该国应承担的国际义务与责任。因此，制定公平合理的碳排放责任核算准则时，各地区经济发展状况是不可忽略的因素之一。经济发展状况能够体现一个地区的减排能力与潜力。一方面，对于经济发展水平较高的地区而言，雄厚的经济实力基础使其拥有较强的支付能力以承担环境成本。同时，这些地区低碳生产的研发投入与技术水平更高，更有利于带动低碳经济发展。另一方面，从社会福利角度出发，经济发展水平较高地区理应承担更多的社会责任，较大程度地发挥发达地区对欠发达地区的帮扶作用。此外，经济发达地区分配到更多的碳排放责任，有助于经济欠发达地区拥有更多的财力与物力用于提升减排技术，促进中国整体"双碳"目标的实现。综上，在两地区间碳转移中，减排能力较强方应分配到更多的碳排放责任。由此，提出多影响因素综合原则的第三个核算准则：

准则三：减排能力准则——经济发展水平越高，减排能力越大，承担的责任就越大。

（三）节能补偿准则

鉴于能源消耗是碳排放产生的主要原因，加强能源资源节约（即节能）是实现碳减排目标的重要途径，能从根本上有效减少二氧化碳排放。陆菁等（2022）研究发现，"千家企业节能行动"显著抑制了企业由化石燃料产生的直接碳排放，产生了"直接减碳"效应。因此，有必要将各地区的节能水平纳入碳排放责任核算框架中，实施对能源节约方分配较小份额碳排放责任的方案。于能源节约方而言，该方案予以节能奖励补偿，减少其承担的碳排放责任，起到了正向激励作用。于能源非节约方而言，该方案促使生产者以避免承担更多碳排放责任为目的，选择发展节能减排技术，发展低碳经济，从而有助于整体碳排放的减少。因此，提出多影响因素综合原则的第四个核算准则。

准则四：节能补偿准则——能源节约方承担较少的碳排放责任。

（四）产业优化补偿准则

碳排放与产业结构密切相关，在经济发展进程中，产业结构不合理以及第二产业中"高耗能、高污染"的工业阻碍了中国碳减排进程。产业结构优化过程中，劳动、资本等要素在产业间流动，不断实现资源的有效配置，有助于提高企业效能，加速绿色环保转型；同时，产业结构逐渐偏重于高新技术产业、第三产业，不断降低能源依赖度，减少能源消耗。可见，产业结构优化有助于减少二氧化碳排放，促进碳减排（龚梦琪等，2020）。综上，应以"碳减排"为最终目的，将产业结构优化纳入碳排放责任核算框架中，对产业结构优化程度较低地区分配较大份额的碳排放责任，促使其为了避免承担碳排放责任而加大产业结构优化力度，推动低碳经济发展。本节提出多影响因素综合原则的第五个核算准则。

准则五：产业优化补偿准则——产业结构优化程度越高，承担的责任越小。

（五）环境规制补偿准则

环境规制是政府实施区域社会性规制的重要政策工具，是刺激绿色技术创新的重要手段，在降污减排中有着举足轻重的作用。对于生产者而言，严格的环境规制能够倒逼企业产生减排动机，通过绿色创新降低企业生产的环境成本。可见，环境规制对二氧化碳排放存在约束作用（王文娟等，2022）。因此，将环境规制纳入碳排放责任核算框架中，对环境规制水平较高方分配较少份额的碳排放责任。一方面，环境规制水平较低的地区为了避免承担更多的碳排放责任，可能会主动选择提高环境规制水平，有利于促进绿色生产技术的发展；另一方面，环境规制水平较高的地区相对而言已经承担了较多环境责任，那么，从补偿角度而言，应相应减少其碳排放责任。本节提出多影响因素综合原则的第六个核算准则。

准则六：环境规制补偿准则——环境规制水平较高方承担较少的碳排放责任。

综上，从共同责任和差异化责任两个维度出发，以公平性为最终导向，基于共担责任以及获益、减排能力、节能、产业优化、环保水平各方面与碳减排间的联系确定了六大准则。这六大准则组成的多影响因素综合原则将秉持"获益、减排能力大，责任大；节能、产业优化、环保水平高，补偿多"的理念，从公平角度对各地区碳排放责任进行核算。

第二节　基于综合原则的碳排放责任核算模型

一、指标选取与数据来源

根据多影响因素综合原则探究思路，我们提出了共担责任准则、获益准则、减排能力准则、节能补偿准则、产业优化补偿准则和环境规制补偿准则，除共担责任准则之外，其余准则均需选取指标进行测度。结合碳转移影响因素研究和文献研究，各准则选取指标如下：

（一）获益准则

贸易获益（V）。省际贸易获益通常用增加值进行核算，因此，使用增加值流动来衡量各地区贸易流动中所得收益规模。参考王文治（2022）的做法，利用 MRIO 模型测算省际增加值流动规模。首先，确定增加值系数矩阵对角矩阵为 Z，其中，增加值系数用各地区增加值与产出之比表示。增加值流动计算公式见式（3-1）：

$$V = ZB^{RS}Y^{RS}$$

$$= \begin{pmatrix} Z^1 & 0 & \cdots & 0 \\ 0 & Z^2 & \cdots & 0 \\ \vdots & \vdots & \ddots & \vdots \\ 0 & 0 & \cdots & Z^n \end{pmatrix} \begin{pmatrix} B^{11} & B^{12} & \cdots & B^{1n} \\ B^{21} & B^{22} & \cdots & B^{2n} \\ \vdots & \vdots & \ddots & \vdots \\ B^{n1} & B^{n2} & \cdots & B^{nn} \end{pmatrix} \begin{pmatrix} Y^{11} & Y^{12} & \cdots & Y^{1n} \\ Y^{21} & Y^{22} & \cdots & Y^{2n} \\ \vdots & \vdots & \ddots & \vdots \\ Y^{n1} & Y^{n2} & \cdots & Y^{nn} \end{pmatrix}$$

（3-1）

其中，B 为完全消耗矩阵，Y 为最终需求矩阵。最终得到增加值流动矩阵 $V=(V^{ij})$，V^{ij} 表示由地区 j 最终消费引致的地区 i 贸易流出中属于地区 i 增加值的部分，即地区 i、j 贸易流动中地区 i 的贸易获益。

MRIO 模型的数据基础是 2017 年中国 31 省区市域间投入产出表（Zheng et al., 2020），各地区增加值与总产出数据来源于《中国统计年鉴 2018》。

（二）减排能力准则

经济发展水平（GDP）。地区生产总值（GDP）是指某一地区在一定时期内所有经济活动生产的最终产品与服务的价值总和，被认为是衡量地区经济总体实力和经济发展水平最重要的宏观经济指标之一。因此，选择使用 GDP 来反映各地区经济发展水平，衡量各地区减排能力。各地区 GDP 数据来源于《中国统计年鉴 2018》。

（三）节能补偿准则

能源强度（E）。能源强度即单位 GDP 能耗是指一地区在一定时期内每生产一单位的地区生产总值所消耗的能源，是反映节能降耗情况的主要指标，也可用来衡量国家或地区的能源利用效率，能源强度越低，能源利用效率越高，能源节约状况越好。因此，使用能源强度来反映各地区节能状况，其值为地区能源消费总量与地区生产总值之比。各地区能源消费总量数据来源于《中国能源统计年鉴 2018》，地区生产总值数据来源于《中国统计年鉴 2018》。

（四）产业优化补偿准则

产业结构合理化（RIS）、产业结构高级化（AIS）。产业结构优化是指各产业合理化、高级化的优化发展，涵盖产业结构合理化与产业结构高级化两方面（周振华，1990）。因此，考虑产业结构优化的合理化与高级化，采用产业结构合理化指数与产业结构高级化指数来衡量各产业的产业优化水平。

产业结构合理化（RIS）聚焦产业间的均衡和协调程度，参考干春晖等（2011）的做法，采用泰尔指数的倒数衡量产业结构合理化水平，计算方式如（3-2）所示。

$$RIS = \frac{1}{TL} = \frac{1}{\sum_{i=1}^{3}\left(\frac{Y_i}{Y}\right)\ln\left(\frac{Y_i}{L_i}\bigg/\frac{Y}{L}\right)}, \quad i=1,2,3 \quad (3\text{-}2)$$

其中，TL 为泰尔指数，Y 为地区生产总值，L 为地区总就业人数，Y_i 为第 i 产业增加值，L_i 为第 i 产业的就业人数。RIS 数值越大，表示产业结构合理化程度越高。

产业机构高级化（AIS）参考干春晖等（2011）的做法，采用第三产业增加值与第二产业增加值之比对高级化程度进行衡量。数值越高，表示产业结构"服务化"发展趋势越明显，产业结构高级化程度越高。各地区生产总值、产业就业人数和增加值均来源于《中国统计年鉴2018》。

(五) 环境规制补偿准则

环境规制（P）。参考江心英和赵爽（2019）的做法，使用地区工业污染治理投资完成额与地区工业增加值之比来衡量地区环境规制水平，数值越高，环境规制水平越高。各地区工业污染治理投资完成额和地区工业增加值均来源于《中国统计年鉴2018》。

二、模型构建

本节提出的多影响因素综合原则由六个维度的核算准则构成，分别为共担责任、获益、减排能力、节能补偿、产业优化补偿和环境规制补偿准则，这些准则为公平视角下的碳排放责任核算提供了指导。下文将说明如何结合上述核算准则对碳转移部分进行分配，科学核算各地区碳排放。

首先，根据"多影响因素综合原则"的思路，对省际碳转移部分实行责任共担，那么，一省的碳排放责任应包含三部分：(1) 本地区生产并由本地区消费产生的碳排放；(2) 本地区生产并由其他地区消费产生的碳排放；(3) 其他地区生产并由本地区消费产生的碳排放。

假设，地区 i 流向地区 j 的碳转移 T^{ij} 中，分配给地区 i 的部分为 CR_i^{ij}，分配给地区 j 的部分为 CR_j^{ij}。根据核算准则一，应满足条件：

$$\begin{cases} T^{ij} = CR_i^{ij} + CR_j^{ij} \\ 0 < CR_i^{ij} < T^{ij};\ 0 < CR_j^{ij} < T^{ij} \end{cases} \quad (3\text{-}3)$$

其次，根据各准则的理论思路，C_i^{ij} 与 C_j^{ij} 应满足条件：

获益准则：$\dfrac{CR_i^{ij}}{CR_j^{ij}} \propto \dfrac{V^{ij}}{V^{ji}}$；

减排能力准则：$\dfrac{CR_i^{ij}}{CR_j^{ij}} \propto \dfrac{GDP^i}{GDP^j}$；

节能补偿准则：$\dfrac{CR_i^{ij}}{CR_j^{ij}} \propto \dfrac{E^i}{E^j}$； （3-4）

产业优化补偿准则：$\begin{cases} \dfrac{CR_i^{ij}}{CR_j^{ij}} \propto \dfrac{RIS^j}{RIS^i} \\ \dfrac{CR_i^{ij}}{CR_j^{ij}} \propto \dfrac{AIS^j}{AIS^i} \end{cases}$；

环境规制补偿准则：$\dfrac{CR_i^{ij}}{CR_j^{ij}} \propto \dfrac{P^j}{P^i}$。

其中，V^{ij} 表示由地区 j 最终消费引致的地区 i 贸易流出中属于地区 i 的贸易获益；GDP^i 为 i 地区的地区生产总值；E^i 为 i 地区的能源强度；RIS^i 为 i 地区的产业结构合理化水平；AIS^i 为 i 地区的产业结构高级化水平；P^i 为 i 地区的环境规制水平。

再次，参考刘磊等（Liu et al., 2015）的做法，采用联合国计算 HDI 的方法，对式（3-4）各准则进行整合，得到多影响因素综合原则下的综合分配因子 w^{ij}：

$$w^{ij} = \sqrt[6]{\dfrac{V_{ij}}{V_{ji}} \cdot \dfrac{GDP_i}{GDP_j} \cdot \dfrac{E_i}{E_j} \cdot \dfrac{RIS_j}{RIS_i} \cdot \dfrac{AIS_j}{AIS_i} \cdot \dfrac{P_j}{P_i}} \quad (3\text{-}5)$$

同时，w^{ij} 与 C_i^{ij}、C_j^{ij} 遵循如下关系：

$$w^{ij} = \frac{CR_i^{ij}}{CR_j^{ij}} \qquad (3\text{-}6)$$

最后，根据式（3-3）、式（3-5）和式（3-6），计算得到：

$$\begin{cases} CR_i^{ij} = \dfrac{w^{ij}T^{ij}}{1+w^{ij}} \\ CR_j^{ij} = \dfrac{T^{ij}}{1+w^{ij}} \end{cases} \qquad (3\text{-}7)$$

那么，通过地区间两两分配，地区 i 在"多影响因素综合原则"下核算的碳排放责任为：

$$CR_i = T^{ii} + \underbrace{\sum_{j=1, j \neq i}^{30} w_{ij} T^{ij} / (1+w_{ij})}_{(a)} + \underbrace{\sum_{j=1, j \neq i}^{30} T^{ji} / (1+w_{ji})}_{(b)} \qquad (3\text{-}8)$$

其中，T^{ii} 为内需碳排放部分；(a) 为地区 i 作为隐含碳转移中的源地所分配到的碳排放责任，即碳调出承担部分；(b) 为地区 i 作为隐含碳转移中的汇地所分配到的碳排放责任，即碳调入承担部分。

第三节 中国区域碳排放责任核算与分析

一、省域碳排放责任规模分析

根据多影响因素综合原则核算模型可知，一地区的碳排放责任由三部分组成，分别是：本地区生产并由本地区消费产生的碳排放，即内需碳排放部分；本地区生产并由其他地区消费产生的碳排放，即碳调出承担部分；其他地区生产并由本地区消费产生的碳排放，即碳调入承担部分。测算可得 2017 年中国各地区基于多影响因素综合原则核算得到的各地区碳排放责任，其构成如表 3.1 所示。

表 3.1 各地区碳排放责任及其构成

地区	碳排放责任（亿吨）	内需碳排放（亿吨）	碳调出承担责任（亿吨）	碳调入承担责任（亿吨）
北京	0.6960	0.1395	0.1057	0.4508
天津	1.1115	0.4799	0.2614	0.3702
河北	4.9417	2.6056	1.4049	0.9313
山西	2.9680	1.5067	1.0249	0.4364
内蒙古	3.6489	1.5099	1.7806	0.3584
辽宁	3.0252	1.4575	1.0609	0.5068
吉林	1.6231	0.4541	0.7042	0.4648
黑龙江	2.0672	0.9767	0.5939	0.4966
上海	0.8596	0.2605	0.3338	0.2652
江苏	4.4024	2.0920	1.1998	1.1106

续表

地区	碳排放责任（亿吨）	内需碳排放（亿吨）	碳调出承担责任（亿吨）	碳调入承担责任（亿吨）
浙江	2.9887	1.1893	0.4109	1.3885
安徽	2.4878	1.2534	0.7885	0.4458
福建	1.5991	1.0466	0.3038	0.2487
江西	1.4664	0.6507	0.4171	0.3987
山东	5.8230	4.3617	0.8142	0.6471
河南	4.1140	1.6831	1.0377	1.3932
湖北	2.8365	2.0823	0.2181	0.5361
湖南	2.7433	1.6019	0.5004	0.6410
广东	3.2022	1.0517	0.7271	1.4234
广西	1.5852	0.7823	0.3621	0.4409
海南	0.2296	0.0939	0.0658	0.0699
重庆	1.2599	0.3448	0.3326	0.5824
四川	2.5043	1.6800	0.2714	0.5529
贵州	1.7925	0.7546	0.5324	0.5055
云南	1.8708	0.9944	0.1811	0.6953
陕西	2.0509	0.6504	0.6198	0.7807
甘肃	1.0561	0.5892	0.2805	0.1865
青海	0.4366	0.3182	0.0450	0.0734
宁夏	1.1736	0.6747	0.3185	0.1804
新疆	2.9295	1.6981	0.7698	0.4616
合计	69.4936	34.9837	17.4669	17.0431

分析表3.1可以发现，2017年中国30个省区市（西藏、港澳台地区除外）碳排放总规模为69.49亿吨。其中，山东、河北、江苏、河南与内蒙古位列前五，合计22.93亿吨，占总规模的33%，集中在

华北地区、华东与华中地区北部，毗邻能源丰富地带，经济生产尤其是工业生产体量较大。同时，这些地区的碳转移规模也较为庞大，合计碳调出占总体规模的 34.66%，合计碳调入占总体规模的 24.63%。海南、青海、北京、上海和甘肃位列后五位，合计 3.28 亿吨，占总规模的 4.72%。青海和甘肃位于西北地区，不论是工业条件还是经济水平均较差；北京、上海和海南的产业结构以第三产业为主，对高碳产品需求较低，同时节能与环境规制水平较高。可见，各地区的碳排放责任与产业结构和经济发展密切相关，长三角、珠三角和北方传统能源地区的经济强省和工业大省碳排放责任普遍较高。另外，基于多影响因素综合原则的碳排放责任核算基本符合经济伦理，即若某一地区生产、使用的隐含碳排放规模较大，其核算得到的碳排放责任一般也较大。

二、省域碳排放责任构成分析

根据表 3.1，将各地区碳排放责任的构成情况绘制成条形图，如图 3.1。

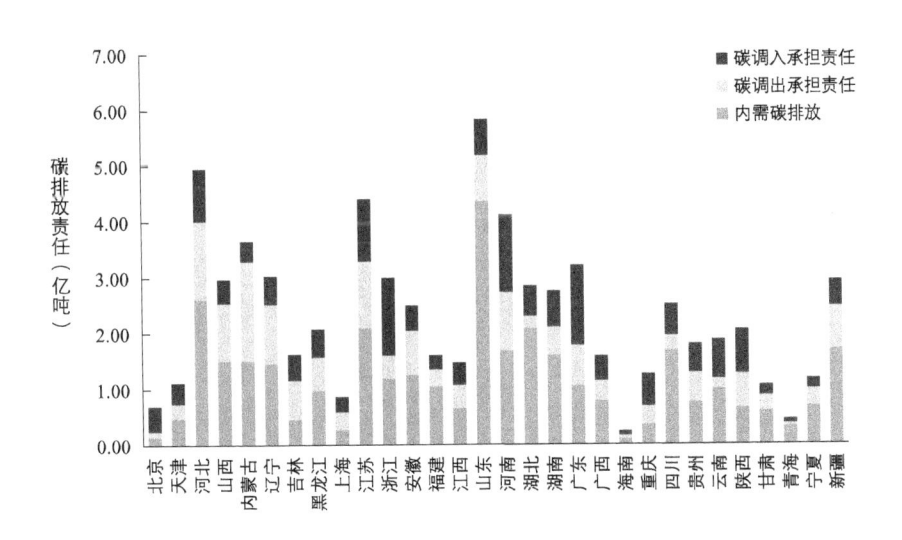

图 3.1　各地区碳排放责任的构成情况

由图 3.1 可知，内需碳排放是碳排放责任的主要构成部分，碳调入与碳调出承担责任较为均衡。各地区碳排放责任规模总计 69.49 亿吨，其中内需碳排放总计 34.98 亿吨，占比 50.34%；碳调出承担责任总和与碳调入承担责任总和较为接近，分别为 17.47 亿吨和 17.04 亿吨，分别占碳排放责任总规模的 25.13% 和 24.52%。内需碳排放规模排名前三的分别是山东、河北和江苏，其碳排放责任总和为 15.17 亿吨，内需碳排放合计达 9.06 亿吨，占比 59.73%，远超三省碳排放责任总和的一半。大规模的内需碳排放是导致山东、河北和江苏碳排放责任总规模位列前三的原因之一，其中，山东碳排放责任最大，与此同时，其内需碳排放规模也最大，分别为 5.82 亿吨和 4.36 亿吨。省域碳排放责任和内需碳排放规模均较大说明该类地区内部产业集聚明显，有衔接程度较高的上下游产业链；并且工业发达，工业生产量大。从内需碳排放占比看，山东、湖北、青海、四川与福建的内需碳排放在各地区碳排放责任中占比较大，均占 50% 以上，说明这些地区的碳排放主要是由内部需求导致的，并且，其商品和货物多用于内部自产自销。

碳调出、碳调入承担责任与碳转移规模有直接联系。碳调出承担责任较大的地区有内蒙古、河北、江苏、辽宁、河南和山西，各自均占碳调出承担总规模的 5% 以上。其中，排名位于前三的内蒙古、河北与江苏的碳调出承担责任合计 4.39 亿吨，占碳调出承担责任总规模的 25.11%。碳调入承担责任较大的地区有广东、河南、浙江、江苏以及河北，均占碳调出承担总规模的 5% 以上。其中，排名位于前三的分别是广东、河南与浙江，合计 4.21 亿吨，占碳调入承担部分总规模的 24.67%。由此发现，不论是碳调出还是碳调入，承担责任较大的地区均属于碳调出或碳调入的主要地区，碳转移规模庞大。并且，经济发达的地区对碳调入部分承担比重较大，工业大省对碳调出部分承担比重较大。对于浙江、广东和江苏这类经济较为发达的地区而言，它们获益、减排能力强，同时正处于产业升级、转型阶段，低碳经济水平还有待提升；而对于内蒙古、河北与河南这类以工业发展为重点的地区而言，它们节能、产业优化与环保水平落后，有必要加强减排意识，强化减排动力。

三、不同原则下省域碳排放责任核算比较

（一）原则介绍

当前，关于碳排放责任核算主要有三种原则，一是生产者责任原则，将碳排放责任归于生产方；二是消费者责任原则，将碳排放责任归于消费方；三是责任共担原则，认为生产者与消费者需共同承担碳转移部分的碳排放责任，目前较多学者基于"受益原则"提出碳排放责任的共担原则，认为各地区承担的碳排放责任应与经济获益挂钩。基于此，将多影响因素综合原则与生产者责任原则、消费者责任原则和受益原则进行对比，探究不同核算原则下的各地区碳排放责任特点。

1. 生产者责任原则

生产者责任原则体现为"谁生产，谁负责"的核算理念，不论产品是否属于本地区最终消费，其产生的碳排放均属于该生产地的承担责任。因此，该核算原则下，一地区的碳排放责任由两部分组成，分别是"本地区生产并由本地区最终消费产生的碳排放"和"本地区生产并由其他地区最终消费产生的碳排放"。基于生产者责任原则的碳排放责任核算模型为：

$$CR_i = T^{ii} + \sum_{j=1, j \neq i}^{30} T^{ij} \quad (3\text{-}9)$$

2. 消费者责任原则

消费者责任原则体现为"谁使用，谁负责"的核算理念，不论是否为本地区生产，其产生的碳排放均属于该消费地的承担责任。因此，在该核算原则下，一地区的碳排放责任由两部分组成，分别是"本地区生产并由本地区最终消费产生的碳排放"和"其他地区生产并由本地区最终消费产生的碳排放"。基于消费者责任原则的碳排放责任核算

模型为：

$$CR_i = T^{ii} + \sum_{j=1, j \neq i}^{30} T^{ji} \qquad (3\text{-}10)$$

3. 单一受益原则

单一受益原则的责任分担按照地区间贸易获益能力厘定各地区的碳排放责任，秉持"获益越大，责任越大"的核算理念。参考王育宝等（2021）的做法，将地区流出的增加值占比作为分配因子，并使用该因子作为省际碳转移责任分担的标准。

由式（3-1）的 MRIO 模型得到增加值流动矩阵 $V=(V^{ij})$。将本地区增加值的占比作为碳排放责任的分配因子，地区 i 分担因子为：

$$\gamma^i = \frac{V^{ii}}{V^{ii} + OV^i} \qquad (3\text{-}11)$$

其中，V^{ii} 为地区 i 流出贸易的本地增加值；OV^i 分别为地区 i 流出贸易的其他地区增加值，其值为矩阵 V 的各列非对角元素相加。基于单一受益原则的碳排放责任核算模型为：

$$CR_i = T^{ii} + \sum_{j=1, j \neq i}^{30} \gamma^i T^{ij} + \sum_{j=1, j \neq i}^{30} (1-\gamma^j) T^{ji} \qquad (3\text{-}12)$$

（二）不同原则下碳排放责任核算结果对比分析

经由计算，2017 年中国各省区市基于生产者责任原则、消费者责任原则、单一受益原则以及多影响因素综合原则核算的碳排放责任如表 3.2 所示。

根据碳排放责任核算理论，不论是生产者责任原则、消费者责任原则、单一受益原则还是多影响因素综合原则，碳排放责任总量应始终保持一致。表 3.2 中合计行显示，不论是何种核算原则，碳排放责任总量始终为 69.49 亿吨，核算的准确性得以验证。

表 3.2 不同原则碳排放责任核算结果

地区	生产者责任原则（亿吨）	消费者责任原则（亿吨）	受益原则（亿吨）	综合原则（亿吨）
北京	0.4621	1.5495	0.8960	0.6960
天津	1.0506	1.3247	1.1370	1.1115
河北	5.1514	4.3519	4.7664	4.9417
山西	3.6406	2.4814	3.0549	2.9680
内蒙古	5.1908	2.2699	3.6554	3.6489
辽宁	3.4686	2.4379	2.9542	3.0252
吉林	1.7438	1.3336	1.3729	1.6231
黑龙江	2.3658	2.1736	2.1137	2.0672
上海	1.1429	0.9726	1.0583	0.8596
江苏	4.2964	4.1674	4.6160	4.4024
浙江	2.0736	4.2565	2.9594	2.9887
安徽	2.7753	2.1155	2.5817	2.4878
福建	1.6137	1.5151	1.7208	1.5991
江西	1.4684	1.4421	1.4796	1 4664
山东	5.9124	5.6266	6.1944	5.8230
河南	3.6616	4.3356	3.8413	4.1140
湖北	2.4868	3.1028	2.8616	2.8365
湖南	2.4638	2.7210	2.7476	2.7433
广东	2.3384	3.6625	2.9982	3.2022
广西	1.4663	1.6245	1.5601	1.5852
海南	0.2969	0.3263	0.2716	0.2296

续表

地区	生产者责任原则（亿吨）	消费者责任原则（亿吨）	受益原则（亿吨）	综合原则（亿吨）
重庆	0.9737	1.4524	1.1361	1.2599
四川	2.1777	2.7110	2.5290	2.5043
贵州	1.7197	1.7140	1.6713	1.7925
云南	1.3633	2.4340	1.8340	1.8708
陕西	1.7718	2.0809	1.7884	2.0509
甘肃	1.1874	0.9927	1.1360	1.0561
青海	0.4219	0.4900	0.4620	0.4366
宁夏	1.4665	1.1297	1.1910	1.1736
新疆	3.3411	2.6977	2.9044	2.9295
合计	69.4933	69.4934	69.4933	69.4936

1. 生产者责任原则与消费者责任原则对比分析

生产者责任原则有利于经济发达地区，消费者责任原则有利于能源密集地区，两者均存在省域偏好性。从生产者责任原则核算结果看，碳排放责任排名较为靠前的地区有山东、内蒙古、河北、江苏和山西，其责任规模均大于3.5亿吨。上述地区均属于能源强度密集区，重工业浓度较大，为碳调出主要地区。从消费者责任原则核算结果来看，碳排放责任排名较为靠前的地区有山东、河北、河南、浙江、江苏以及广东，其责任规模均大于3.5亿吨。这些地区工业产值量大，生产过程中需要消耗大量高耗能产品，为碳调入主要地区。由此可见，生产者责任原则偏好于碳调入主要地区，消费者责任原则偏好于碳调出主要地区。这同时也体现了生产者责任原则与消费者责任原则下碳排放责任核算的弊端。例如，生产者责任原则由于忽略了碳转移而导致生产地承担了额外的碳排放责任，引起严重的"碳泄漏"问题；消费者责任原则虽然能正确反映碳转移方向,但将碳转移部分全部归于消费地,会致使生产地丧失减排动机,不利于中国低碳经济和减排进程的发展。

2. 多影响因素综合原则与双侧责任原则对比分析

与生产者责任原则和消费者责任原则相比,多影响因素综合原则核算下的分配结果体现了地区间碳转移的共担。从图3.2中可以明显看到,多影响因素综合原则下,大部分地区的碳排放责任规模处于生产者责任原则与消费者责任原则之间的适中水平。其中,北京、浙江、广东等大部分净碳调入地区在多影响因素综合原则下核算的碳排放责任相较于生产者责任原则平均高22.74%,相较于消费者责任原则平均低15.5%。河北、山西、内蒙古等大部分净碳调出地区在多影响因素综合原则下核算的碳排放责任相较于生产者责任原则平均低10.69%,相较于消费者责任原则平均高15.57%。可以发现,多影响因素综合原则兼顾了碳调入与碳调出两地的碳排放责任,在一定程度上弥补了生产者责任原则与消费者责任原则的不足,缓解了生产者、消费者责任原则下的"碳不公平"现象,避免了双侧责任原则下严重的省域偏好问题。

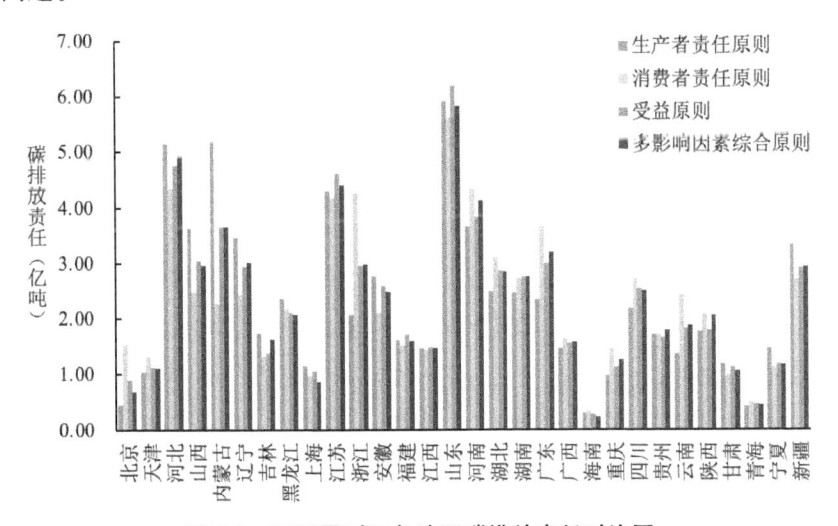

图 3.2 不同原则下各地区碳排放责任对比图

但在多影响因素综合原则下，并不是所有地区的碳排放责任均处于双侧责任原则之间。黑龙江、上海以及海南在多影响因素综合原则下核算的碳排放责任低于生产者和消费者责任原则，分别为2.07亿吨、0.86亿吨和0.23亿吨。究其原因，以黑龙江为例的地区，可能在能源强度、产业优化水平与环境规制水平较为均衡的情况下，经济水平与获益水平同其他地区相比较低；而上海、海南的低碳经济发展较为领先，在节能、产业优化以及环境规制补偿原则上占据较大优势。上述两种情形下，该类地区的综合分配因子较小，致使多影响因素综合原则下核算的碳排放责任最小。江苏、湖南以及贵州在多影响因素综合原则核算下的碳排放责任高于生产者和消费者责任原则，分别为4.4亿吨、2.74亿吨和1.79亿吨。分析发现，该类地区的共同之处在于其生产者与消费者责任原则下核算的碳排放责任较为接近，碳调入与碳调出规模相当。以江苏为例，生产者责任原则下核算的碳排放责任为4.3亿吨，消费者责任原则下核算的碳排放责任为4.17亿吨，相较于生产者责任原则仅变动了3%。这反映了该类地区的节能、产业优化与环境规制水平没有跟上经济发展水平，低碳经济水平有待加强。

（三）多影响因素综合原则与受益原则对比分析

1. 碳排放责任总量分析

与受益原则相比，多影响因素综合原则核算得到的省域碳排放责任调节幅度小，偏倚程度低，对于生产地和消费地而言更为均衡。将单一受益原则、多影响因素综合原则与生产者、消费者双侧责任原则的偏离度进行对比，可以发现，单一受益原则的调节幅度更大，重点体现"获益大，责任大"的碳排放责任分配理念。而多影响因素综合原则在考虑获益的基础上，还纳入了对减排能力、产业优化补偿、节能补偿和环境规制补偿的考量，体现"获益、减排能力大，责任大；节能、产业优化、环保水平高，补偿多"的碳排放责任分配理念，使调节幅度在一定程度上有所缩减，更易于各地区接受和使用。

2. 碳调入与碳调出承担责任分析

受益原则与多影响因素综合原则均服从共担责任准则，即不论是作为生产方还是消费方，都需要对碳转移部分进行责任分担。表3.3为在受益原则、多影响因素综合原则下，针对碳调出和碳调入部分，各地区应承担的碳排放责任。

表3.3 受益原则、多影响因素综合原则下各地区碳调出、碳调入责任

地区	受益原则 碳调出责任（亿吨）	受益原则 碳调入责任（亿吨）	多影响因素综合原则 碳调出责任（亿吨）	多影响因素综合原则 碳调入责任（亿吨）
北京	0.1405	0.6159	0.1057	0.4508
天津	0.2834	0.3737	0.2614	0.3702
河北	1.3892	0.7716	1.4049	0.9313
山西	1.1156	0.4326	1.0249	0.4364
内蒙古	1.8183	0.3272	1.7806	0.3584
辽宁	1.0667	0.4299	1.0609	0.5068
吉林	0.5497	0.3691	0.7042	0.4648
黑龙江	0.6102	0.5268	0.5939	0.4966
上海	0.4864	0.3113	0.3338	0.2652
江苏	1.5965	0.9275	1.1998	1.1106
浙江	0.4465	1.3236	0.4109	1.3885
安徽	0.9601	0.3682	0.7885	0.4458
福建	0.4648	0.2094	0.3038	0.2487
江西	0.4897	0.3392	0.4171	0.3987
山东	1.2496	0.5831	0.8142	0.6471
河南	0.9945	1.1637	1.0377	1.3932

续表

地区	受益原则 碳调出责任（亿吨）	受益原则 碳调入责任（亿吨）	多影响因素综合原则 碳调出责任（亿吨）	多影响因素综合原则 碳调入责任（亿吨）
湖北	0.3216	0.4576	0.2181	0.5361
湖南	0.6396	0.5061	0.5004	0.6410
广东	0.7997	1.1467	0.7271	1.4234
广西	0.4084	0.3695	0.3621	0.4409
海南	0.0771	0.1006	0.0658	0.0699
重庆	0.3025	0.4888	0.3326	0.5824
四川	0.3930	0.4560	0.2714	0.5529
贵州	0.4947	0.4220	0.5324	0.5055
云南	0.2135	0.6260	0.1811	0.6953
陕西	0.5272	0.6108	0.6198	0.7807
甘肃	0.3688	0.1780	0.2805	0.1865
青海	0.0665	0.0773	0.0450	0.0734
宁夏	0.3157	0.2006	0.3185	0.1804
新疆	0.7747	0.4316	0.7698	0.4616

为更清晰反映对比关系，绘制两原则下各地区应承担的碳调出、碳调入部分的碳排放责任对比图，如图 3.3。

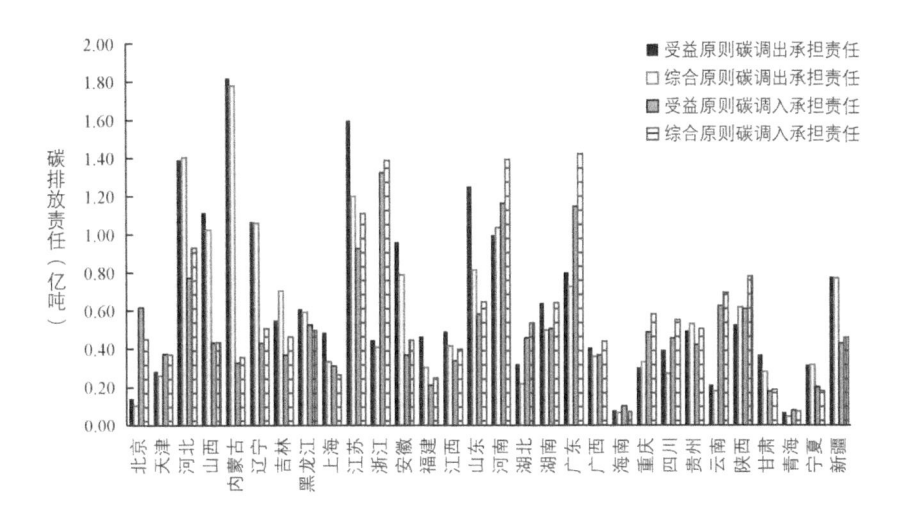

第三章 中国区域碳排放责任核算——基于碳转移影响因素的综合原则分析　　83

图 3.3　各地区碳调出、碳调入责任对比图

根据表 3.3、图 3.3 对比分析受益原则、多影响因素综合原则下的碳转移承担责任,可以发现,山西、内蒙古、辽宁、江苏、浙江等 17 个地区根据多影响因素综合原则核算得到的碳调出承担责任少于受益原则核算得到的碳调出承担责任;与此同时,它们根据多影响因素综合原则核算得到的碳调入承担责任大于受益原则核算得到的碳调入承担责任。其中,碳调出责任比受益原则少 15.36%,碳调入责任比受益原则多 14.99%。由此可见,由于单一受益原则仅考虑增加值获益,对于上述获益能力较强的地区来说,在受益原则下,生产者的分配比例较大。相较而言,多影响因素综合原则在获益能力的基础上还考虑了减排能力、节能、产业结构与环保补偿,降低了生产侧的碳排放责任而增加了消费侧的碳排放责任。

此外,也存在生产侧和消费侧的碳排放责任同时减少或增加的情况。根据表 3.3,河北、河南、陕西等地区在多影响因素综合原则下的碳调出与碳调入责任均高于受益原则,其中,碳调出责任平均高 0.06 亿吨,碳调入责任平均高 0.14 亿吨。这类地区的工业结构偏重,节能减排技术也较为落后,因此,有必要结合节能、产业结构与环保水平给予一定的"惩罚",通过增加其碳排放责任达到加大减排动力的效果。北京、海南、上海等地区在多影响因素综合原则下的碳调出与碳调入责任均低于受益原则,其中碳调出责任平均低 0.04 亿吨,碳调入责任平均低 0.05 亿吨。对于这类以发展第三产业为主,获益能力强但碳转移规模较小的地区而言,受益原则下核算的碳排放责任大于多影响因素综合原则,即受益原则下将被分配到更多的碳排放责任。但在多影响因素综合原则核算框架下,结合经济发展的先进性与低碳水平,给予一定程度的激励补偿,可使其分配到的碳排放责任得到适度削减。在多影响因素综合原则的调节下,重工业结构且低碳环保落后的地区碳排放责任分配因子较高,会得到一定的"惩罚";而产业结构偏第三产业且低碳环保水平高的地区碳排放责任分配因子较低,会得到一定的"激励补偿"。

综上,多影响因素综合原则的核算结果中碳调入与碳调出承担责任较为均衡,并且与各地区生产、使用的隐含碳排放规模密切相关,基本符合经济伦理。相较于生产者责任原则与消费者责任原则严重的省域偏好性,多影响因素综合原则兼顾了碳调入与碳调出两地的碳排放责任,缓解了"碳不公平"现象。相较于受益原则根据获益能力呈现的地区偏好性,多影响因素综合原则的调节幅度更小,偏倚程度更低,地区偏好呈中性,增强了原则的可使用性和接受性。此外,多影响因素综合原则将减排能力、节能、产业结构与环保补偿纳入核算框架,在一定程度上弥补了减排动力不足这一缺点。因此,多影响因素综合原则兼顾获益、减排能力、节能、产业优化以及环保补偿,更贴合碳排放责任核算的公平理念,能准确反映各地区应承担的碳排放责任。

上篇：
碳达峰经济政策之碳税政策

第四章

碳税政策的理论基础与中国实践

第一节 碳达峰、碳税与碳定价

一、碳达峰与碳税

（一）碳达峰

2015年，在第21届联合国气候变化大会上，《巴黎协定》出台，确定了"本世纪末，将全球平均温升保持在相对于工业化前水平2℃以内，并努力控制全球平均温升在1.5℃以内"的长期温控目标。世界各国积极响应，并提出各项碳达峰碳中和政策。目前，已有138个国家和地区做出了碳中和承诺。作为碳中和的中期目标，主要的发达经济体和部分发展中经济体已经实现了碳达峰，如美国、欧盟、日本、澳大利亚等。

中国是世界上碳排放量最大的国家。据国际能源署（International Energy Agency，以下简称IEA）统计，2019年中国二氧化碳排放量达98.77亿吨，且在2019—2021年的两年时间内，增加碳排放量7.5亿吨，抵消了世界其他地区的碳减排量，逆转了全球的碳减排趋势。这表明中国碳排放量增长速率过高，给世界减排目标的达成造成压力。为了表现中国作为负责任大国的担当和推动低碳转型的决心，2015年12月，中国在巴黎气候大会上提出自主贡献减排目标（NDCs）；2016年，中国代表在《巴黎协定》上签字，成为缔约方之一。2020年9月，国家主席习近平在第75届联合国大会上宣布，中国力争2030年前实现二氧化碳排放达峰，并努力争取2060年前实现碳中和目标，这也是中国首次正式提出"双碳"目标。2022年10月，党的二十大报告中指出，要"积极稳妥推进碳达峰碳中和，立足中国能源资源禀赋，坚持先立后破，有计划分步骤实施碳达峰行动"。积极稳妥推进碳达峰，需要处理好发展和减排、整体和局部、长远和短期、政府和市场的关系。具体而言，是要搞清楚碳达峰行动与社会经济损益之间的关系，要在经济发展中抓住其与碳排放的矛盾的主要方面。

（二）工业碳达峰

从碳排放主要来源看，工业排放量占碳排放总量近80%；从能源使用流向看，工业能源消费总量占比近65%。究其原因，改革开放后中国采取粗放型工业发展模式，使工业表现出"三高一低"的特点。其中，"三高"指"高污染、高能耗和高排放"，"一低"为"低效益"。且由于工业发展模式存在惯性，环境污染排放高、减排压力大、能源使用效率低、产能过剩等问题仍然存在。

因此，开展工业领域碳达峰行动是实现全社会碳达峰最直接、最有效的方式。国务院于2021年10月印发的《2030年前碳达峰行动方案》将"工业领域碳达峰行动"列为"碳达峰十大行动"之一，要求工业领域要加快绿色低碳转型和高质量发展，力争率先实现碳达峰。同年11月，国家工业和信息化部印发《"十四五"工业绿色发展规划》，提出通过聚焦一项行动、构建两大体系、推动六个转型、实施八大工程，为2030年工业领域碳达峰奠定坚实基础。2022年7月，工业和信息化部、国家发展改革委、生态环境部联合印发了《工业领域碳达峰实施方案》，指出"到2025年，规模以上工业单位增加值能耗较2020年下降13.5%，单位工业增加值二氧化碳排放下降幅度大于全社会下降幅度，重点行业二氧化碳排放强度明显下降"。截至2023年7月，已有17个省区市发布了工业领域碳达峰实施方案，根据各省发展情况提出了对应目标。可见，推进工业领域碳达峰是中国碳达峰目标工作的重中之重，是稳妥推进全社会碳达峰的最重要环节。

（三）碳税

作为工业革命直接受惠国，欧洲各国的工业化进程较快，且温室气体排放量较高，政府为促进工业企业绿色发展，纷纷开始"绿色税制"运动。自20世纪90年代北欧国家率先引入碳税后，由欧洲逐渐辐射向亚洲、非洲国家，截至2022年4月，全球已有28个国家和8个地区开征碳税，实施的计划总共覆盖了全球温室气体排放的5%（World Bank[①]，2022）。作为第一个征收碳税的国家，芬兰于1990年结合国内工业结构特征，对家用燃料和煤炭开征碳税，在近三十年的摸索下，形成完整的能源—碳混合税体系（王丹舟等，2018）。并通过逐渐提升税率，采用超额累进税制，加速可再生能源和新能源的研发与应用，在推动环保产业持续发展的同时保证社会公平。据世界银行数据库统计，芬兰的二氧化碳排放量由2010年0.69亿吨大幅下降至2018年的0.45亿吨，且预计至2030年，其国内新能源占比将提升至47%。作为第一个征收碳税的亚洲国家，日本自2007年起对化石能源在消费环节进行征税，并逐渐转变为采用石油与煤炭附加税形式，有效减少征收成本，降低碳税对工业企业带来的负面影响（Tan et al.，2022）。截至2020年，日本二氧化碳排放量为11.49亿吨，同比减少5.1%，比2013年下降18%，减排效果明显。

中国自"十一五"规划首次提出对节能减排的具体约束性指标，在随后二个五年计划中对碳减排政策工具进行了长期的探索。"十二五"时期，中国开始建设碳交易市场，于2014年全面落实地方碳交易试点工作，并在"十三五"期间启动全国碳排放权交易市场。经过十年培育期后，在"十四五"期间，全国碳排放权交易市场开市。而碳税虽在2013年的《中华人民共和国环境保护税法（送审稿）》中提出过，但由于综合考虑气候变化需要、碳减排压力、经济社会影响等多方面因素，在2018年正式实施的《环境保护税法》中并未体现，且至今尚未开征。在"双碳"目标下，碳排放权交易效果不尽如人意，作为能有效实现碳减排的工具，碳税的开征问题应得到重新审视。

---

① 数据来源：https://carbonpricingdashboard.worldbank.org/map_data。

二、中国碳定价发展状况

（一）碳排放市场交易政策

作为实现碳减排目标的重要手段，碳定价机制较传统的命令控制减排措施更有效。中国虽尚未制定碳税政策，但全国碳市场已开放运行。自中国2010年提出碳交易市场以来，中国碳排放交易体系已发展十余年，根据不同的发展目标，可以分为三个阶段：

阶段一（2010—2012年）：准备阶段。2010年9月，国务院首次提出建立和完善碳排放权交易制度。随后，2011年3月，"十二五"规划中明确了2020年温室气体排放目标，并提出关于逐步建立国内碳排放交易市场的需求。据此，2011年10月，国家发改委发布《关于开展碳排放权交易试点工作的通知》，考虑运用市场机制以较低成本实现该目标，并在综合评估下同意北京、天津、上海、重庆、湖北、广东及深圳开展碳排放权交易试点。

阶段二（2013—2020年）：试点阶段。经过一年的筹备，2013年11月26日，深圳市率先启动试点，建立首个开市的碳市场交易所。随后一年内，其余6个市场陆续开放。2016年，非试点碳市场福建加入。同年，四川碳市场开市，并成为首家拥有国家备案的机构。与此同时，全国碳市场的筹备也在持续进行，2014年发布的《碳排放权交易管理暂行办法》中，第一次从国家层面提出了碳市场总体框架。三年后，标志着全国碳市场总体设计完成的《全国碳排放权交易市场建设方案（发电行业）》发布，全国碳市场开始建设。

阶段三（2021年至今）：建设阶段。2021年2月，《碳排放权交易管理办法（试行）》实施，代表发电行业第一个履约周期正式开始。同年7月，全国碳排放权交易市场启动上线交易，意味着全国碳市场建设阶段正式开启。至今，已有2162家发电企业参与配额发放，推动碳市场稳中有进发展。

（二）碳排放市场交易情况

1. 碳价与交易量趋势

中国自 2021 年 7 月 16 日正式启动全国碳市场上线交易。图 4.1 为全国每日成交量及均价，从中可以看出，自全国碳市场上线以来，碳市场整体呈现先波动下降后波动上升的趋势，并保持在 55—60 元/吨之间。具体地，自 2021 年 7 月开市，价格持续波动下降，至 2021 年 12 月价格逐渐回升。而 2022 年全年碳市场均价平稳，但价格出现了四次较为剧烈的下跌，跌幅超 30%。

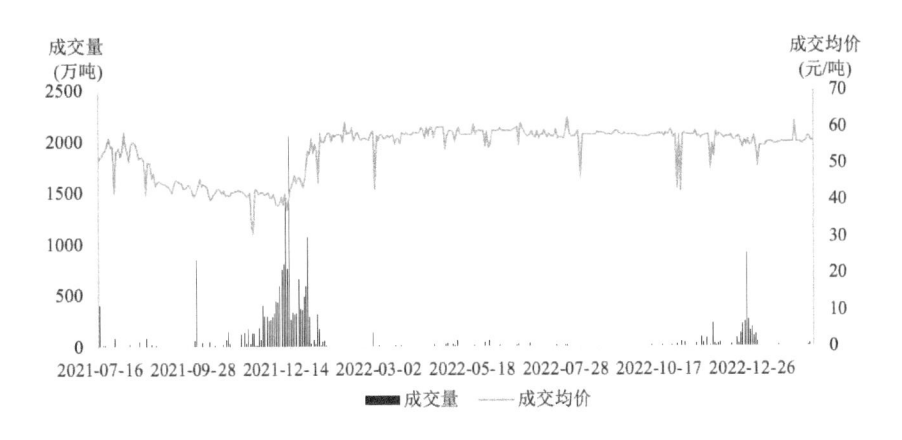

图 4.1　全国碳市场交易情况

2. 碳价的影响因素

作为期货产品，碳排放权价格与其供需存在紧密联系，且供需受到多因素影响。对供给侧而言，在中国碳排放交易体系下，碳配额主要由政府自上而下使用祖父原则进行分配，通过对各重点排放企业配额数量进行核定后加总形成各省及全国配额量。因此，各交易所的碳配额供应量是清晰的。但由于其分配较为宽松，交易多受驱于履约行为，市场活跃度较低（聂正彪、谢海燕，2023）。而地方碳市场分配方式略有不同，如广州在使用祖父原则确定碳配额后，在企业通过拍卖获得 3% 核定碳排放的基础上，将剩余配额免费发放。但无论是哪一种方式，中国碳市场的供应都是人为决定的。因此，碳价波动主要受需求侧的影响，主要影响因素如下：

（1）政策因素。中国碳市场作为由政策引致的市场，受到了国内外政策的影响。其中，当国内外气候变化问题受到关注时，执政当局将制定较为严格的减排计划，这将给碳排放配额价格上涨提供动力（从博云，2020），如《京都议定书》到期、国内机构改革两项重大事件。若国家出台企业加入碳排放权交易体系的扶持政策，此举将促进企业加入市场，扩大市场需求规模（赵立祥、胡灿，2016）。

（2）气候变化。从碳市场的国际经验来看，严寒与酷热天气会对能源消费和温室气体排放产生影响（Considine，2000）。对应地，在中国碳排放市场，气温的变化促进空调等制冷（暖）设备使用，将通过电力产销反映在碳市场中。此外，风速和降水量等气候因素将影响风力、水力发电企业的功能水平，从而影响碳排放权需求（王倩、路京京，2015）。

（3）市场环境。活跃的市场、良好的经济环境将增加碳排放需求，如物价水平、经济景气程度对碳排放权的需求产生正向影响（从博云，2020）。而碳市场的规模和成熟程度将影响碳价稳定性，当交易配额量增加及信息不对称现象减少时，碳价异常情况将减少（赵立祥、胡灿，2016）。此外，由于碳交易市场是各国间的经济环境博弈，国际碳市场的价格将对中国碳市场价格产生影响，影响程度与碳价格的市场化程度相关，而中国目前与国际相关市场的联动性仍处于低位水平（张鹏，2021）。

三、碳达峰政策对碳定价的影响

（一）碳达峰下碳定价的发展方向

作为碳中和的重要前置阶段，碳达峰有明确的碳强度目标。"双碳"目标的提出，对全国碳市场的减排使命提出了更高要求。因此，需要通过完善碳市场的运行机制实现更佳的减排效果。主要有以下几个方面：

第一，碳达峰目标下，碳排放配额总量仍需调整。碳排放配额总量代表着碳市场总量设定水平，总量越大，表明设定越宽松。从碳市场需求价格角度看，相对较低的碳价可能会减弱减排效果。但更高的碳排放配额会促进市场活力，增加企业的交易行为，能减少突发事件引起的供需倾斜。

第二，碳排放配额的分配方式需要优化。目前，中国碳配额使用基于历史分配量的"祖父法则"。但有研究显示，在完全竞争市场假设下，碳配额总量确定时，基于碳排放强度的"杠杆法则"将有效扩大碳市场规模，增加碳配额的供给需求量，由此提升市场活跃度。具体地，"杠杆法则"使低碳强度企业在碳市场中形成有利局面；相对而言，"祖父法则"将降低高碳强度企业成本。此外，"有偿拍卖"的分配方式能进一步促进碳市场价格提升，增加政府收入（庞军，2021）。

第三，逐渐扩大行业覆盖范围。目前中国碳市场主体为发电行业，随着碳达峰目标的提出，减排目标得到提升。在碳市场规模扩大的同时，应有更多行业纳入征收范围，如石化、化工、建材、钢铁、有色金属、造纸、航空七个高耗能行业，并通过扩大覆盖范围进一步降低碳价，减少社会减碳成本。

第四，建立国际合作机制。驱动碳达峰和碳中和目标的实现，是中国为构建全球减排命运共同体的重要决心。因此，与国际碳市场接轨是中国碳市场的发展趋势（杨长进等，2021）。在国情各异的背景下，这种合作并不仅仅是接受，而是通过加强对话的双边协调，由此逐步增强中国碳价政策的国际兼容性（张中祥，2021）。

（二）引入碳税的必要性

目前，中国工业仍处于高耗能、高排放的发展阶段。为尽快保证碳达峰目标的实现，中国需要在碳交易制度基础上开征碳税（彭素怡，2022）。与碳交易不同，碳税是一种由税收直接进行价格干预的机制，通过改变相对价格引导经济主体的行为，以实现碳减排目标（中国财政科学研究院课题组等，2018）。相较于碳交易，碳税的特有优势使其开征具有必要性，具体如下：

首先，碳税的政策适应性更强。与碳交易相比，征收碳税对交易机制及交易成本的要求低，构建所需的客观条件较少，只需要少量运行和管理成本就能大范围推行。同时，碳税易与其他气候政策相互协调，能有效避免"碳泄漏"的发生，促进碳减排（Goulder & Schein，2013）。

其次，碳税的价格信号更稳定。与碳交易不同，碳税立法不会频繁变动，使其价格具有稳定性。且通过观察企业减排决策逐步调节政策，能有效避免碳交易因产业发展差异带来的价格失灵。此外，中国区域发展差异大，仅靠碳交易难以有效调控碳排放行为（武晓婷等，2023），碳税开征能进一步扩大产业和地区的覆盖面。

最后，碳税的经济负面影响更小。政府若将税收用来降低其他税种税率，引导生产要素的合理流动，能提高经济效率。同时，碳税开征能有助于完善绿色税制，加强税制的碳减排作用。且绿色税制的建立，将有利于税收继续服务减排活动，如可再生资源的研发，能带来潜在的"双重红利"（张希良等，2021）。

综上，两种政策机制存在互补，碳税和碳市场交易为主的复合型减排机制效果将优于任何一种单一机制（Mandell，2008）。因此，为加速碳达峰实现，应尽快开征碳税（刘琦，2022）。

第二节 碳税的三重经济效应

一、企业内部化效应

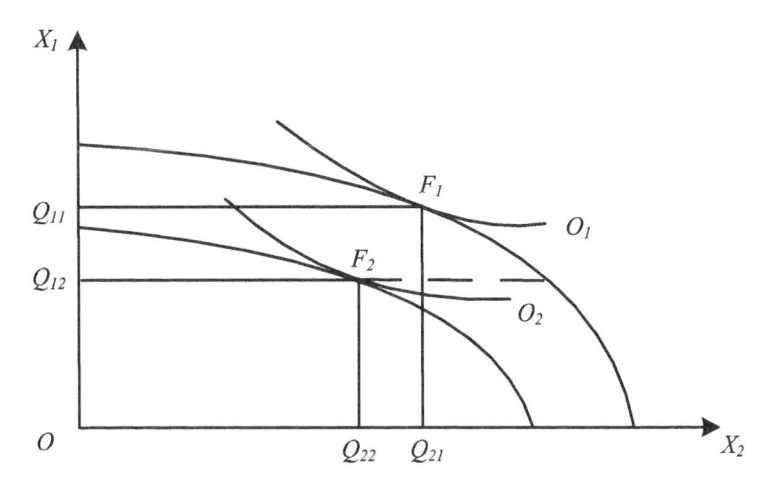

工业企业对能源的需求受到价格变动的影响,并由此改变其生产成本。从生产供给角度,征收碳税将直接影响工业企业的生产成本。因此,征收碳税将产生成本内部化效应,即将社会治理的外部成本嫁接到企业内部,导致工业企业的单位用能成本上升。如图4.2所示,若 X_1 和 X_2 分别为两种传统能源产品,现政府征收碳税 λ。受此影响,能源产品价格上升,企业生产可能性曲线向内移动,无差异曲线将从 O_1 向内移动至 O_2,其切点从 F_1 向内移动至 F_2。此时,企业通过生产 Q_{12} 单位的产品 X_1 和 Q_{22} 单位的产品 X_2 获得最大利润。显然,$Q_{12} + Q_{22} < Q_{11} + Q_{21}$,对应的成本内部化效应为 $(Q_{11} + Q_{21} - Q_{12} - Q_{22}) \times \lambda$。

图 4.2 碳税征收对企业替代能源消费的影响

能源作为一种商品，具有需求价格弹性，反映能源需求量变动对价格变动的敏感程度。征收碳税将直接引起能源价格上升，而碳税降低碳排放的作用就是通过能源消费效应实现的。从能源消费市场角度出发，如图4.3，d为需求曲线。当能源价格从$P_{k,basic}$上升至P_k时，由此将造成消费者盈余的变化，为图4.3中的$S_1 + S_2$部分。其中，S_1是征收的碳税额，其可能是一种转移补贴。

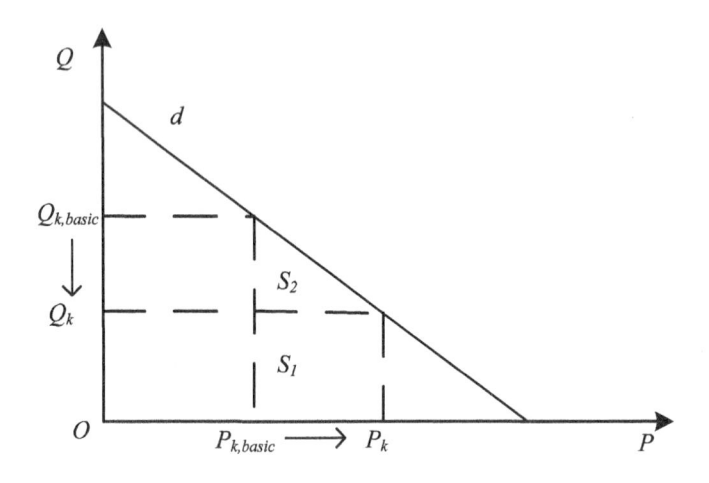

图 4.3 碳税征收对能源消费市场的影响

而依照庇古税的定义，当税收的量等于私人成本与社会成本的差值时，社会福利将最大化。在企业能源消费角度，无论企业间是否存在完全竞争关系，完全竞争情形如图4.4，不完全竞争情形如图4.5。设私人边际收益与社会边际收益相同时，即$PMR=SMR$，征收碳税$\lambda=P_k - P_{k,basic}$，将使企业的私人边际成本$PMC$与社会边际成本$SMC$相等，虽能源消费量从$Q_{k,basic}$下降到$Q_k$，但企业消费行为满足了社会最优。

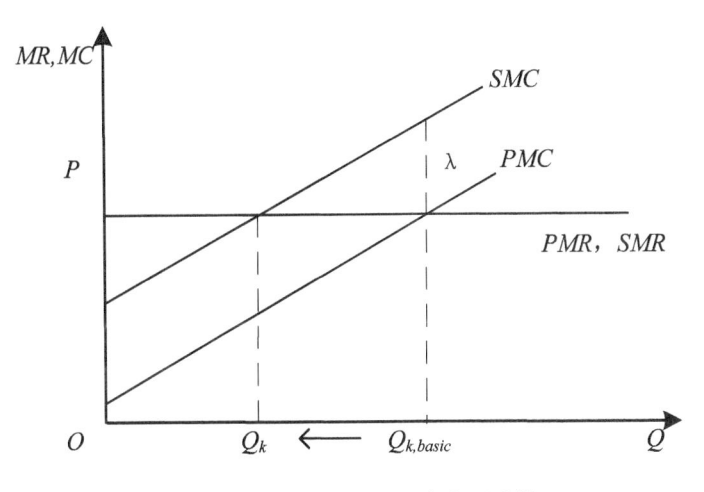

图 4.4　完全竞争情形下庇古税计算

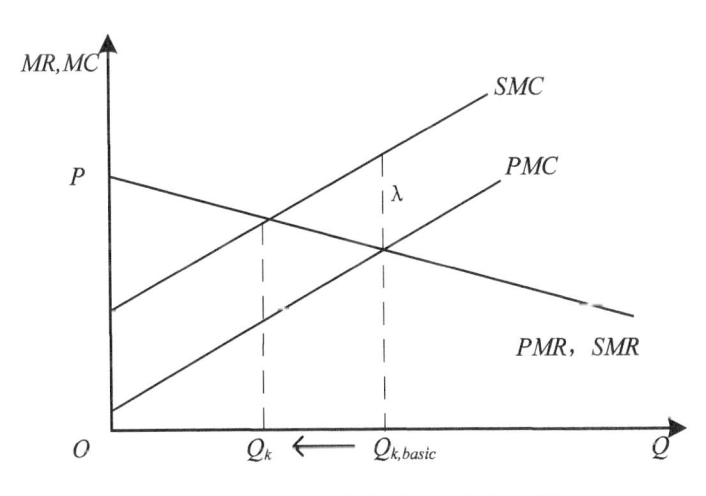

图 4.5　不完全竞争情形下庇古税计算

二、社会经济效应

征收碳税通过企业产出产生社会经济效应。能源需求受到价格变动的影响，并从以下两个路径影响企业的生产（唐红祥、李银昌，2020）。

若企业总投入不变,因碳税征收增加了用能成本,企业产出水平会相应下降。为保持产值,企业或将加大研发投入,提升能源使用效率,或通过减少能源消费降低成本(由需求价格弹性决定)(Zhao et al., 2020)。根据图 4.6,若 X_1 为能源产品,X_2 为科技产品,当征收碳税后,X_1 成本上升,新的生产均衡点变为切点 F_3。此时,企业的最优生产组合为生产 Q_{12} 单位的产品 X_1 和 Q_{23} 单位的产品 X_2。其中 $Q_{12} < Q_{11}$,$Q_{21} < Q_{23}$。

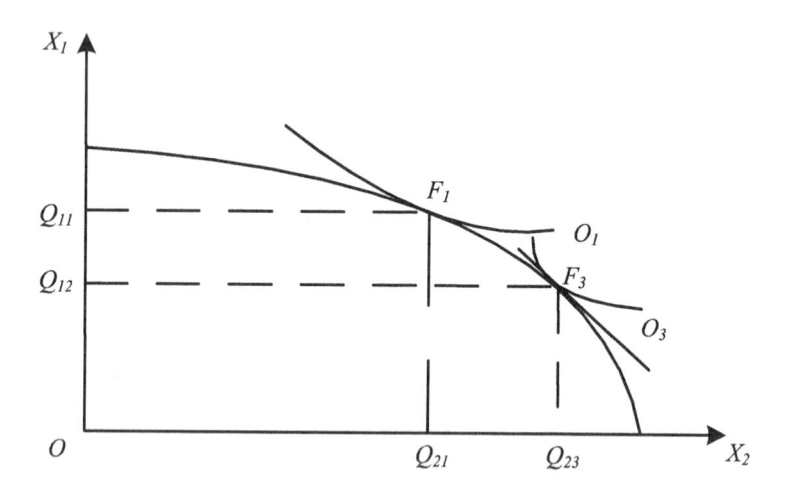

图 4.6 碳税征收对企业替代要素消费的影响

随着成本内部化,企业会进行资源再配置(蔡昌、田依灵,2017)。具体地,企业会改善能源消费结构,减少需求价格弹性大的能源消费量,增加清洁能源等替代能源的消费占比(林伯强,2022)。如图 4.7,若将 X_1 视为传统能源产品,X_2 为清洁能源产品,AB_1 设为企业能源消费的预算线,AB_1 与无差异曲线 O_1 相切于 F_1 点。当政府征收碳税后,X_1 价格上升,企业消费预算线移至 AB_2,此时与无差别曲线的切点向内移动至 F_2,且 $Q_{11} < Q_{12}$,$Q_{22} < Q_{21}$。可以发现,在能源消费市场,征收碳税会增加清洁能源对传统能源的替代。

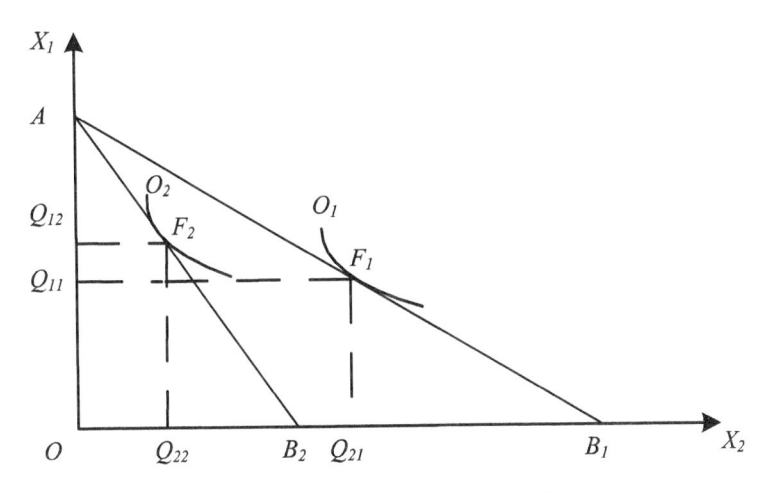

图 4.7 碳税征收对企业生产的影响

除了对消费市场的影响外，征收碳税后，能源成本的上升对生产企业的绩效将产生负面影响，由此使工业行业产值降低，经济增长放缓。但政府若能将征收税额转嫁到扭曲性低的税种，则将实现经济效率的提升（毛恩荣、周志伯，2021），甚至抵消碳税对经济增长的负面效应。

三、收入分配效应

碳税作为一种税收，其征收形成政府收入，征收碳税将对其在资本和劳动要素间的再分配产生影响。首先，碳税提高能源价格，使能源消费减少，因此促进能源使用效率和边际产出率提升，改变国民收入的分配比重（Enevoldsen，2005），使政府加大对环保产业的投入。其次，碳税对能源产品征税，经过生产链传导后，居民税负可能高于企业。如图 4.8 所示，若 X_1 和 X_2 均为传统商品，征收碳税后，商品价格上涨使消费者实际收入减少，消费者预算线从 A_1B_1 移动至 A_2B_2，与新无差异曲线 O_2 相切于 F_2，引起商品消费量下降，即 $Q_{12} < Q_{11}$，$Q_{22} < Q_{21}$。若要保持其效用，消费者需要更高的收入，否则居民的福利水平会下降。此时，由于居民需要更高的收入，劳动要素价格上升，

需求减少，使得分配中的劳动要素比重减少。这一变化可能导致劳动技能较弱的低收入者失业，加剧收入差异（谢虹贤，2021）。但这种负效应可以通过政府配套政策的制定来纠正。

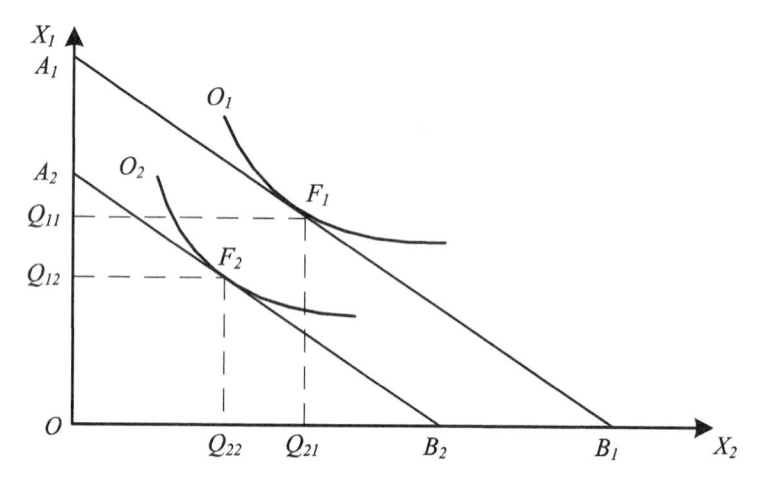

图 4.8 征收碳税对居民消费影响

第三节　碳税的中国基础与现状

一、中国区域发展现状

（一）碳强度差异

作为碳达峰目标的直接衡量指标，碳强度反映了一地经济同碳排放量之间的协调关系。如果某地区在经济增长的同时，每单位国民生产总值所带来的二氧化碳排放量在下降，那么说明该地实现了低碳的发展模式。因此，我们将通过计算各地碳强度比较各地区的绿色发展状态，使用 Ceads 数据库[①]中 2019 年碳排放数据与各地区当年价 GDP 计算各地碳强度。由于西藏与港澳台地区碳排放数据缺失，故统计各地碳强度如表 4.1。

总体上看，中国碳强度有从东南至西北逐渐加强的特点，且不同区域间差异较大。其中，宁夏的碳强度最高，达 5.67 吨/万元。而东部地区碳强度水平较低，低于 1.2 吨/万元。西南地区中，仅有贵州碳强度稍高，较地区平均值高出 61.51%。此外，甘肃、青海、山西、吉林 4 个地区碳强度稍高，介于 1.7—2.0 吨/万元。对比之下，内蒙古、新疆、河北、陕西、辽宁、黑龙江六地的碳强度更高，介于 2.0—4.8 吨/万元。

---

① Ceads 数据库网址：https://www.ceads.net.cn/。

表 4.1 中国各地区碳强度（吨/万元）

省份	碳强度	省份	碳强度	省份	碳强度
宁夏	5.6667	吉林	1.7367	江苏	0.8038
内蒙古	4.6145	贵州	1.5572	湖南	0.7814
新疆	3.3483	山东	1.3186	湖北	0.7741
河北	2.6043	广西	1.1617	四川	0.6761
陕西	2.19	天津	1.1235	重庆	0.6619
辽宁	2.1413	安徽	1.0995	福建	0.656
黑龙江	2.0438	江西	0.9787	浙江	0.6117
甘肃	1.8867	云南	0.9614	广东	0.5286
青海	1.7449	河南	0.8489	上海	0.5056
山西	1.74	海南	0.8112	北京	0.2521

究其原因，各地区发展模式具体从以下三个方面影响碳强度：

（1）产业结构。中国行业主要划分为三大产业，第一产业主要为农、林、牧、渔；第二产业为工业和建筑业；第三产业为服务业。作为主要用能行业，中国工业尚未实现低碳化，且其产品附加值不高，使工业成为碳强度最高的产业。因此，三大产业的占比不同将直接影响各地区碳强度情况。如河北与北京，两地区产值近似，但由于河北的八大主导产业均为工业，而北京主导产业为第三产业中的金融业与IT业，因此两地区碳强度存在显著差异。河北若想降低其碳强度，应促进生产要素改革，提升高附加值产业占比，推动产业升级。

（2）能源结构。各类消费能源碳排放因子不同，即相同的产能下，高碳能源（煤炭、石油、天然气）的排放将大于低碳能源。因此，高碳能源的使用将直接引起各地区碳排放量增加，碳强度升高。如重庆和山西，两地区产业结构类似，都表现为第二产业占比达40%，而农业占比不足10%。但由于山西煤炭资源丰富，所用电力多为高污染的火电。而重庆属于西电东送的重要一环，水电站建设使地区内水电使用占比达60%。两地区发电方式不同，引起能源结构差异，使山西碳强度高于重庆。山西若想降低其碳强度，应逐渐优化能源结构，减少高污染能源使用，或提高其污染净化能力。

（3）能源效率。能源效率是产出与能耗的比值，其在一定程度上代表技术进步（王迪等，2010）。高技术水平将提高生产效率，不仅能在相同产值情况下减少能源投入，且能通过提高清洁能源的利用率，改善能源使用结构。因此，高能源效率地区的碳强度较低。如山东与江苏，两地区形成了对第二产业高依赖的资源型、重化型产业结构。但江苏科教水平高，新兴产业发展迅速，因此其能源效率高，能在减少碳排放量的同时增加产值。若山东想降低其碳强度，应加大科技研发投入，调整生产战略，把握能源转型期。

（二）碳市场运行差异

试点碳市场的运行状况可以反映各地区对碳排放机制的需求。

首先，通过图4.9，对比8个试点市场线上交易量占比情况（中国开展的碳排放权交易试点中分别包括深圳和广东），发现广东的交易占比在逐年升高，虽2022年略有下降，但2013—2022年平均占比仍达48.24%。深圳市场占比超出10%，表明华南地区的碳排放机制需求高。而重庆、北京、天津、上海、福建的交易量逐年增加，但平均占比均不足8%。湖北市场虽有波动，但其整体占有率高，超过20%。

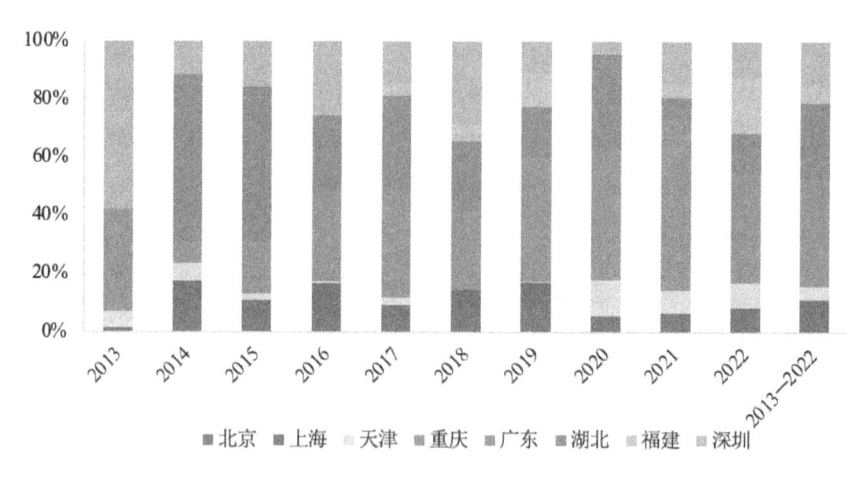

图 4.9　试点碳市场年度线上交易量情况

其次，将全年总交易量与配额总量之比定义为各碳市场交易活跃度，计算后得到图 4.10。不难发现，深圳交易活跃度远高于其他碳市场，且在 2020 年至 2021 年间，深圳交易活跃度有显著提升，涨幅超 15%。而其余 6 个市场波动平缓，整体保持在 5% 左右。

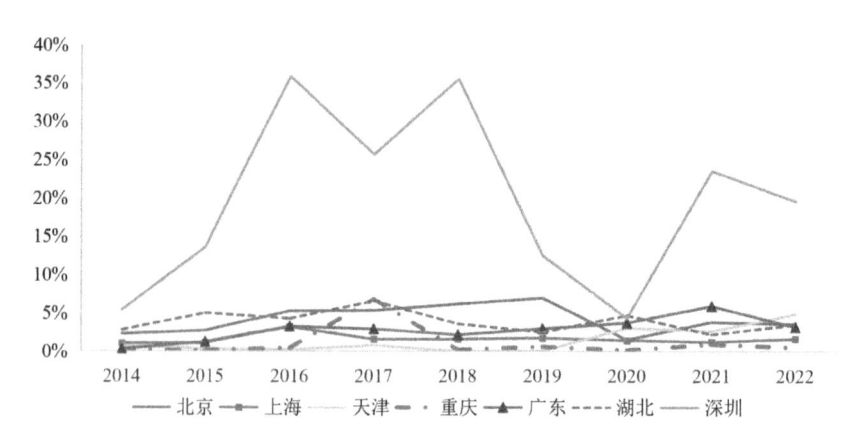

图 4.10　试点碳市场交易活跃度

最后，各交易市场的交易集中度可以反映各市场交易量变动情况。交易集中度的计算方法为：每年交易量最多的前 20% 交易日的交易量之和 / 全年总交易量。在图 4.11 中，从 2022 年表现看，北京、天津、上海、深圳、重庆的交易集中度高，在 90% 以上。从变动走向看，北京、天津、上海、广东、深圳均呈现上升趋势。其中，天津和上海的提升幅度都较大，集中度上升超 10%。而湖北和重庆表现出整体上升但阶段下降的趋势。

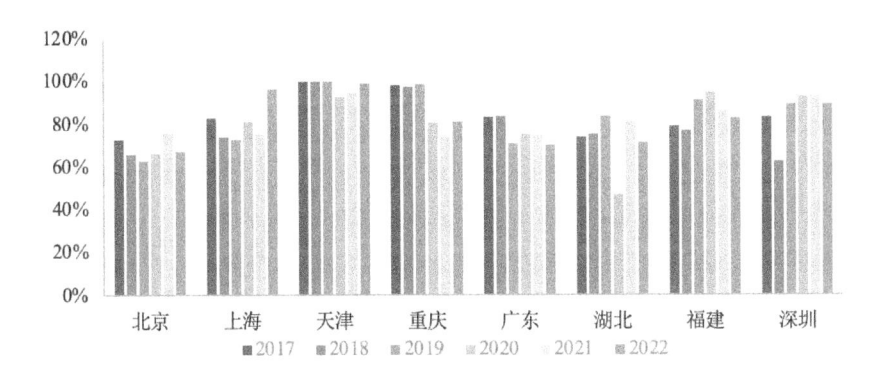

图 4.11 试点碳市场交易集中度

综上，各试点碳市场的情况不同，即各区域对碳排放机制的需求存在异质性，因此，在测算最优碳税时，应综合考虑全国各地区情况。

二、碳税测算及效应的区域差异

（一）碳税测算差异

首先，中国幅员辽阔，各地区地理位置、资源禀赋基础不同，且中国改革开放时，形成了自东部沿海向西部内陆的开放格局，使中国各地区的发展现状各异。

其次，作为碳税的直接影响要素，各地区的碳排放量差异大，且影响因素存在异质性。发达地区的碳排放主要驱动因素为人口，而欠发达地区为经济（王正、樊杰，2022）。此外，各地区碳排放的抑制因素也存在差异。具体而言，经济发达地区在进行产业结构调整时，能主动降低第二产业占比，优化能源结构，抑制碳排放。而欠发达地区工业仍处于快速增长阶段，工业内部结构较难实现从高耗能向低耗能的转变。同时，在科技水平限制下，低下的工业生产效率将加大能源强度的抑制效果。

最后，能源市场的消费差异会对碳税测算产生间接影响。作为一种商品，能源具有价格需求弹性，当商品需求少、可替代性强时，其需求更易受到价格的影响。经济发达地区能源效率更高。其具体表现在城市群的发展使能源消费的集中度上升，当一种能源价格波动高时易找到替代能源，且其具备利用其他能源的科技水平，因此市场灵活性更高。而欠发达地区的大量传统能源由本地区提供，因此其能源消费市场稳定，且能源结构调整将抑制能源效率提升（张士强等，2021）。

（二）碳税效应差异

碳税在国家层面上征收，因此具有统一性。显然，高排放量将给当地经济形成一定的压力，且经济欠发达地区承受的压力更重。主要表现在：

第一，经济发达地区的产业结构更侧重于低耗能高产值的第三产业，边际效益高，因此在征收碳税时获得了更多的环境效应。而欠发达地区征收碳税后，引起的边际效益损失更大，由此抑制地区经济发展（彭素怡，2022）。

第二，征收碳税引起传统能源价格上升，将重新调整区域能源利益格局（覃盈盈，2022）。经济欠发达地区对传统能源的生产与使用更多，碳税征收将减少市场对传统能源的消费，由此欠发达地区的能源出口减少，其经济效应降低。

第三，征收碳税增加生产成本，引起产品价格上升，使居民消费能力下降。同时，成本上升使企业考虑减少劳务投入，加大科技投入，实施裁员。由此，欠发达地区的产业结构决定其对低素质劳动力的需求大，碳税征收将引起地区低收入居民失业率上升，使欠发达地区的居民税负较发达地区更高。

三、相关学者的研究实践

(一) 碳税测算

中国虽尚未开始独立征收碳税，但国内不乏学者对碳税征收的研究。按照不同的测算理论，通过情形模拟下实现目标函数的最优，得到合理的碳税征收值。从不同视角计算碳税的定义略有不同。在生产视角下，主要考虑成本、产值和价格变化；在全社会视角下，除上述指标外，较多学者考虑社会福利；在部门视角下，则考虑减排效率制定差异化征收政策。

若考虑碳税征收对生产的直接影响，在生产者视角下，需要考虑生产者产值最大化（李岩岩，2016）、总产出减少最小化（杨超等，2011）。或将碳税视为生产成本之外的社会成本，此时，最优碳税为庇古税（苏玉丽，2014）。张金灿和仲伟周（2015）则使用完全静态博弈模型，提出两者相等的前提是碳排放企业和减排产品生产企业所在市场都需要接近完全竞争。在此定义下，陈诗一（2011）通过计算各行业边际碳减排成本，为合理的碳税定价提供依据。此外，Jin等（2018）以政府决策视角，考虑政府税收、支出、碳减排三个目标的综合效益，探索政府碳税定价，发现在市场中，对企业实行差异化碳税定价将实现综合效益最大化。从消费者视角出发，学者以居民效用最大化（李岩岩，2016）、居民消费CPI上涨最小（杨超等，2011）为目标函数，寻找各情形设定下的合理碳税值。

若考虑对全社会的经济影响计算碳税，高鹏飞和陈文颖（2002）使用MARKAL-MACRO模型，构造减排率/GDP损失率的弹性指标，找到减排效果最优的碳税额为50美元/吨。因碳税具有"双重红利"，较多学者综合考虑以社会福利最大化为目标函数进行测算。姚昕和刘希颖（2010）利用DICE模型，通过跨期抉择对现在和未来的消费进行取舍，得到碳税最优征收额为18.28元/吨。黄静（2016）考虑区域化特征，使用RICE模型得到高、中、低排放区的最优碳税率分别为 12%、6.61%、2.86%。此外，学者通过设定博弈条件，对关键参数进行调试，以社会福利最大化为目标，为政企或各级和中央政府提供最优决策（周艳菊等，2017；王文举、姚益家，2019；魏守道、汪前远，2016；唐文广等，2020）。

若考虑部门差异化碳税，维赛和林伯强（Wesseh & Lin, 2018）使用 CGE 模型，利用外部性减排成本内部化计算最优碳税，结果发现各部门间最优碳税率不同，服务业为 0.03%，制造业为 2.02%。林伯强和贾智杰（Lin & Jia, 2018）通过对各行业模拟高、中、低三种征收场景，以对 GDP 的负面影响为判断依据，结果显示对能源行业和能源密集型行业征收高税率，将最大限度减少碳排放，且对经济的负面影响较小。安云飞和翟雪琪（An & Zhai, 2020）整合 SVR 与 DEA 计算区域边际减排成本作为碳税征收额，发现火电行业在同等减排目标下，使用省级增加碳税政策的减排效率比统一碳税高 23.1%。

（二）碳税的经济效应

1. 碳税经济效应的影响路径

征收碳税后，化石能源的价格上涨使企业生产成本随之上升，而碳税对税制结构的调整将改变经济效率，并由此对社会经济产生系统性影响。根据现有学者对碳税的经济效应的研究，可将碳税经济效应的影响分为以下三种路径：

（1）碳税通过生产产出对社会经济效益产生直接影响。高鹏飞和陈文颖（2002）使用 MARKAL-MACRO 模型，发现征收碳税会对 GDP 造成较大损失。莫建雷等（2018）基于中国能源—经济—环境系统集成模型，研究发现碳定价与经济损失成正比，具体表现为 GDP 增速的下降。相反地，贺菊煌等（2002）使用静态 CGE 模型，将中国国民经济划分为九大部门，结果表明，碳税对 GDP 的影响很小，主要表现为能源价格的提高及煤炭产量的下降。类似地，杨超等（2011）使用投入产出模型，发现征收碳税后，能源价格的升高将引起高耗能部门产值下降，物价水平升高，且变化显著高于其他部门。在碳税对经济的长期影响上，魏涛远和格罗姆斯洛德（2002）发现征收碳税虽在短期内使中国经济受到较大冲击，对GDP的长期影响却不大。而翁智雄等（2018）采用动态CGE模型发现，虽然征收碳税对GDP的负面影响差异性随时间逐渐加大，但碳税对CPI的抑制作用不断减弱。在征收碳税后，若持续上调税率，将引起宏观经济负向调整（丁冠群等，2022）。

（2）碳税征收将倒逼能源结构调整并促进产业结构升级，对社会经济效益产生间接影响。姚昕和刘希颖（2010）使用CGE模拟最优碳税下的宏观经济变化，发现征收碳税将提高能源效率。张晓娣和刘学悦（2015）基于OLG-CGE模型进一步研究动态情形下征收碳税对经济增长的影响。结果发现，虽然短期内能源成本的上升对经济产生了负面影响，但随着企业加大绿色能源发展力度，碳税对经济增长的影响将由负转正。在关于产业结构调整的研究中，李毅等（2021）提出征收碳税引起高耗能产业的产出下降更大，但当其主动寻求技术进步或转型至低排放领域时，将促进经济发展。具体地，张剑英等（2011）指出，征收碳税情形下的技术升级将催生出大量新兴产业，给经济带来新的增长点，且产业结构的优化将实现经济的高效发展。

（3）碳税的"双重效应"将对社会经济效率产生影响。皮尔斯（Pearce，1991）最早提出碳税的第二重红利，是指碳税征收及其税收替代时通过对扭曲税种的调整，保持财政收入中性，以此提高经济效率。学者使用CASIPM-GE模型探究征收碳税后碳税收入用于替代生产税、消费税的情形，发现若碳税收入返还用于减免生产税，将显著减少碳税对经济的负面影响；而将碳税返还用于减免消费税时，可能会改变经济结构，即碳税表现出蓝色红利，能减少现存税负对经济的扭曲作用（刘宇等，2015；Liu et al.，2023）。李爱军和林伯强（Li & Lin，2013）使用静态的一般均衡模型模拟了碳税征收和返还的多种情形，对比碳税征收及其税收返还的情形，结果表明当碳税返还到增值税时，将在总体上显著降低产出损失。通过对比6种不同税收替代对经济正向影响的角度，许士春和张文文（2016）发现，减免企业所得税将促进企业投资和产业结构调整，而减免居民所得税将刺激居民消费。

2.碳税经济效应的区域异质性

从全国统一征收碳税的角度看，中国幅员辽阔，不同地区的经济、社会基础存在差异，使碳税的经济效应具有区域异质性，较多学者对此做出研究。

张志新和李亚（2011）使用面板数据模型模拟了碳税对区域经济的冲击，发现在较低强度的碳税政策下，碳税将促进东部地区大部分省份的经济增长，但将阻碍中西部地区一些省份的经济发展。相反，也有学者认为碳税对区域能源消费和经济增长起到了显著的抑制作用，且这种抑制作用随着经济水平的提高而增强（郭晓红等，2014），地理上表现出由西至东逐渐增强（王文举、范允奇，2012）。魏朗和郑巧精（2016）使用面板数据得到了相似结论，但略有不同的是，其提出碳税能提高能源要素的产出效率。在此基础上，李珊珊和罗良文（2020）结合动态空间面板模型与反事实模拟，发现在碳价格约束下，只有经济较发达地区才存在促进经济增长的潜在双重红利。而徐盈之等（2016）以区域经济协调发展为出发点，考察了各区域征收碳税前提下的经济协调水平，并得出结论：碳税对东北地区的经济协调发展存在显著负面影响，而对中西部地区有提升效应。此外，李世祥等（2020）通过研究碳排放的经济增长尾效，发现发展越不平衡的地区，其经济发展对能源的需求越大，即碳减排对经济发展产生的抑制作用越强，由此导致碳税的减排作用相对较弱，并从要素空间流动角度，发现优化配置将在降低本省尾效的同时，对邻近省份造成溢出效应。

从单一区域征收碳税角度出发，经济效应的区域差异主要体现在产业结构的变化上。钱斌华（2011）使用CGE模拟向长三角三省市征收碳税的情形，发现在碳税税率低于20%时，三省市受到的负面经济影响较小，行业产值减少不到10%。当周丹和赵子健（2015）对上海市进行单独讨论时，发现碳税对批发与零售业有一定促进作用，对炼焦业有较大负面作用。苏小宁和李建华（2022）对山西开征碳税情形进行模拟,结果表明由于山西产业结构集中于煤炭、钢铁等重工业,因此征收碳税后对第二产业冲击较大。刘建梅(2022)则通过考虑京津冀工业产品的流动,发现当河北征收碳税补贴时,将降低其在承接产业时增加的碳成本,同时促进产业向第三产业调整升级;而征收碳税对北京的宏观经济的负面影响比较温和(张兴平等,2015)。周迪等(2020)则对广东碳税征收进行模拟,结果表明由于投入要素的可替代性,火电部门对低碳能源的消费量呈现上升趋势,且碳减排整体快速下降使碳强度表现出下降趋势。

(三)碳税的收入分配效应

目前研究碳税对收入分配的影响路径主要有两种:

(1)碳税征收对居民收入分配的影响。苏明等(2011)认为征收碳税后,能源商品价格变动将直接引起商品价格上涨,影响居民支出,其中低收入居民的消费需求将显著加重其负担。且刘长松(2011)指出,能源市场存在一定的垄断特征,能源产品的需求弹性小,供给弹性大,因此能源企业可将征收碳税引起的减排成本转嫁至消费者。而谢里和伍婷(2022)提出,作为居民生活必需品,能源价格扭曲对农村家庭消费水平的促进作用较城镇家庭更高。由此碳税征收将直接导致低收入居民生活成本升高(潘楠、蒋金法,2022)。同时,在征收碳税时,投入要素结构改变,由此影响居民收入水平(张晓娣、刘学悦,2015)。王锋和葛星(2022)以低碳城市为试点的经验发现,对低碳企业而言,低碳转型的产出效应促进了高技能和低技能劳动者的就业。但对于高排放的粗放企业而言,可能因为能源价格升高企业成本,引发规模效应后造成失业(Liu et al.,2017);也有可能因为要素替代增加企业对劳动力的需求(Bezdek & Wendling,2005;Copeland & Taylor,2003),由此从多方面综合影响居民收入。

(2)碳税返还对居民收入分配的影响。当碳税收入用于直接补助低收入群体时,将增加其福利(任超、王洪宇,2021)。具体而言,当碳税收入以补贴、转移支付等方式直接返还给相关居民时,能降低短期内物价上升的消极影响（覃盈盈，2022）。当将碳税收入用于提高劳动力素质时，将解决征收碳税造成的局部性失业现象（丁国民、李丹红，2017），保证居民就业稳定。同时，李晓萍等（Li et al., 2020）提出，政府使用碳税收入补贴低污染行业企业，市场的低碳产品需求增加，将引起企业对劳动力的需求效应，吸纳更多劳动力，保证居民的收入水平。

第五章

中国碳达峰行动的最优碳税测算

中国幅员辽阔，作为碳排放的主要来源，能源消费存在较大的地区间差异。且受生产技术、经济规模等因素影响，不同达峰路径对各地区提出的减排要求各异。由于碳市场较难自发进行调整，政府倾向于使用碳税进行规制。而如何通过统一的碳税征收，实现全国层面的环境效应，并在考虑区域异质性的前提下，实现市场成本最小化，成为亟待解决的问题。本章旨在通过估计能源需求弹性及对工业碳达峰情景进行模拟，以工业市场成本最小化计算最优碳税，并利用最优碳税模型中的能源消费规划量，进一步对各地区的能源转型方向进行分析。

第一节 中国能源需求弹性分析

一、能源消费现状

（一）中国能源消费结构

在中国工业快速增长的大背景下，能源消费量逐渐增加，而碳税征收对各能源的消费影响不同，因此，我们需要先剖析能源消费现状，了解中国能源使用的特点，并以造成污染的主要能源为对象进行后续分析，提供中国能源可实现的改善路径。

图 5.1 为中国 2021 年能源消费情况。整体上，在一次能源中，煤炭使用量最高，占全国一次能源消费的 55.9%。使用第二多的为石油，作为燃油车的主要能源，其在交通部门使用较多。随着对电力能源的推广及技术发展，一次电力使用占比达 16.7%。

具体而言，作为中国消耗量最大的能源，煤炭用途较广。它主要用于火力发电，占总使用的 55.18%。其次是作为工业中焦炭的生产原材料，使用占 15.44%。同时，煤炭在工业及居民端供热中的使用量也有相当占比。此外，炼油、制气、洗选煤的工业进程中需要煤炭投入，因此对工业碳税进行测算时应主要考虑煤炭的使用方向。

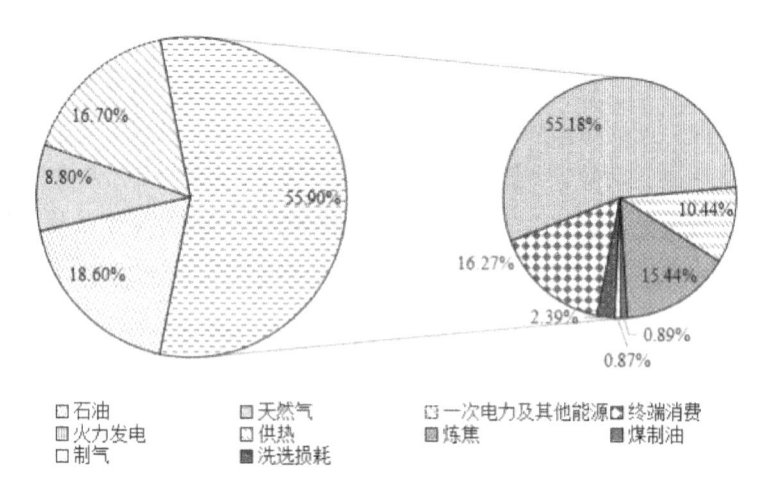

图 5.1 中国 2021 年能源消费结构

（二）区域碳排放量测算

本章研究建立在 CO_2 排放量数据基础上，需要先对工业碳排放量进行测算。中国暂无官方机构提供相关具体数值，因此，参考袁晓玲等（2020）使用相关公式对其进行计算。

中国工业能源结构仍以传统能源为主，将能源使用产生的排放分为两类，即直接排放与间接排放。直接排放是指煤炭、焦炭、原油、汽油、煤油、柴油、燃料油以及天然气等 8 类一次化石能源燃烧所产生的碳排放，而间接排放是指电力消耗产生的排放。电力使用时并不直接产生二氧化碳气体排放，但是电力的生产过程需要依靠燃料，因此为间接排放源。

目前，国内外相关研究也主要是通过不同能源消耗的碳排放系数来反映不同能源的产碳能力，但无法更为准确地将不同行业的工艺水平也考虑在内。然而，相较于庞大的能源消耗基数，产碳工艺水平差异对碳排放总量计算的影响几乎可以忽略不计。引起直接排放的 8 类一次化石能源的折标煤和碳排放系数来自《2006年 IPCC 国家温室气体清单指南》。

由于电力的消耗不直接产生二氧化碳气体的排放，且清洁发电技术刚刚起步，电力生产过程中很大一部分要依靠燃料能源的消耗，因此可通过相关方法计算得到电力的二氧化碳排放系数。中国电网存在管辖分区，可以具体分为华北、东北、华东、华中、西北、南方6个地区。而海南由于地理环境特殊，导致其与南方电网整体存在差异，因此单独讨论。上述7个电网区域的发电方式不同，使其碳排放系数各异。因此，电力消耗的折标煤和碳排放系数参考李新运等（2014）的计算，使用各区域的碳排放量进行加权，具体公式如下：

$$E_e = (\sum Q_j \cdot f_j) / (\sum Q_j) \cdot 12 / 44 \quad (5-1)$$

其中，f_j 为第 j 个区域电力的二氧化碳排放因子（$kgCO_2/kwh$），该数据来自国家发改委文件；Q_j 为第 j 个地区的电力消耗量。综上，得到各种能源折标煤系数和碳排放系数如表5.1。

表5.1 能源排放折算系数

能源	煤炭	焦炭	原油	汽油	煤油	柴油	燃料油	天然气	电力
折标煤系数	0.7143	0.9714	1.4286	1.4714	1.4714	1.4571	1.4286	1.3300	0.1229
碳排放系数	0.7559	0.8556	0.586	0.5538	0.5743	0.5919	0.6185	0.4483	0.2678

各地区能源使用数据从《中国工业统计年鉴》中得到，考虑工业生产过程中的能源使用，使用各能源的工业使用量作为消费量，使用式（5-2）计算1990—2021年中国工业整体排放量。

$$E_t = \frac{44}{12} \sum f_k \cdot tf_k \cdot Q_{k,t} \quad (5-2)$$

其中，E_t 为第 t 年的工业二氧化碳排放量，f_k 为 k 能源的碳排放系数，tf_k 为 k 能源的折标煤系数，$Q_{k,t}$ 为 k 能源第 t 年的消费量。$\frac{44}{12}$ 表示二氧化碳中碳元素的质量分数。

由此得到中国工业二氧化碳排放趋势如图 5.2。从中不难看出，中国工业排放量自 1990 年至 2021 年整体呈上升趋势，2021 年的碳排放量较 1990 年翻了两番。从整体看，该数值在 2002 年后飞速上升，2003 年增长率达 21.51%，这与能源使用量存在密切关系。具体体现在中国工业抓住加入世贸组织的机遇，显著提高了运行效益；且政府通过发布国家产业技术政策，引导工业产品生产。碳排放在 2013 年达到小高峰后稍有下降，是由于工业 4.0 概念的提出使工业中的科技运用得到拓宽，能源结构随之改善。2015 年为一个小低谷，"十三五"期间又平稳上升，其间"绿色工业"的概念被提出并得到落实，使工业发展从追求规模逐渐向追求质量过渡。虽工业用能结构有所调整，但是，由于中国工业产值的快速增长（年均增速达 5.84%），碳排放量仍年均升高 1.43%。

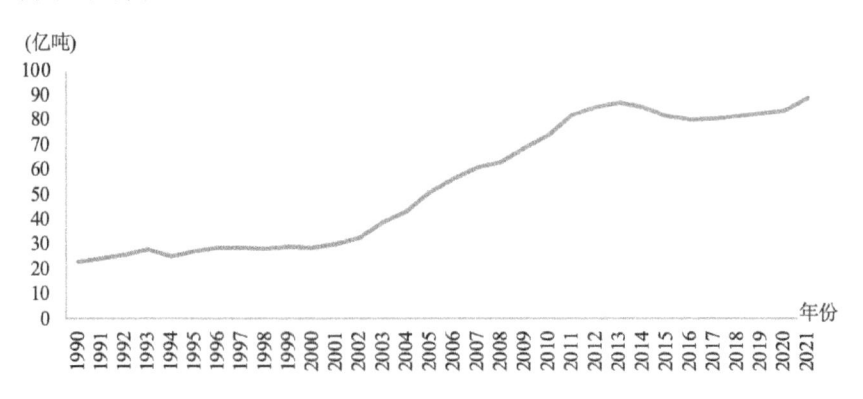

图 5.2 中国工业碳排放趋势

二、动态面板模型构建

碳税是以减少二氧化碳的排放为目的，对化石燃料按照其碳含量或碳排放量征收的一种税。即碳税与工业企业的能源消费量有直接关系，并最终影响企业消费能源的成本价格。因此，科学测算碳税及其影响，首先需要估计企业能源价格与需求量之间的关系。在本节中，将采用系统GMM估计各类能源的需求价格弹性。

（一）能源变量选择

1. 关于能源的选择

关于能源的选择，根据全国能源平衡表，使用IPCC碳排放系数法测算工业各能源的碳排放量，结果发现：2012—2021年间，工业因消耗煤炭和焦炭产生的二氧化碳排放量最多，占工业碳排放总量的平均比重达80%左右。同时，考虑到其他能源因消费总量少而导致不同年份的水平波动明显，且区域间差异大、数据可获得性差等因素，本书以煤炭和焦炭为研究对象，分析工业企业的能源需求价格弹性。具体地，在煤炭的需求价格弹性估计中，因煤炭种类较多，且交易口径和价格统计方式各有不同，直接进行弹性估计难度较大。考虑到煤炭在中国的主要用途为火力发电，且可再生能源用于发电和供热的比例较低，因此，本书拟通过估计电力和热力的需求价格弹性推算得到煤炭能源的需求量[①]（齐绍洲、李杨，2018）。另外，由于北京焦炭使用存在管制，海南基本没有焦炭使用，在估计区域弹性时容易产生异常值（相关能源使用量数值较小），因此不纳入相应的能源回归模型。

2. 关于变量的选择

考虑到社会经济发展情况，按照王展乐等（Wang et al., 2020）以及侯瑜和兴鑫（Hou & Xing, 2020）的做法，将工业生产总值作为控制变量加入模型。同时，企业规模和生产效应也会对能源需求产生显著影响，故本书将工业企业数量和工业企业产成品总值两个变量纳入模型（Chen et al., 2021；刘自敏等，2020）。另外，为更好地反映能源需求价格关系，参照伯克和杨和文（Burke & Yang, 2016）以及

[①] 2012—2021年间，火力发电、供热消耗的煤炭量占工业煤炭消耗量的70%以上。

姜恩达等（Jiang et al., 2020）的做法，加入气温和钢材对热力和焦炭使用量的影响。主要原因在于，气温越低，消耗能源进行供热的需求越大；作为钢材的原材料，焦炭使用与钢材需求正向相关，且钢铁产量能衡量重工业产能，反映重工业产能过剩问题。最后，本书还加入了时间虚拟变量以表现不同宏观政策调控对能源需求量的影响，以反映该时间段的政策效力。

（二）数据来源

考虑数据的可得性，本书选择了1995—2021年全国30个地区作为研究对象。[①]在全国层面，则选择了1991—2021年的数据。相关数据来源如下：

（1）工业能源消费数据。采用终端消费量中工业消费的热力（万百万千焦）、电力（亿千瓦时）和焦炭（万吨）作为地区工业能源的需求量。数据来源于《中国能源统计年鉴》（1995—2022）中的地区能源平衡表（实物量）。

（2）工业能源价格数据。考虑能源价格数据的可得性，以各地区省会城市的工业电力价格（元/KWh）作为该地区的工业电力价格，数据来源于CIEC数据库[②]；使用"热力生产和供应产品"及"炼焦产品"两个中类行业的价格指数作为热力和焦炭的能源价格，并以2012年为基期进行价格平减[③]，数据来源于《中国价格统计年鉴》（2013—2022）。

（3）工业经济效益数据。对于区域工业经济效益，考虑经济效应、企业规模、生产效应三个方面（Wang et al., 2021；Chen et al., 2021；刘自敏等，2020），使用第二产业增加值（万元）、规模以上工业企业个数（个）、工业生产总值（万元）3个指标，数据来源于《中

---

① 西藏和港澳台地区因数据缺失较多，本节暂不考虑。
② CIEC数据库网站：https://www.ceicdata.com/zh-hans。
③ 由于中国行业分类规则在2017年进行修改，原分类中的"热力生产和供应产品"改为"热力生产和供应"，原分类中的"炼焦产品"取消，而煤炭加工所得的产品主要是焦炭，故在2018—2021年中使用"煤炭加工"的相关数据进行代替。

国统计年鉴》（2013—2022）。在全国层面，参考袁晓玲等（2020）的研究，在情景模拟时使用了国内生产总值（亿元），数据来源于《中国统计年鉴》（1992—2022）。需要说明的是，考虑到研究的时间范围，地区层面的工业生产总值以 2012 年为基期，采用消费者物价指数进行平减；工业增加值同样以 2012 年为基期，使用工业出厂价格指数进行平减。

（4）能源特定变量。除上述变量外，本书还选择了气温和钢材产量这两个变量，用以反映其对热力和焦炭的影响。根据已有做法，地区气温采用省会城市的平均气温（摄氏度）进行替代（Zhai et al.，2023），钢材采用工业主要产品数量的钢材项目（万吨）。数据均来源于《中国统计年鉴》（2013—2022）。

（5）工业碳排放数据。中国工业能源的碳排放测算公式参考袁晓玲等（2020）的研究，考虑直接排放和间接排放。其中，直接排放为煤炭、焦炭、原油、汽油、煤油、柴油、燃料油以及天然气等 8 种一次化石能源燃烧所产生的碳排放，间接排放是电力消耗产生的碳排放。上述 9 种能源的工业使用量（万吨）数据来源于《中国能源统计年鉴》（1992—2022）；8 种能源的直接排放系数来自《2006 年 IPCC 国家温室气体清单指南》。另外，中国各区域发电方式存在较大差异，使得不同地区的电网折算系数存在差异，故本书借鉴了李新运等（2014）的电力系数。

（6）政策变量。在能源需求弹性估计时加入时间虚拟变量，以反映政策对能源需求量的影响。根据已有研究，构成变量的主要有三大政策（徐斌等，2019）。其中，2015 年为"十二五"规划收官之年，为贯彻落实去产能目标[①]，工业和信息化部发布《工业和信息化部办公厅关于做好淘汰落后和过剩产能相关工作的通知》[②]，去产能目标中明

[①] 国务院. 国务院关于进一步加强淘汰落后产能工作的通知 [EB/OL]. (2010-04-06)[2022-07-10]. https://www.gov.cn/zhengce/zhengceku/2010-04/06/content_3060.htm.

[②] 中华人民共和国工业和信息化部产业政策司. 工业和信息化部办公厅关于做好淘汰落后和过剩产能相关工作的通知 [EB/OL]. (2015-12-26)[2022-07-10].https://www.miit.gov.cn/jgsj/zfs/jgdz/art/2020/art_cb8b286999f04f7f85dbddf8c9949dc8.html.

确对粗钢实行减压政策，产成品需求变化引起焦炭消费量下降；煤电价格联动机制通过补贴电价影响其需求量，政策年份为2016年；"煤改电"政策提出以电力替代煤炭供热，减少煤炭发热需求，政策年份为2017年。

(三) 全国需求价格弹性测算模型设计

基于上述分析，采用滞后内生变量模型估计能源的需求价格弹性（Dahl & Sterner，1991）。在估计方法上，使用固定效应模型可以得到短期需求弹性系数，但是在复杂的经济环境中，未能被观测到的因素可能会使估计结果有偏。而且，在工业能源市场中，当企业受到能源供应冲击时，使用固定效应进行估计的有效性将进一步下降。因此，本节采用系统GMM估计能源的需求价格弹性（Arellano & Bond，1998）。其是由差分GMM和水平GMM结合而成的，能显著降低小样本情况下的估计偏差和短面板数据模型中水平滞后项的弱工具变量问题。

基于此，对电力、热力和焦炭3种能源构建需求量模型，有：

$$\ln d_{it}^k = c + \alpha \ln d_{it-1}^k + \sigma_1 \ln p_{it}^k + \sigma_2 \ln add_{it}^k + \sigma_3 \ln product_{it}^k + \sigma_4 \ln cop_{it}^k \\ + \beta_1 policy^k + \beta_2 variable_{it}^k + r_i + v_t + \varepsilon_{it} \quad (5\text{-}3)$$

在式（5-3）中，i为地区，t为时间，k为能源类型（分别为电力、热力和焦炭），d为工业需求总量，p为工业品价格，add为工业增加总值，$product$为工业产成品总值，cop为工业规模以上企业数量。$policy$作为时间虚拟变量。$variable$为差异能源解释变量，在天然气模型中为温度，记作$temp$；在焦炭模型中为钢铁产成品数量，记作$steel$。r_i为地区固定效应，v_t为时间固定效应，ε_{it}为随机误差项。

通过参数估计得到能源价格、工业增加值、产成品总值、企业数量与能源需求量之间的短期需求弹性关系，记为$\sigma_{j,k}(j=1,2,3,4)$。根据提尔卡索和格伦（Tirkaso & Gren，2020），使用$(1-\alpha)$动态调整参数数值，可以得到相应的长期需求弹性$\sigma_{j,k}^{'}$，满足：

$$\sigma'_{j,k} = \frac{\sigma_{j,k}}{1-\alpha}(j=1,2,3,4) \quad (5\text{-}4)$$

通过估计长期需求弹性，可以更好地考虑消费者的行为。具体表现在消费者行为存在惯性，在后续年限内，长期需求弹性可以反映任一消费因素变动对需求量的影响，即长期弹性反映的是未来时期的需求关系。因此，使用长期价格需求弹性来模拟估计征收碳税时能源市场的消费变动量更为合理。

（四）地区需求价格弹性测算模型设计

中国各地区能源消费结构差异较大，使得价格对能源需求的影响程度也不同。因此，统一征收碳税可能会产生区域不公平（刘婷，2017）。为分地区测算碳税，需要估计各地区的需求价格弹性。参照格拉汉姆和格莱斯特（Graham & Glaister，2006）的做法，假设地区间的能源价格不变，并假设不同能源满足补偿品价格变动的对称性。需要注意的是，由于各能源的计价单位不同，在计算占总能源的份额时，需要先统一为标准煤。由此，可以得到各能源的价格弹性满足：

$$\varepsilon^R_{k,i} = \sigma'_{1,k}\left(\frac{Qc^N_k / \sum_k Qc^N_k}{Qc^R_{k,i} / \sum_k Qc^R_{k,i}}\right) \quad (5\text{-}5)$$

在式（5-5）中，$Qc=Q/tf$ 为转换后的能源的需求量，单位为万吨标准煤。tf 表示能源的转化因子，i 为地区，R 表示区域弹性，N 表示全国需求价格弹性。

因此，$\varepsilon^R_{k,i}$ 表示为能源 k 在地区 i 的需求价格弹性。根据此式可以看出，能源 k 的区域弹性是对国家弹性进行加权计算后得到的。其中，权数由能源 k 在区域及国家两个层面的份额比决定。当能源 k 占能源总需求的比例较高时，区域弹性较低；相对地，能源 k 占能源总需求比例较低时，区域弹性则较高。

三、全国和区域需求弹性结果分析

（一）全国需求价格弹性

表 5.2 是全国工业能源需求模型的回归结果。其中，AR（2）的值大于 0.1，不能拒绝原假设，表明模型通过了自相关检验；Sargan 统计量与 Hansen 统计量的 p 值也大于 0.1，验证了模型中使用内生工具变量的效度，表明回归结果是稳健的。

另外，在热力模型中，工业产成品总值增加，能源消费量显著上升；在焦炭模型中，规模企业数量增加，能源的消费量显著上升。热力的需求量与气温呈显著负相关，焦炭的需求量与钢铁产量呈显著正相关。政策对能源需求量的影响各异，具体表现为：2015 年，国务院提出去产能目标，粗钢是去产能主要对象。焦炭作为炼钢的主要原材料，需求量显著下降；2016 年，煤电价格联动机制的实施下调了电价，并对电价提供了补贴，使得电力消费量大幅上升；2017 年，国家发改委印发《关于北方地区清洁供暖价格政策的意见》[1]，提出"煤改电"，推行使用电力进行采暖，减少煤炭供热需求。

上述结果表明本书构建的能源需求量回归模型是合理的。根据表 5.2，各种能源的短期需求价格弹性都在 0 到 1 之间，符合经济学原理。其中，电力的短期需求价格弹性系数为 -0.446，高于热力（-0.352）和焦炭（-0.292），反映其需求变动受价格的影响较大。因此，基于能源供需关系开展最优碳税的测算，既提升了测算结果的科学性，也体现了党的二十大提出的"立足中国能源资源禀赋"的基本思想。

---

[1] 中华人民共和国国家发展和改革委员会. 国家发展改革委关于印发北方地区清洁供暖价格政策意见的通知 [EB/OL]. (2017-09-25) [2022-07-10]：https://www.ndrc.gov.cn/xxgk/zcfb/tz/201709/t20170925_962561.html.

表 5.2　能源需求量回归结果

变量	电力	热力	焦炭
lnp	−0.446***	−0.352	−0.292***
	(0.133)	(0.494)	(0.112)
$lnadd$	−0.351*	−0.186*	−0.119
	(0.203)	(0.110)	(0.207)
$lnproduct$	−0.621***	0.333**	−0.228**
	(0.231)	(0.142)	(0.113)
$lncop$	−0.005*	0.200	0.474*
	(0.117)	(0.137)	(0.029)
$lntemp/lnsteel$		−0.634*	0.205*
		(0.339)	(0.074)
$policy$	0.045**	−0.139***	−0.190**
	(0.025)	(0.047)	(0.051)
lnd_{t-1}	0.637***	0.694***	0.850***
	(0.227)	(0.090)	(0.073)
常数项	6.354**	2.324	8.889**
	(2.749)	(3.404)	(3.702)
样本量	300	252	272
AR(2)-p 值	0.354	0.548	0.192
Sargan-p 值	0.847	0.143	0.345
Hansen 统计量	25.52	20.00	

利用公式（5-2），将短期需求价格弹性转化为长期需求价格弹性。表 5.3 为采用滞后系数调整后各变量的长期需求价格弹性。对比表 5.2，可以看出长期弹性较短期更高，且三种能源的长期价格弹性均大于 1。

表 5.3　变量长期弹性

变量	电力	热力	焦炭
lnp	−1.229	−1.150	−1.947
$lnadd$	−0.967	−0.608	−3.193
$lnproduct$	1.711	1.088	−1.520
$lncop$	−0.014	0.654	3.160

(二)地区需求价格弹性

根据公式(5-3),计算长期需求价格弹性。在测算过程中,需要对各能源进行转化,转化因子如下:电力为 1.229 吨标煤/亿千瓦时,热力为 0.0341 吨标煤/吉焦,焦炭为 0.971 吨标煤/吨。主要原因在于,不同地区的能源禀赋不一致,且产业结构、生产技术等均不同。从图 5.3 可以看出,各地区不同能源以及同一地区不同能源的长期需求价格弹性均差异明显。具体地,电力的长期需求价格弹性为 -0.783— -2.195,热力长期需求价格弹性为 -0.503— -6.649,焦炭的长期需求价格弹性基本在 -0.972— -5.196。作为特例,浙江的焦炭和甘肃的热力由于能源使用量占比较小,其需求价格弹性较大,分别达 -15.234 和 -10.349;北京和海南的焦炭使用量近似为 0,故暂不计算两地的长期需求价格弹性。

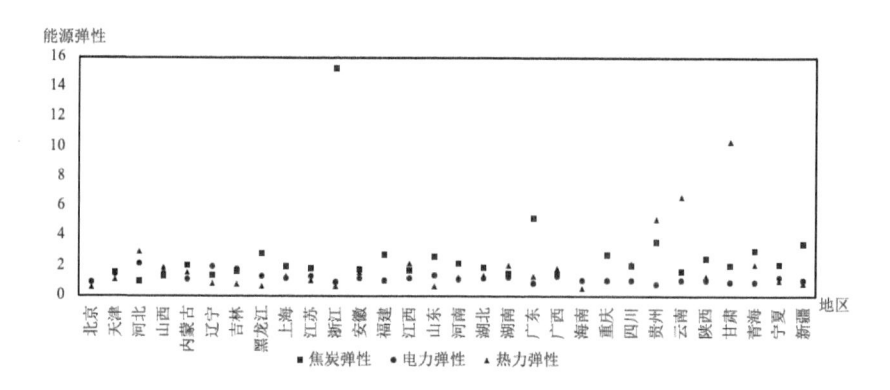

图 5.3　各地区能源长期需求价格弹性

由此,可进一步分析,不同地区或不同产业将因能源对价格的敏感程度不同,使得转型升级初期的成本差别明显,由此加剧了碳达峰政策制定与实施的难度。这一结果同时也反映出"有计划分步骤实施碳达峰行动"的必要性。

第二节　基于 STIRPAT 的碳达峰排放测算模型与中国模拟

一、情形模拟设定

（一）模型设定

碳排放量是碳税测算的前提，但在不同碳达峰情景下，碳排放量的规模也不同。因此，本节引入 STIRPAT 模型来模拟不同情景下的碳排放量。STIRPAT 模型是一种非线性模型，是约克等人（York et al., 2003）在 IPAT 模型基础上提出的。该模型通过引入指数分析，解决了 IPAT 模型中无法反映各因素非均衡、非单调关系的问题。基本表达形式为：

$$I = aP^b A^c T^d e \qquad (5\text{-}4)$$

其中，I 代表碳排放量，P 代表人口变量，A 代表经济变量，T 代表技术变量，a 是常数项，e 为误差项。

对等式两端同取对数后，有：

$$\ln I = a + b\ln P + c\ln A + d\ln T + e \qquad (5\text{-}5)$$

参考 STIRPAT 模型和工业碳排放量的相关研究成果（王勇等，2017；袁晓玲等，2020），本节选取了 6 个变量对全国工业碳排放量进行预测，从而得到扩展后的 STIRPAT 模型，有：

$$\ln I = \ln a + b_1 \ln pop + c_1 \ln pgdp + c_2 \ln gdpcon + d_1 \ln ieff + d_2 \ln icoal + d_3 \ln cinten + \ln e \tag{5-6}$$

其中，人口规模（pop）为人口变量，人均生产总值（$pgdp$）以及国内生产总值（$gdpcon$）为经济变量，工业能源效率（$ieff$）、工业煤炭消耗占比（$icoal$）、碳排放强度（$cinten$）均为技术变量，b_1、c_1、c_2、d_1、d_2和d_3为待估计的参数。

需要说明的是，本节同时将人均生产总值和国内生产总值纳入模型，主要原因有：（1）将国内生产总值纳入模型，是从绝对规模角度考虑国家经济总量与碳排放总量存在潜在关联性；（2）将人均生产总值纳入模型，是考虑将因人口规模导致的碳排放总量增加影响予以剔除，从经济发展的质量与结构角度分析其与碳排放总量之间的潜在关联性。

（二）参数设定

根据现有研究的做法，参照《中国长期低碳发展战略与转型路径研究》（项目综合报告编写组，2020）（以下简称《研究报告》）的结论，基于2020年的经济发展数据，做如下设定：

1. 碳达峰时间

《2030年前碳达峰行动方案》明确指出，中国需要在2030年前实现碳达峰，因此将2030年设为碳达峰实现的最晚年限，且参考王勇等（2017），中国部分工业部门将有可能于2025年实现碳达峰，因此将2025年设为碳达峰实现的最早年限，以年为间隔设置碳达峰时间，即将碳达峰的年份设定为2025—2030年。下文将分别模拟2025—2030年实现碳达峰下的最优碳税。考虑滞后期的影响，将参数设定期限划分为2021—2025年、2026—2030年和2031—2035年等三个时期。

2. 国内生产总值增速

数值设定参考《研究报告》，其中提出，为实现2035年现代化建设第一阶段的目标，按GDP比2020年翻一番，人均GDP按目前不变价达2万美元测算，未来十五年内（2021—2035年）GDP年均增速约为 4.8%。其中,"十四五"期间 GDP 年均增速可能会比"十三五"有所降低,但仍可预期超过 5%;而"十五五"期间将保持年均 4.8% 左右水平。同时,中国社会科学院宏观经济研究中心课题组等(2020)对 2021—2035 年的经济增长潜力进行预测,结果表明,在各种情形下,中国"十四五""十五五"的年均 GDP 增长率均在 4% 以上。

综合上述研究结果,并根据国家发改委发布的"十三五"规划《纲要》总结评估指出的"十三五"期间国内生产总值年均增速达 6.6% 的现实情况,在保持未来十五年(2021—2035 年)年均增长率为 4.8%,并满足年均增速略有降低的条件下,分别设置中国"十四五""十五五""十六五"期间 GDP 年均增速为 5.6%、4.8%、4%。

3. 碳排放强度

根据国务院发布的《2030 年前碳达峰行动方案》,将 2030 年需实现的碳强度要求作为达峰年要求,即较 2005 年下降 65%。《中国应对气候变化的政策与行动》白皮书中已明确指出 2020 年碳强度较 2005 年下降 48.4%,因此,可推测得出中国达峰年碳强度相较 2020 年仍需下降 32.2%。

2050 年数据设定则满足《研究报告》中实现 2℃ 目标的情形(以实现全球控制温升 2℃ 目标为导向的减排情景和路径),即碳强度较 2005 年下降 95.8%,经计算,2050 年碳强度是达峰年的 $(1-95.8\%)/35\% = 12\%$。

4. 工业煤炭消耗占比

碳达峰数据设定依照《研究报告》中强化政策(适应各国强化和更新 NDC 目标)情形,2050 年数据设定依照《研究报告》中实现 2℃ 目标情形。即达峰年工业煤炭占比为 $10.7/18.8 \approx 56.9\%$;2050 年工业煤炭占比为 $2.4/6.9 \approx 34.8\%$。年均变化率同碳排放强度,以复合增长率计算。

5. 工业能源效率

工业能源效率按照《中国制造 2025》中的要求进行设定。即相较于 2015 年，2025 年的工业能源强度应降低 34%，即工业能源效率应提升为 2015 年的 1.52 倍，年均变动率为 4.24%。2025 年后，为实现碳中和，将年均变动率设定为 5%。

6. 人口增长率

由于研究开展时数据可得性有限，人口增长率参考袁晓玲等（2020）的设定，认为中国人口在 2030 年左右达峰，且 2017 年人口自然增长率 0.532%，相较上年下降 0.05%。依照此趋势，得到三个时期的人口增长率分别为 0.35%、0.15% 和 -0.10%。但需要注意的是，受到新冠疫情对婚育观的和死亡率的影响，在国家统计局 2023 年公布的最新数据中，中国 2022 年人口自然增长率为 -0.60‰，首次出现负增长。但由于中国生育支持政策体系持续完善，中国生育水平仍有较大的回升潜力（翟振武、金光照，2023）。因此，本节自 2022 年起的估计可能存在偏差。但本节计算最优碳税时，使用的是预测所得的 2021 年碳排放数据，故而仍能较好地表示各情形间的差异情况。

人均生产总值则由前述估计得到的国内生产总值与人口计算后得到。

在上述参数的设定中，参考 IEA 发布的《2017 年世界能源展望中国特别报告/中国能源展望 2017》的做法，各年数值使用年均复合增长率计算。结果详见表 5.4。

表 5.4　碳排放量预测的参数设定

指标	2021—2025	2026—2030	2031—2035	达峰年	2050 年目标
人口增长率（pop）	0.35%	0.15%	-0.10%		
GDP 增长率（gdpcon）	5.6%	4.8%	4%		
工业能源效率增长率（ieff）	4.24%	5%			
工业煤炭消费占比（icoal）				56.9%	34.8%
全国碳强度（cinten）				2005 年的 35%	达峰年的 12%

二、模拟结果

为消除自变量间的多重共线性,本节使用岭回归进行系数估计,通过将自变量标准化矩阵主对角线中加入非负因子的方法消除多重共线性的干扰,有效提高回归结果的显著性,对使用的 1991—2020 年数据进行回归建模,得到:

$$\ln I = -0.047\ln ieff + 0.416\ln icoal + 0.241\ln cinten + 1.350\ln pop$$
$$(0.010) \quad\quad (0.537) \quad\quad\quad (0.458) \quad\quad\quad (1.086)$$
$$+ 0.180\ln pgdp + 0.164\ln gdpcon - 6.362 \quad\quad (5\text{-}7)$$
$$(0.201) \quad\quad\quad (0.178)$$

式(5-7)中,括号内为系数估计的标准误,R^2=0.983,通过对样本与预测结果进行独立两样本 T 检验,结果显示估计效果良好。为预测碳达峰年份的碳排放量,需要对各自变量进行设定。

将表 5.4 上述参数情形代入式(5-7),可得到不同碳达峰情景下的碳排放量预测结果。根据图 5.4,碳达峰实现时间越早,碳排放量峰值会越低。比如,若 2030 年实现碳达峰,对应的碳排放量为 99.57 亿吨,若 2025 年实现碳达峰,则碳排放量的峰值仅为 87.16 亿吨。进一步可推算出碳达峰每提早一年,碳排放量的峰值平均减少 2.48 亿吨。若从碳排放总量角度进行分析,可以发现碳达峰每提早一年,2021—2030 年间累计碳排放量平均减少 15.56 亿吨。

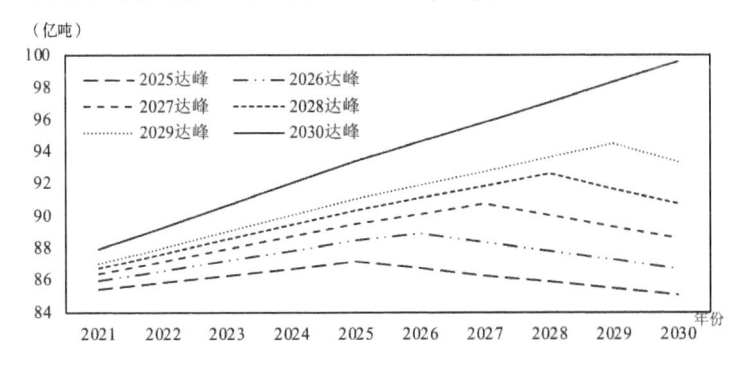

图 5.4　不同碳达峰情景下的工业碳排放量

第三节 中国最优碳税测算

一、理论框架

碳税是调控碳排放的有效工具，是引导产业结构优化升级、贯彻落实党的二十大关于碳达峰部署的重要手段之一。本节拟通过测度工业能源需求价格弹性，估算不同达峰情景下的最优碳税与社会经济损益，为碳达峰行动的实施提供依据。在研究过程中，遵循以下三个假说。

（一）碳达峰情景下征收碳税对工业企业能源需求的影响

工业企业对能源的需求受到价格变动的影响，并从以下三个路径影响企业生产（唐红祥、李银昌，2020）。首先，从生产供给角度，征收碳税将直接影响工业企业的生产成本，因此，征收碳税将产生成本内部化效应，即将社会治理的外部成本嫁接到企业内部，导致工业企业的单位用能成本上升。如图5.5所示，若 X_1 和 X_2 分别为两种传统能源产品，现政府征收碳税 p。受此影响，能源产品价格上升，企业生产可能性曲线向内移动，无差异曲线将从 O_1 向内移动至 O_2，其切点从 F_1 向内移动至 F_2。此时，企业通过生产 Q_{12} 单位的产品 X_1 和 Q_{22} 单位的产品 X_2 获得最大利润。显然，$Q_{12} + Q_{22} < Q_{11} + Q_{21}$，对应的成本内部化效应为 $(Q_{11} + Q_{21} - Q_{12} - Q_{22}) \times p$。其次，若企业总投入不变，因碳税征收增加了用能成本，企业产出水平会随之下降。为保持产值，企业或将加大研发投入，提升能源使用效率；或通过减少能源消费降低成本（由需求价格弹性决定）（Zhao et al.，2020）。根据图5.5，若 X_1 为能源产品，X_2 为科技产品，当征收碳税后，X_1

成本上升，新的生产均衡点变为切点 F_3。此时，企业的最优生产组合为生产 Q_{12} 单位的产品 X_1 和 Q_{23} 单位的产品 X_2。其中 $Q_{12} < Q_{11}$，$Q_{23} < Q_{21}$。最后，随着成本内部化，企业会进行资源再配置（蔡昌和田依灵，2017）。

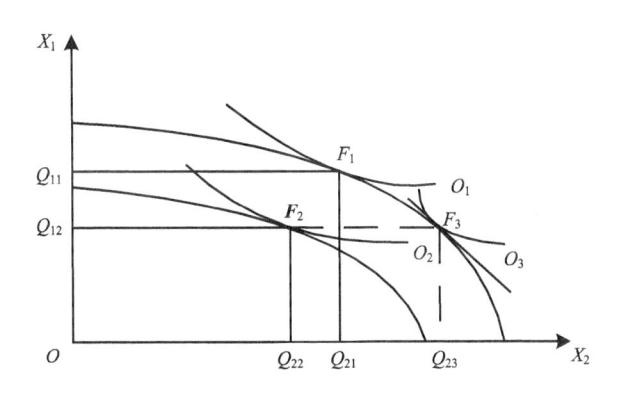

图 5.5 碳税征收对工业企业生产的影响

具体地，工业企业会改善能源消费结构，减少需求价格弹性大的能源消费量，提升清洁能源等替代能源的消费占比（林伯强，2021）。若将 X_1 视为传统能源产品，X_2 为清洁能源产品，可以发现，征收碳税会增加清洁能源对传统能源的替代。据此，本节提出以下假说：

假说一：碳税通过需求价格弹性实现成本内部化效应，进而影响工业企业的能源需求关系。

（二）碳达峰情景下碳税测算需要考虑区域异质性

碳税是指针对二氧化碳排放所征收的税，其目的是减少温室气体的排放量，具备税收的一般特征（张希良等，2021）。但是，改革开放以来，中国区域经济发展经历了"T"型、"π"型等空间战略布局，这决定了不同地区的排放限额及减排目标并不完全相同，造成碳税的功能体现具有区域异质性（王文举、孔晓旭，2022）。具体地，可分为区域产业异质性和区域能源强度异质性。其中，受地理位置、资源禀赋、经济发展阶段与战略目标影响，不同地区的产业结构存在差异，由此导致能源需求类型不同（徐斌等，2019）。比如，石油加工、炼焦及核燃料加工业对石油能源的需求量高，非金属矿物制品业的发展对煤炭能源有较大的需求，而不同能源的含碳量存在差异。因此，碳税的测算会因产业结构不同而存在差异。另外，能源强度作为相对指标，是指能源利用与经济或物力产出之比的关系，反映了地区能源综合利用效率。在测算过程中，区域产值差异大、能源价格受初始禀赋影响，使得区域能源强度测算结果不具可比性（Dong et al.，2017；王文举、孔晓旭，2022）。据此，本节提出以下假说：

假说二：中国经济发展的空间布局决定了区域异质性会通过产业结构、能源禀赋差异影响碳税测算。

（三）碳达峰情景下征收碳税具有"三重经济效应"

碳税是一个有效的环境经济政策工具，其不仅具有"双重红利"，同时也具有公共属性。在碳达峰战略下，碳税具有"三重经济效应"。首先，碳税具有收入效应。碳税征收可增加财政收入，提升政府的投资规模，并将税收负担由高扭曲性的税种转嫁到扭曲性低的税种，从而实现经济效率的提升（毛恩荣、周志伯，2021）[①]。其次，碳税具有工业市场成本效应。通过成本内部化效应，碳税会使企业成本增加，降低利润（唐红祥、李银昌，2020）。最后，从全社会角度看，碳税造成的影响还包括因碳消费减少对经济产生的抑制作用，即具有工业产出效应（Guo et al.，2014）。此外，从社会公平的视角出发，碳税还具有分配累进（退）性，可能会扩大资本与劳动的收入分配差距（Tirkaso & Gren，2020）。碳达峰的"三重经济效应"要求在碳达峰行动中稳中求进，充分考虑中国发展阶段、产业结构与能源结构，在抓住主要矛盾（表征为碳税的正向效益与负向损失）的过程中坚持

[①] 需要说明的是，征收碳税同样可能导致工业产值减少，进而导致企业增值税、所得税等减少，这也应该纳入碳税的收入效应测算范围。但是，对企业产值减少导致的增值税和所得税因税率不同、减产的企业构成不同，无法从宏观上进行科学估算，故本节暂不予以考虑。

第五章 中国碳达峰行动的最优碳税测算　137

"先立后破"[①]。据此，本节提出以下假说：

假说三：碳税的"三重经济效应"构成了社会经济损益，是碳达峰"先立后破"的重要依据。

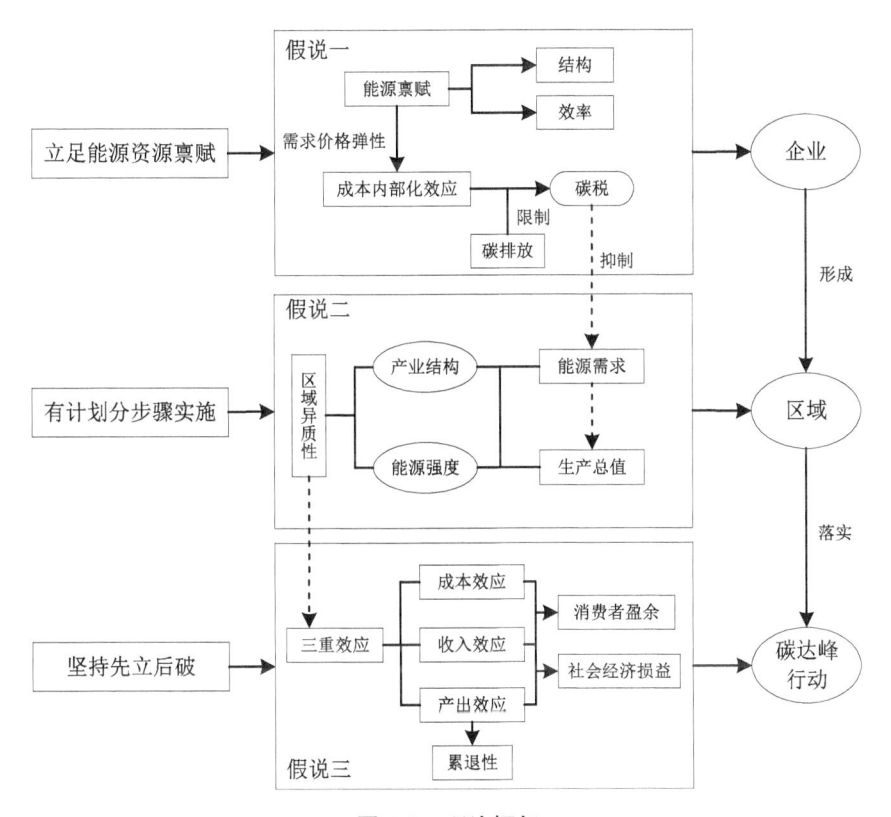

图 5.6　理论框架

[①] 本节通过征收碳税减少传统能源使用，从能源市场的需求侧避免了传统能源消费规模的扩大，符合"立"的要求。而通过对实施碳税后各地区的社会损益值进行估计，来评估能源市场供需变化带来的社会经济效应，符合"立"的实施步骤。在此基础上，文中通过征收碳税减少传统能源需求并综合考虑各区域经济效应的做法，既保证了传统能源的正常使用，又通过估算各地区工业行业可能的损失，给出能源服务的改进方向，有利于逐步实现落后产能的淘汰，这是"破"的方向，即符合"立"和"破"两者相互配合的要求。

二、最优碳税理论模型

使用 STIRPAT 模型可以得到各情形下的二氧化碳的排放量限制值。参考提尔卡索和格伦（2020）的研究，最优碳税指在实现排放目标的前提下使成本最低。根据经济学理论，价格上升引起的成本增加和消费减少造成的福利损失均会使得消费者盈余减少。从工业企业角度看，消费盈余损失即工业企业成本，其中，碳税转嫁至产品价格，从而使成本增加可视为成本直接内部化的过程。相对地，因消费减少造成的损失，对于工业企业而言，可视为一种外部成本。由于外部性是导致市场失灵的重要因素之一，遵从福利经济学的相关理论，碳税收入部分能作为转移支付提升社会福利。因此，在考虑碳税对社会经济的影响时，将减去可能作为社会福利的部分。同时，在能源消费市场中，工业企业是消费主体，故该外部成本仍可被当作工业行业的损失（下文称为工业市场成本）。基于上述考虑，本节通过设定产品价格与工业市场成本的关系，结合需求价格弹性的估计结果，测算工业市场成本。

（一）基于区域需求价格弹性的最优碳税测算

参考提尔卡索和格伦（2020）的研究，首先，计算各地区征收碳税后的工业市场成本，如上述为消费者盈余变化值减去由价格上升引起的碳税收入部分，令地区 i 能源 k 的减少量满足：

$$C_{i,k} = \frac{(P_{i,k} - P_{i,k,basic})(Qc_{i,k} - Qc_{i,k,basic})}{2} \quad (5\text{-}8)$$

其中，$C_{i,k}$ 为工业市场成本，$P_{i,k,basic}$ 为基期能源价格，$Qc_{i,k,basic}$ 为基期能源需求量，$P_{i,k}$ 为报告期能源价格，$Qc_{i,k}$ 为报告期能源消费量。

为便于计算，使用能源转换因子 tf，将不同能源统一转换为标准煤。不失一般性，设需求价格函数为：

$$P_{i,k} = a_{i,k} - b_{i,k} Qc_{i,k} \quad (5\text{-}9)$$

其中，a 和 b 为待估计的参数。

将式（5-9）代入式（5-8），有：

$$C_{i,k} = \frac{(Qc_{i,k,basic} - Qc_{i,k})^2}{2b_{i,k}} \quad (5\text{-}10)$$

根据需求价格弹性的定义，可以得到：

$$\varepsilon_{k,i}^R = \frac{\Delta Qc_{i,k}/Qc_{i,k,basic}}{\Delta P_{i,k}/P_{i,k,basic}} \quad (5\text{-}11)$$

将式（5-10）代入，化简得到 $b_{i,k}$ 的表达式：

$$b_{i,k} = \frac{\varepsilon_{k,i}^R Qc_{i,k,basic}}{P_{i,k,basic}} \quad (5\text{-}12)$$

在使用区域价格弹性时，本节的目标函数为所有工业市场成本最小，满足：

$$Min \ C = \sum_i \sum_k C_{i,k} \quad (5\text{-}11)$$

碳排放量的约束函数满足：

$$\sum_i \sum_k f_k Qc_{i,k} \leq I \quad (5\text{-}12)$$

其中，I 为碳排放约束量，可根据式（5-7）估计得到。f_k 为各种能源转换为标煤后的碳排放因子[①]。

利用式（5-11），可得到每单位碳排放的最低工业市场成本，即减少每单位碳排放所需的减排费用，满足：

$$\frac{\partial C}{\partial I_{i,k}} = \frac{\partial C}{\partial Qc_{i,k}} \cdot \frac{\partial Qc_{i,k}}{\partial I_{i,k}} = \frac{(Qc_{i,k,basic} - Qc_{i,k})}{b_{i,k} f_k} = \lambda^R \quad (5\text{-}13)$$

其中，λ^R 为工业市场成本对排放量的偏导，表示消费市场中单位碳排放的支付意愿，即待求的最优碳税。

---

① 热力和焦炭的排放因子参考《2006 年 IPCC 国家温室气体清单指南》，分别为 3.224 千克二氧化碳/千克标煤和 3.137 千克二氧化碳/千克标煤；对于电力的排放因子，按照《关于做好 2022 年企业温室气体排放报告管理相关重点工作的通知》解读（https://www.mee.gov.cn/zcwj/zcjd/202203/t20220315_971493.shtml）全国电网排放因子换算得，为 4.727 千克二氧化碳/千克标煤。

(二)基于全国需求价格弹性的最优碳税测算

在测算全国需求价格弹性系数时,式(5-9)中的系数 b 是统一的,故令需求价格函数满足:

$$\sum Qc_{i,k} = A_k - B_k P_k \qquad (5\text{-}14)$$

其中,A 和 B 为待估计的参数。

同样地,设目标函数为:

$$Min\ C = \sum_k C_k \qquad (5\text{-}15)$$

其中,C_k 为能源 k 的全国总工业市场成本。

根据区域需求价格弹性的测算过程,可得到 C_k 的计算公式满足:

$$C_k = \left(\sum_i Qc_{i,k,basic} - \sum_i Qc_{i,k}\right)^2 \Big/ 2B_k \qquad (5\text{-}16)$$

其中,$B_k = \dfrac{\varepsilon_k \cdot \sum_i Qc_{i,k,basic}}{P_{i,k,basic}}$。

不失一般性,设碳排放量的约束函数满足:

$$\sum_i \sum_k f_k Qc_{i,k} \leq I \qquad (5\text{-}17)$$

则最优碳税值为:

$$\lambda^N = \frac{\partial C}{\partial I_{i,k}} = \frac{\partial C}{\partial Qc_{i,k}} \cdot \frac{\partial Qc_{i,k}}{\partial I_{i,k}} = \frac{\left(\sum_i Qc_{i,k,basic} - Qc_{i,k}\right)}{B_k f_k} \qquad (5\text{-}18)$$

三、测算结果

为了能更好地探究能源消费差异对全国统一征收碳税的影响,分别使用国家能源需求价格弹性[公式(5-18)]及区域能源需求价格弹性[公式（5-13）]计算最优碳税，结果如表5.5。其中，列3、列4为最优碳税征收额，列5、列6为测算得相应的碳税收入。按照公式（5-8）、公式（5-16），计算工业市场成本，即列1、列2。

因此，工业企业的工业企业成本（列7、列8）可以分解为由消费数量减少造成的福利损失（列1、列2）以及价格上涨引起的消费成本增加（列5、列6），但消费成本可能是一种转移。考虑到数据的可获得性，将2021年的能源价格和需求水平设定为基期。规划中的约束条件用工业市场成本（列1、列2）最低来衡量（Tirkaso & Gren, 2020）。

从表5.5中可以看出，使用区域需求价格弹性得到的最优碳税值略高于按国家需求价格弹性得到的最优碳税值，同一年份内的最大差异小于0.5元/吨，验证使用区域能源弹性模型计算的最优碳税结果具有稳健性。最优碳税值的波动范围处于16.02元/吨至40.55元/吨之间，与刘佳等（Liu et al., 2021）建议从20元/吨开始征收碳税的建议较为接近。另外，对比各碳达峰情景，达峰年越早，碳税值越大。具体地，碳达峰每提早一年，全国和区域情形最优碳税值平均增加4.82元/吨、4.87元/吨。究其原因，随着达峰提早实现，碳排放量的峰值越小，因此减少碳排放的边际成本将提升。

从工业市场成本来看，平均各达峰情景，区域弹性仅高出0.38亿元。工业市场成本是工业企业成本与碳税收入两者的差值，达峰年每提早一年，通过全国弹性与区域弹性计算得到的工业企业成本分别平均增加238.88亿元、241.47亿元。因此，碳达峰实现越早，征收的碳税额越高。此时，企业若不加快技术升级，提高能源使用效率，就会因能源价格上升而增加经营成本。

---

① 为便于描述，下文称全国弹性和区域弹性。

表 5.5 最优碳税值及相应工业企业成本

达峰年	工业市场成本（亿元）		最优碳税（元/吨）		碳税收入（亿元）		工业企业成本（亿元）	
	国家弹性	区域弹性	国家弹性	区域弹性	国家弹性	区域弹性	国家弹性	区域弹性
	列1	列2	列3	列4	列5	列6	列7	列8
2025	72.08	72.80	40.13	40.55	1944.68	1965.04	2016.76	2037.84
2026	52.77	53.29	34.34	34.68	1681.69	1698.39	1734.46	1751.68
2027	39.71	40.11	29.79	30.08	1471.02	1485.63	1510.73	1525.74
2028	30.51	30.82	26.11	26.37	1298.00	1310.89	1328.51	1341.70
2029	23.87	24.11	23.09	23.32	1154.28	1165.74	1178.15	1189.85
2030	11.49	11.60	16.02	16.18	810.85	818.91	822.34	830.51

四、区域能源结构调整方向

（一）碳排放变化率

根据 2025 年和 2030 年达峰情景下的能源规划量计算各地区排放量，并与基期碳排放量做对比，得到 2025 年与 2030 年达峰情景下的碳排放变化率，计算公式如下：

$$change_{it} = \left|(I_{it} - I_{i2021})/I_{i2021}\right| \quad (5-19)$$

$change_{it}$ 为第 i 个地区在 t 年碳达峰情景下碳排放变化率，其中 $i=1,2,\cdots,30$；$t=2025,2030$。I_{it} 为第 i 个地区在 t 年碳达峰情景下 2021 年的模拟碳排放量，I_{i2021} 为未征收碳税时的基期碳排放量。绘制 2025 年与 2030 年达峰情景下各地区碳排放变化率如图 5.7。

整体上看，两种情形下各地区的碳排放差异较大。2025 年达峰与 2030 年达峰情景碳排放变化平均差异近似为 4.03%。对比各地区碳排放差异，发现存在区域异质性。以 2025 年达峰情景为例，各地区变化率在 4%—8%。其中，变化率最低的为北京和海南，均不超过 4.6%，主要得益于两地区的碳排放来源较少，不存在焦炭使用。变化最大的为河北，2025 年达峰情景下碳排放变化率达 7.74%。

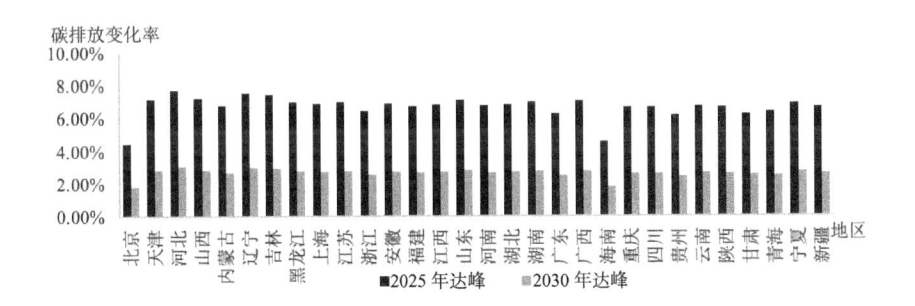

图 5.7　2025 年和 2030 年达峰情景碳排放变化

具体地，将各地区变化率以 1% 进行等间距分类，得到表 5.6。

首先，变化率在 6%—7% 的地区中，经济发展水平存在差异。如浙江、福建、广东、上海四个经济较发达的东部地区，作为碳排放转出地，将污染较高的工业产业向内陆转移。而西部地区中的贵州、陕西、甘肃、青海、新疆五个地区经济发展、产业结构较落后，第一产业的占比较高，平均占比达 11.32%。其工业发展仍不完善，部分地区虽有相应的能源资源，但并没有较为完善的能源开发技术。因此，这些地区工业能源使用较少，降低了征收碳税对区域碳排放量的影响。

其次，变化率大于 7% 的地区，可以按照工业规模分为两类。江苏、山东、湖南工业产值均高于 4 万亿元，江西工业产值占其总产值的 36.21%。工业规模大，征收碳税后其排放变化量高，表明这些地区的工业结构需要尽快完善。其中，江苏由于地理面积较大，苏北地区仍承载较多重工业制造，因此碳排放量较多。与此类似，工业类型较为落后而导致高用能的还有黑龙江、吉林、辽宁，三地平均能源使用量超过 1.42 亿吨标准煤。而广西、云南工业产值均未超过 5500 亿元，工业绝对规模较小。但征收碳税对其排放量影响较大，表明两地的工业能源使用方式落后，单位产出的排放量高，征收碳税将倒逼其能源使用效率提升。

表 5.6　地区变化率区间表（2025 年达峰情景）

变化率 (change$_{2025}$)	地区
小于 5%	北京、海南
5%—6%	/
6%—7%	贵州、甘肃、广东、青海、浙江、陕西、重庆、四川、新疆、福建、云南、内蒙古、河南、江西、湖北、上海、安徽、宁夏
大于 7%	湖南、黑龙江、江苏、广西、山东、天津、山西、吉林、辽宁、河北

（二）能源使用变化

首先，对比全国弹性与区域弹性下的能源消费总量，三种能源的下降比例存在差异。以 2030 年达峰情景为例，全国弹性下电力、热力和焦炭的消费总量分别较基期（2021 年）下降 1.97%、5.11% 和 3.45%；区域弹性下则分别下降 1.99%、5.17% 和 3.37%。两种情景下，能源变化量与上述需求弹性大小和排放因子相对应，验证了假说一。

另外，通过绘制各地区能源规划消费量与基期减少比例对比图（考虑 2025 年达峰和 2030 年达峰两种情景下），可以对各区域的能源结构变动趋势作具体分析，以验证假说二。根据图 5.8—图 5.10，对比各地区三种能源变动情况。可以发现：电力消费量减少比率低，且区域间差异不大，均在 10% 以下；热力消费量的变化比例差异较大。特别是甘肃在 2025 年达峰情景下的热力消费量减少近 100%。反观焦炭消费量，整体上变动较小。除浙江外，大部分地区在两种情景下的能源消费量减少比率均低于 16%。进一步对比 2025 年碳达峰与 2030 年碳达峰情景，可以发现：当碳排放约束增强时，需求价格弹性高的地区能源需求变动比例显著上升。主要原因在于，在相同价格下，需求价格弹性高的地区能源消费变化量越大，由此产生的减排量也越大。

由此，为提升减排效果，也可依据不同能源的需求价格弹性差异实施差异化的税率。

进一步分析，可发现中国各地区能源结构存在差异是此类现象的根本原因，这反映了分区域、分步骤实行碳达峰行动计划的必要性。具体地，从能源消费角度看，重工业地区对传统能源的依赖度较强，且其发电模式老旧，故征收碳税时对电力的调整比例较高。比如，河北、辽宁、吉林等地区应加快推进绿色发电技术，增加低碳电力的使用比例；对于贵州、云南、甘肃等中西部地区，其对热力的消费需求量小。上述地区的热力需求价格弹性较大，故当市场价格波动时，它们更易找到其他能源替代，造成热力消费量的变动比例较大；而对于东部地区，工业企业在使用钢铁时，多直接进口产成品，故焦炭消费需求较低，相应的消费量也会变动较大。

基于上述分析，征收碳税时，浙江、广东等地应加快工业绿色化转型，通过优化生产过程，降低对高污染能源的需求，最终实现碳减排（万攀兵等，2021）。在开征碳税时，对于能源变动比例较高的地区可以考虑采用能源计费或实施有差别的税率的方式，以保障区域能源市场的平稳运行。比如，贵州、云南等地区，其热力主要以回收能形式得到，故对回收热力的燃煤厂应减免碳税；而甘肃的热力多因供热而来，因此，可对供热厂进行补贴。综上，不同地区的产业与能源消费具有异质性，由此导致征收碳税时的举措应因地制宜。特别是可以根据地区能源的消费量差异，对电力、热力和焦炭实施不同的税率，以有效调节工业企业的消费行为，进而达到减排的目的。假说二得以验证。

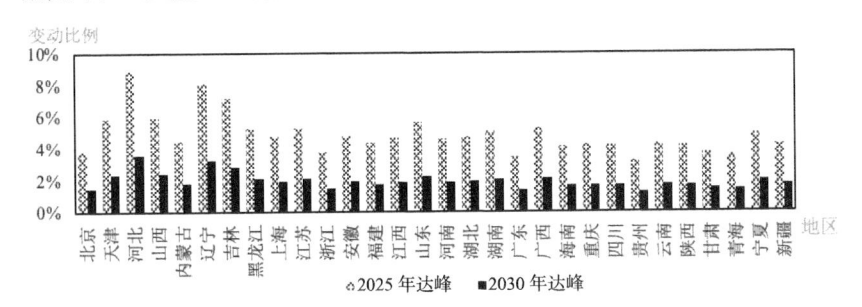

图 5.8 2025 年碳达峰与 2030 年碳达峰情景下电力的需求变化情况

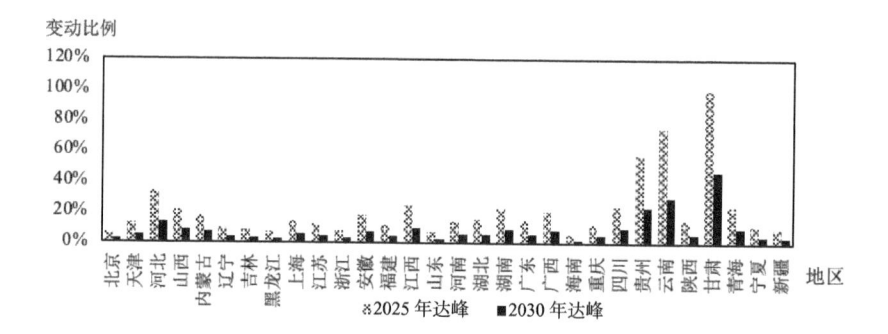

图 5.9 2025 年碳达峰与 2030 年碳达峰情景下热力的需求变化情况

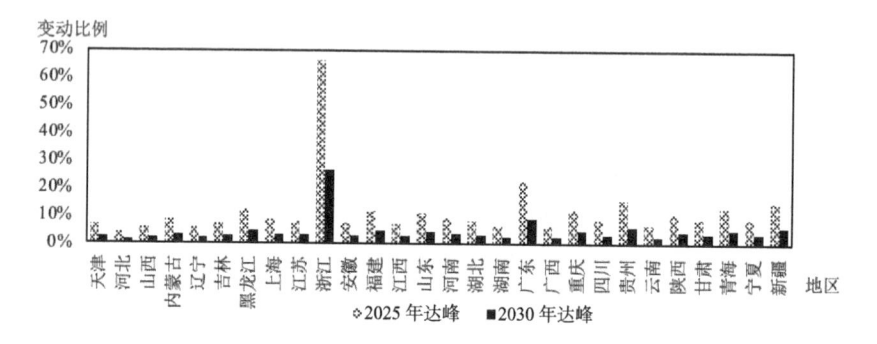

图 5.10 2025 年碳达峰与 2030 年碳达峰情景下焦炭的需求变化情况

但是，从全社会角度看，碳税的征收不仅会影响消费市场的成本，也会通过能源的约束影响全社会的总产出。因此，碳税征收引起的社会经济损益还包括了因碳税征收引起的工业总产值变化。由此，可以得出碳税具有三重经济效应（即假说三）：收入效应、工业市场成本效应和工业产出效应。其中，碳税的收入效应与工业市场成本效应表现为消费者盈余变化。考虑到前文已验证了区域异质性会影响碳税测算结果，故下面将从区域角度开展社会经济损益分析，以进一步探索在坚持"先立后破"中寻找碳达峰行动的潜在最优路径。

第六章

基于最优碳税的经济效应与收入分配效应测算及其中国实践

征收碳税对工业能源使用量产生约束,由此对工业经济产生影响,其表现为工业产品总产值的减少。而各地区由于能源禀赋、地理环境、经济基础存在较大差异,因此受到碳税的经济影响也各不相同。同时,通过征收碳税直接增加政府的转移支付,可对社会经济产生正向影响。本章旨在通过测算各地区征收碳税后的工业经济损失,对比各情形下的社会损益情况,反映碳税征收给各地区带来的社会经济效应,并探索碳税收入的替代对经济效率的影响。

第一节 基于最优碳税的经济效应测算模型与中国实践

一、工业产值模型

(一)时间序列模型

据前述,最优碳税下的社会经济损益是不实行碳税政策的社会总经济效益(主要表现为工业总产值)与征收碳税后的社会总经济效益(主要表现为碳税征收后的工业总产值与碳税收入的净值)的对比。因此,需要建立工业产值的预测模型。参考何川(2006)的研究,使用 ARIMA(p,d,q) 模型对工业产值进行建模,可以有效解决 ARMA 模型对时间序列的高平稳性要求,其表达式为:

$$\Delta^d y_t = \theta_0 + \sum_{i=1}^{p} \phi_i \Delta^d y_{t-i} + \varepsilon_t + \sum_{j=1}^{q} \theta_j \varepsilon_{t-j} \quad (6-1)$$

其中,p、d 和 q 分别表示自回归(AR)、差分、移动平均(MA)的阶数。ε_t 为白噪声序列,服从零均值、方差为 σ_ε^2 的独立正态分布。y_t 为 t 期工业产值,$\Delta^d y_t$ 表示经过 d 次差分后的工业产值数列,ϕ_i 与

θ_l 为模型的待估参数。

根据各地区工业产值时间序列数据的不同特征,对各地区工业产值分别进行模拟,寻找拟合度最高的时间序列模型。

(二) 能源消费模型

另外,同样需要估计征收碳税后,能源限制下的工业产值。本节使用线性模型探究工业能源使用与工业产值间的关系,满足:

$$\ln add = \sum\nolimits^{k} v^{k} \ln d^{k} + C \qquad (6\text{-}2)$$

其中,add 为平减后的各地区工业产值,d^k 为能源 k 的使用量,v^k 为待估计参数,C 为常数。由于采用的是时间序列数据,需要先对各变量平稳性进行检验,其步骤为在观察时间序列趋势图后,使用 ADF 有截距项、有趋势项和无截距项三种形式,分别检验各变量是否在 5% 置信水平下小于临界值。若其表现为不平稳序列,则对其进行差分,并使用平稳序列对模型进行拟合。同时,为避免数据类型对模型拟合产生影响,将使用 Newey-West 标准误回归进行稳健性检验,保证拟合的系数的合理性。

二、社会经济损失值测算

首先,使用时间序列模型模拟未征收碳税时的 2022—2030 年工业产值。其次,计算各情景下能源消费约束的工业产值,将其作为 2021 年的时间序列数据代入,重新估计 2022—2030 年工业产值。最后,通过对比原时间序列与能源约束后的模拟数值得到各地区各年份工业经济损失值。将各情景下各地区的数据依照年份进行加和,可以得到全国经济损失值。

即各地区的 s 年达峰情景下,t 年的工业经济损失值为:

$$loss_{it}^{s} = add_{it}^{s} - add_{it}^{s'}, \quad s=2025,2026,\cdots,2030, t=2022,2023,\cdots,2030 \qquad (6\text{-}3)$$

其中，add_{it}^s 为 i 地区未征收碳税时 s 年达峰情景下，t 年的工业产值，$add_{it}^{s'}$ 为能源限制下 i 地区 s 年达峰时 t 年的工业产值。

$$loss_t^s = \sum_i loss_{it}^s \qquad (6\text{-}4)$$

式（6-4）中 $loss_t^s$ 为第 s 年实现碳达峰情景下，t 年的全国工业总产值损失值。

三、社会经济损失测算结果

（一）工业产值模型结果

1. 数据范围

考虑数据的可获得性，本节采用各地区 1995—2020 年的工业能源使用数据，建立趋势估计征收碳税下 2021 年的工业产值，数据来源于《中国能源统计年鉴》。使用 1991—2020 年的各地区工业生产总值，估计工业产值的长期趋势，并以 1991 年为基期，使用工业出厂者价格指数进行平减，数据来源于《中国统计年鉴》。

2. 模型结果

（1）工业产值预测。对 1991—2020 年的工业产值平减序列进行 ARIMA 模型拟合。通过 ADF 检验，判断原数据平稳性，同时，根据 AIC 最小准则进行比较分析，选择最合适的模型，各地区使用的具体工业总产值预测方程如表 6.1。

表 6.1 各地区产值时间预测模型

地区	模型	表达式
北京、四川、云南、甘肃、新疆	ARIMA(0,1,0)	$\ln add_t = \theta_0 + \ln add_{t-1} + \varepsilon_t$
内蒙古、江苏、海南	ARIMA(0,2,0)	$\Delta^2 \ln add_t = \theta_0 + \Delta^2 \ln add_{t-1} + \varepsilon_t$

续表

地区	模型	表达式
河北	ARIMA(1,0,0)	$\ln add_t = \theta_0 + \phi_1 \cdot \Delta \ln add_{t-1} + \varepsilon_t$
辽宁、吉林、安徽、江西、湖北、湖南、广西、重庆、贵州、陕西、青海、宁夏	ARIMA(1,1,0)	$\Delta \ln add_t = \theta_0 + \phi_1 \cdot \Delta \ln add_{t-1} + \varepsilon_t$
广东	ARIMA(1,2,0)	$\Delta^2 \ln add_t = \theta_0 + \phi_1 \cdot \Delta^2 \ln add_{t-1} + \varepsilon_t$
山西	ARIMA(0,1,1)	$\Delta \ln add_t = \theta_0 + \varepsilon_t + \theta_1 \cdot \varepsilon_{t-1}$
天津、黑龙江、上海、浙江、福建、山东、河南	ARIMA(0,2,1)	$\Delta^2 \ln add_t = \theta_0 + \varepsilon_t + \theta_1 \cdot \varepsilon_{t-1}$

模型拟合平均绝对误差小于0.1，表明有较好的拟合效果，各地区具体方程系数见表6.2。

表 6.2　各地区产值时间模拟结果

地区	模型
北京	$\Delta \ln add_t = 0.096 + \Delta \ln add_{t-1} + \varepsilon_t$
天津	$\Delta^2 \ln add_t = \theta_0 + \varepsilon_t - 0.594\varepsilon_{t-1}$
河北	$\ln add_t = \theta_0 + 0.835 \ln add_{t-1} + \varepsilon_t$
山西	$\Delta \ln add_t = 0.092 + \varepsilon_t + 0.385\varepsilon_{t-1}$
内蒙古	$\Delta^2 \ln add_t = \Delta^2 \ln add_{t-1} + \varepsilon_t$
辽宁	$\Delta \ln add_t = 0.475 + \Delta \ln add_{t-1} + \varepsilon_t$
吉林	$\Delta \ln add_t = 0.438 + \Delta \ln add_{t-1} + \varepsilon_t$
黑龙江	$\Delta^2 \ln add_t = \theta_0 + \varepsilon_t - 0.744\varepsilon_{t-1}$
上海	$\Delta^2 \ln add_t = \theta_0 + \varepsilon_t - 0.665\varepsilon_{t-1}$
江苏	$\Delta^2 \ln add_t = \Delta^2 \ln add_{t-1} + \varepsilon_t$
浙江	$\Delta^2 \ln add_t = \theta_0 + \varepsilon_t - 0.564\varepsilon_{t-1}$

续表

地区	模型
安徽	$\Delta \ln add_t = 0.129 + 0.583\Delta \ln add_{t-1} + \varepsilon_t$
福建	$\Delta^2 \ln add_t = \theta_0 + \varepsilon_t - 0.617\varepsilon_{t-1}$
江西	$\Delta \ln add_t = 0.427 + \Delta \ln add_{t-1} + \varepsilon_t$
山东	$\Delta^2 \ln add_t = \theta_0 + \varepsilon_t - 0.541\varepsilon_{t-1}$
河南	$\Delta^2 \ln add_t = \theta_0 + \varepsilon_t - 0.494\varepsilon_{t-1}$
湖北	$\Delta \ln add_t = 0.520 + \Delta \ln add_{t-1} + \varepsilon_t$
湖南	$\Delta \ln add_t = 0.541 + \Delta \ln add_{t-1} + \varepsilon_t$
广东	$\Delta^2 \ln add_t = \theta_0 - 0.439\Delta^2 \ln add_{t-1} + \varepsilon_t$
广西	$\Delta \ln add_t = 0.515 + \Delta \ln add_{t-1} + \varepsilon_t$
海南	$\Delta^2 \ln add_t = \theta_0 + \Delta^2 \ln add_{t-1} + \varepsilon_t$
重庆	$\Delta \ln add_t = 0.113 + 0.521\Delta \ln add_{t-1} + \varepsilon_t$
四川	$\ln add_t = 0.100 + \ln add_{t-1} + \varepsilon_t$
贵州	$\Delta \ln add_t = 0.102 + 0.448\Delta \ln add_{t-1} + \varepsilon_t$
云南	$\ln add_t = 0.088 + \ln add_{t-1} + \varepsilon_t$
陕西	$\Delta \ln add_t = 0.140 + 0.652\Delta \ln add_{t-1} + \varepsilon_t$
甘肃	$\ln add_t = 0.069 + \ln add_{t-1} + \varepsilon_t$
青海	$\Delta \ln add_t = 0.729 + \Delta \ln add_{t-1} + \varepsilon_t$
宁夏	$\Delta \ln add_t = 0.617 + 0.617\Delta \ln add_{t-1} + \varepsilon_t$
新疆	$\ln add_t = 0.072 + \ln add_{t-1} + \varepsilon_t$

（2）能源约束下的工业总产值预测。根据前文设定的各种碳达峰情景，考虑时间序列变量的平稳性和拟合效果后，得到各地区能源约束下的工业总产值预测模型，具体估计方程如表6.3：

表 6.3　各地区产值约束预测模型

地区	表达式
天津、河北、辽宁、黑龙江、上海、福建、江西、云南、陕西、青海、宁夏、新疆	$\ln add = v^1 \ln coke + v^2 \ln heat + v^3 \ln ele + C$
内蒙古、吉林、河南、湖北、四川、甘肃	$\ln add = v^1 d.\ln coke + v^2 \ln heat + v^3 \ln ele + C$
北京、山西、安徽、山东、湖南、广东、海南、重庆	$\ln add = v^1 \ln coke + v^2 d.\ln heat + v^3 \ln ele + C$
浙江、广西	$\ln add = v^1 \ln coke + v^2 \ln heat + v^3 d.\ln ele + C$
江苏、贵州	$d.\ln add = v^1 \ln coke + v^2 \ln heat + v^3 \ln ele + C$

各模型整体 R^2 均大于 0.80，拟合度较高，计算 p 值后，使各变量均在 10% 置信水平下显著。另外，为避免时间序列数据存在数据相关性，使用 Newey-West 标准误回归对方程进行稳健性检验，发现各变量仍在 10% 置信水平下显著。因此预测模型的估计结果较稳定、可信度高。由于各地区的数据特征各异，能源系数各不相同，具体方程系数见表 6.4。

表 6.4　各地区产值约束模拟结果

地区	模型
北京	$\ln add = 0.362 \ln coke - 0.036 d.\ln heat + 1.078 \ln ele + 8.496$
天津	$\ln add = 0.388 \ln coke + 0.295 \ln heat + 0.825 \ln ele + 8.279$
河北	$\ln add = 0.272 \ln coke - 0.233 \ln heat + 0.005 \ln ele + 15.499$
山西	$\ln add = -0.202 \ln coke + 0.097 d.\ln heat + 1.192 \ln ele + 9.887$
内蒙古	$\ln add = -0.439 d.\ln coke - 0.621 \ln heat + 1.174 \ln ele + 11.743$
辽宁	$\ln add = 0.265 \ln coke - 0.695 \ln heat + 1.315 \ln ele + 10.678$
吉林	$\ln add = -0.923 d.\ln coke + 1.686 \ln heat + 0.508 \ln ele + 3.797$
黑龙江	$\ln add = -0.239 \ln coke - 0.278 \ln heat + 0.984 \ln ele + 13.062$

续表

地区	模型
上海	$\ln add = -0.579\ln coke + 0.474\ln heat + 1.525\ln ele + 8.959$
江苏	$d.\ln add = -0.073\ln coke - 0.173\ln heat + 0.240\ln ele - 0.042$
浙江	$\ln add = -0.041\ln coke + 0.955\ln heat - 0.948d.\ln ele + 12.266$
安徽	$\ln add = 1.106\ln coke - 0.058d.\ln heat + 0.652\ln ele + 5.714$
福建	$\ln add = -0.045\ln coke + 0.059\ln heat + 1.271\ln ele + 9.244$
江西	$\ln add = 1.306\ln coke + 0.096\ln heat - 1.387\ln ele + 8.381$
山东	$\ln add = 0.485\ln coke - 0.153d.\ln heat + 0.336\ln ele + 12.175$
河南	$\ln add = -0.063d.\ln coke + 0.201\ln heat + 0.961\ln ele + 9.614$
湖北	$\ln add = -1.487d.\ln coke + 0.189\ln heat + 1.189\ln ele + 8.552$
湖南	$\ln add = 0.532\ln coke - 0.563d.\ln heat + 0.996\ln ele + 7.412$
广东	$\ln add = 1.161\ln coke - 0.198d.\ln heat + 0.226\ln ele + 10.188$
广西	$\ln add = 0.562\ln coke + 0.176\ln heat - 1.199d.\ln ele + 12.550$
海南	$\ln add = -0.016\ln coke - 0.072d.\ln heat + 0.730\ln ele + 11.811$
重庆	$\ln add = 0.469\ln coke - 0.024d.\ln heat + 1.700\ln ele + 4.094$
四川	$\ln add = -0.306d.\ln coke + 0.018\ln heat + 1.371\ln ele + 8.079$
贵州	$d.\ln add = 0.199\ln coke - 0.042\ln heat + 0.046\ln ele - 1.192$
云南	$\ln add = -0.353\ln coke + 0.002\ln heat + 1.201\ln ele + 11.221$
陕西	$\ln add = 0.369\ln coke - 0.307\ln heat + 1.372\ln ele + 7.167$
甘肃	$\ln add = -0.150d.\ln coke + 0.023\ln heat + 0.897\ln ele + 9.914$
青海	$\ln add = 0.139\ln coke - 0.016\ln heat + 0.852\ln ele + 9.029$
宁夏	$\ln add = 0.422\ln coke + 0.158\ln heat + 0.086\ln ele + 11.671$
新疆	$\ln add = 0.126\ln coke + 0.124\ln heat + 0.265\ln ele + 12.554$

通过对各地区能源回归系数进行归纳分析，对各地区工业能源使用合理度做出进一步判断。

首先，能源当年使用量绝对值前系数为负，表明在后续发展中应减少此能源使用，而当该值为正时，表明经济发展对该类能源有一定依赖。由此，统计三种能源对经济正向影响的地区数量，从高到低分别为电力、焦炭、热力。电力为正的地区数达96.4%，表明电力逐渐成为工业的主流能源，其使用将进一步推动产能提升。相反地，超20%的地区焦炭、热力能源前系数为负。作为传统工业能源，焦炭的主要流向为重工业，其使用代表了较为落后的工业工艺及工业发展结构；而热力多用于钢铁、发电、化学生产，均为高耗能产业。具体而言，上海、江苏、浙江等地调整工业结构，逐渐转移淘汰重工业，因此减少焦炭使用对经济有正向影响。

其次，使用平减项进行回归时，其系数符号与能源使用趋势紧密相关。如差分能源量为负，其前系数为正，表明能源使用量的减少对经济产生了负面影响。如内蒙古的焦炭系数为-0.439，现其使用量仍在逐年上涨，表明焦炭能源的使用对该地经济发展存在负面影响；而北京的热力系数为-0.036，其近年热力使用量下降1.50%，表明其发展对热力能源的依赖性在逐渐减弱。

最后，各地区发展情况各异，应在经济效应下考虑能源转型方向。当能源系数为负时，需要考虑减少能源使用，尤其是浙江、江西和广西三个电力系数为负的地区，应当将高效用电作为其发展的首要目标；而当能源系数为正时，应该考虑利用科技手段找到处理、净化污染物的方法。

（二）最优碳税下的社会经济损益分析

1. 实施最优碳税前后的工业总产值变动

首先，估计各地区2025—2030年的工业总产值，并以2021年为基期，采用工业出厂价格指数消除价格因素。由此，可分别计算各地区历年征收与未征收情景下的工业总产值差值，即为各地区工业总产

第六章　基于最优碳税的经济效应与收入分配效应测算及其中国实践　157

值的损失，也可理解为成本内部化效应中的间接效应。进一步将所有地区的损失进行加总，可得到全国工业总产值的合计损失。另外，将碳排放量与碳税价格相乘，可得到碳税收入，结果见图 6.1。

根据图 6.1，若 2025 年实现碳达峰，则工业总产值在 2025—2030 年间的累计损失（为更好对比各不同达峰情景下社会经济损益，下文将使用 2025—2030 年的累计值进行比较，即下文提到的累计均为 2025—2030 年的加和值）为 9.03 万亿元；若 2030 年实现碳达峰，相应的累计损失为 4.19 万亿元。也即在现有生产技术水平不变的情况下，碳达峰实现时间越早，工业总产值将因能源约束损失越大。因此，可计算得出：碳达峰每提早一年，工业总产值平均累计损失增加 0.97 万亿元。

与此相对的，越早实现碳达峰，征收的碳税也越多。若 2025 年实现碳达峰，则 2025—2030 年间累计碳税收入为 2.09 万亿元；若 2030 年实现碳达峰，则累计碳税收入为 0.94 万亿元（见图 6.1）。究其原因，如 2025 年实现碳达峰，对应的碳税为 40.55 元/吨（基于区域需求价格弹性），比 2030 年实现碳达峰征收的碳税高出 1.51 倍。因此，碳达峰每提早一年，累计碳税收入平均增加 2317.30 亿元。

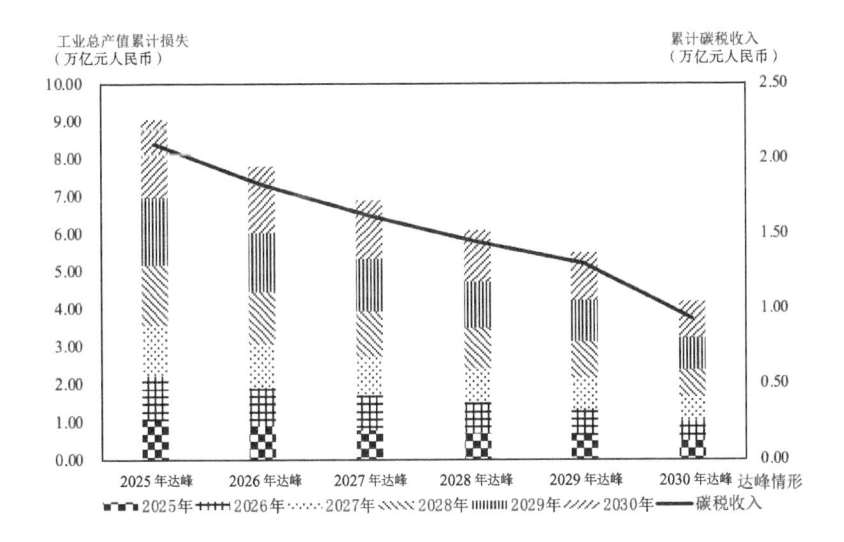

图 6.1　各碳达峰情景下的工业总产值累计损失与碳税收入

2. 不同碳达峰情景下的社会经济损益波动情况分析

根据图 6.2，以 2025 年为比较对象，若 2030 年实现碳达峰，全社会累计经济损益值为 3.26 万亿元，比 2025 年少 3.68 万亿元。具体地，碳达峰每提早一年，全社会累计经济损益值平均增加 0.74 万亿元。在不考虑环境治理成本等因素的前提下，若以累计损益值差值为判断标准，则 2029 年是全国碳达峰实现的最优年份。

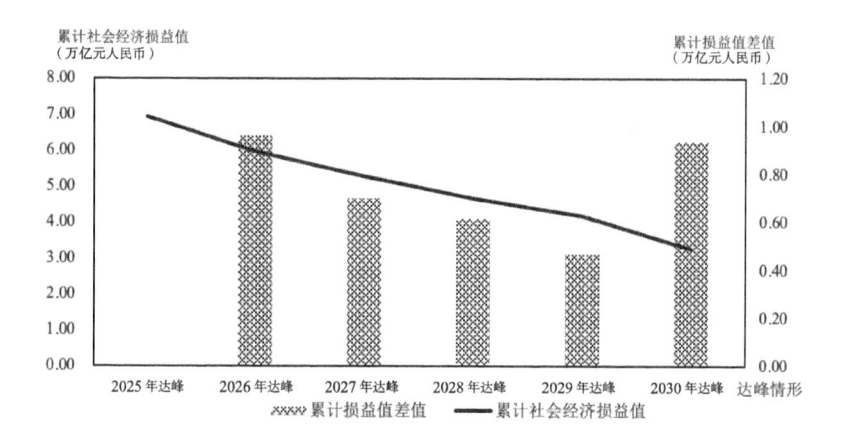

图 6.2 不同情景下社会经济损益情况（以 2025 年达峰情景为比较对象）

综上，在碳达峰行动中，若实行"经济发展优先"的策略，将会增加额外能源需求，全社会经济损益更少，但碳达峰实现时间延后；若实行"碳减排优先"的策略，则会减少部分高碳项目或产品，导致供需矛盾加剧。因此，基于社会经济损益分析，可有效平衡发展与减排之间的关系，体现了坚持"先立后破"的基本思路，也在一定程度上彰显了党的二十大关于碳达峰战略部署的重要精神。

3. 进一步分析

坚持"先立后破"应立足于能源的多重属性。因此，下面从碳税的其他属性进行分析。

关于成本内部化效应。本节通过计算不同达峰情景下，征收碳税引起的全国工业产值损失与其原工业增加值的比重进行分析，可反映出不同达峰情景下碳税的成本内部化效应存在差异，也即在"先立后破"中不同达峰情景付出的成本是有区别的,这也进一步表明有计划分步实施碳达峰行动的必要性。图 6.3 描述了各地区分别在 2025 年和 2030 年达峰情景下的工业产值损失情况。可以看出,2025 年碳达峰情景下的工业产值损失平均比例为 4.08%,对应的工业总产值累计损失值平均为 1.50 万亿元,均高于 2030 年碳达峰情景。

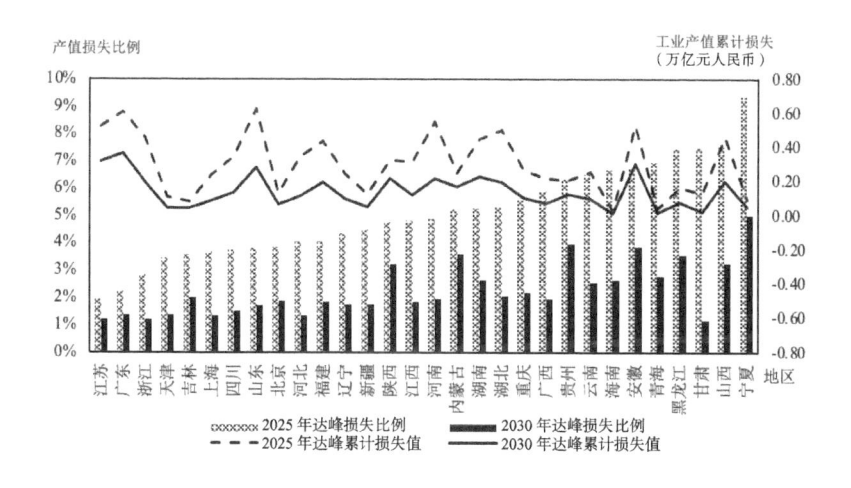

图 6.3 不同情景各地区工业产值损失情况

关于累退性。税收是否具有累退性,主要表现为征收碳税是否会加大区域间发展的不平衡程度,是在差别化步骤部署碳达峰行动中需要考虑的重要因素。本节通过计算产值损失比例(即征收碳税引起的工业产值损失占比)进行分析,发现碳税具有累退性,主要表现在:

①征收碳税后,工业规模越大的地区,累计的相对工业损失值越高。特别是广东和江苏两个地区,2025 年达峰情景下工业总产值累计损失分别达 6080.30 亿元和 6242.80 亿元,占全国总损失的 6.74% 和 6.92%。②各地区在不同达峰情景下的产值损失比例存在差异。通过对比,两种碳达峰情景下社会经济损失比例的差异呈逐渐增加的趋势。特别是宁夏、甘肃在两种情景下的差异较大,比例差值分别达 4.37% 和 6.29%。两省工业规模小、基础弱,征收碳税后的能源调整对两省工业产出影响大;相对地,江苏和广东的产值损失比例仅差 0.76% 和

0.90%。③产值损失比例与各地区的经济基础密切相关。依照2025年碳达峰情景对社会产值损失比例按升序进行排列，排名前11位的地区有9个位于东部，平均产值损失比例为2.99%。在中西部地区中，仅有四川（3.74%）的产值损失比例相对较低，这主要归因于四川的地理位置优势，有效减弱了碳税的成本内部化效应。

进一步，若按照2021年地区人均GDP将30个地区为三大地区：发达地区、较发达地区和欠发达地区（见表6.5），也同样验证了碳税具有累退性。具体地，在2025年达峰情景下，三大地区的工业产值损失比例分别为2.84%、4.02%、5.21%，即征收碳税对经济发展较差的地区造成的经济负担更重，将扩大区域间的发展不平衡。对比2030年达峰情景，三大地区的工业产值损失比例分别为1.34%、2.12%、2.16%，较2025年达峰情景分别下降1.50%、1.90%、3.05%，表明碳税的累退性随碳达峰的提早更为明显。综上，为减弱碳税累退性对区域发展带来的负面影响，中西部地区在征收碳税时，可以先设置较低的税率，并依据地区经济发展实际状况逐步提高税率。

表6.5 地区划分（依2021年人均GDP划分）

地区	划分依据	省级行政区
发达地区	人均GDP > 10w	北京、天津、上海、江苏、浙江、福建
较发达地区	10w ≥ 人均GDP > 7w	广东、重庆、湖北、内蒙古、山东、陕西、安徽、湖南、江西
欠发达地区	7w ≥ 人均GDP	辽宁、山西、四川、海南、宁夏、新疆、河南、云南、青海、吉林、河北、贵州、广西、黑龙江、甘肃

第二节 基于最优碳税的收入分配效应测算模型与中国实践

本节从碳税的再循环路径讨论碳税对居民生活产生的间接效应。碳税再循环系统由地方政府、企业、居民三类主体构成。正如前两章讨论的，企业将征收碳税上涨的成本转移到产品中。居民作为产品的最终消费者，将间接承担碳税带来的价格上涨，其福利水平也会相应降低。同时，政府征收所得的碳税收入作为政府支出的资金，通过各种渠道返还给社会，也会对居民收入水平及福利效应产生影响。本章在计算居民消费的碳负担率后，以居民价格指数变动进一步探讨碳税对居民福利水平的影响。随后，通过对比模拟碳税返还的政策效力，寻求碳税返还的最优方案。从消费到收入，完整考虑了碳税对居民收入分配的影响。

一、居民碳成本测算

由第二章可知，向企业征收碳税后，将产生成本内部化效应，即在保证产出的情形下，企业负担的成本将会升高。参考刘婷（2017）、王倩（2017）等，本节将使用 MRIO 模型，结合中国 2017 年投入产出表，核算各地区征收碳税对城镇和农村居民消费引起的间接碳成本。

目前，大多数研究常按收入水平对家庭部门进行划分。在宏观税负下，间接税的征收对中国特有的二元经济结构现象产生显著影响，即中国碳税征收效应表现出典型的经济二元结构（王梦珂、唐爽，2021）。本章将家庭部门按照城镇—乡村加以区分，以期得到较为贴近现实的模型结果。

(一)测算模型

1. MRIO 模型

MRIO 模型是 IO 模型在多区域间的扩展应用,基本的 IO 模型可以用线性代数方程表示:

$$AX + Y = X \quad (6\text{-}5)$$

具体地,对应到投入产出表中,可以将上式转化为方程式:

$$\begin{pmatrix} A_{11} & \cdots & A_{1a} & \cdots & A_{1n} \\ \vdots & \ddots & \vdots & \ddots & \vdots \\ A_{a1} & \cdots & A_{aa} & \cdots & A_{an} \\ \vdots & \ddots & \vdots & \ddots & \vdots \\ A_{n1} & \cdots & A_{na} & \cdots & A_{nn} \end{pmatrix} \begin{pmatrix} X_1 \\ \vdots \\ X_a \\ \vdots \\ X_n \end{pmatrix} + \sum_{b=1}^{n} \begin{pmatrix} Y_{1b} \\ \vdots \\ Y_{ab} \\ \vdots \\ Y_{nb} \end{pmatrix} = \begin{pmatrix} X_1 \\ \vdots \\ X_a \\ \vdots \\ X_n \end{pmatrix} \quad (6\text{-}6)$$

其中,A 的子矩阵为 m 维方阵,子矩阵中各元素 a_{an}^{ij} 表示第 a 地区的 i 部门产品对第 n 地区 j 部门生产单位产品的需求量,$i=1,2,\cdots,m$,$j=1,2,\cdots,m$;X 为 m 维列向量,其中各元素 x_a^i 表示第 a 地区第 i 部门的总产出,而 Y 为最终需求列向量,其中各元素 y_a^i,表示第 c 地区对第 a 地区的 i 部门产品的最终需求量之和。

将方程进一步转化,有:

$$X = (I - A)^{-1} \cdot Y = LY \quad (6\text{-}7)$$

其中,I 为 $m \times n$ 维单位矩阵,$L = (I - A)^{-1}$ 为里昂惕夫逆矩阵,又被称为完全需求系数矩阵,其中元素 I_{an}^{ij} 表示第 n 地区第 j 部门生产单位产品对第 a 地区第 i 部门产品的完全需求量。

完全需求系数矩阵可以分解为三个部分,分别为 $m \times n$ 个部门生产单位的最终使用矩阵 I,生产单位最终使用产品所产生的直接消耗矩阵 A,以及生产单位最终使用产品所产生的全部间接消耗矩阵 $A^2 + A^3 +,\cdots,+ A^n$,由此可以全面地反映出对任一部门产品最终需求的变化所间接引起的该部门和其他各部门总产出的变化。

2. 间接碳成本

本章聚焦于碳税对居民生活产生的间接效应。具体表现为政府征收碳税时，各生产部门的化石能源价格上涨，企业生产成本增加，而这些将通过产品价格进一步传递给消费者。由此，能源价格通过生产链传递给不同消费产品。各区域间，区域内部城乡居民的消费支出结构不同。因此，城乡居民所承担的碳税负担也是存在差异的。

参考以往研究，此处假设生产部门的碳税负担会通过产品消费从成本转嫁给消费者，认为生产部门燃烧化石能源所产生的排放由最终需求驱动。消费者将承担由最终消费驱动的排放成本，即消费者间接承担了碳税引起的部分经济效应。因此，本章主要讨论最终需求中居民消费的部分。

将居民消费第 s 类产品所承担的间接碳成本设为 CP_s，即征收碳税引起居民消费的产品成本增加的部分，计算式为：

$$CP_s = E_s \cdot Ct \qquad (6-8)$$

其中，E_s 为居民消费第 s 种消费品驱动产生的排放。Ct 为碳税单价，单位为元/吨。本节需要在投入产出模型基础上引入环境变量，以体现经济系统对环境的影响。通过计算各部门生产排放系数 Ck_s 表现其作用路径。对于 n 个地区的 MRIO 模型，间接排放系数矩阵为 C，

其中，$C = \begin{pmatrix} C_{11} & & & & \\ & \ddots & & & \\ & & C_{aa} & & \\ & & & \ddots & \\ & & & & C_{nn} \end{pmatrix}$，子矩阵 C_{aa} 为 $m \times m$ 维对角阵，元素 C_{aa}^{ii} 表示第 a 地区第 i 部门的生产排放系数。

综上，第 b 地区居民的消费支出所驱动的间接排放列向量可以表示为：

$$\begin{pmatrix} E_{1b} \\ \vdots \\ E_{ab} \\ \vdots \\ E_{nb} \end{pmatrix} = \begin{pmatrix} C_{11} & & & & \\ & \ddots & & & \\ & & C_{aa} & & \\ & & & \ddots & \\ & & & & C_{nn} \end{pmatrix} \cdot \begin{pmatrix} L_{11} & \cdots & L_{1p} & \cdots & L_{1n} \\ \vdots & \ddots & \vdots & \ddots & \vdots \\ L_{a1} & \cdots & L_{aa} & \cdots & L_{an} \\ \vdots & \ddots & \vdots & \ddots & \vdots \\ L_{n1} & \cdots & L_{na} & \cdots & L_{nn} \end{pmatrix} \cdot \begin{pmatrix} Y_{1b} \\ \vdots \\ Y_{ab} \\ \vdots \\ Y_{nb} \end{pmatrix}$$

（6-9）

最后，第 b 地区居民消费支出所驱动的间接碳成本为：

$$CP_b = \sum_{a=1}^{n} \sum_{i=1}^{m} E_{ab}^i \cdot Ct \qquad (6\text{-}10)$$

（二）指标与核算范围

1. 测度指数

使用人均碳成本和碳成本负担率对居民碳支付负担进行衡量。此处人均碳成本为平均每个居民消费需要为碳减排增加的成本费用，而碳成本负担率为总消费支出中人均碳成本所占的比例，计算公式如下：

$$pCP_b = CP_b / pop_b \qquad (6\text{-}11)$$

其中，pCP_b 为 b 地区人均碳成本，CP 与 pop 分别为该地区的碳成本与居民人口总数。

$$afford_b = pCP_b / py_b \qquad (6\text{-}12)$$

其中，$afford_b$ 为碳成本负担率，而 py_b 为 b 地区人均消费支出。

2. 核算范围

考虑到对各大行业进行统计时数据的可获得性，此处按照学界做法，将投入产出表的42个部门合并为六大产业，分别为农、林、牧、渔业，工业，建筑业，批发、零售业和住宿、餐饮业，交通运输、仓储和邮政业，其他产业。由于投入产出表的统计周期较长，目前仅有2017年的完整投入产出数据，因此此处假设各部门间接投入系数不变，使用2017年数据反映后续年份征收碳税的情形。与上文内容对应，由于西藏数据缺失较多，本章只考虑全国（除西藏和港澳台外）30个地区的数据，最终得到2017年30个地区六大部门的投入产出表。

此处的碳排放数据将采用CEADs数据库提供的2017年中国省级二氧化碳排放清单，其中包含了45个部门。与投入产出表对应，将其合并成上述六大部门的排放表，可计算得到2017年30个地区六大部门的生产排放系数。

（三）结果分析

1. 居民碳负担区域异质性

（1）居民整体情况。通过计算各地区碳成本负担率（后文简称碳负担率），绘制间接碳负担率如图6.4。

首先，全国居民平均碳负担率为0.35%，比较各地区碳负担率，发现东部地区均位于平均水平线下，表明经济基础好的地区居民消费受碳税影响较小。其中，上海、广东与水平线存在较大差值，分别为0.21%、0.18%。这两地不仅经济规模大，且产业结构以发展第三产业为主，同年第三产业产值占比分别为69.18%、53.60%，其经济发展对高碳能源的使用依赖低。相反地，宁夏的碳负担率最高，达1.20%，接近全国平均水平的三倍。具体而言，宁夏居民消费规模较大，在中西部地区中位于前50%。而其工业规模位于全国后10%，生产能力较弱，表明其居民消费产成品多从外地进口。相较于本地生产，征收碳税后，从外地进口的商品将嫁接更高的碳成本，由此引起高碳负担率。

其次，产品的空间流动与区域内部产业差异对碳负担率存在影响。具体表现在对比以传统工业为主要生产方式的东北地区碳负担率，仅有吉林低于全国水平，为0.27%。究其原因，可以发现与经济结构相似的辽宁相比，吉林产品的出口量高出辽宁近11个百分点。表明其将碳成本转移至其他地区，即吉林通过区域间产品流动降低了居民碳负担。而黑龙江的第二产业占比虽较吉林低21.30%，但其地区内居民消费总量高，为吉林的1.75倍。且鉴于黑龙江位于全国最北部，居民对热力需求更大，高碳加工产品的消费也加重了黑龙江居民的碳负担。同时，区域内部产业差异与产业链长度对两地区工业产品产出也有影响。吉林工业中能源产品的直接产出低，不足3%，能源多投入制造业以收获更高利润，延长生产链使其碳成本的增加较少。而黑龙江高耗能、资源型工业占比高，企业销售产品多以原材料、初加工产品、中间产品为主，能源产业产出占比高出吉林26%，工业生产中对能源的直接使用使碳负担增加（李庆国，2018）。

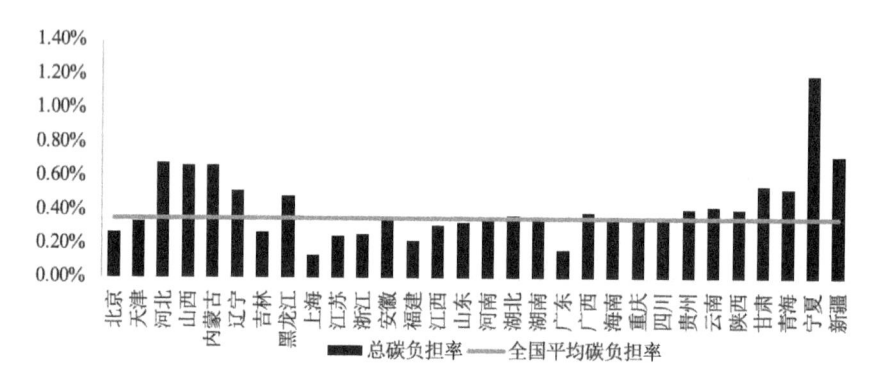

图 6.4　各地区居民碳负担率

（2）城乡差异情况。通过绘制各地区碳负担率城乡相对差（图6.5），可从居民消费视角分析各区域碳税征收下的城乡差异。当此数值为正时，表明农村碳负担率高于城镇，且数值越高，碳负担的城乡差异度越大，即碳税将进一步扩大城乡消费差异。图中除江西、贵州，其他地区皆为正值，进一步对比发现，区域间碳税对城乡消费差异的影响各不相同。

首先，在城乡碳负担相对差为正的地区中，碳税通过居民消费结构影响城乡碳负担差异。城乡碳负担差异较高的地区有吉林、宁夏，其城乡相对差分别为0.46%、0.76%，广东则高达29%，表明征收碳税显著增加了该三地居民消费的城乡差异度。究其原因，这些地区的城乡消费规模本就存在一定差异，而征收碳税通过影响消费支出结构加大了这种差异。具体地，广东城镇居民消费总量及人均消费量分别为农村的 5.33 倍、2.34 倍，城镇居民对交通通信、教育文化娱乐的消费较农村高出 3.56%、1.64%，即城镇居民在消费上更倾向于相对低碳的产品，因此征收碳税造成的影响较低。而农村居民对食品消费相较城镇居民高出 6.82%，农产品生产过程中，机械运作造成的碳排放将增加农村居民的碳负担，由此扩大城乡差异。类似地，吉林城镇居民人均消费支出为农村的 1.95 倍。其城镇居民不仅服务消费占比较农村居民高出 1.58%，且在食品消费中，城镇居民的饮食服务类消费占总食品支出的 21.84%，而农村居民对传统农副产品的消费高出 2.47%，反映了城镇居民对服务费用的支出更多，即其单位消费支出的碳含量更低。

其次，受消费规模影响，江西和贵州城乡碳负担差异为负值，分别为 -0.03%、-0.14%。碳税征收缩小了两地城乡消费差异，主要是农村人口基数大，使原先的城乡消费规模绝对值差异小。同时，相对落后的生产能力使城镇居民在消费工业产品时，隐含了更多的碳排放成本。具体地，贵州农村人口占总人口的 54%，而江西原先的城乡消费规模差比全国水平低 28%。计算城乡人均消费后，可发现城乡消费差异缩小水平随人均消费差异增加而扩大。贵州、江西城镇居民人均消费分别为农村居民的 2.45 倍、2.08 倍，由此表明贵州的城乡消费差异缩小水平更高。

注：城乡相对差 = 农村居民人均负担率 / 城镇居民人均负担率 -1。由于广东城乡相对差达 29，因此未在图中画出。

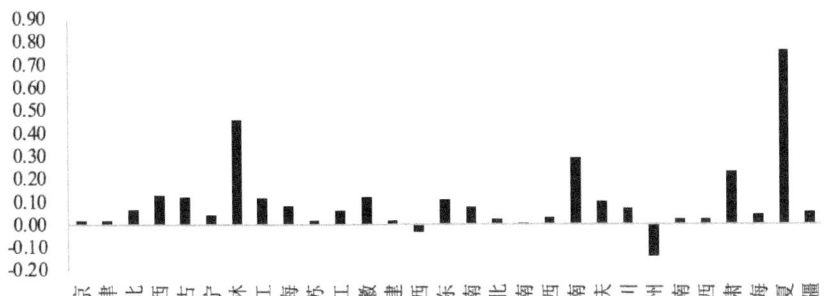

图 6.5　各地区居民碳负担率城乡差异情况

2. 各产业部门碳负担率

通过绘制农村与城镇居民碳负担的部门构成（图6.6），可以得出城乡居民消费结构与居民碳税负担的关系。从图6.6中可以看出农村居民各部门碳负担率均高于城镇。整体上，农村和城镇的碳负担率分别为0.49%和0.32%。而各部门城乡差异不同，主要与居民消费规模和生产水平相关。

首先，在所有产业中，工业的碳负担率最高，全国总负担率达0.311%，其中，农村和城镇分别为0.426%、0.280%。对应居民消费的八大类型，工业产品涵盖了居民消费中的食品、衣着、家庭设备用品及服务、居住等多个项目，因此居民对工业产品的消费总量大。工业部门对应居住项目中的水电燃料消费，电力、热力等燃料加工产生的排放较多，其部门碳强度达20.32万元/吨。同时，城乡工业碳负担率差异大，主要原因是城镇居民对深加工产品的消费更多，如城镇居民的衣着消费占比高出农村居民2%。在食品消费中亦是如此，城镇居民人均奶类消费量是农村居民的2.39倍。

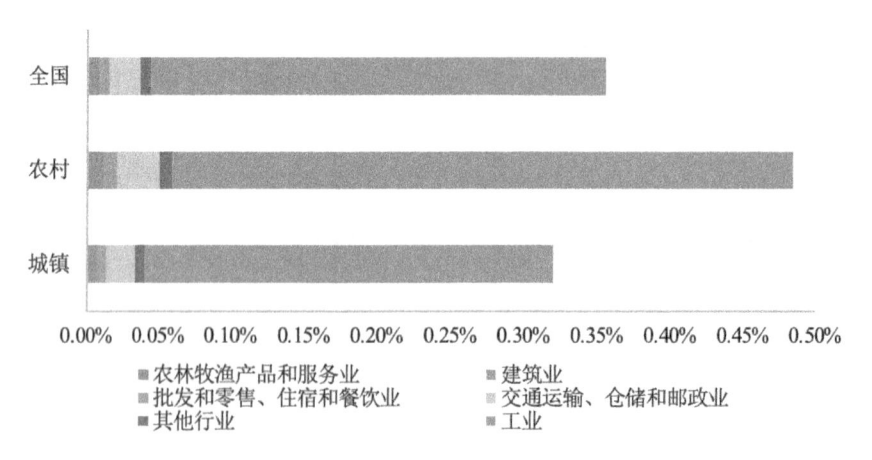

图6.6 各产业部门碳负担率

其次，在其余五部门中，全国居民表现出较高的交通碳负担，全国总碳负担率为0.022%，农村和城镇分别为0.030%、0.020%。征收碳税将直接导致交通燃料（汽油和柴油）等能源价格上涨，使得交通运输和邮政业的物流成本升高，增加居民碳负担。相较于城镇，农村获取资源的便利度相对较弱，由此农村居民对交通邮政的依赖更高，具体表现在中国现有农村公路占全国公路总里程的84.3%。此外，受到补能影响，现阶段农村居民对新能源汽车的接受度较低，截至2020年，农村居民用车电动化率不到1%，仅为城镇居民的1/3。征收碳税后，高排放的传统能源价格波动更大，使农村居民的交通碳负担更重。

最后，农业、零售业、其他产业的碳负担率相近，均在0.006%—0.008%之间，其中农业的城乡碳负担率差异最大，达0.004%。而建筑行业引起的碳负担较低，城乡均不达0.0001%。由于三个部门生产引发的碳排放少，均不足1吨，因此居民整体碳负担率不高。但是，农业对应居民的食品消费，对比城乡居民恩格尔系数，农村居民高出2.5%。因此，征收碳税时，农村居民的碳负担率也更高，使城乡碳负担率差异较大。而其他产业主要对应居民消费中的医疗、教育、文化、娱乐。其中，医疗和教育支出受到国家政策的支持，对应的城乡消费占比差不足1%，使碳负担率的城乡差异也较小。与投入产出表的统计口径相关，由于建筑支出无法被计入居民日常消费支出，因此建筑行业居民碳负担率近似于0。

综上，各地区生产能力与居民消费结构决定了碳负担率的差异。整体上，征收碳税后，农村居民的碳负担较城镇居民更高，由此在消费端表现出一定的累退性。同时，高碳生产模式与落后的消费结构易扩大此类差异。

二、居民福利效应测算

第一部分已经计算了各地区居民消费引起的具体碳成本，仅对居民消费情况进行分析，但居民福利水平除消费外，还需要综合考虑居民收入水平。因此本节通过价格指数将碳成本转换为对居民收入的影响，并体现征收碳税的福利效应。

（一）福利水平变化测算模型

1. 指标含义

居民福利源于其消费商品得到的效用。衡量居民福利水平变化最常用的两个指标为等价变换（EV）和补偿变换（CV）。其中，等价变换是基于现在的效用水平，在原本的价格水平下，居民收入下降的水平。而补偿变换是指商品价格上升后，为保持居民的效用水平不变，需要给予收入的补偿量。两者的具体计算公式随消费者效用函数的具体形式各异。

对生产者征收碳税使得产品生产成本增加，产成品价格也随之上升，而居民的实际购买力和福利水平随产品价格变动。假设成本传导率为100%，即增加的成本将全部体现在产品价格中。据此计算产成品价格变动率后，进一步测算征收碳税下居民福利水平的变化。

2. 测算公式

首先，参考倪红福和闫冰倩（2021）的做法，使用增加的生产成本（即前文计算所得的碳成本）计算产成品价格变动率，视作居民消费者价格指数：

$$\rho_b = \left(\sum_{s=1}^{n} \frac{\Delta p_{sb}}{p_{sb}} f_{sb}\right) \Big/ \left(\sum_{s=1}^{n} f_{sb}\right) \quad (6\text{-}13)$$

其中，ρ_b 为 b 地区征收碳税后的居民消费者价格指数，Δp_{sb} 为 b 地区产品 s 的价格变化，此处表现为生产产品数量不变时，投入成本增加引起的总产出值增加，表达式为：

$$\Delta p_{sb} = (a_{sb}/x_{sb})/[(a_{sb}+CP_{sb})/x_{sb}] - 1 = (a_{sb}+CP_{sb})/a_{sb} - 1$$

$$(6\text{-}14)$$

式（6-14）中，a_{sb} 为 b 地区产品 s 的总投入，CP_{sb} 为 b 地区产品 s 的间接碳成本，x_{sb} 为 b 地区 s 部门总产出，f_{sb} 为居民对产品 s 的消费额，并以其占总消费额（$\sum_{s=1}^{n} f_{sb}$）的比重为权重。

得到居民价格变动指数后，计算 EV 和 CV：

$$EV = x - C_0\left[1 + \rho_b(\frac{x}{C_0} - \frac{C_1}{C_0})\right] \quad (6\text{-}15)$$

$$CV = C_0\left[\frac{C_1}{C_0} + \frac{1}{\rho_b}(\frac{x}{C_0} - 1)\right] - x \quad (6\text{-}16)$$

其中，x 为地区总支出，C_0 为地区居民消费支出，C_1 为地区征收碳税后居民消费支出，ρ_b 为式（6-13）计算得出的居民消费者价格指数。本节使用 ΔEV 和 ΔCV 对征收碳税后的福利效应进行测算，具体公式如下：

$$\Delta EV = EV_{碳税} - EV_{2017} \quad (6\text{-}17)$$

$$\Delta CV = CV_{碳税} - CV_{2017} \quad (6\text{-}18)$$

当 ΔEV 和 ΔCV 大于 0 时，表明征收碳税会降低居民的福利水平，即征收碳税对居民产生了负向福利效应；而当 ΔEV 和 ΔCV 小于 0 时，表明碳税提升了居民福利水平，即碳税具有正向福利效应。

（二）征收碳税的福利效应

1. 居民福利水平

本章的福利效应是以居民收入的效用变化量衡量的，而居民收入的效用与居民收入规模成正比，与物价水平呈反比。上一节中的居民碳负担将通过公式（6-13）计算为物价水平的变动，反映收入的购买能力。因此，本节首先对各地居民的收入水平做初步统计，以便更好地对比碳税征收引起福利效应变化的因素。

通过绘制各地居民可支配收入总量及人均可支配收入水平，反映收入的规模水平和平均水平，得图 6.7。从中可以发现，中国各区域间居民可支配收入整体上差异较大，收入整体规模的相对极差达 3.20，其中，广东居民总收入为宁夏的 33 倍。而在收入平均水平方面，各地区人均可支配收入均高于 1.6 万元 / 人，相对极差为 1.64，表明各地居民的平均收入水平差异相对较小。但值得指出的是，北京居民人均可支配收入仍是青海的 3.6 倍有余。

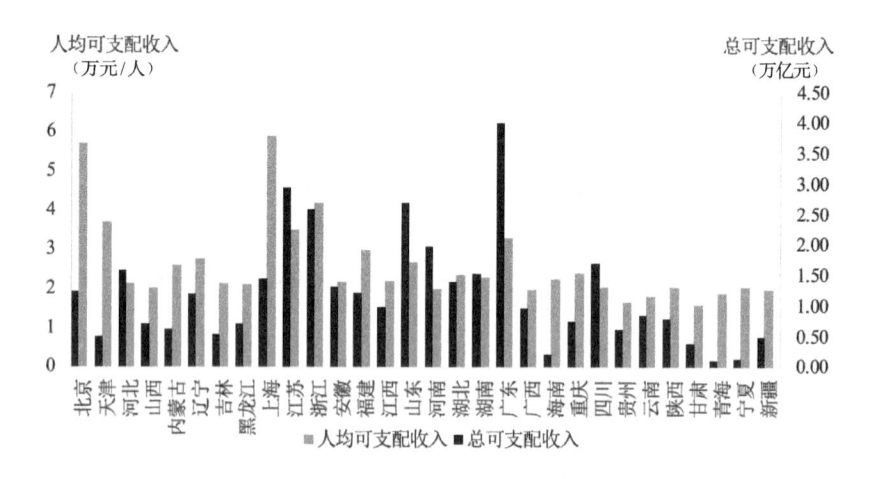

图 6.7　各地区居民可支配收入情况

具体而言，江苏、山东、广东三地居民收入情况较好，其规模水平均高达 4 万亿元，平均水平在 2 万元/人以上。主要原因是三地居民人口规模大，都在 8000 万人以上；同时，三地位于东部地区，良好的经济发展基础使居民收入的平均水平相对较高。此外，北京与上海虽因人口规模小，总可支配收入不到 2.5 万亿元，但两地居民收入的人均可支配收入高达 5 万元/人。北京、上海分别为中国政治、经济中心，政策引导下区域发展起步早，经济基础雄厚，因此居民的平均收入水平位于全国前二。相对地，海南、青海、宁夏、新疆四地居民总可支配收入不到 0.5 万亿元。四地人口基数小，且受劳动力素质影响，居民收入水平较低。

2. 碳税福利效应

（1）福利效应水平。对征收碳税后的各地区居民价格指数进行测算，并由公式（6-17）和公式（6-18）计算得到各地区居民的 ΔEV 和 ΔCV，绘制图 6.8。

第一，从总额上看，各地区居民福利效应均为正值，表明征收碳税引起居民福利水平的降低。具体地，等价变换效应值（ΔEV）为

703.45 亿元，即征收碳税使居民收入水平下降 703.45 亿元。而补偿变换效应值（ΔCV）为 703.90 亿元，即征收碳税后为保持居民的福利水平不变，需要增加的额外投入值。同时，其数值对应碳税转移分配下政府应付的补偿值。

第二，各地区居民价格指数存在显著差异，与居民消费结构存在较大关联。图 6.8 中折线为各地区居民价格指数，表示各地区居民在征收碳税后对产品价格的综合变化。从整体上看，各地区指数值均大于 1，表明征收碳税使全国居民物价水平上涨。具体而言，山西、内蒙古、黑龙江、云南、甘肃、宁夏、新疆几个地区的物价指数变动均超过 0.10%。其中，山西碳排放总量高，占全国总排放的 5.14%。且其碳强度高达 1.97 吨 / 万元，单位产值含碳量高，因此征收碳税对其产成品的影响较大。而另外的六个地区生产能力较弱，居民消费对外部产品依赖度较高，碳税成本往往通过居民消费从其他地区转移到这几地。对比之下，上海、江苏、福建、山东、广东等东部地区物价水平变动较小，均未达 0.03%，表明经济发展条件对商品价格稳定性有正向影响。这主要是由于各地居民消费结构合理，对低碳产品（服务）消费占比更高，因此单位产品消费的碳排放较少。同时，几地高技术主营业务收入占比均在 10% 以上。科技水平提高，将减少高耗能的重工业活动开展，提升工业整体生产效率，使单位投入的产出更多。

第三，各地区内 ΔEV 均略高于 ΔCV，各地区平均差异不到 0.01 亿元；但受到物价变化和居民消费规模影响，地区间福利效应存在异质性。对比图 6.8 中柱状部分可以发现，消费规模相似的东北地区，福利效应与价格指数存在显著正向关系。而江苏、山东的物价水平变化较小，但福利效应比较大，这与各地区居民原消费规模相关。两地区常住人口均在 5000 万以上，居民消费总额绝对值在 3.5 万亿元以上，位列全国前二。相对地，甘肃、宁夏、新疆虽有较高的价格变动，但由于其居民原先消费规模较低，不足 0.8 亿元，因此引起的福利效应较小。

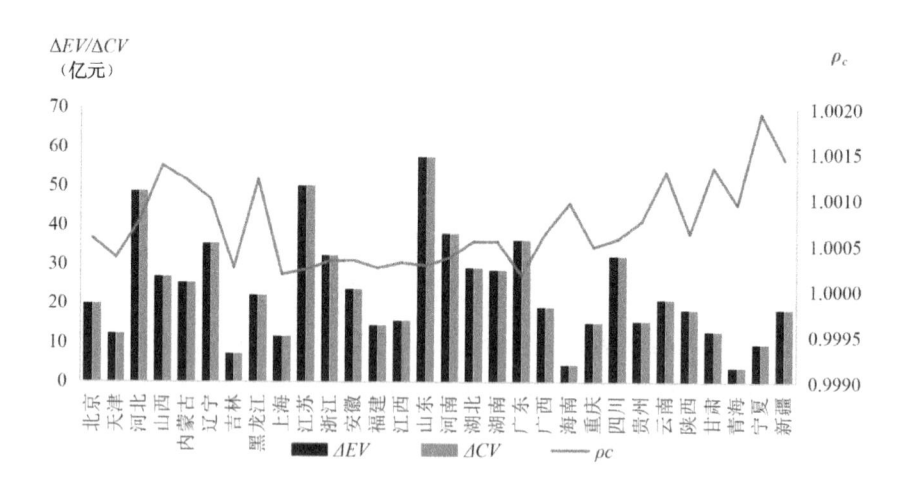

图 6.8　各地区居民消费价格指数变化及福利效应

（2）福利损失率。为更好地反映各地区福利效应情况，通过将福利效应与原收入水平进行对比，绘制图 6.9 各地区居民福利损失率图。

从图 6.9 中不难看出，整体上，征收碳税时，各地区福利损失率不大，但区域间存在差异。除宁夏变动率达 0.40% 外，其余地区变动率均不超过 0.31%。表明征收碳税时，生产企业成本上升后物价水平的上涨对居民的收入影响较小。但各地区福利损失率存在差异，其中，变动率最低的上海和广东绝对数值不到 0.10%，较宁夏小 3/4。

具体地，各地居民的福利损失率与经济发展下的居民收入水平相关。宁夏福利损失率达 0.458%，对照图 6.7，主要原因为其居民总体可支配收入规模小，不足 0.2 万亿元。结合图 6.8 发现，虽宁夏的福利效应水平低，不足 10 亿元，但更低的收入水平使其居民福利变动率高。相对地，上海的人均收入近 6 万元，由于居民可支配收入高，碳税征收后，居民福利水平的变动率仅为 0.07%。而广东作为经济强省，其人均可支配收入位列全国前 5，虽碳税征收引起的整体福利效应达 36 亿元，但由于人口基数大，居民收入水平高，其福利损失率不足 0.1%。

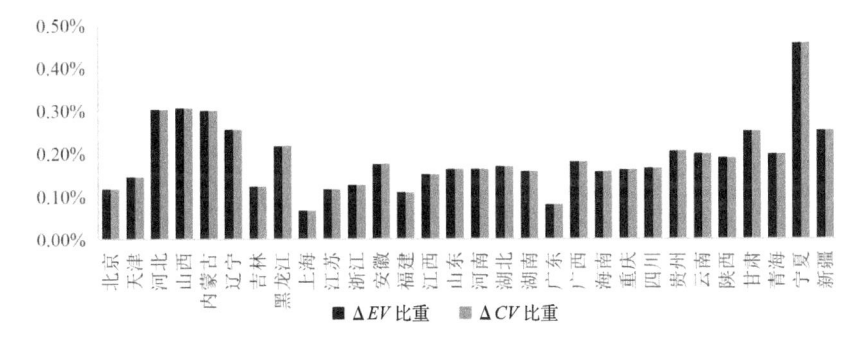

图 6.9　各地区居民福利损失率

第三节　基于最优碳税的中国碳税政策评价

一、税收替代政策的经济效应

（一）税收替代对经济影响的机制分析

1. 税收替代对税制结构的影响机制

碳税税收按返还方式可分为税收返还和税收替代。其中，税收返还是指通过现金、减免、抵扣等渠道，将税收收入返还给"消费者"，并以此直接增加"消费者"福利。而税收替代是指在征收碳税后，在国家总体税收水平不变的前提下，对扭曲性较高的税种进行减税筹资。通过对现存的各类税种及税率进行调整，弱化碳税征收引起的负面效应，在总体上影响经济效率（丁国民、李丹红，2017）。

税制结构指的是税种分布和主体税种的选择，即税种在质上的组合方式和在量上的比例关系。征收碳税及其替代将引起税制结构的变化。首先，开征碳税将引入新的税种，增加税收，降低现有各税种税收在总税收中的占比。而税收替代将调整扭曲税种的税率或税基，减少其征收额从而引起税收占比下降，影响主体税种的税收占比，改变现有的税制结构。

2. 税制结构对经济效率的影响机制

税制结构变化将引起经济效率变化，具体路径如下：

（1）税制结构通过资源配置影响经济效率

资源是指社会经济活动中的财力、人力和物力，分别对应生产三大要素中的资本、劳动和自然资源。而不同税种对生产要素的影响效果也各有不同。首先，流转税和所得税分别在不同环节对资本产生影响，流转税在资本流通阶段征税，将降低资本周转速度，而所得税对利润和财产直接进行征税，将改变投资意愿和社会资本投入（张书慧，2021）。其次，所得税的征收将对劳动意愿产生消极影响，亦将通过资本累积促进技术的进步，从而影响劳动分工（李绍荣、耿莹，2005）。最后，资源税将影响自然资源要素成本，改变自然资源的供需关系，并倒逼技术升级引起劳动分工改变（席卫群，2009）。因此，税制结构通过改变生产要素的使用价格，带来资源的重新配置，改变生产要素的产出效率，最终对经济效率产生影响。

（2）税制结构通过经济运行机制影响经济效率

合理的税制结构能保证社会经济的稳定。当税制结构失衡时，规模较小的所得税的"累进性"作用会被间接税的强"累退性"抵消，无法实现财富的再分配，由此导致收入差距扩大（余红艳，2021）。而保持中性的税制虽会引起资源的转移，但保证了市场对经济的调节作用，不会导致纳税义务的行为扭曲，从而维持了经济需求结构的平衡。此外，当市场机制失灵时，通过对税制结构进行宏观调控并使用税收分配，可维持市场正常运行，实现经济效率的提升（谷成、韩欣儒，2022）。

综上，税收替代对经济效率的影响机制如图6.10所示。

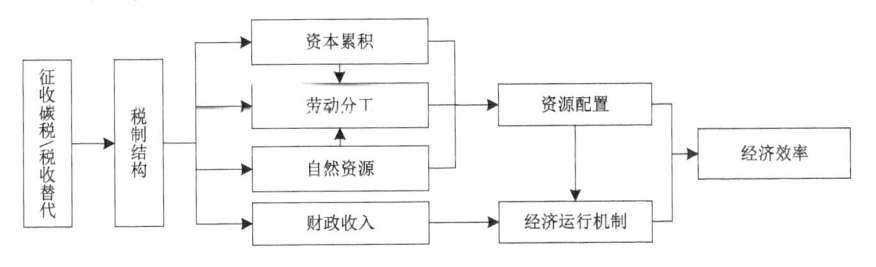

图6.10 税收替代对经济效率的影响机制

3.税制结构衡量指标

税制结构需要反映税种分布和主体税种的选择，具体地，需要以各类税收在总税收中的占比来体现。目前，较多学者使用直接税和间接税的占比讨论税制结构。但是，在实际税制中，直接税与间接税中存在较多细分税种，仅以征税对象划分税制结构存在一定局限性。需要通过对其中各税种税收进行讨论，才能反映税制结构内各税种的合理组合搭配与协调发展。

同时，进行碳税征收和税收替代时，税制结构会发生改变。从质和量两个角度出发，需要通过税收比例反映各税种的关系，并且应突出反映具有主导地位的税种的变化。此时，若税制结构越稳定，则政策实施对税制结构的影响就越小，因此需要以税收分布的均衡性来体现税制结构的稳定。且在新税开征时，需要考虑不同税种的关系，反映税种增加与合并的税制结构变化。因此，为了直观反映碳税替代对税制结构的影响，综合考虑上述要素，参考张书慧（2021），引入HHI指数，即税收体系集中度，计算公式如下：

$$TS = \sum_{a=1}^{N} T_a^2 \qquad (6-19)$$

其中，TS 为税收体系集中度，T_a 指 a 类税收在总税收中的占比。当国家税收来源于少数税种时，集中度高，税制结构越简单，TS 越趋近于 1；而税收分散时，各类税收的征收额之间差距较小，表明税制结构越复杂，税收体系越稳定，TS 越趋近于 0。

TS 值使用不同的税种来测定，反映了总税收中各类税收量的分布情况。使用税收占比的平方和测定集中状态，能突出主体税收在总税收中质的影响，体现税收分布的变化重点。同时，该指标可对税收的合并或分解做出灵敏的反应，只要税收合并或分解，TS 值就会增加或减少（马敏娜、车延杰，2000）。

综上，征收碳税和税收替代将直接反映在税收体系集中度的数值（TS 值）上。因此，本节拟使用 TS 值量化替代政策下税制结构的变化。通过 TS 值与经济效率的关系，来寻求经济效率最优下的替代政策。

（二）模型构建及变量说明

1. 构建面板模型

根据前文的机制分析，可发现碳税替代通过税制结构变化对经济效率产生了影响。因此，本节构建面板模型如下：

$$\ln EE_{it} = \beta_0 + \beta_1 \ln TS_{it} + \theta \sum_{k=1}^{n} \ln X_{it} + \varepsilon_{it} \quad (6-20)$$

其中，TS_{it} 为各地区的税制结构指标，EE_{it} 为各地区的经济效率，X_{it} 为其他控制变量，包括城镇化率、金融发展水平、人力资本、国有化率、政府财政使用、科技发展水平，ε_{it} 为随机扰动项。

通过模型 F 检验、LM 检验、Huasman 检验的结果（见表 6.6），得出固定效应是最优模型，考虑到不同地区的发展差异，故采用双向固定模型。得到经济效率模型如下：

$$\ln EE_{it} = \beta_0 + \beta_1 \ln TS_{it} + \theta \sum_{k=1}^{n} \ln X_{it} + \lambda_i + \delta_t + \varepsilon_{it} \quad (6-21)$$

其中，λ_i 为个体效应，δ_t 为时间效应。

表 6.6 固定效应检验

检验方法	p 值	模型选择
F 检验	Prob > F=0.0000	选择固定效应模型
BP-LM 检验	Prob > chi2=0.0000	选择随机效应模型
Huasman 检验	Prob > chi2=0.0001	选择固定效应模型

2. 变量说明

自变量：经济效率（EE），为避免传统 DEA 中无法区分效率值为 1 的有效决策单元的问题，本节使用超效率 DEA 计算经济效率。参考蒋德权等（2015）将选取地区的资本存量（固定资产形成）和劳动力总量（年末就业人口数）作为投入指标，将地区 GDP 衡量作为经济产出指标。

核心解释变量：税收体系集中度（TS），使用中国现已开征的 18 个税种税收占总税收比例的平方和表示，使用公式（6-19）计算。

其他控制变量：参考刘贯春等（2017）、孔令丞和柴泽阳（2021），将以下几个指标作为控制变量，剔除宏观经济和社会发展对经济效率的影响。

城镇化率（$town$）：使用城镇人口占总人口的比重衡量，反映城镇化率对经济效率的影响。

金融发展水平（fin）：使用金融机构贷款余额占GDP的比重测度，反映金融市场通过资本流动对经济效率产生的影响。

教育水平（edu）：使用高中及以上人口占地区总人口的比重表示，反映人力资本对经济效率的影响。

国有化率（soe）：使用国有企业职工人数占地区总就业人数的比率衡量，表明地方经济构成对经济效率的影响。

政府财政使用（$gedu$、$gsci$）：分别使用政府教育投入和政府科技投入占政府总预算的比重度量，刻画政府财政支出对经济效率的影响。

科技创新力度（$newp$）：使用新产品开发经费支出表示，反映企业技术进步投入对经济效率的影响。

本节整理搜集了2012—2021年十年间中国30个地区的数据，由于西藏和港澳台地区数据缺失较多，本节暂不纳入考虑。相关数据来源于《中国统计年鉴》《中国人口年鉴》《中国税务统计年鉴》及各地区统计年鉴。为减少异方差的影响，对所有变量取对数处理。

（三）实证结果

1.模型回归结果

表6.7是税制结构对经济效率影响的回归结果。从中可以看到，TS前系数为0.377，在1%水平下正向显著，即税收的集中将有助于经济效率提升。究其原因在于，中国正处于税制优化阶段，税收制度改革的原则是要"简税制"。参考发达国家的经验，简化税制将不断突出主体税在国民经济分配调节中的权重作用，并逐渐淘汰掉征收效率低的税种。同时，税收一定程度的集中将提高税收效率，减少财政中因征税造成的额外支出。中国正在从效率型税制结构向公平型税制结构过渡，在税制结构的逐步优化下，中国的经济效率将有所提升。

在其他控制变量中，城镇化率和政府科技投入前系数分别为0.953、0.063，表明两者与经济效率存在显著正向关系。城镇化水平升高引起劳动力和资本的流入，生产要素的增加将加快经济发展，而生产要素的累积进一步推动了技术创新，提高经济效率。同时，政府对科技投入的比重较高，表明政府对科技领域有较高的重视度，由此推动技术进步，并提供更多就业岗位，吸纳高素质劳动力，提高经济效率。此外，金融水平与经济效率呈负向影响，系数为-0.487。虽然金融市场的发展将增加资本的流量，但过度的金融化将提高流动性风险，导致产能过剩和资源错配，降低经济效率。

表 6.7 模型回归结果

变量	系数
lnTS	0.377***
	(4.439)
lntown	0.953***
	(4.364)
lnsoe	0.158
	(1.602)
lngsci	0.063*
	(1.904)
lngedu	-0.131
	(-1.224)
lnedu	-0.470
	(-0.652)
lnfin	-0.487***
	(-7.338)
lnnewp	-0.043
	(-1.142)
Constant	-0.043
	(2.693)
个体固定	YES
时间固定	YES
N	300
R^2	0.305

2. 稳健性检验

为验证上述实证结果的可靠性，本节分别对数据进行在 5% 水平上单边缩尾、选取部分样本、使用常规 DEA 计算经济效率替换被解释变量三种处理，得到的模型核心解释变量系数分别为 0.298、0.495、0.377。符号未改变，表明实证结果具有稳定性。即税收体系集中，税制结构简化有利于经济效率提高，回归结果见表 6.8。

表 6.8 稳健性检验回归结果

变量	缩尾	部分样本	变量替换
$lnTS$	0.298***	0.495***	0.377***
	(3.496)	(5.212)	(4.715)
$lntown$	0.785***	−0.027	0.633***
	(3.397)	(0.9334)	(3.077)
$lnsoe$	−0.039	0.257***	0.197**
	(−0.403)	(2.467)	(2.120)
$lngsci$	0.051	0.061*	0.062**
	(1.572)	(1.870)	(1.989)
$lngedu$	0.033	0.156	−0.142
	(0.301)	(1.164)	(−1.401)
$lnedu$	0.637	−1.200	−0.507
	(0.773)	(−1.60)	(−0.742)
$lnfin$	−0.376***	−0.255***	−0.475***
	(−5.946)	(−3.19)	(−7.655)
$lnnewp$	0.002	−0.076*	−0.053
	(0.061)	(−1.960)	(−1.504)
Constant	0.384	1.197***	0.924**
	(1.050)	(2.837)	(2.588)
个体固定	YES	YES	YES
时间固定	YES	YES	YES
N	300	200	300
R^2	0.253	0.302	0.300

3. 异质性检验

中国幅员辽阔，各区域经济发展水平各异。本节使用前文已得的经济效率，将中国 30 个地区划分为高经济效率和低经济效率两个区域后进行回归，分析区域异质性。

根据表 6.9 结果，高经济效率地区的 TS 系数略高于低经济效率地区，但其前系数均为正，分别为 0.424 和 0.265，表明 TS 对经济效率有显著正向影响。此外，在低经济效率地区，国有化率前系数为 0.579，表明稳定的地方经济构成将有助于低经济效率地区的经济效率提高。

表 6.9 分地区的异质性检验回归结果

变量	高经济效率地区	低经济效率地区
lnTS	0.424***	0.265**
	(3.285)	(2.391)
lntown	2.236***	0.513
	(5.763)	(1.567)
lnsoe	0.001	0.579***
	(−0.001)	(4.956)
lngsci	−0.024	0.132***
	(−0.402)	(3.637)
lngedu	−0.220	0.025
	(−1.301)	(0.193)
lnedu	2.014	−1.636**
	(1.304)	(−2.245)
lnfin	−0.645***	−0.308***
	(−5.867)	(−3.768)
lnnewp	−0.035	−0.074*
	(−0.501)	(−1.930)
Constant	1.071	0.416***
	(1.522)	(4.761)
个体固定	YES	YES
时间固定	YES	YES
N	150	150
R^2	0.429	0.495

（四）税收替代政策效力分析

税收替代政策会通过税制结构对经济效率产生影响。如上一小节已论证的，TS 值作为反映税制结构变化的指数，与经济效率显著正相关，即 TS 值越大，经济效率越高。因此，本节通过计算模拟征收碳税

及其税收替代下的 TS 值,反映替代政策对经济效率的具体影响,由此找到征收碳税下的最优替代政策。

1. 税收替代政策模拟情形设定

首先,需要考虑碳税的开征情形。作为一种环境税,碳税是以单独税课纳入征税,还是通过扩大税基,并入现有的环境保护税。由于两种情形引起的 TS 值变化差异不大,为全面考虑碳税政策可能对经济带来的负面影响,可假设碳税作为单独税课开征后,使用其税收额对其他税种税收进行替代。

其次,需要考虑碳税的替代情形。目前,中国整体税收中,增值税、消费税、企业所得税、个人所得税四个税种税收占比较高。而资源税和城镇土地使用税可能对土地要素的使用产生影响,从而影响经济效率。由于汽车产生的二氧化碳比重高,为避免碳税全面开征后重复征税引起消费失衡,因此将车辆购置税也作为替代政策的其中一个对象。本节模拟使用碳税收入对上述几种税收进行替代,具体情形设定如表 6.10。

表 6.10 碳税征收及其替代政策模拟情形设定

模拟情形	具体设定
情形 1	以单独税课开征碳税
情形 2	将碳税纳入环境保护税
情形 3	使用税收替代增值税
情形 4	使用税收替代个人所得税
情形 5	使用税收替代消费税
情形 6	使用税收替代企业所得税
情形 7	使用税收替代资源税和城镇土地使用税
情形 8	使用税收替代补贴车辆购置税

2. 结果分析

计算模拟征收碳税及其税收替代下的 TS 值，如图 6.11。不难发现，征收碳税将引起经济效率下降，替代政策下 TS 值有所回升，但较难完全恢复至开征前水平。加入碳税将提高税制结构的复杂度，新税种征收将产生征税成本，减少政府分配，由此引起经济效率下降。对比将碳税纳入环境保护税的情形，将其作为单独税课纳入征税对经济效率的负面影响将略高一点，但没有较大差异，两情形 TS 差值不足 0.0001。因此，中国在开征碳税前期，应考虑开征时的立法难度和征管成本来确定碳税税种。

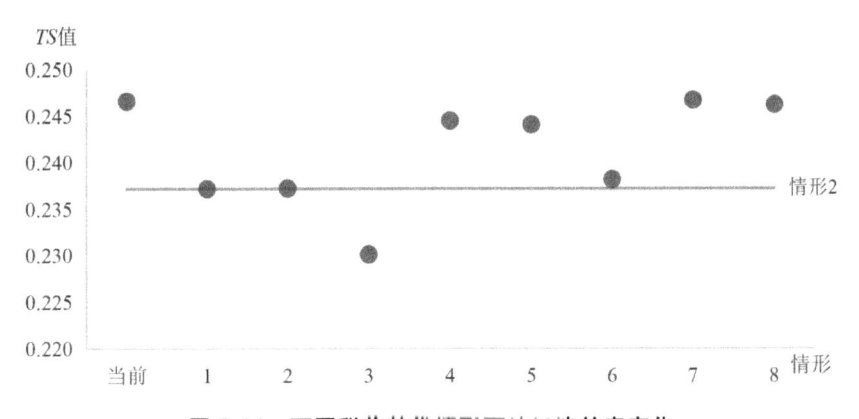

图 6.11 不同税收替代情形下的经济效率变化

对比各替代情形，整体上，除情形 3 使得 TS 值降低 0.07 外，其他情形都将引起 TS 值升高，即对增值税进行替代将导致经济效率下降。增值税作为中国目前征收占比最大的税种，具有税收中性的特点，能通过平衡税负稳定财政收入，因此对其进行减税可能将提高财政风险。且作为长期征收的间接税，增值税征收体系比较完善，配套的优惠政策和税率档次多，征收的超额负担较小。因此，对增值税进行替代将降低经济效率。

具体地，情形 6 的 TS 值较情形 2 高 0.001，表明对企业所得税进行减税对经济效率的影响不大，虽替代政策能缓解碳税征收引起的经济效率下降，但效果不佳。对比而言，情形 4、5、7、8 的 TS 值较情形 2 有较大提升，表明替代政策作用于个人所得税、消费税、资源税、车辆购置税时，将有效缓解碳税征收带来的负面影响，TS 值变化在 0.007 以上。其中，情形 7 的 TS 值高出当前情形，表明在合理的替代政策配套下，碳税征收可能带来经济效率的升高。情形 4、5、7 中，个人所得税减税增加劳动力供给，而消费税减税将提振居民消费活力，提高资本周转效率，资源税减税将提高土地要素需求。当碳税替代上述三种税时，将分别通过优化劳动力、资本、自然资源三大生产要素的配置提升经济效率。目前，中国的车辆购置税将综合考虑碳排放后征收，征收碳税后，可能存在税收交叉问题，会降低税收效率。因此，碳税开征后，应使用碳税收入对车辆购置税中涉及碳排放的部分进行适当降税（如情形 8），以维持经济的平稳发展。

综上，碳税开征的具体税课对经济效率影响差异不大，而当碳税替代个人所得税、消费税、资源税、车辆购置税时，将有效缓解碳税征收对经济效率带来的负面影响，为较优的替代政策。

二、碳税返还政策的收入分配效应

（一）税收返还对收入分配影响的机制分析

第一节与第二节分别从居民的消费与收入方面测度了碳税征收对各地区城乡居民产生的具体影响。而碳税收入的重要一环是通过将其返还给消费者，减小居民收入差异，实现社会公平。本节将模拟碳税返还，并使用指数衡量各政策效力，以期找到适合各发展情形的返还方式。

1. 税收返还对收入分配的影响机制

如上一章第三节已经提到的，税收返还按对象可分为税收返还和税收替代。其中，税收返还指的是将碳税收入通过各种渠道直接返还给消费者，增加消费者福利，以此实现社会公平。税收返还的对象为消费者，以福利效应的改善为政策实施目标。因此，相较于税收替代，其在克服碳税征收引发的分配效应方面有更显著的效果。

征收碳税将直接导致产品生产成本升高，并由此提高产品价格。相对地，居民的购买力减弱，实际收入相对减少。而居民消费结构及消费水平存在差异，使征收碳税对居民的收入分配效应各异。使用碳税收入对居民或企业进行返还时，将通过缓解消费者福利变化水平来减小碳税征收引起的负面影响。此外，作为再分配的重要部分，碳税收入的返还也有可能引起居民间财富分配的流动，即合理的返还政策制定能有效改善居民间的收入分配差异。

在考虑碳税返还时，可分为以下两种途径：

（1）使用碳税收入补贴消费端。此举将直接增加居民转移性支付，当居民的综合收入水平增加时，其购买力也将增强，保障居民的消费能力不因碳税征收下物价水平的上涨而受到较大负面影响。具体设计时，需要在社会公平的背景下考虑补贴对象，即是对全部居民进行返还，还是在补贴时更偏向于低收入者，怎样能更好地通过政府碳税再分配减小社会差距。

（2）使用碳税收入补贴生产端。对企业进行补贴，将降低企业的生产成本，由此控制产品出厂价格，保证居民物价指数不会有较大波动。即在与税前同等收入的情形下，居民购买力水平不会受到较大影响。同样地，需要考虑其补贴依据，是按企业排污量和生产水平进行返还，还是基于其产品对居民消费产生的影响进行补贴，如何通过生产补贴实现收入分配的公平。

2. 城乡差异指标

本节将使用指数度量区域间的城乡差异，以反映收入分配的不平衡度。目前学界衡量区域收入差距的指数比较多，较常使用的有泰尔指数、基尼系数、变异系数、阿特金森指数、Suits 指数等。其中基尼系数应用最为广泛，但要求以详细的收入分组数据为支撑，这与本研究历史数据的可得性较不匹配；基尼系数存在对低收入群体收入变化反应较迟钝的弊端，也增加了测算结果的可能误差；变异系数受样本异质性影响大，可能导致测算结果失真；阿特金森指数的计算过程具有一定的主观性,同样难以客观反映居民收入分配差距的长期变化。

相比之下,结合现实数据的可获得性,本节选择泰尔指数作为反映城乡差异的指标,测算碳税返还前后城乡居民收入分配差距状况。该指数能较好地克服和回避上述各指数测算的弊端,同时具有可分解性,能进一步剖析区域内部及区域间的城乡差异情况。泰尔指数的基本计算公式可以表示为:

$$T = \sum_{k=1}^{K}\left(\frac{In_k}{In} \times \ln\left(\frac{In_k/In}{pop_k/pop}\right)\right) \quad (6-22)$$

其中,$k=1,2$,分别表示农村和城镇,In_1、In_2 分别为农村和城镇居民收入,In 为该地区居民总收入;同理,pop_1、pop_2 分别为农村、城镇居民人口数,pop 为该地区人口总数。泰尔指数大于0,当数值越大时,表明城乡居民收入分配差距越大。此外,为更好地反映差距来源,将全国泰尔指数又分解为 T_g 组内泰尔指数和 T_w 组间泰尔指数,其分解式为:

$$T = T_g + T_w = \sum_{i=1}^{n}\left(\frac{In_i}{In} \times \ln\left(\frac{In_i/In}{pop_i/pop}\right)\right) + \sum_{i=1}^{n}\left(\frac{In_i}{In} \times \sum_{k \in i}\left(\frac{In_k}{In_i} \times \ln\left(\frac{In_k/In_i}{pop_k/pop_i}\right)\right)\right)$$

$$(6-23)$$

其中,$i=1,2,\cdots,30$,为各个地区序号,计算结果 T 即全国总泰尔指数,表示全国总城乡差距。且分解所得的 T_g、T_w 分别可以表示各区域间差距和城乡结构差距。此外,各地区内部城乡差距使用公式(6-22)计算泰尔指数得出。

(二)碳税返还政策效力分析

1.征收碳税前后城镇差距

以城镇与农村进行分组,对比全国层面征收碳税前后与政府收入转移补贴前后的城乡差距(下文将这种城乡差距水平称为差异度),得表6.11,反映财政分配对全国城乡差距的影响。同时,计算征收碳税后福利效应引起的各地区泰尔指数变动值,绘制图6.12,反映各地区内部城乡差距与征收政策对其影响。

表 6.11 财政返还前后城乡差异（10^{-4}）

	T	T_g	T_w
征收碳税前	963.37	130.63	832.74
征收碳税后	966.81	132.05	834.76
无政府补贴时	1016.68	172.42	844.27

第一，征收碳税从城乡内部（T_w）及各地区组间（T_g）双向加大全国城乡差距，表现出累退性。对比全国总泰尔指数，征收碳税后，泰尔指数上升 0.36%。分解发现，征收碳税后，组内差异度与组间差异度分别增大 1.09% 和 0.24%，表明全国城乡居民收入差距和各区域间的收入差距均在加大，再次验证碳税征收的累退性。而对比政府补贴前后的泰尔指数，发现组内差异显著缩小 31.99%，表明政府当前的转移收入较多用于补贴农村居民，即政府财政转移能有效减小城乡居民收入差距。

第二，征收前各地区内部城乡差异度与经济水平存在负向关系，且整体上表现出东低西高的趋势，具体地，东部地区平均值较中西部低 0.047。从图 6.12 中可以看出，北京、天津、上海、浙江四地的差异度较小，其泰尔指数分别为 0.032、0.020、0.023、0.045，前三个地区为直辖市，经济发展质量高，能实现地区内的同步发展。且三地城市化进程快，能有效带动农村发展，并通过转移部分产业到农村，提升农村居民的收入。而浙江作为沿海地区，开放早，居民整体收入水平较高。且地方政府响应中央出台"三农"等相关政策，重视农村全面振兴，使农村获得较快发展。相对地，地区内城乡差异度最大的地区为贵州、云南、甘肃，其泰尔指数分别为 0.157、0.147、0.168。三地均位于西部，农村地区人口基数均高于城镇人口，且农村地区人口收入为全国倒数水平，人均可支配收入不到 1 万元。农村居民的收入结构较不合理，第一产业收入占比较高，如贵州农村第一产业经营收入占总经营收入的60%。

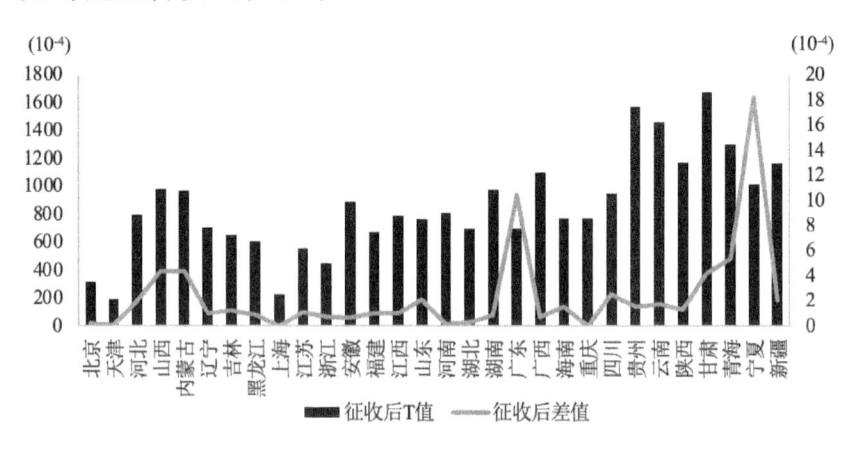

图6.12　征收碳税前后各地区内部城乡差异度

第三，征收碳税引起的各地内部城乡差距扩大主要与城乡支出差异相关。在东部地区中，广东城乡差异变化率达1.52%。与图6.6结果对应，农村整体居民碳负担更重，碳税征收直接扩大了内部城乡差距；在中西部地区中，宁夏、山西、内蒙古、青海四地的城乡差异值变动率较大，分别为1.83%、0.45%、0.46%、0.42%，表明四地农村居民对高碳产品的价格变动更敏感。其中，对照图6.5，山西、宁夏的居民物价水平变动幅度大，即两地居民高碳产品的使用较多。但由于城乡收入水平差距大（城镇居民收入均高出农村居民1.7倍以上），征收碳税引起的福利损失较多反映在农村，加大了地区内的城乡差距。

2.碳税返还方案制定

碳税征收对各地居民福利水平产生了不同的负面影响，即前文所计算的福利效应值。在设定返还方案时，应考虑以下几个因素：

（1）返还前提。若要通过补贴使居民福利恢复至征收前水平，需使用部分碳税收入在消费时先对商品价格进行补贴，但此举会使居民后续分配的补贴减少。相反地，在不考虑居民福利效应时，给居民的补贴总值将更高，因此影响其政策效果。由此，应将是否考虑福利效应设为返还前提。

（2）返还对象。城乡收入差距过大的一个原因是农村居民的转移性收入过低，其中，财政补贴是转移性收入的重要来源。由表 6.11 中数据可得，转移收入是减小城乡差距的重要手段。因此，为有效减小城乡差距，此处将碳税收入返还对象分为全体居民与农村居民两种情形。

（3）返还依据。由于本节仅考虑将征收的碳税返还给居民，即直接返还的情形，综合现实政策的实施可行度，参考张武林等（Zhang et al.，2019），将返还依据分为三类：①依照各地碳税征收额比例进行分配。该情形下，各地政府直接使用碳税收入给居民进行补贴，其对应方案是对产品生产成本进行补贴或对部分消费产品进行免税处理。②依照人口比例进行分配。人口对应的是居民生活水平状况，即从全国征收层面将碳税收入直接作为转移支付的部分，分发给居民作为生活补贴。③依照福利损失水平比例进行分配。福利损失水平是从产成品角度进行补贴，以降低居民的生活支出，提升居民收入福利水平。

综上，对不同的返还前提、返还对象、返还依据进行排列组合，共考虑了 12 种补贴方案，具体见表 6.12 左列。

3. 返还政策效力分析

定义本节的政策效力为碳税收入补贴后，进一步观察城乡差距的变化情况。可以认为在政府补贴居民收入时，城乡差距将减小，且城乡差距的前后水平差越大，表明该政策效力越好。在此通过对多种碳税返还情形下的泰尔指数进行比较，分析各返还政策的效力。

（1）全国层面

测算、分解各补贴方案下全国的泰尔指数，得到结果如表 6.12 所示。

第一，各方案都缩小了城乡差异，而不考虑福利效应将通过改善区域间差异减小全国城乡差异度。各返还依据情形下总差异度平均缩小 4.43%。而在相同的返还对象和返还依据下，未考虑福利效应的政策效力更好，平均高出 0.64%。通过分解对比组内和组间的差异，发现在不考虑福利效应损失进行碳税返还时，城乡间的居民收入差距将扩大 0.65%，区域间的居民收入差距将缩小 0.78%。由于城镇居民较农村居民消费更多,因此,征收碳税引起的城镇福利效应损失也更高。在考虑居民福利效应损失时,使较多碳税使用流向城镇,扩大了区域内部的城乡不平衡,使区域内部城乡差异度较不考虑福利效应的情形有所扩大。

第二,仅对农村居民进行补贴能显著改善城乡居民收入差距,相比对全体居民进行补贴,平均效力高出5.52%。在补贴依据相同的情形下,对比不同补贴对象的政策效果。将其进行分解后发现,相较于城乡整体差距,各征收方案对区域间收入差距的改善更大,城乡差异度平均减小5.85%。主要原因为原先各地收入差距就较大,而碳税返还能有效增加低收入地区居民的收入,由此改善区域间的收入差距。

表 6.12 返还方案与其城乡差异度

编号	前提	对象	返还依据	T	T_g	T_w
1	未考虑福利效应损失	全体	征收额	947.82	129.58	818.23
2		农村		893.09	125.06	768.03
3		全体	人口	947.79	130.10	817.69
4		农村		893.56	127.70	765.86
5		全体	福利损失水平	956.61	127.92	828.69
6		农村		887.48	119.91	767.58
7	考虑福利效应损失	全体	征收额	948.31	129.10	819.21
8		农村		905.05	127.15	777.90
9		全体	人口	948.33	128.68	819.65
10		农村		904.36	124.71	779.65
11		全体	福利损失水平	955.37	124.71	827.94
12		农村		900.23	120.97	779.26

(城乡差异度 (10^{-4}))

第三,三种返还依据下的居民收入差距存在差异,但总体而言,各种返还方式都有效减小了区域间收入差距，以征收额为依据能减小总城乡差异度。首先，以人口比例返还碳税的方案对全国整体城乡差异的改善效果更佳，总体泰尔指数平均降低4.48%。同时，其将缓和区域间居民收入差距，区域间泰尔指数平均降低4.68%。即通过返还，农村居民人口多的地区获得的转移收入更多。其次，按照征收额进行返还的政策效力与其较为相似，都能通过有效改善区域间差异减小全国城乡差异度。而依据居民福利损失水平进行补贴时，各地区城乡内部差距改善大，城乡间差异度平均减小6.57%，且不同返还对象的总泰尔指数差异大。具体地，当对全体居民进行补贴时，泰尔指数平均降低1.12%；当仅对农村居民进行补贴时，泰尔指数平均降低7.55%，两者相差6.43%。

综上，各种方案对应不同的实施场景，有不同的实施效果。若想改善全国整体城乡差距及各地区内部城乡差距，应以各地区人口或征收额为依据征收碳税；若想有效减小各地区内部的城乡收入差距，应依照各地区福利损失水平进行返还。

（2）区域层面

考虑到政策方案实施的效果与实施可行度，下文将对未考虑福利损失下返还给农村居民的三种方案（返还方案2、4、6）进行具体分析，讨论三种补贴政策实现的各地区内部城乡差异。同上，为了更清晰表现出政策效力与原城乡差距的关系，将返还前后各地区内部城乡差异值做差处理，定义为政策效力，并绘制图6.13。

第一，各地区内部城乡差距均得到了不同程度的改善，而各方案实施的地区政策效力存在差异。三种返还方案的平均效力分别为0.008、0.007、0.008，平均城乡差异值分别下降9.63%、8.67%、8.92%。从图6.13中可以看出，与返还方案2、6相比，返还方案4的政策效力波动范围较小，且三种政策下部分地区效力表现出显著不同。与表6.12中数据对应，方案6能有效缩小城乡差距，使农村规模大的地区效力更高。而返还方案4将减小区域间差异，因此其变化趋势与补贴前的城乡差异值相似。

第二，返还方案 2 的政策效力与各地区居民碳负担水平相关。河北、山西、内蒙古、甘肃、青海、宁夏、新疆七地政策效力较大，分别为 0.010、0.013、0.023、0.011、0.025、0.033、0.021。结合图 6.4，在征收碳税时，如居民的隐含碳消费较多，则间接碳成本较高。对比之下，北京、上海、湖南、海南几地政策效力稍显不足，均不到 0.003。其中，北京、上海分别为政治、经济中心，城市化进程快，且其原先城乡差异较小，因此实施返还政策对两地内部的城乡差异改善不大。而海南因工业整体规模小，传统能源使用量小，因此碳税征收额少，在此返还依据下所得的补贴较少，使政策效力偏弱。

第三，返还方案 6 波动趋势整体与返还方案 2 相似，但方案 6 城乡间泰尔指数较返还方案 2 小 0.58%，具体差异体现在高收入地区城乡差距的改善上。观察返还的波动趋势图 6.13，不难发现，相较于返还方案 2，北京、广东两个居民收入规模较大的地区，在返还方案 6 下，两地内部城乡差异分别下降了 1.96%、8.19%。其原因在于，居民收入规模较大的地区福利损失水平也更高，因此分配所得的补贴更高。

第四，返还方案 4 的效力与城乡人口相对差相关。农村人口占比高于 40% 的地区，政策效力均值达 0.009。其中，河南、湖南、海南、四川、贵州、云南、甘肃几地的政策效力较返还方案 2 分别高出 0.004、0.005、0.005、0.005、0.009、0.006、0.006。其主要得益于这几个地区的农村人口基数较大，按照农村人口比例进行补贴，能有效改善按征收额分配时由工业发展水平不足引起的低返还额情形。同时，其对城镇间的整体分配更合理，能避免按照福利水平损失分配时由城镇高碳负担引起的分配不足。

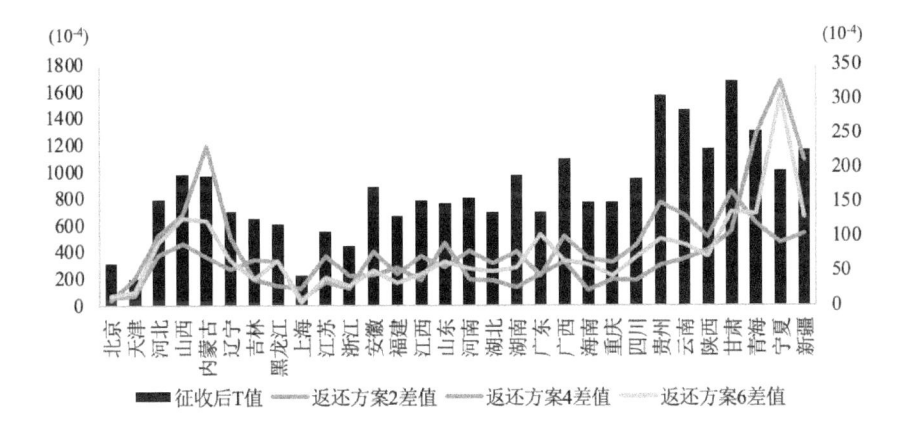

图 6.13 各地区内部城乡差距与政策效力

因此，在制定全国统一的碳税返还方案时，依照福利损失水平进行设计能获得更好的政策效力。若要使政策效力最大化，不同地区应制定不同的碳税返还方案，因地制宜，"对症下药"。具体而言，高碳消费的地区可以将碳税收入返还至居民消费端，而高碳生产的地区可以将征收的碳税直接返还至居民收入。而统一来说，在不考虑福利效应时，对农村居民进行补贴具有最大的政策效力。

中篇:
碳达峰经济政策之电价政策

第七章

电力需求侧管理理论与中国实践

厘清电力需求侧管理的原理是进一步优化和丰富电力需求侧管理手段的前提。为此，本章主要从电力需求的特性、电力需求侧管理的基本知识以及电力需求侧管理的宏观经济学原理三个方面梳理了电力需求侧管理的理论基础，并有针对性地对分类分级限电、差别化电价、季节性电价、激励型需求响应等具体管理措施的理论基础进行了论述。

第一节　电力需求侧管理的理论基础与中国实践

人类对电力需求的特性以及电力供给侧管理的局限性决定了电力需求侧管理的必要性，同时，电力需求的可束缚性和被引导性又使得电力需求侧管理具有可行性。为此，本小节从电力需求的特性出发，对电力需求侧管理的基本知识和宏观经济学原理展开论述。

一、电力需求的特性

依据需求理论，人类对电力的需求具有多样性（张明，2010）。从不同的范畴来看，电力需求既属于生产需求又属于生活需求，既属于基本需求也同时覆盖高级需求，既可以是共同需求也可以是个性化需求，既可以满足人类对物质的需求也可以满足人类对精神的需求。然而，电力需求多样性的背后也有着本质上的特性，即需求的可变特性和不变特性。

（一）电力需求的可变特性

从需求变化的规律性来看，电力需求具有膨胀性、可束缚性、被引导性和可转化性。

1. 电力需求的膨胀性

电力是一种产品，同时也是重要的生产资料。生活和生产对电力的需求，归根结底是人对电力的需求。人类社会对电力需求的膨胀性由数量和规模上的满足上升为追求更丰富的电源种类和更高质量的电力供给，继而追求电力供给的效率，以求用最少的成本（既包括供给成本，也包括污染治理成本）获得更高效和绿色的电力供给，实现人类的可持续发展。

2. 电力需求的可束缚性

人类社会对电力需求膨胀的同时，也受到诸多束缚。一是受资源稀缺性的束缚。能源作为人类社会活动的基本物质以及一国经济增长的重要战略物资并非取之不竭，而是具有总量的绝对稀缺性和空间分布上的相对稀缺性。二是受生产力发展水平的束缚。倘若一个地区的生产力发展总水平有限，即使该地区的能源资源再丰裕，受资金和技术的约束，能源转化为电力的水平也会无法满足生产和生活的需要。三是受思想观念的约束。电力需求受发展观念的约束，特别是在当前形势下，可持续发展观和碳中和的全球共识会直接或间接地影响人类社会对电力的需求和使用。

3. 电力需求的被引导性

电力需求是电力用户端自发产生的，但也可以通过特定技术、政府政策、经济调节或思想宣传等引导手段产生或消失。人类社会电力需求的稳定性因需求类型和需求者的特性而异。通常来讲，基本需求和共同需求相对不容易被引导，而高级需求和个性化需求相对容易被引导。就用户类型而言，居民住宅的用电需求较不易被引导，而工业和商业的用电需求相对容易被引导（Adom，2017）。

4. 电力需求的可转化性

生产力的提升推动着高级需求向基本需求转化，而人类社会的进步史也是共同需求膨胀的历史。比如，空调是人类使用电力来满足制冷和制暖需求的基础设备，在新中国成立初期仅有特殊部门使用。20世纪90年代初，空调作为高档消费品开始进入居民家庭。随着生产力的快速提升，全国各地区城镇居民家庭平均每百户年末空调拥有量由1995年的8.1台增加到2021年的161.7台。可见，随着生产力的提升，居民对电力调温的需求由高级需求升级为基本需求，并成为共同需求。而且，受近年来极端天气和节能减排约束的影响，人类社会对空调用电需求的规模和效率有膨胀趋势。

（二）电力需求的不变特性

人类社会对电力的需求具有如下三点不变的特性：

1. 电力需求膨胀的总趋势不变

电力是人类生产和生活的必需品，人类生存繁衍的本性驱使人类对电力需求的膨胀。人类社会对电力需求的规模不断上涨，期望电力供给的质量和效率不断提高，并追求更低成本和更清洁的电力供给。人类社会对电力的需求像对其他事物的需求一样，总是朝着"得到更多、更快、更好"以及"付出更少"的方向膨胀。

2. 电力需求超越生产力的总态势不变

人类社会的需求总是超越生产力，是人类社会不断进步和生产力提升的动力。电能是动态的过程性能源，具有不易存储的特性。受限于当前的储能技术水平，电力生产过剩或"超前生产"不仅会造成资源浪费，而且会增加对环境的污染。因此，在人类社会对电力需求膨胀的总趋势下，电力生产力总是无法立即满足新的生产需要，超越生产力的那部分需要总是被资源或技术束缚着，从而不断推动电力生产力和技术创新能力的提升。

3. 电力需求和供给的矛盾总是存在

电力的发、输、配、售几乎是瞬间同时发生的，但发电环节具有一定的不确定性和随机性，输送环节也会受区域传送壁垒的约束。因此，从时间维度看，人类社会电力需求的时段性和层次性导致不可能在同一时间满足所有用户对电力的需求，供需矛盾总是在供给短缺和供给过剩之间来回波动。从空间维度看，人类社会电力需求的满足受区域消纳能力（特别是可再生能源发电的消纳能力）和区域间输送壁垒的约束，因此总是存在区域性的电力供需矛盾。

二、电力需求侧管理的基本知识

（一）电力需求侧管理的概念与主体

电力需求侧管理是指在政府法规和政策的支持下对电力供应链的使用端（用户侧）进行的管理活动。电力需求侧管理以加强全社会用电管理为目标，综合采取合理的技术、有效的激励和引导措施，以及适宜的运作方式，提高终端用户用电效率和优化用电方式，进而达到优化资源配置、节约能源和保证电网安全可靠运行的管理目的。

需求侧管理是多主体分工、共同参与的系统性管理工作（如图 7.1 所示）。依据《电力需求侧管理办法（2023 年版）》，政府是电力需求侧管理的主导者，在制定和实施需求侧管理计划中起组织和监管作用，承担制定和实施电力需求侧管理政策和标准的任务，而电网企业、电力用户、电力需求侧管理服务机构、电力相关行业组织等是需求侧管理的实施主体[①]。其中，电网企业是制定需求侧管理计划的主要承担者和执行者，包括省级及以上电网企业、其他地方电网企业以及增量配电网企业；电力需求侧管理服务机构作为中介利益的代表，是协助政府和配合电网公司实施需求侧管理计划的重要力量，主要包括负荷聚合商、售电公司、虚拟电厂运营商、综合能源服务商等；用户是电力需求侧管理的重要参与者，作为需求方利益的代表，负责改变用电方式，减少用电峰值和节能；其他电力行业相关组织是开展电力需求侧管理的重要辅助力量。

---

① https://www.ndrc.gov.cn/xxgk/zcfb/ghxwj/202309/P020230927316131533276.pdf.

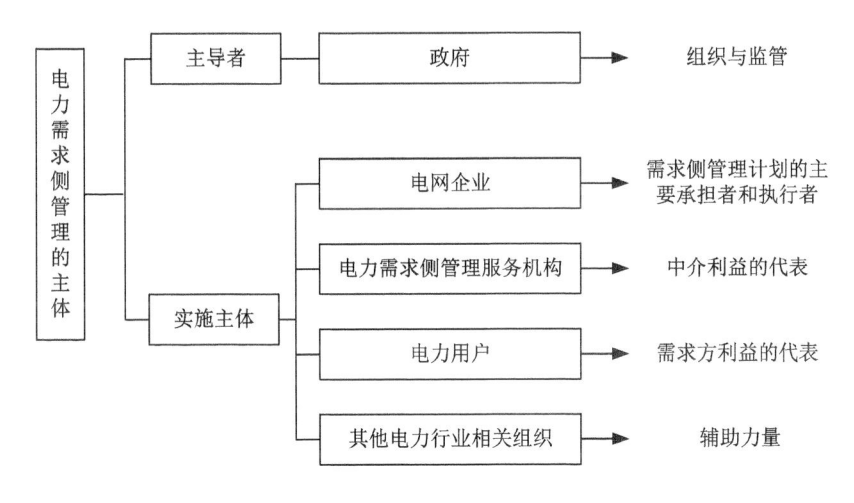

图 7.1　电力需求侧管理的主体

（二）电力需求侧管理的主要内容

电力需求侧管理以节约电力和电量为主要管理目标，通常要考虑两个关键问题：一是经济效益问题。对用户而言，其通过响应需求侧管理措施以降低自身用电成本，获得经济效益；对电力公司和电网企业而言，其通过减少或抑制用户的用电需求来降低电力系统的最大负荷，力图以最少的新增发电机组容量和最少的电网建设投资保障电力供需平衡和电网安全运行。二是效率问题。通过引导用户提高电能利用效率来减少用电量，达到减少系统的发电量和发电燃料消耗的目的，促进能源节约和环境保护。因此，电力需求侧管理的主要内容包括负荷管理和能效管理。

1. 负荷管理

负荷管理是根据电力系统的负荷特性，以负荷调整技术改善用户的用电行为和用电方式，从而促使电力需求在不同时序上合理分布，提高系统运行的可靠性和经济性（Gellings，1985）。负荷管理的常见形式有：削峰、填谷、移峰填谷（如图 7.2）。

（1）削峰。削峰是指减少用户在电网高峰负荷期的电力需求。削峰有利于降低电力公司和电网企业的成本，平稳系统负荷，但峰期售电量减少也会降低供给端相应的收入。

（2）填谷。填谷是指在电网低谷负荷期引导用户增加电力需求。该方法适用于负荷峰谷差较大、有空闲低成本发电容量、低负荷调节能力较差的电力系统。从管理效果来看，填谷不仅有利于启动系统闲置的发电容量，增强可再生能源电力的消纳能力，提高电网企业经济效益，而且有利于用户节省电费开支。

（3）削峰填谷。削峰填谷是指将电网高峰负荷期的用电需求转移到低谷负荷期，以达到削峰和填谷的双重作用，具有平滑负荷曲线的效果。对供给侧来说，削峰填谷有利于维持电网稳定安全运行，降低网损，在减少新增装机容量的同时提高电网利用率。对需求侧而言，电力用户可以在满足自身用电需求的前提下选择易于接受的响应措施参与电力的削峰填谷调度，既可以提高用电舒适度，也可以通过适宜的方式节约用电成本。此外，削峰填谷有利于引导电力用户提升节能意识，增强对新能源电力的消纳能力，促进可持续发展。

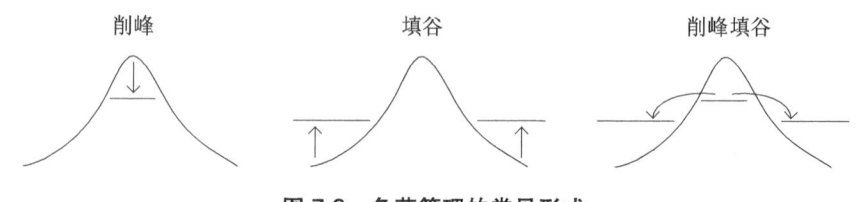

图 7.2 负荷管理的常见形式

2. 能效管理

能效管理是指通过有效的措施引导用户使用先进的技术和高效设备，提高终端的用电效率，以达到节约用电、减少污染、降低单位产出能耗的目的。

依据管理方向，能效管理措施可以划分为监管型和激励型两类。其中，监管型能效管理措施主要是指政府通过出台包括重点工业领域、用能产品设备、终端产品等在内的能效标准以及能源效率标识等相关法律法规文件，来引导或强制用能单位提高能源利用效率；激励型能效管理措施主要是指通过金融性、市场性或自愿性的激励政策，引导用户采用先进技术和高效设备来提高能源利用效率，如直接补贴、节能设备免费安装优惠、节能产品折让购买、贴息或低息贷款、能效咨询服务等。

依据管理效果，能效管理可以从广义上划分为直接能效管理和间接能效管理。其中，直接能效管理是指有计划、有组织地采用科学的管理方法，激励用户利用先进的技术手段进行节电；间接能效管理是指通过调整经济或产业结构、提高产品生产效率、减少高耗能产品出口、赋予员工参与能效管理的权利等措施间接提高终端的用电效率。依据管理程序，能效管理的主要措施包括：设备技术升级，能源计量，能源审核，能源效率评估，能源管理体系建设，能源监控和预警，能源管理人员培训等。

（三）电力需求侧管理的手段类型

就管理手段类型而言，电力需求侧管理主要有行政手段、经济手段、技术手段和宣传手段。其中：（1）行政手段是指政府及有关职能部门通过出台行政法律法规、制定经济政策、扶持节能新技术、推行强制能源效率标准等措施规范电力消费和市场行为；（2）经济手段是指根据负荷特性发挥价格的调节作用，刺激和鼓励用户改变消费行为和用电方式，以达到调节供需平衡的目标；（3）技术手段指的是针对具体的管理对象以及生产工艺和生活习惯的用电特点，采用先进节电技术和设备来提高终端用电效率或改变用电方式；（4）宣传手段主要是指通过节能知识宣传、信息发布、技术推广示范、政府示范等举措，引导用户合理消费电能、自觉挖掘节能潜力，提高用户对节电的接受和响应能力。

电力需求侧管理的手段随着生产力水平、电力市场化水平以及电力供需矛盾的变化而不断发展和丰富。起初，在生产力水平和电力市场化水平不高的时期，电力短缺是主要的电力供需矛盾，相应的电力需求侧管理以行政管理手段为主，辅之以经济手段、技术手段和宣传手段等。围绕节省电力工业投资和维护电力系统安全运行的管理目标，传统的需求侧管理由政府和垄断电力企业以政策干预的方式影响需求侧的用电总量和用电时序，追求电能效率最大化。

当生产力水平和电力市场化水平不断提高，电力供需的主要矛盾发生转变，相应的电力需求侧管理以经济手段为主，辅之以行政手段、技术手段和宣传手段等。一方面，当电力市场化程度提高到一定阶段，电力市场具有实时市场价格和发现市场价格机制，需求响应作为需求侧管理高级阶段的主要表现形式应运而生，并在提高电网可靠性和系统运行效率方面发挥关键作用。另一方面，随着电力市场化进程的推进，电力供应侧的竞争加剧使垄断电力企业失去了对电力用户的控制权，行政手段的作用发生转化，并逐渐趋向精细化管理模式（施泉生、丁建勇，2018）。

此外，随着电力市场化的持续推进以及智能电网的普及和升级，需求侧管理将重点依托经济手段和技术手段，朝着精准化、高效化的方向实现电力供需的动态平衡。但同时，全球升温导致极端天气越来越频繁，严重影响可再生能源发电的稳定性，加剧了时段性和季节性的电力短缺问题。因此，需求侧管理仍有必要加强行政手段和宣传手段的使用。

（四）中国电力需求侧管理的发展

电力需求侧管理是应对能源危机提出的一种解决电力供需矛盾的政策工具。20世纪70年代，第四次中东战争和伊朗伊斯兰革命引发了世界能源危机，世界各国开始意识到对需求侧进行能源管理和节能的重要性。为应对能源危机，美国从西欧引入了音频电力负荷控制系统（Rundsteuer system），对可中断负荷进行控制，并推行分时电价等多种电价政策，鼓励开展节能技术研究和应用节能产品，在改善电力企业经济、维护电网安全运行、降低用户用电成本等方面具有显著效果。1981年，美国学者克拉克·W.盖林斯（Clark W. Gellings）首次提出了电力需求侧管理的理论，并很快在世界各国得到响应（王志轩，

2018）。

然而，中国引入电力需求侧管理的时间相对较晚。在20世纪90年代，为解决缺电和电力投资不足的问题，中国开始引入需求侧管理。但随着相应管理制度的逐步规范，电力需求侧管理在缓解电力供需矛盾、减小负荷峰谷差、降低消费者电价、节能减排等方面取得了相当的成效。结合中国电力市场化发展进程，本小节从电力需求侧管理措施不断发展的角度将中国电力需求侧管理的演进划分为如下六个阶段（见图7.3）：

1.计划用电阶段

从新中国成立到20世纪80年代末，中国处于计划用电阶段，尚未引入需求侧管理的概念。改革开放前和改革开放初期，生产力不足导致中国长期处于电力供给严重短缺的状态。在这一阶段，中国对电力行业施行发用电计划管理的计划经济管理模式，而用电计划是发用电计划管理的核心工作。电力调度机构对用电量超过给定指标的企业采取拉闸限电的极端处理方式，甚至可以不告知企业用户而直接拉闸，严重制约经济发展（谷峰、潇雨，2018）。

尽管这一时期中国尚未引入需求侧管理的概念，但已经在部分产业领域（如纺织工业领域）引入峰谷电价机制，也相继有关于分时电价定价机制的研究论文出现（赵志钧、徐有升，1985）。

2.引入与探索阶段

从20世纪90年代初到电力体制改革前，中国处于需求侧管理的引入和探索阶段。1991年，中国在一次讲座中引入了需求侧管理的概念，至此，中国开始了对电力需求侧长达10年的探索。在实践方面，1993年，中国率先在深圳开展了需求侧管理技术和综合资源规划法的试点实施，并取得了良好的效果。随后，电力需求侧管理试点项目逐步在其他省份推广。于1995年和1998年先后建立了DSM试点项目和DSM指导中心，并于2001年将DSM纳入一流供电企业的考核标准；在理论研究方面，1998年国家电力公司的DSM指导中心成立，1999年经由国家科技部、新闻出版署批准的《电力需求侧管理》杂志正式创刊,对需求侧管理的理论研究、概念普及、技术创新等起到了重要推动作用。

在这一阶段,中国处于经济体制改革早期,电力需求侧管理工作主要由前国家电力公司负责执行。需求侧管理以传统的负荷管理(如直接负荷控制、峰谷负荷电价等)为主要内容,具有以行政手段为主的管理特点。相应的负荷管理技术主要是鼓励企业安装负荷控制装置,由供电企业单向或双向控制消费者终端用电量,以解决电力需求快速增长与电力供给暂时短缺的冲突。此外,受1997年亚洲金融危机影响,中国经济发展速度明显放缓,大部分地区的电量供应趋于平衡或宽松,以解决短缺为主的需求侧管理活动进入低迷期,甚至一些地区还推行了"发供联动"的优惠电价机制,以刺激用户的电力需求,增加对电力的消纳能力。

3. 初步应用与雏形建立阶段

从电力体制改革到2008年,中国处于需求侧管理的初步应用与雏形建立阶段。2002年,国务院批准《电力体制改革方案》,标志着中国电力体制改革进入实施阶段。在这七年间,中国先后颁布了《关于推进电力需求侧管理工作的指导意见》(2002年)、《关于运用价格杠杆调节电力供求促进合理用电有关问题的通知》(2003年)、《加强电力需求侧管理工作的指导意见》(2004年)、《节约能源法》(2007年)、《关于加强节能工作的决定》(2007年)、《关于印发节能减排综合性工作方案的通知》(2007年)、《关于调整节能产品政府采购清单的通知》(2007年)等规范或法律文件,并于2008年在苏州市建成中国第一个DSM管理服务平台。由此,中国经过了几十年的探索和实践,电力需求侧管理的雏形基本成立。

在此期间,需求侧管理工作转由电网经营企业作为实施主体[①]。得益于中国市场化改革的不断推进,以及加入WTO带来的国际合作机遇,中国经济在这一阶段出现了跨越式增长,电力供给难以满足生产

---

① http://www.nea.gov.cn/2012-01/04/c_131262600.htm.

需要，甚至部分地区出现严重的硬缺电。因此，在这一阶段，需求侧管理工作仍具有以行政手段为主的特征，尤其注重对节能工作的加强。在行政手段方面，浙江、江苏苏州等地区率先开始探索和完善错峰用电、避峰用电等限制但有序的管理措施，并就企业用户购买节能设备制定优惠政策。在经济手段方面，随着电力市场中竞争的引入，电力需求侧管理也较上一阶段有了更丰富的探索，如分时电价、季节性电价、可中断电价等电价制度开始在部分省份试行和推广。在技术手段方面，国家大力推广储能技术、节能技术，鼓励用户安装能效管理装置和负荷管理装置。与此同时，国家也开始注重相关法律法规的制定和宣传手段的使用。

4. 起步实施与规范阶段

从 2009 年至 2012 年，中国电力需求侧管理处于起步实施与规范阶段。2010 年，国家发改委、财政部等六部委联合出台《电力需求侧管理办法》，标志着中国电力需求侧管理进入实质性的实施阶段。2011 年，《有序用电管理办法》《关于做好当前工业领域电力需求侧管理工作的紧急通知》《关于做好工业领域电力需求侧管理工作的指导意见》《电网企业实施电力需求侧管理目标责任考核方案》等相继出台，对中国电力需求侧管理的实施起到了重要的规范作用。2012 年，国家发改委联合财政部发文明确北京、苏州、唐山和佛山为首批电力需求侧管理试点城市，实现了电力需求侧管理的全面推进。

在此期间，中国电力供应能力经历过第十个五年计划和第十一个五年计划的高速发展，总体供应形势平衡趋松。但受 2008 年全球金融危机、特殊干旱气候以及电价机制长期得不到理顺等因素的影响，中国电力供应形势在总体趋松的基础上也存在"相对富余—普遍电荒—略有富余"的波动。为此，在电网公司的主导实施下，该时期中国电力需求侧管理仍侧重行政管理手段（尤其是有序用电措施），但同时也开始鼓励有条件的地区采取经济手段（如季节性电价、高可靠性电价、可中断负荷电价等电价制度）来调控电力供需平衡，梳理电价机制。此外，除鼓励用户端实施储能、节能、错峰、提效等技术改造外，国家还注重推动电网企业对负荷管理系统、需求侧信息管理系统的建设工作。

5. 变革与快速发展阶段

从2013年到2016年,中国电力需求管理处于变革与快速发展阶段。之所以称其为变革,是因为中国以加强经济管理手段为目标,在短短四年内经历了需求响应从试点启动到政策体系形成的迅速发展。2014年8月,上海在全市范围内启动需求响应试点,在移峰(参与用户的用电高峰从晚上7—9点移动到了10点以后的谷时段)填谷(参与用户在谷时段的用电量由30%增加到47%)方面取得了良好效果。随后,应国家发展改革委《关于完善电力应急机制做好电力需求侧管理城市综合试点工作的通知》要求,在借鉴上海和国外需求响应成功经验的基础上,全国首批需求侧管理试点城市佛山、苏州、北京等于2015年夏季相继启动了需求响应试点工作,并发布了相应实施细则和支持政策。2016年,国家发展改革委、国家能源局、工业和信息化部等多部委相继发布了《工业领域电力需求侧管理专项行动计划(2016—2020)的通知》《电力发展"十三五"规划(2016—2020)》等政策文件,强调加强需求侧管理信息系统建设,建立健全基于价格激励的需求侧响应措施,大力提高电力需求侧响应能力。

随着中国经济进入新常态,电力需求增速有所放缓,电力供需整体平衡趋松,但也存在区域性、时段性电力短缺,负荷峰谷差增大,以及新能源消纳能力不足、煤电利用小时数降低等问题。因此,在这一阶段,中国需求侧管理在精细化和常态化行政管理手段的同时,强力推动经济手段的实践和应用,以顺应供给侧结构性改革、深化电力市场化改革以及节能环保的需要。此外,在技术手段方面,国家注重加快电力需求侧管理的信息化建设,包括需求侧管理信息系统建设,电能在线监测系统建设等。

6. 面临新形势、新需求的发展阶段

从2017年至今,中国电力需求侧管理处于新形势、新需求的发展阶段。为深入推动能源绿色转型和全社会节能减排,加强全社会用电管理，2017 年，国家发展改革委、工业和信息化部等六部委联合发布了《关于深入推进供给侧结构性改革做好新形势下电力需求侧管理工作的通知》，并对 2010 年发布的《电力需求侧管理办法》进行了修订。至此，中国电力需求侧管理进入新的发展阶段。为进一步适应新的发展需求，2023 年 9 月，国家发展改革委、工业和信息化部等六部委联合对《电力需求侧管理办法》再一次做了修订，以加快规划建设新型能源体系，服务经济社会高质量发展，确保能源安全。

党的"十九大"明确中国经济已由高速增长阶段转向高质量发展阶段，相应地，中国能源电力的生产供应和消费也应贯彻提质、提效、绿色低碳的发展战略。在此背景下，中国电力需求侧管理面临的形势更加复杂化、管理任务更加多元化。从电源结构看，非可再生能源比重的快速提高，在使燃煤污染得到控制的同时，也存在非可再生能源局部无序发展引发的"三弃"问题，以及煤电能源效率降低、煤电企业大面积亏损的问题。从市场机制看，随着电力市场竞争的加剧，需求响应的市场运行机制需更深层次地与电力市场化改革结合，试点范围和参与主体也需进一步扩大。从技术方面看，智能电网和电力需求侧管理信息系统建设尚无法满足高效解决时段性电力供需矛盾的要求，智能化、数字化、标准化水平还有很大的提升空间。从环境方面看，近年来极端天气频发，导致区域性、季节性的电力供需失衡问题加重，对如何通过电力需求侧管理实现电力资源的有效配置提出了高要求。

围绕多元化的管理目标，中国电力需求侧管理仍有很长的路要走。在当前及未来数年，以推动能源绿色转型和全社会节能减排为核心目标，中国电力需求侧管理的重点将围绕深化电力体制改革、优化电力资源配置、加速技术升级、消纳可再生能源、提高智能化管理水平等继续发展。随着电力市场化水平的提高，电力需求侧管理的手段将转为以经济手段为主，技术手段、行政手段和宣传手段等为辅的模式。

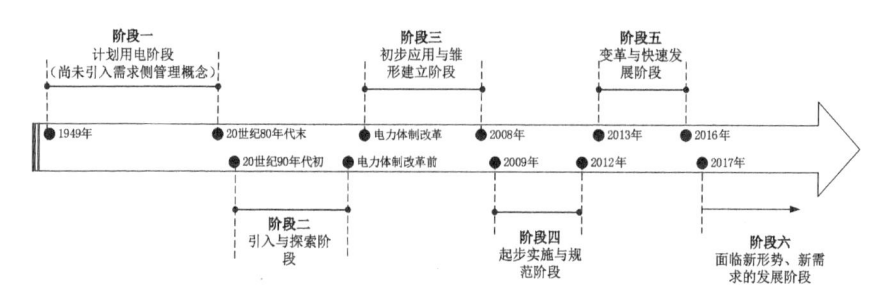

图 7.3 中国电力需求侧管理的发展

三、电力需求侧管理的宏观经济学原理

电力需求侧管理是需求管理宏观调控手段在电力领域的实施和应用，其以凯恩斯主义学派和新凯恩斯主义学派的需求管理理论为基础，是电力供给侧管理的重要协同管理手段。

（一）需求管理理论

需求管理理论起源于 20 世纪 30 年代西方国家的大萧条时期。面对世界经济危机，1936 年，美国经济学家约翰·梅纳德·凯恩斯对萨伊定律提出了质疑和挑战，并提出了通过政府调控总需求来影响经济发展规模和方向的管理思想，由此形成了需求管理理论。其核心观点如下：

1. 经济发展的决定因素是总需求。短期来看，由劳动、资本和技术所决定的总供给是固定的，因此，经济发展的决定因素是总需求。需求管理理论将资本主义国家出现经济萧条和大规模失业的根本原因归于有效需求不足，而有效需求是指商品的总供给价格和总需求价格达到均衡时的社会总需求。在凯恩斯模型中，总需求包括消费、投资、政府支出和净出口四个部分，并假定它们可以相互替代。

2. 追求短期的总量目标，忽视结构调整。在短期内，价格具有一定的刚性。当经济出现短期波动而市场无法出清时，政府就需要通过

"有形之手"的力量来调节总需求，以在短时期内维持经济增长和充分就业。因此，凯恩斯主义的需求管理理论追求的是短期内的总量目标，只是短期内会有明显效果，但在长期实践中具有不确定性和局限性。同时，相较于结构调整，凯恩斯主义更注重总量的调整。

3. 主张政府采取扩张性的货币政策和财政政策调控总需求。凯恩斯认为，由于"边际消费倾向递减、资本边际效率递减和流动性偏好陷阱"三大规律的存在，供给不能创造与自身相等的有效需求（江小国，2017）。当市场无法使总需求和总供给趋于平衡时，政府就应该从需求端对经济活动进行干预和调控来解决市场失灵问题。在经济大萧条的背景下，凯恩斯主义主张采取扩张性的货币政策和财政政策，从而刺激消费、增加总需求，促进经济增长和就业。

20世纪80年代，以阿克罗夫、耶伦、曼昆、伯纳克、保罗·萨缪尔森等人为代表的新凯恩斯主义对需求管理理论做出了完善。在传统凯恩斯主义关于政府应该干预经济这一管理思想的基础上，新凯恩斯主义者主张"逆周期"管理。即当经济下行时，政府应采取扩张性的货币政策（降低利率，增加货币供应量）和财政政策（增加政府支出，减少税收）来提高总需求从而拉动经济增长；当经济上行时，政府采取紧缩性的货币政策（提高利率，减少货币供应量）和财政政策（减少政府支出，增加税收）来减少总需求从而抑制通货膨胀，稳定经济增长。此外，新凯恩斯主义者吸取了需求管理在实践中的经验教训，既注重微调政策在短期内的作用，又重视结构性政策的长期管理效果。

基于上述需求管理理论，电力需求侧管理由政府主导，电网企业、电力用户、电能服务机构、售电企业等共同参与，旨在通过一系列措施对电力需求总量和需求结构进行调整或抑制。一方面，电力需求侧管理遵循需求管理理论人为刺激或抑制需求的主张，侧重利用行政奖惩机制或电价调节机制来调控需求侧的用电总量或转移消费时段。另一方面，电力需求侧管理的调控手段并不局限于需求管理理论的财政政策、货币政策、市场调节等宏观管理工具，而是有更丰富的拓展。

比如通过法律法规等约束电力市场行为和部分行业的电力消费，通过积极宣传电力需求侧管理的常识和政策措施等引导用户改善惯有用电方式、节约电能。

（二）需求管理与供给管理的发展关系

1. 需求管理与供给管理的区别

供给管理与需求管理是宏观经济管理的两个基本手段。其中，供给管理是针对供给结构的直接性宏观调控机制，主要采用税收政策、行政管理、法制管理、收入分配管理等手段对供给进行直接调控，通过影响生产率来实现总供给和总需求的平衡。而需求管理侧重于对需求总量的调节，由政府通过财政和货币政策等宏观经济手段来刺激或抑制需求，以防止经济衰退或过热。

在经济学理论中，供给管理代表了新古典主义学派经济思想，需求管理则代表了凯恩斯主义经济思想（江小国，2017）。依据生产函数，供给管理思想认为只要提高生产能力就能促进经济增长，并假定商品价格具有充分的灵活性，不会出现需求不足或供给过剩的情况。而需求管理思想则认为，提高社会需求能够促进经济增长，并假定商品价格存在刚性，由于短期内价格无法充分调整，所以会有需求不足情况的出现。从管理效果来看，需求管理具有解决短期总量失衡问题的优势，而供给管理更注重长期效果，常被作为潜在产出促进增长的长期政策。

2. 需求管理与供给管理的发展路径

从经济理论和政策的发展历史来看，供给管理与需求管理有着交替演进的发展路径，并逐渐走向并重与协同的发展趋势。

（1）从萨伊定理到凯恩斯主义

从萨伊定理到凯恩斯主义，即供给管理到需求管理的首次演进。受亚当·斯密《国富论》的影响，法国经济学家萨伊于1803年提出"供给可以自动创造需求"的萨伊定律。萨伊认为，只有提高生产力才能满足消费需求，即使短时间内会存在供需不匹配，但市场自由竞争的机制可以自发地调节供需实现均衡。然而，20世纪30年代西方国家的经济大萧条彻底粉碎了萨伊定理，之后，凯恩斯主义的需求管理理论兴起。1936年，英国经济学家凯恩斯在《就业、利息和货币通论》中提出，经济大萧条和大规模失业的根源在于社会的有效需求不足，在无法通过市场调节实现充分就业时，需要借助政府之手干预经济以解决经济衰退。相较于货币政策，凯恩斯更强调扩张性的财政政策，特别是公共投资。20世纪40年代，后凯恩斯主流经济学派的代表人物阿尔文·汉森在凯恩斯总需求管理的基础上将财政政策划分为"汲水政策"和"补偿政策"，并主张在中长期内实行减税政策以增加社会的有效需求，促进经济的长期繁荣。到了20世纪60年代，詹姆斯·托宾和阿瑟·奥肯进一步发展了宏观需求管理理论，并提出只要实际经济产出低于潜在产出，就应推行扩张性的财政政策以刺激社会总需求，促进充分就业。

（2）从凯恩斯主义到供给学派

从凯恩斯主义到供给学派，即从需求管理回到供给管理。凯恩斯理论通常只考虑短期经济问题，通过人为刺激投资来代替消费需求的不足，导致扩张性政策往往只在短期内有较好的效果，而长期效果趋于无效，甚至给经济带来负面影响。由于长期奉行凯恩斯主义，西方国家最终在20世纪70年代初普遍陷入了生产停滞、失业严重、物价持续上涨的"滞胀"局面。凯恩斯主义过分追求总需求的做法在"滞胀"的经济形势下无能为力，继而催生了供给学派。以美国经济学家芒德尔、拉弗、万尼斯基、吉尔德为代表的供给学派对凯恩斯主义几近全盘否定，他们认为，20世纪30年代经济大萧条的根本原因在于政府的过度干预，并非有效需求不足（贾康、苏京春，2014）。供给学派主张市场经济，放松政府管制，且政府应从供给端干预经济，而减税是最有力的财政政策工具。供给学派典型的实践是20世纪80年代美国的里根经济学和英国的撒切尔改革。里根和撒切尔主张从需求管理转向供给管理，采取大幅降税、紧缩货币供给、减少政府开支、放松政府管制等措施，充分发挥市场的配置作用，通过提高效率改善供给的同时带动需求。英美两国供给管理的实践令其由"滞胀"局面走向了"大稳健"时代，但同时，里根和撒切尔倡导的新自由主义也为其经济带来了负面影响，比如美国巨大的财政赤字和越来越大的贫富差距。

（3）从供给学派再到凯恩斯主义"复辟"

从供给学派再到凯恩斯主义"复辟"，即由供给管理到需求管理的再次演进。20世纪80年代初，二战后的美国为缓解经济危机采取了一系列的供给管理，但美国宏观经济结构得到优化的同时，也出现了财政和外贸的"双重"赤字。由此，以保罗·萨缪尔森为代表的新古典综合学派主张复辟凯恩斯主义，并倡导侧重于需求侧调节的"反周期"思想。从20世纪90年代到21世纪初，形成了供给管理与需求管理分流共存，但需求管理在经济学中仍占主流地位的局势。

（4）从凯恩斯主义再到供给学派

从凯恩斯主义再到供给学派，即供给学派的再次兴起与发展。2008年，美国的次贷危机演化为全球金融危机，引发经济学家对传统经济学理论框架和需求管理实践经验的反思，供给管理以及供给侧结构性改革顺势引起各国的重视。应对金融危机，奥巴马政府实施了2370亿美元对个人的税收优惠以及510亿美元对企业的税收优惠措施，有效刺激了消费和投资。实质上，美国采取了"供给手段"救市，并从供给侧做了结构性调整。顺应全球经济发展趋势，针对中国当时存在的流动性过剩、通胀压力以及部分领域有效供给不足的问题，以贾康为代表的中国学者提出了新供给经济学的思想。新供给经济学以优化结构为供给管理的核心，认为有效供给比有效需求更能促进经济的长期增长，其理论为中国供给侧结构性改革奠定了相当的理论基础（贾康，2016）。

从发展规律看，供给管理与需求管理的发展是一个交替演化的过程（见图7.4）。其中，供给经济学的发展经历了两轮"否定之否定"，带有"螺旋式上升"的特点，而需求管理和供给管理也越来越不可对立。对一个国家而言，需求管理和供给管理的应用领域和应用程度也会与该国的经济发展阶段和市场化程度有关。一般来说，发达市场经济国家更侧重于需求管理，政府对经济干预的程度相对较低，而转轨经济国家更侧重于供给管理，通过政府推动供给侧结构性改革来优化资源配置，激发市场活力。

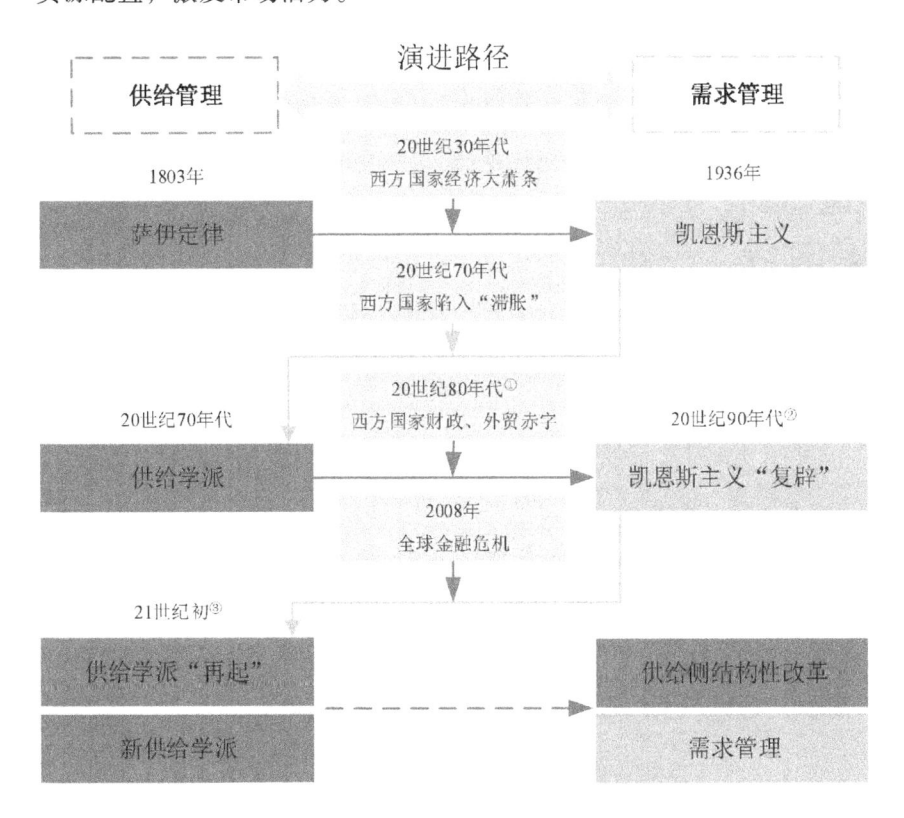

图 7.4　供给管理与需求管理相关理论的演进

注：①美国于1981年正式提出电力需求侧管理的概念；②西方资本主义国家于20世纪90年代初掀起电力市场化浪潮，中国于此时期引入电力需求侧管理的概念；③中国于21世纪初开始电力市场化改革，但同时注重电力供给的结构调整。

（三）电力需求侧管理与电力供给侧管理的发展关系

1. 电力需求侧管理与电力供给侧管理并非对立

电力供给侧管理与电力需求侧管理是分别从供电和用电两个对立面着手的管理手段，但两者的关系并非相互对立。从供求关系看，电力的供给与需求存在互相依存、互相制约、互相推动的关系。首先，电力需求的满足依赖于电力的供应，而电力的供给也依赖于需求和消费来实现电力作为商品的市场价值。其次，根据供给管理与需求管理的相关理论，有效需求不足会导致产出下降和失业增加，而供给不足会导致价格上涨和需求量的减少。再次，电力供给能力的升级（规模增加、质量提高、效率提升）是沿着电力需求膨胀的路径演进的，而电力供给能力升级又同时推动了电力需求的进一步膨胀，从而形成良性循环。

2. 电力需求侧管理与电力供给侧管理同步发展

从发展历程来看，电力供给侧管理的发展贯穿于电力产业发展的整个过程，但自电力需求侧管理的概念被提出以来，电力供给侧管理和电力需求侧管理就开始了上升式的同步发展。电力需求侧管理正是起源于20世纪80年代初西方资本主义国家双重赤字时期，是顺应"复辟"凯恩斯主义思想浪潮而在电力产业领域兴起的一种手段（见图7.4中的注①）。但随后诞生的新凯恩斯主义在支持政府干预总需求的同时，也注重市场化对供给和需求的调节作用。于是可以看出，20世纪90年代初，当电力需求侧管理在全球快速推广的同时，西方国家也掀起了电力市场化改革的浪潮（见图7.4中的注②）。到21世纪，随着供给学派"再起"和新供给学派的兴起，世界各国在发展电力需求侧管理和推进电力市场化改革的同时，也开始注重供给侧的结构性改革（见图7.4中的注③）。

3. 电力需求侧管理是电力供给侧管理的必要协同管理手段

首先，在经济效益方面，电力需求侧管理有利于提高供给侧的经济效益。电力行业是资源密集型行业。当电力供给不足时，投资电力行业需要经过较长时间才会运行起效。当电力供给过剩时，闲置发电机组过多或发生弃风、弃光、弃水事件都是对资源的浪费，有损供给侧的经济效益。因此，需求侧管理的重要作用之一就是将其节省的电力和电量作为资源纳入供给侧（即制造虚拟资源），从而减少供给侧投资、提高供给侧经济效益（王志轩等，2018）。

其次，在管理效果方面，电力系统的稳定性更依赖于需求侧灵活的调节和响应能力。用电负荷具有峰谷特性、季节特性等特征，且在高峰时段（或用电高峰季节），往往存在供给不足或电网负荷承载力有限的情况。因此，有必要通过价格机制、强制手段或者激励机制来抑制用户的用电需求，促使电力供需在短时间内快速达到平衡，维护电网安全运行。特别是在全球变暖、季节性和时段性电力供需矛盾频发的背景下，更需要通过强化电力需求侧管理的长效机制、加强用户响应的灵活性和精确性来维持中长期的动态供需均衡。

最后，在环保效益方面，实现节能环保有赖于电力需求侧管理对电力供给侧管理的协同与适配。电力供给侧管理遵循人类社会对电力的需求规律，而电力需求侧管理是在满足人类社会基本用电需要的基础上适配电力供给情况。需求侧管理的本质是通过一系列的手段调控用户的用电需求，从而改变用户的用电习惯。一方面，这可以在电力供给不足的时候起到节约能源的目的。另一方面，随着供给侧加大新能源的构成，供给侧的不确定性也随之增加，因此，需求侧管理可以通过引导用户改变用电习惯增加对新能源电力的消纳能力，从而推动资源的优化配置和可持续发展。

第二节　差别化电价的理论基础与中国实践

差别化电价（differential power pricing，DPP）是价格型需求响应措施之一，其通过差别化的政府管制和市场自我调节的共同作用，在促进节能降耗与资源优化配置、推进产业结构调整与可持续发展中具有重要作用。然而，随着近年来电力短缺情况的加剧，原有差别化电价政策在如何公平分配稀缺资源和保障经济高质量发展方面也暴露了不足。为此，本小节主要介绍了差别化电价的概念、微观经济学原理及其应用现状，以为改进差别化电价措施提供理论基础。

一、差别化电价的概念

差别化电价是指根据用户特征、用电行为或实施目标等的差异，对用户有区别地设定电价，以实现引导用户合理使用电力、平衡电力供需、提高能源利用效率、促进经济可持续发展的电价制度。在中国工业企业领域，传统的差别化电价主要有差别电价、阶梯电价、惩罚性电价等形式。

差别电价是指供电企业根据用户对电能需求的差异情况，适当修正基础价格出售电能商品的价格措施。依据定义，广义的差别电价涵盖了诸如分时电价、电压等级差价、峰谷差价、负荷率差价等多种形式。而在中国，差别电价提出于电力严重短缺且能源密集型产业不合理快速发展的 21 世纪初，其主要是指基于用户的经济状况、行业类型、用电特点等因素，对不同类型的用户或用户群体制定不同的电价。按照国家和地方相关政策规定，主要对限制类、淘汰类装置及单位能耗超标的装置或建筑，根据加价标准设定高于普通电价的用户电力价格（Yang et al.，2021）。

阶梯电价是指按用户消费的电量分段或分层定价，用电价格随用电量的增加呈阶梯状变化的一种定价措施，旨在激励用户节约用电，平衡电力供需，提高能源利用效率。其相应机制设计中的关键参数主要包括阶梯数量、阶梯长度以及阶梯价格（刘自敏等，2018）。从阶梯形式来看，作为一种独特的非线性定价方式，阶梯电价主要包括递增阶梯电价和递减阶梯电价两种形式，且递增阶梯电价的应用更为普遍。从应用对象来看，作为一种传统的电价形式，阶梯电价主要应用于居民端，在工业领域则侧重应用于能源密集型行业，如电解铝、水泥、钢铁等行业。

惩罚性电价是指通过在普通电价基础上进行加价来"惩罚"高能耗用户或能耗水平不达标用户的电价措施，旨在促使用户提升节能意识，改变用电行为模式，应用节能设备，从而达到节能减排、提高能源利用效率和可持续发展的目的。在中国，惩罚性电价主要应用于产品能源消耗超过国家和地方规定的单位产品能耗（电耗）限额标准的企业。如，2022年5月，江苏省对4家单位产品能耗超限额企业的产品生产线用电执行惩罚性电价，用电价格在原基础用电价格基础上加价0.1元/kWh。

二、差别化电价的微观经济学原理

差别化电价以价格歧视理论、非线性定价理论以及公平性和社会福利理论为基础，基本原理如下：

（一）价格歧视理论

价格歧视（price discrimination）又称差别定价，是指垄断企业就相同成本的产品或服务对不同的消费者制定不同的价格，或者对同一消费者购买不同数量的相同商品或服务制定不同的价格，以实现最大化利润。依据庇古（1920）在其著作《福利经济学》中的思路，经济学中常将价格歧视划分为三种主要形式：一级价格歧视、二级价格歧视和三级价格歧视。

1. 一级价格歧视

一级价格歧视指垄断厂商向购买商品或服务的每个消费者索取其愿意支付的最高价格，或者是向单个消费者购买的每一单位商品或服务索取其愿意支付的最高价格，从而使消费者剩余完全转移为生产者剩余（叶泽，2014）。如图7.5所示，若垄断厂商以不变价 P_E 出售 Q_E 单位的商品，则消费者剩余为图中面积 M_1（即三角形 AP_EE 的面积），垄断厂商的总收益为图中面积 M_2（即矩形 OP_EEQ_E 的面积）。当垄断厂商实行一级价格歧视，向每个消费者索取其愿意支付的最高价格，则垄断厂商出售 Q_E 单位商品的总收益将变为 $M_1 + M_2$（即梯形 AOQ_EE 的面积），即垄断厂商为实现垄断利润最大化，将消费者剩余全部转化为了垄断超额利润。

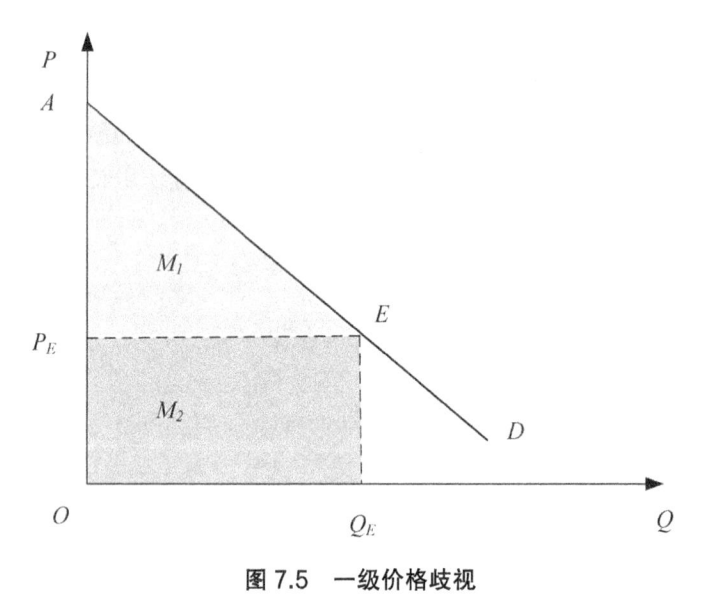

图 7.5 一级价格歧视

尽管一级价格歧视在理论上会实现垄断厂商获取最大利润，但由于信息不对称、成本、公平性以及实施难度等因素，电力市场通常不会实行一级价格歧视。

2. 二级价格歧视

二级价格歧视是指垄断厂商对同一消费者购买不同数量的同一商品收取不同的价格，从而将买方的部分消费者剩余占为己有。如图7.6所示，若垄断厂商以不变价 P_E 出售 Q_E 单位的商品，则消费者剩余为图中三角形 AP_EE 的面积，垄断厂商的总收益为图中矩形 OP_EEQ_E 的面积。当垄断厂商实行二级价格歧视，对低购买量的消费者制定更高的价格时，垄断厂商的总收益将增加。如，当消费者购买量 Q 介于 Q_1 和 Q_E 之间时，价格仍为 P_E；当消费者购买量 Q 介于 Q_2 和 Q_1 之间时，价格为 P_1；当消费者购买量 Q 小于 Q_2 时，价格为 P_2。则，垄断企业的总收益将在原总收益的基础上增加 $M_1 + M_2$（即矩形 $P_2P_EBE_2$ 和矩形 $FBCE_1$ 的面积之和）。由此可见，二级价格歧视使消费者以不变价格 P_E 购买商品时应得到的部分消费者剩余转化为了生产者剩余。

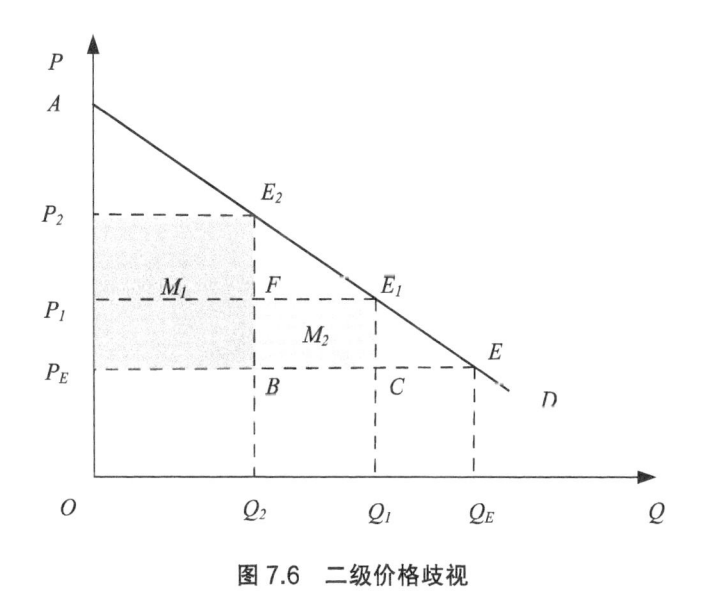

图 7.6 二级价格歧视

在现实的市场中，二级价格歧视主要表现为厂商向消费者提供的各种数量折扣，以鼓励消费者使用更多的产品或服务。然而，在电力市场领域，二级价格歧视常逆向应用于递增阶梯电价，以引导用户节约用电。如图7.7所示，为简化分析，记 D_H 和 D_L 分别为高耗能用户和低耗能用户的需求曲线（王俊豪，2017）。如果将电力价格统一定为 P_E，则所有用户的用电量为 $Q_H + Q_L$，总的消费者剩余为三角形 AP_EE 和三角形 BP_EC 的面积之和，供应商的总收益为矩形 P_EOQ_LC 和矩形 P_EOQ_HE 的面积之和。当将高耗能用户的电力价格上涨到 P_{E^*}，相应用电量将下降为 Q_{H^*}。显然，所有用户的用电总量将下降 $Q_H - Q_{H^*}$。但同时，低耗能用户的消费者剩余不变，高耗能用户的消费者剩余将减少 $M_1 + M_2$（即梯形 $P_{E^*}P_EEE^*$ 的面积），供应商的总收益将增加 $M_1 - M_3$（即矩形 $P_{E^*}P_EFE^*$ 与矩形 $FQ_{H^*}Q_HE$ 的面积之差）。因此，递增阶梯电价通过发挥价格的引导作用，将在降低总需求的同时，激励用户为减少消费者剩余损失而提高生产效率，从而驱动高耗能用户的需求曲线 D_H 向左下方移动。

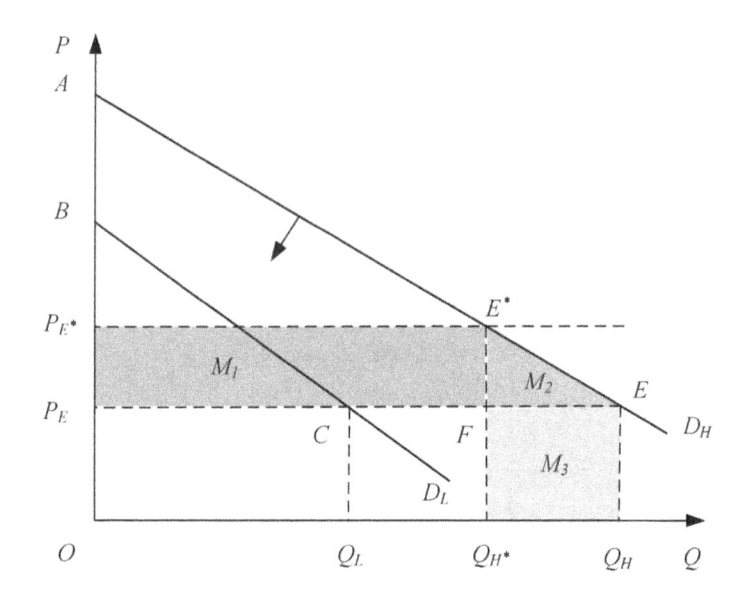

图7.7 统一电价与递增阶梯电价的比较

3. 三级价格歧视

三级价格歧视是指垄断厂商就同种商品或服务，对不同的市场或不同类型的消费者制定不同的价格，以将高价市场的消费者剩余转变为超额利润。假设垄断厂商的生产规模和产量水平是确定的，那么为追求利润最大化，垄断厂商将按照商品的边际收益等于边际成本的原则，将总销售量分配到各个市场，并依据各市场的不同需求价格弹性差异化定价。如图 7.8 所示，假定某垄断厂商按价格需求弹性将产品市场一分为二，子市场 1 和子市场 2 所对应的需求曲线分别为 D_1 和 D_2，相应的边际收益曲线分别为 MR_1 和 MR_2，且市场 1 的需求价格弹性 E_1 小于子市场 2 的价格需求弹性 E_2。总边际曲线 MR_E 和边际成本曲线 MC 的焦点 E 决定了厂商利润最大化的总产量为 Q_E。依据三级价格歧视的原则，两个子市场的边际收益均与厂商总的边际收益和边际成本相等。即当厂商在子市场 1 按价格 P_1 出售 Q_1 单位的商品，在子市场 2 按价格 P_2 出售 Q_2 单位的商品，厂商就可以实现利润最大化。

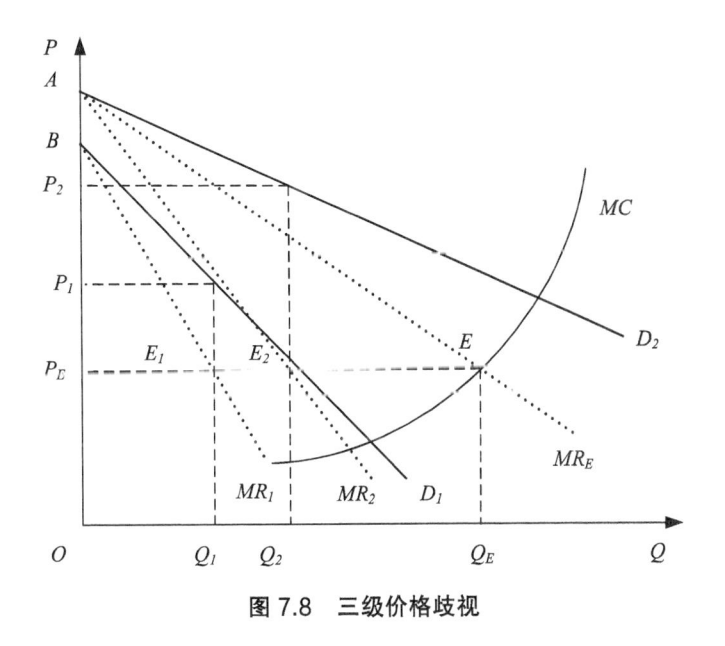

图 7.8　三级价格歧视

依据商品的边际收益、价格及需求弹性之间的关系，子市场 1 与子市场 2 的边际收益相等可以表示为 $P_1\left(1-\dfrac{1}{E_1}\right)=P_2\left(1-\dfrac{1}{E_2}\right)$。由此可见,在三级价格歧视下,子市场的价格与其需求价格弹性反向变动。如,由于工业企业用电的需求价格弹性高于居民用电的需求价格弹性,在美国、英国、日本等多数电力市场化较为发达的国家,工业用电价格普遍低于居民用电价格,充分体现了三级价格歧视的应用。而中国和墨西哥的电力市场化起步较晚,出于对居民消费者利益的保护,采取交叉补贴的方式对工业企业收取更高的电价。此外,由于高耗能企业对电力的价格需求弹性普遍低于低耗能企业,对高耗能产业实施差别化电价征收额外赋税,也是三级价格歧视的体现。

(二)非线性定价理论

1. 非线性定价原理

非线性定价,是指消费者就某一商品或服务支付的总价格同购买的总量不成线性比例的定价方式,主要作用是运用价格工具和数量工具对消费者的选择行为进行规制(刘自敏等,2019)。常见的定价方式有差别定价、捆绑定价、阶梯定价、预定定价、数量折扣等。非线性定价方式既反映了厂商对经济效率的追求,也说明了传统的困扰公用事业行业的固定成本回收问题可以通过灵活的定价方式在一定程度上得到解决,可以同时从消费者和厂商的角度带来双赢的结果。为此,非线性定价理论在诸如电力、通信、自来水、天然气、铁路、民航等公用事业的定价政策制定中得到了广泛应用,成为20世纪七八十年代以来世界范围内在公用事业方面放松管制、引入竞争政策的重要理论之一。

图7.9说明了非线性定价是如何实现双赢的(Özer & Phillips, 2012)。考虑到垄断厂商以统一的单价出售一种同质商品的情景,将需求函数与边际成本函数简化描述为图中的斜线 D 和水平线 MC。依据边际成本定价法,理想的帕累托最优定价为需求曲线与边际成本曲线的交点 E^* 所对应的 P_{E^*}。然而,由于边际成本递减,厂商的平均成本曲线往往在边际成本曲线之上,垄断厂商为避免亏损而制定的垄断价格 P_E 会高于边际成本的价格 P_{E^*}。这类定价方式(如平均定价法、

拉姆齐定价法等）排除了一些愿意支付高于产品成本的价格的用户，且社会福利稍有损失，属于次优定价。继而，如果垄断厂商能够分割需求并对同一产品制定两种价格，则会有更多的需求得到满足，从而增加社会福利。如图 7.9 所示，当垄断厂商同时以价格 P_1 销售 Q_1 单位的商品，以 P_2 销售 Q_2 单位的商品，可以通过差异化的定价措施来满足不同消费群体的需求。在这种情况下，社会总需求将由 Q_E 增加为 $Q_1 + Q_2$，即差异化的定价措施既提高了厂商的市场份额，也促进了社会福利的增加（增量为梯形 $EFGE_1$ 的面积）。与此同时，若垄断厂商增加的利润 $M_1 + M_2$（图中矩形 $DFGE_1$ 和矩形 $BP_EP_2E_2$ 的面积之和）大于损失的利润 M_3（图中矩形的面积 $BCDE$），则可以实现共赢。

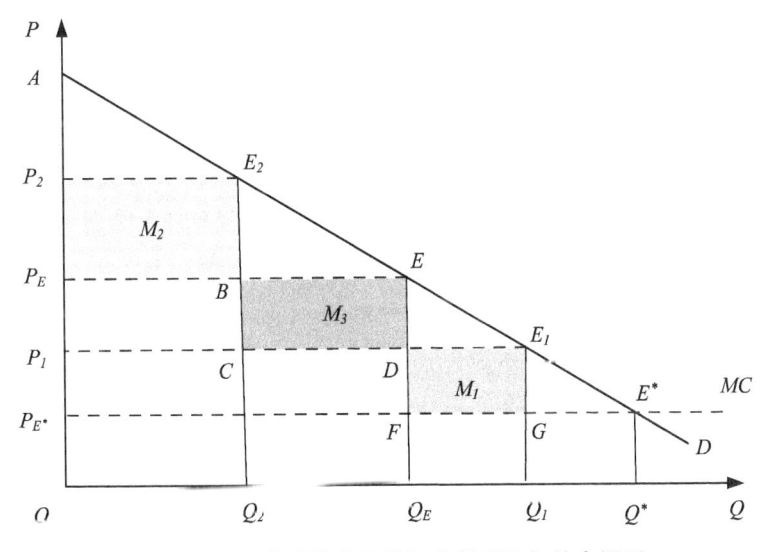

图 7.9　通过非线性定价增加垄断利润与社会福利

非线性定价的可行性在于消费者的异质性（吴建宏，2013）。因此，非线性定价的关键假定是用户之间存在可识别的差异，且这种差异会以系统的方式影响其选择。同时，为针对用户异质性背后的偏好结构进行明确建模，通常假定用户之间的这些差异是可以直接观察到的，或可以通过观察用户本身或其购买的可测量特征来对用户进行分类。

2. 非线性定价与价格歧视的联系与区别

在很多研究中,非线性定价被视为与价格歧视同义或两者可以互换。如,拉姆齐定价法将相同的商品或服务分割在不同的市场中,既被视为价格歧视和非线性定价的基础,也被视为典型的三级定价歧视;非线性定价将同一商品或服务的每一个消费增量视为不同的商品收取不同的价格,常被归入二级歧视的范畴,也被视为对价格歧视的深化和拓展。然而,在价格歧视中,"歧视"一词的负面含义往往掩盖了其本质做法所能实现的效率提升和帕累托改进。为此,以威尔逊(Wilson, 1993)为代表的经济学家试图将非线性定价与价格歧视的解释进行分离,并认为非线性定价强调的是对经典统一定价概念的背离。

相比于一般意义上的价格歧视(不包括根据数量或质量进行的价格歧视),非线性定价更能体现公平与效率,且定价措施更为丰富和精细。首先,价格歧视的目标是最大化供应商的收益,非线性定价通常以平衡供需、实现市场效率和社会福利最大化为目标,相对更有效且更公平(方燕,2012)。其次,一般意义上的价格歧视实质上是将市场根据消费者类型化为不同的细分市场,不同市场之间的定价不同,但同一细分市场的定价不变,这可能在不同消费者群体之间产生不公平、分配不均衡甚至复杂的法律纠纷等问题,而非线性定价则发掘并模型化了消费者的异质性,考虑不同消费者群体的特征制定更为透明的价格制度,在一定程度上更易被消费者接受,从而降低了一些价格歧视潜在的公平性纠葛。再次,非线性定价通常比价格歧视考虑更为综合的因素(如需求、偏好、支付能力、成本结构、购买行为、市场变化等)来制定差异化的价格,或通过制定产品组合、套餐定价、混合定价等精细化的措施,满足更多样化的消费者需求。

(三)福利经济学理论

1. 古典福利经济学与新福利经济学

福利经济学理论主要关注如何通过资源配置和经济政策来实现社

会福利的最大化问题。其中，社会福利是指消费者剩余与生产者剩余之和。以英国经济学家庇古（1920）为代表的古典福利经济学理论认为，资源的最优配置和收入的最优分配是社会福利最大化的必要条件。在经济福利当中，效用可以被衡量和加总。支持古典福利经济学的两个核心定理是：（1）在完全竞争市场中一般均衡配置都是帕累托有效的；（2）在完全竞争市场中，如果存在一种有效的资源初始分配，则可以通过对商品价格进行适当调整和再分配，实现任何给定的帕累托有效分配为一般均衡分配。

然而，以帕累托思想为基础的新福利经济学理论认为，现实的复杂性导致市场机制并不总能够实现最优的资源配置和社会福利。社会福利的核心是经济效率，而不是公平。为此，新福利经济学以序数效用和无差异曲线分析为基础，发展了关于"帕累托最优状态"的理论分析。此外，伯克（Burk，1938）和保罗·萨缪尔森（Paul A. Samuelson，1948）代表的社会福利函数学派则认为，帕累托最优状态解决了经济效率问题，但未解决分配问题。他们提出合理的分配是社会福利最大化的充分条件。

福利经济学的社会目标具有伦理性质，且假设的社会目标应为社会大多数人所能接受。因此，一旦有了社会目标，就可以对社会经济运行进行评价。在电力领域，常见的社会目标有平衡供需、公平公正、收入再分配、经济效率、资源保护等。作为制定电力价格的重要参考依据，福利经济学对电力商品定价的效率问题给出了判断标准。一般来说，社会福利越高，定价效率也就越高，反之则定价效率越低。

2. 帕累托最优与帕累托改进

帕累托最优是评价资源配置效率以及一个政策决策的重要经济学标准之一，体现了效率与公平的完美结合。通常，在分配稀缺资源时，资源配置效率包含两层含义：一是狭义上的资源利用效率，也称为生产效率，是指一个生产单位、一个部门或一个地区，如何有效利用既定的资源，实现产出或收入最大化，追求更高的技术效率和经济效率；二是广义上的资源配置效率，也称为经济制度效率，是指如何在不同生产单位、不同区域、不同行业之间分配优先的资源，即如何公平有效地确定稀缺资源在各种用途之间配置的数量边界。但由于信息不对称、外部性、市场垄断、公共物品存在、市场不确定性等复杂的现实问题，达到一般均衡配置的帕累托最优只存在于理想假设的场景中（叶泽，2014）。为此，探索兼顾效率与公平的资源配置政策，实现帕累托改进，也是福利经济学理论的重要内容之一。

帕累托改进是指通过一系列的资源再分配或经济政策调整，在不减少任何一方效用或福利的前提下，还可以再增加至少一方的效用或福利，从而提高经济运行效率和优化资源配置。电力作为一种稀缺的公共资源，其价格制定的过程应体现社会福利的帕累托改进。如，为应对电力短缺，通过对高耗能用户设置较高的惩罚性电价，或依据用户用电需求设置递增阶梯电价，可以减少过度资源消耗对环境产生的负外部性，在不损害高效用户或低能耗用户利益的基础上，有利于促进节能环保和效率提升，提高资源分配的公平性，符合帕累托改进原则（Lin & Liu，2011）。

三、差别化电价的发展及应用特点

差别化电价是一种传统的定价方法，在全球范围内具有广泛的应用。早在20世纪40年代末至50年代初，一些国家和地区意识到不同用户之间用电需求的差异，开始探索将工业用电与居民用电分开定价的差别电价制度，并快速推广开来。到20世纪70年代，全球石油危机导致美国、日本等经济发达国家或地区处于严重的电力短缺状态。为解决经济高速发展和能源短缺的矛盾，同时保障低收入居民家庭的基本用电需求，西方国家率先开始推行阶梯电价（刘自敏等，2017）。随后，韩国、印度、马来西亚、埃及等国家也逐步引入阶梯电价制度，但不同国家或地区具体制度有所差异。如，在实施对象方面，美国和加拿大既有针对居民用户的阶梯电价制度，也有针对工商业用户的阶梯电价制度，而其他国家的阶梯电价制度则主要针对居民用户[①]；在电价的阶梯形式方面，大多数国家为二至六阶梯的递增式阶梯电价，而美国和英国一些地区的电力公司为争取市场份额会制定递减式阶梯电价，美国得克萨斯州的一些电力公司甚至开发了基于信用的"V"形阶梯电价[②]。

基于差别化电价的发展进程，其应用特点可归纳如下：

（一）差别化电价的实施具有政策导向性

随着近年来全球气候和世界格局的变化，不同国家制定的差别化电价具有不同的政策目标和政策导向。例如，为保障制造业在国际上的竞争力，德国针对电费占比较高、参与国际竞争的工业用户实施了一定的电价减免政策（主要包括EEG附加费、电力税、输电费及其他附加），在充分利用该减免政策的情况下，工业用户可减免高达95%的附加费用；中国和南非等国家则为了应对电力短缺，推动工业转型升级和可持续发展，对高耗能企业实施了较高的用电价格（Kohler，2014）。同时，在应对特殊情况的能源危机时（如极端天气、地缘政治等因素导致的电力短缺及价格暴涨），美国和欧洲等电力市场化水平较高的地区也缺乏行之有效的管制手段，这使得越来越多的国家和地区认识到政府对电价进行合理干预，对平衡电力供需、稳定电力价格、维护国家能源安全、推动可持续发展具有重要作用。

中国是引入差别化电价制度较晚的国家，根据政策导向，相关政策的演变可以归纳为如下几个阶段：

（1）政策出台与初步实施阶段（20世纪90年代末至2004年）。在20世纪90年代末至21世纪初，为推动经济发展，中国对铝、钢铁、化工等高耗能行业出台了一系列的电价优惠政策。但随着这类行业的低水平盲目扩张，电力供需出现了严重的不平衡，同时也给中国带来了严重的污染问题。为此，中国开始探索反向差别化电价措施。

---

① https://www.londonhydro.com/accounts-services/electricity-rates/commercial-electricity-rates.
② https://www.texaselectricityratings.com/texas-electricity.

在"电荒"持续多年的背景下,为遏制能源密集型产业的不合理发展,缓解电力短缺难题,中国于 2004 年开始对电解铝、铁合金、电石、烧碱、水泥、钢铁等 6 个高耗能行业试行加价的差别电价政策,并首次开展了居民阶梯电价试点工作。同时,差别化电价政策的启动实施,标志着中国节能减排政策从"关停并转"的行政手段逐步转向了经济手段(申萌,2015)。

(2)政策修正与强化推广阶段(2005 年至 2010 年)。由于长期以来的粗放式发展,多数地区为追求经济目标,在执行国家出台的差别化电价政策的同时,通过地方政府文件或口头约定的方式为高耗能企业争取优惠电价,导致差别化电价的实施与国家政策目标相背离。为此,中国先后出台了一系列强化政策,并依据发展动态修订《产业结构调整指导目录》,以完善差别化电价政策,加快淘汰高耗能产业中的落后产能,促进能源节约。如,2006 年,国务院办公厅转发了国家发展改革委《关于完善差别电价政策的意见》(国办发〔2006〕77 号),将黄磷、锌冶炼两个产业也纳入差别电价的实施范围[①];2007 年,国家发展改革委发布《关于进一步贯彻落实差别电价政策有关问题的通知》(发改价格〔2007〕2655 号),取消了国家和地方政府对高耗能企业的优惠电价政策[②];2010 年,国家发展改革委发布了《关于清理对高耗能企业优惠电价等问题的通知》(发改价格〔2010〕978 号),坚决制止各地自行出台的优惠电价措施,加大了差别化电价的实施力度(如,淘汰类企业执行的电价加价标准由 0.2 元/kWh 提高到 0.3 元/kWh),并对超能耗产品实行惩罚性电价[③]。

(3)可持续发展与精细化管理阶段(2010 年至今)。一方面,随着能源紧张和环境问题的日益突出,中国开始在差别化电价政策的制定中更加侧重可持续发展。如,2018 年,国家发展改革委发布《关于创新和完善促进绿色发展价格机制的意见》(发改价格规〔2018〕943

---

① https://www.gov.cn/zwgk/2006-09/22/content_396258.htm.
② https://www.gov.cn/zwgk/2007-10/11/content_773936.htm.
③ https://www.gov.cn/zwgk/2010-05/17/content_1607555.htm.

号），进一步强调完善差别电价政策，对淘汰类和限制类企业实行更高价格[①]；2021年，国家发展改革委发布了《国家发展改革委关于完善电解铝行业阶梯电价政策的通知》（发改价格〔2021〕1239号），强调完善阶梯电价分档和加价标准，逐步降低铝业能耗水平，并新设与非水可再生能源利用水平挂钩的动态加价标准，以激发企业消纳绿色电力的积极性[②]。另一方面，作为一种有效的需求侧管理手段，随着智能电网和电力监测技术的发展，差别化电价的实施也变得更加精细化。如，2021年新发布的电解铝行业阶梯电价政策以20kWh为累进值，高于分档标准的，对于超过20kWh的部分，铝液生产用电量每千瓦时加价0.01元。相较于原政策，新政策中的加价曲线更为平滑，有利于激发电解铝行业的生产积极性和节能潜力。

（二）实施对象主要聚焦于高耗能产业

长期以来，很多国家和地区实施的差别化电价主要聚焦于高耗能产业。然而，一些地区对高耗能产业进行"一刀切"或"无差别"式的简单加价，也在资源分配的公平性以及产业发展的均衡性方面引起了广泛争议。一方面，高耗能企业为平衡电力供需做出及时调整的空间相对有限，但它们承担了较大程度的惩罚性电价，短期内对产业链造成的负面影响通过价格传导，最终还是由社会买单。另一方面，高耗能行业是国民经济的重要组成部分，尽管严格约束高耗能产业用能是理性的做法，但在细分领域一味地对企业贴上高耗能"标签"却有失公平。高耗能"标签"不仅增加了企业的用电成本，而且会使其在项目投资、授信贷款、出口退税等多方面受到歧视。

（三）实施范围有扩大趋势

基于"亩均论英雄"综合评价制定的差别化电价措施是中国在差别化电价方面的创新。随着"亩均论英雄"的发展和普及，浙江率先

---

① https://www.ndrc.gov.cn/xxgk/zcfb/tz/201711/t20171110_962590.html。
② https://www.gov.cn/zhengce/zhengceku/2021-08/28/content_5633903.htm。

推出了依据企业评级结果，对 D 类企业实施差别化电价的创新模式。在该模式下，差别化电价的实施对象不再局限于高耗能产业，更能体现管理的公平性。目前，该模式已经在浙江嘉兴市开展了以年为周期的八轮尝试，并于近几年在江苏、上海、山东等多个地区推广实施。

表 7.1 国内典型地区对 D 类企业实施差别化电价的概况

地区及起始时间	对 D 类企业的加价标准
浙江嘉兴秀洲区[①] （2015 年）	①当年评级为 D 类的企业，每千瓦时加价 0.3 元；②连续两年评级为 D 类的企业，每千瓦时加价 0.4 元；③连续三年评级为 D 类的企业，每千瓦时加价 0.5 元
浙江温州[②③] （2018 年）	①对 D 类企业每千瓦时加价 0.1 元；②对 C 类企业第一年实施预警，第二年仍被列为 C 类企业的，每千瓦时加价 0.1 元；③对"一表多企"的企业，如果其中任一企业连续两年被列为 C 类，或任一企业被列为 D 类，则该电表内所有企业用户执行差别化电价，但对其中的 A 类和 B 类规上企业奖励两个月的执行缓冲期；④连续三年被评为 D 类企业的，加倍执行差别化电价
江苏[④] （2018 年）	对全市工业企业资源集约利用综合评价为 D 类（限制发展类）的企业用电量在现行目录销售电价或市场交易电价基础上实行加价：① 2019 年期间每千瓦时加价 0.1 元；② 2020 年期间每千瓦时加价 0.2 元；③ 2021 年期间每千瓦时加价 0.3 元
上海[⑤] （2021 年）	对实施资源利用效率评价制度认定为 D 类（整治淘汰类）且列入产业结构调整计划的，对企业全部用电量，每千瓦时加价 0.50 元
山东[⑥] （2022 年）	在"亩均效益"评价中：①第一年列入 D 类的企业，用电价格每千瓦时加价 0.05 元（含税，含市场化交易电量，下同）；②连续两年列入 D 类的，用电价格每千瓦时加价 0.1 元；③连续三年及以上列入 D 类的，用电价格每千瓦时加价 0.15 元；④企业同时执行差别电价、惩罚性电价或阶梯电价的，按最高加价标准政策执行，不再重复加价

① http://www.xiuzhou.gov.cn/art/2022/11/21/art_1229406585_5027500.html.
② https://www.wenzhou.gov.cn/art/2018/6/25/art_1229117830_584361.html.
③ http://www.wetdz.gov.cn/art/2022/3/30/art_1229136069_1998129.html.
④ https://www.suzhou.gov.cn/szsrmzf/zfwj/201809/41b5b08a18354efb82257d6fe828b564.shtml.
⑤ https://app.sheitc.sh.gov.cn/sjxwxgwj/691119.htm.
⑥ http://www.shandong.gov.cn/art/2022/2/28/art_107851_117767.html.

表 7.1 汇总了国内一些典型地区对该模式的实施概况。可以看出，各地区在政策的实施对象及惩罚程度方面存在一定的差异。如，在实施对象方面，嘉兴、江苏、上海和山东主要针对 D 类企业进行加价，而温州的加价对象拓展至连续两年评级为 C 类的企业。在加价标准方面，山东、江苏、嘉兴均采用了按年度评级结果逐年递增的加价标准，但三个地区的加价程度依次增强，对 D 类企业的最高加价标准依次为 0.15 元 /kWh、0.3 元 /kWh、0.5 元 /kWh。同时，上海则对所有的 D 类企业实施统一的加价标准（0.5 元 /kWh）。

第三节　季节性电价的理论基础与中国实践

季节性电价是价格型需求响应措施之一，其通过发挥价格的调节作用，在改善电力系统季节性负荷不均衡问题中具有重要作用。然而，近年来，气候变化加剧使得中国部分地区高温干旱、暴雨洪涝、强烈沙尘等极端天气增多，导致季节性电价在应对更加突出且频繁的季节性电力供需矛盾时略显乏力。为此，本小节主要介绍了季节性电价的概念、微观经济学原理及其应用现状，以为改进季节性电价措施提供理论基础。

一、季节性电价的概念

季节性电价是指根据不同季节或时段的负荷变化，制定不同电价水平的电价制度，以达到调节电力供需平衡、提高电力效率和电网可靠性的目的。传统的季节性电价主要有两种形式：冬夏电价和丰枯电价。

冬夏电价是指根据用电负荷的季节性规律，按时间对不同的季节设置不同的电价水平。一般来说，用电负荷具有季节性规律。如，热带气候的国家和地区用电高峰主要集中在夏季，寒带气候的国家和地区用电高峰主要集中在冬季，而温带气候的国家和地区则四季分明，用电高峰集中在冬季和夏季。因此，部分地区的电力公司会根据用电需求的季节性规律制定冬夏季节性电价，如设定用电高峰季节的电力价格高于非用电高峰季节的电力价格，或在峰谷分时电价机制的基础上调整夏季或冬季的时段划分。

丰枯电价是指根据发电负荷规律，按水电站的来水情况对不同时期设置不同的电价水平。在水电比重比较大的地区,丰水季节和枯水季节的发电情况往往相差很大。在干旱或供水不足的季节,水库和水电站的水位较低,导致电力生产成本上升,电量供给减少。而在河流水量充沛的季节,水电站的发电成本相对较低,电量供给充足。因此,为不弃水、少弃水,提高水资源利用率和维持水电供需平衡,部分地区的电力公司会设置丰枯电价机制,如设定丰水季节的电力价格低于枯水季节的电力价格,或在峰谷电价机制的基础上设置峰谷—丰枯电价。

季节性电价的本质是利用电价的调节作用抑制用电高峰季节或枯水季节用电负荷的过快增长,引导用户在非用电高峰季节或丰水季节增加对电力的消纳,以此来维护电力供需平稳和电网安全运行,实现对资源的充分利用,提高供电设备利用率,降低供电成本。同时,季节性电价有助于引导用户将用电负荷由用电高峰季节转移到非用电高峰季节,或由枯水季节转移到丰水季节,达到平缓季节性负荷曲线的目的。

二、季节性电价的微观经济学原理

季节性电价以供需均衡理论和价格控制理论为基础,基本原理如下:

(一)需求变动或供给变动影响均衡价格

市场均衡是一个相对稳定的状态,当电力供给和电力需求中的任何一种力量发生变化时,原有的市场均衡就会被打破,并在新的条件下形成新的均衡价格。

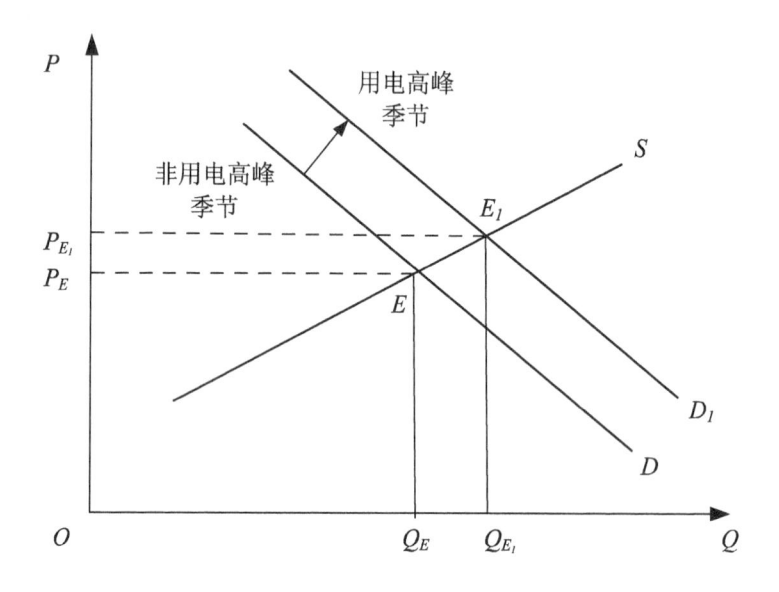

图 7.10 冬夏电价的供需均衡原理

根据供需均衡理论，需求的变动会引起均衡价格与均衡数量同方向的变动。以冬夏电价为例（如图 7.10），用电高峰季节的均衡价格会上升，均衡数量会增加。假定技术进步、政府政策、生产要素价格等因素不变，即电力供给曲线 S 不变。在用电高峰季节（如冬季、夏季），由于制暖设备或制冷设备的使用增多，电力需求曲线 D 将向右上方移动，从而使新的需求曲线 D_1 与供给曲线 S 在市场驱动下形成新的交点 E_1，而交点 E_1 对应的电力价格即为用电高峰季节的均衡价格 P_{E_1}，相应的电量即为均衡电量 Q_{E_1}。可见，在用电高峰季节，随着用电需求的增多，新的均衡价格高于原均衡价格，新的均衡数量大于原均衡数量。相反地，当温度回到舒适的区间，电力需求曲线向左下方移动，新的均衡价格将降低，均衡数量也将下降。

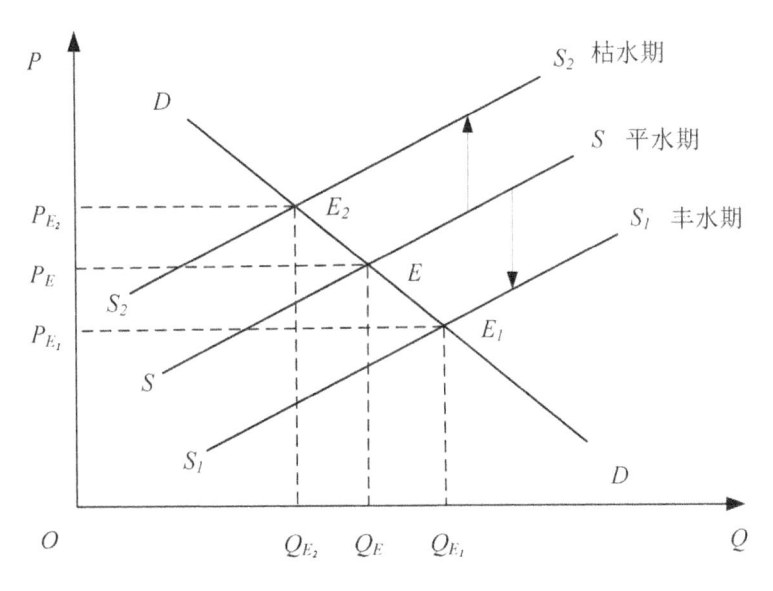

图 7.11 丰枯电价的供需均衡原理

根据供需均衡理论，供给的变动会引起均衡价格反方向变动，均衡数量同方向变动。以丰枯电价为例（见图 7.11），相较于平水期，丰水期的均衡价格会下降，均衡数量会增加，而枯水期的均衡价格会上升，均衡数量会减少。假定收入水平和气候温度等影响需求曲线平移的因素稳定，即电力需求曲线 D 不变。在丰水期，由于发电成本下降，电力供给曲线 S 向右下方移动。新的供给曲线 S_1 与需求曲线 D 在市场驱动下形成新的交点 E_1，而交点 E_1 对应的电力价格即为丰水期的均衡价格 P_{E_1}，相应的电量即为均衡电量 Q_{E_1}。相反地，在枯水期，由于发电成本上升，电力供给曲线 S 向左上方移动，从而使新的供给曲线 S_2 与需求曲线 D 在市场驱动下形成新的交点 E_2，而交点 E_2 对应的电力价格即为枯水期的均衡价格 P_{E_2}，相应的电量即为均衡电量 Q_{E_2}。可见，丰枯均衡电价与水电供给呈反向变动，而均衡数量与水电供给呈同向变动。

(二)价格控制理论

自亚当·斯密时代以来,政府控制价格一直是经济学广泛讨论的问题。在理想的完全竞争市场中,均衡价格等于边际成本,即均衡状态时的资源配置达到最优,净社会福利达到最大。然而,在现实中很少存在完全竞争市场,即使是次好的一般均衡模型也会假定市场失灵的存在。在一般均衡模型中,如果存在信息不对称、外部性和垄断等情况,"边际成本=边际收益=价格"的边际条件会被破坏,导致市场失灵。因此,以约翰·肯尼斯·加尔布雷思、约瑟夫·斯蒂格利茨等为代表的学者支持政府对价格进行干预和控制,并认为价格控制可以消除市场中的信息不对称,控制市场的垄断和不公行为,增加社会福利(Laguérodie & Vergara,2008)。

电力行业是实施价格控制的重要行业。电力行业因其资金密集特性、高固定成本特性及政府监管特性等,曾长期处于垄断市场模式。随着全球各国电力市场化改革的推进,电力市场的竞争逐渐加强。但为防止电力市场失灵,维持市场秩序,即使是在市场化程度较高的国家,政府也仍会对电力价格进行控制。基于价格控制理论,政府对季节性电力价格进行控制的基本形式主要有两种——价格上限和价格下限。图7.12和图7.13分别展示了完全竞争市场中价格上限和价格下限的原理。

1. 价格上限

价格上限,亦称为最高限价或限制价格,是指政府所规定的某种商品的最高价格。如图7.12所示,价格上限总是低于均衡价格。当规定电力价格上限为P_{up}时,市场需求量增加为Q_1,市场供给量减少为Q_2。市场需求量大于市场供给量,市场上出现电力供不应求的情况。

对消费者而言,由于市场供给量减少,市场上消费者剩余的变化量由图7.12中M_1和M_2两部分阴影面积之差构成。其中,对仍能购买电力的消费者而言,其相应消费者剩余由于电力价格的下降而增加,增加量为矩形面积M_1;对没有买到电力的消费者而言,其相应消费者剩余的损失为三角形面积M_2。

就生产者而言,由于供给数量减少,市场上生产者剩余的减少量由图 7.12 中 M_1 和 M_3 两部分阴影面积之和构成。其中,对继续生产的厂商而言,其相应的生产者剩余由于电力价格的下降而损失,损失量为矩形面积 M_1;对退出生产的厂商而言,其相应生产者剩余的损失为三角形面积 M_3。

总的来看,在价格上限政策下,市场总损失由图 7.12 中 M_2 和 M_3 两部分阴影面积之和构成,即市场总剩余等于消费者剩余的变化量($M_1 - M_2$)与生产者剩余的变化量($-M_1 - M_3$)之和。在经济学中,M_2 和 M_3 构成的面积称为"社会福利的无谓损失"或"净福利损失"。

事实上,政府实施电力价格上限政策,更多的是顾及消费者的福利。由图 7.12 可知,价格上限的实施,使得从生产者到消费者产生了一个净资源转移,即降价导致生产者剩余的损失($-M_1$)转化为了消费者剩余的增加(M_1)。但是,若消费者对价格上限无法做出充分的回应,即电力消费需求对电力价格变化缺乏弹性,则市场上消费者剩余的损失量 M_2 将大于增加量 M_1,导致价格上限政策的实施既减少了生产者剩余,又减少了消费者剩余。因此,季节性电价上限的设定要充分考虑需求的价格弹性。

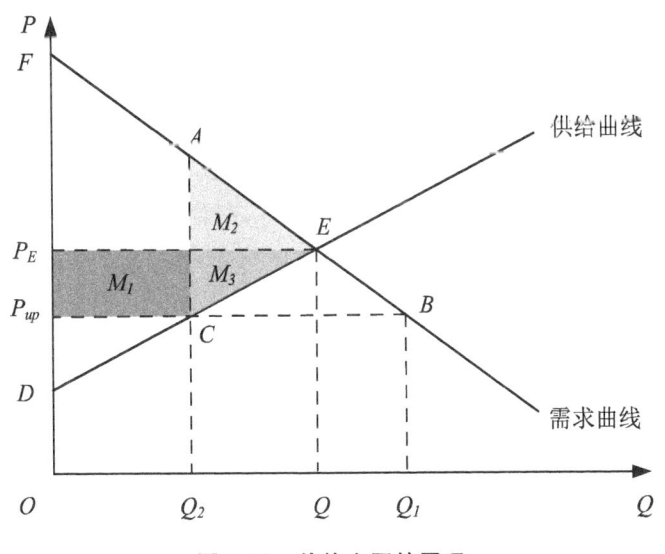

图 7.12 价格上限的原理

2. 价格下限

价格下限，亦称为最低限价或支持价格，是指政府所规定的某种商品的最低价格。如图 7.13 所示，价格下限总是高于均衡价格。当规定电力价格下限为 P_{low} 时，市场供给量增加为 Q_1，市场需求量减少为 Q_2。市场供给量大于市场需求量，市场上出现电力供给过剩的情况。

对消费者而言，由于需求量减少，市场上消费者剩余的损失量由图 7.13 中 M_1 和 M_2 两部分阴影面积之和构成。其中，对仍愿意高价支付的消费者而言，其相应消费者剩余由于电力价格的上升而减少，减少量为矩形面积 M_1；对不愿高价支付的消费者而言，其相应消费者剩余的损失为三角形面积 M_2。

对生产者而言，若其能准确预测出在价格下限 P_{low} 时的市场需求量 Q_2，那么市场上生产者剩余的变化量由图 7.13 中 M_1 和 M_3 两部分阴影面积之差构成。其中，对继续生产的厂商而言，其相应的生产者剩余由于电力价格的上升而增加，增加量为矩形面积 M_1；对退出生产的厂商而言，其相应生产者剩余的损失为三角形面积 M_3。然而，在极端天气频繁和新能源大规模发展的背景下，非用电高峰季节也常常存在新能源消纳不足的情况。当电力生产过剩，生产者未出售的电量造成的成本损失可用图 7.13 中梯形阴影面积 M_4 表示。因此，在电力供给过剩时，价格下限政策导致的"社会福利的无谓损失"会更大，损失量可由图 7.13 中 M_2、M_3 和 M_4 三个部分阴影面积之和表示。

事实上，政府实施电力价格下限，更多的是顾及生产者的利益。由图 7.13 可知，在价格下限的干预下，消费者到生产者产生了一个净资源转移，即提价导致消费者剩余的损失（$-M_1$）转化为了生产者剩余的增加（M_1）。但就季节性电价而言，价格下限政策限制了市场的交易，从而导致生产者剩余和消费者剩余都有减少。因此，价格下限的设置在顾及生产者利益的同时，要兼顾需求侧管理的调控目标，更要兼顾效率与公平，避免价格下限过高造成"社会福利的无谓损失"过大。

图 7.13 价格下限的原理

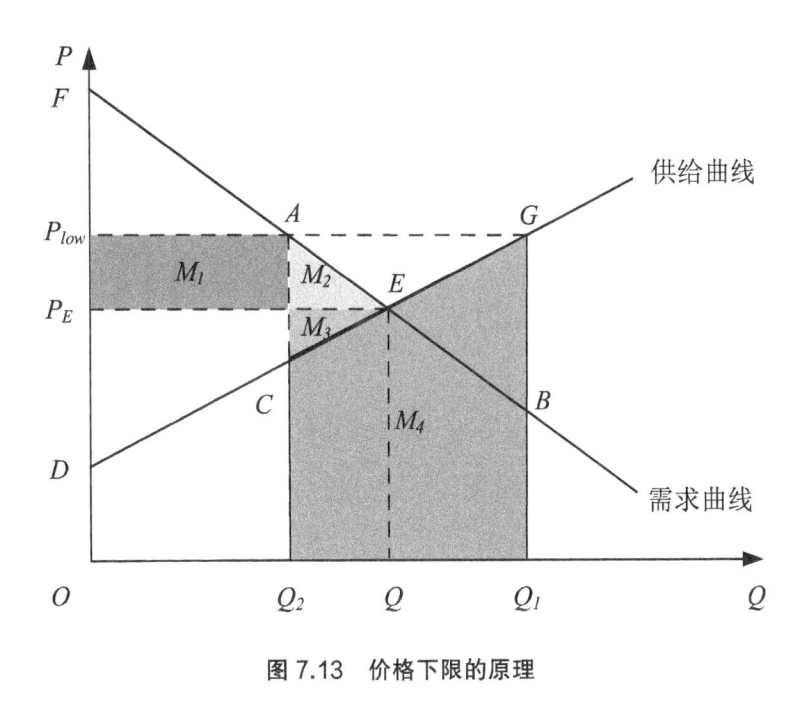

三、季节性电价的发展及应用特点

季节性电价始于 20 世纪 60 年代末。随着二战后经济繁荣和技术进步，空调的普及使美国在夏季面临较高的电力需求。为激励消费者减少高峰时期的用电量，其电力公司开始提高夏季的电力价格。随后，设置季节性电价的做法逐渐传播到其他国家和地区。

通常来讲，季节性电价的制定以反映不同季节或时段的供电成本为基础，综合考虑地区的发电负荷、用电负荷、气候等的周期规律将一年划分为不同的季节，并在不同的季节设计不同的电力价格。因此，不同国家和地区的基本情况不同，执行的季节性电价方案也存在差异。

（一）季节划分存在区域差异

从全球视角来看，不同国家和地区在执行季节性电价时对季节的划分存在差异。常见的季节划分模式有两类：两季节模式和三季节模式。

（1）两季节模式，即依据用电负荷特征将全年划分为两个季节，且用电高峰季节的电价高于非用电高峰季节（如表7.2）。如，美国南加州、智利圣地亚哥等地将全年划分为夏季和冬季，且夏季电价较高；瑞典等地则将全年划分为夏季和冬季，且冬季电价较高。在季节名称上略有差异的是，日本东京、中国海南等地将全年划分为夏季和非夏季，且夏季电价较高。

表7.2 两季节模式举例

地区	用电高峰季节	非用电高峰季节	电价特点
美国南加州	夏季（6月至9月）	冬季（10月至次年5月）	夏季电价较高
智利圣地亚哥	夏季（6月至10月）	冬季（11月至次年5月）	夏季电价较高
瑞典	冬季（10月至次年4月）	夏季（5月至9月）	冬季电价较高
日本东京	夏季（7月至9月）	非夏季（10月至次年6月）	夏季电价较高
中国海南	夏季（5月至9月）	非夏季（10月至次年4月）	夏季电价较高

（2）三季节模式，即依据用电或发电负荷规律将全年划分为三个季节——夏季、冬季和春—秋季节，且夏季和冬季的电价偏高。如，中国的多数地区（如浙江、江苏、河南等）在7月和8月设置夏季电价，在1月和12月设置冬季电价，其他月份视为春—秋季节设置统一电价。中国也有少部分地区（如新疆）在7月设置夏季电价，在11月至次年1月设置冬季电价，其他月份视为春—秋季节设置统一电价。此外，中国四川依据水力发电规律将全年划分为丰水期（6月至10月）、枯水期（12月至次年4月）和平水期（5月和11月）三个季节，并设置枯水期电价高于平水期，丰水期电价低于平水期。

（二）季节性电价形式存在差异

在电价形式方面，季节性电价常与分时电价结合执行。常见的季节性电价形式有如下三种：

（1）在用电高峰季节，基于原有分时电价制度增加尖峰时段，并设置尖峰时段的电价高于该时段原来的定价。如，中国江苏在2022年首次将针对工业企业的夏季尖峰电价拓展为冬夏尖峰电价，不同季节的峰段设置如图7.14所示。相较于春—秋季节（2月至6月，9月至11月），夏季（7月和8月）和冬季（12月和1月）分别增加了2个小时和4个小时的尖峰时段，且夏、冬两季的尖峰电价统一以峰段电价为基础上浮20%。

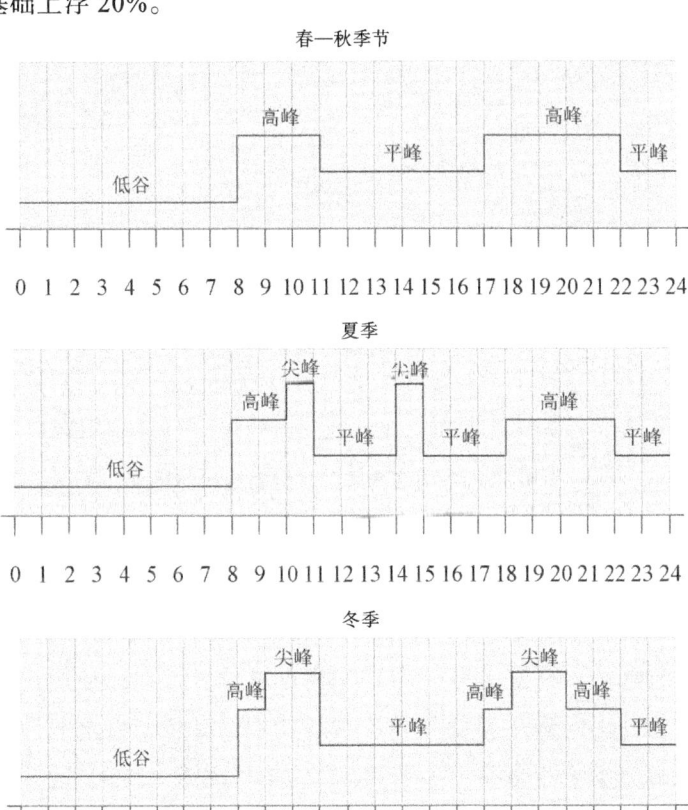

图 7.14 江苏省季节性分时电价体系

（2）在用电高峰季节，延长高峰时段，并提高相应时段的电价。如，中国浙江在2021年首次实施季节性电价时，夏季（7月和8月）和冬季（12月至次年1月）大工业用电的尖峰时段较春—秋季节（2月至6月，9月至11月）延长了2个小时（如图7.15）。具体而言，在夏季和冬季，将下午1点至下午3点的高峰时段升级为尖峰时段，并将尖峰电价每千瓦时提高5.6分，低谷电价每千瓦时降低6.38分，以拉大峰谷价差。

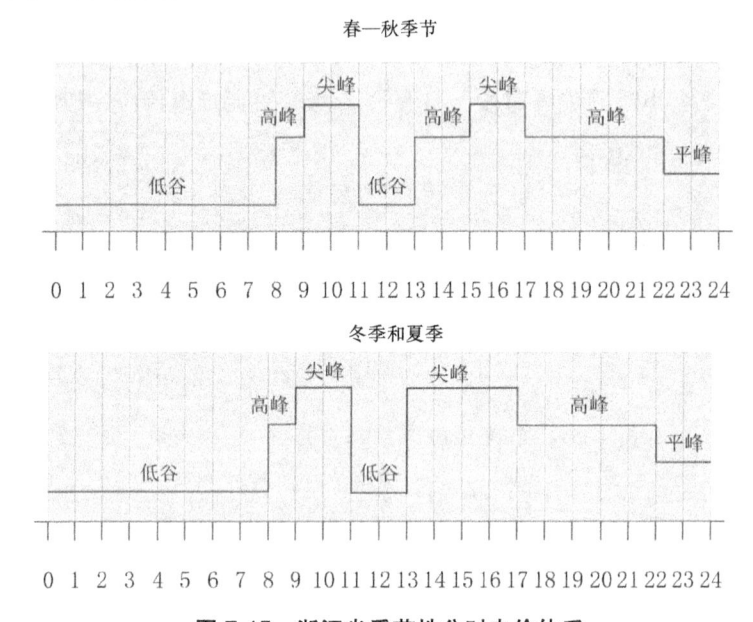

图7.15 浙江省季节性分时电价体系

（3）在不同季节设置固定电价。如，日本的高负荷低电压服务、临时电力服务等对夏季（7月至9月）和非夏季（10月至次年6月）设置固定电价，且夏季电价高于非夏季电价，旨在引导用户将夏季高峰季节的用电量转移到其他季节。其中，高负荷低电压服务（即Omatome方案）将夏季的电价固定为18.41日元/kWh，而其他季节的电价固定为16.74日元/kWh，临时电力服务则将夏季的电价固定为20.36日元/kWh，其他季节的电价固定为18.51日元/kWh。

（三）高市场化水平国家的季节性电价方案更具多样性

就季节性电价方案的可选择性方面，电力市场化水平越高的国家，其可选择的季节性电价方案越多样。如中国的电力市场化起步于21世纪之初，当前正处于市场化改革过程中。通常，其季节性电价方案由地方政府统一制定，方案单一，且执行有一定的强制力。相对地，美国、日本等电力市场化起步较早的国家，当前的电力市场化水平较高，供用户可选择的季节性电价方案也较为多样。

以美国南加州爱迪生电力公司为例，其季节性电价方案的多样性主要体现在时段划分以及对节假日、周末、用户特征等的考虑。针对住宅用户，爱迪生电力公司将夏季工作日设置为非高峰期（Off-Peak）和高峰期（On-Peak）两个时段，将夏季非工作日设置为非高峰期和中高峰期（Mid-Peak）两个时段，而将冬季设置为超级非高峰期（Super Off-Peak）、非高峰期和中高峰期三个时段。同时，针对不同用电特征的用户，该公司设置了"TOU-D-4-9PM"（以下午4点至下午9点为高峰期，适用于商业及熬夜用户）、"TOU-D-5-8PM"（以下午5点至下午8点为高峰期，适用于农业及不熬夜的用户）和"TOU-D-PRIME"（以下午4点至下午9点为高峰期，具有非高峰期价格低廉的特点，适用于拥有电动汽车或储能设备的用户）三种可选择的季节性电价方案。

以日本东京电力公司为例，其季节性电价方案的多样性同样体现在时段的划分以及对用户特征等因素的考虑方面。如，"Otokuna Night 8方案"和"Otokuna Night 10方案"均将一天二分为白天时段和夜晚时段，且白天时段的电价高于夜晚时段。其中，前者以下午11点至次日上午7点为夜晚时段，后者以下午10点至次日上午8点为夜晚时段。另一种可供选择的"Denka-Jozu"方案则将一天分为白天时段（上午10点至下午5点）、早晚时段（上午7点至上午10点，下午5点至下午11点）和夜晚时段（下午11点至次日上午7点），且三个时段相应的电力价格依次递减，夏季白天时段的电力价格高于非夏季同时段。

第八章

基于差别化电价的工业企业用电配置策略与中国实践

不同于第七章中讨论的分类分级限电，差别化电价属于价格型需求响应的范畴，依赖于行政手段和经济手段的共同作用，在能源节约和工业绿色发展方面发挥着较好的促进作用。然而，差别化电价在实际中的应用也存在着诸多局限。为此，本章主要从既有政策出发对差别化电价进行改进研究，以为政府优化工业企业用电配置策略提供参考依据。此外，第七章的实证结果表明，依赖于行政手段的分类分级限电存在破坏产业链均衡发展的风险。因而，同时依赖行政手段和经济手段的差别化电价会如何影响产业链的均衡发展也是本章关注的一个要点。

第一节 差别化电价的问题描述与研究假说

一、差别化电价的问题描述

中国将差别化电价引入工业管理领域已近 20 年，并在此期间不断对相关政策做出动态调整以适应管理需求。尽管这些差别化电价措施在能源节约和工业绿色发展方面发挥了较好的促进作用，但长期以来，一些地区对高耗能产业"一刀切"或"无差别"式地进行简单加价，也在资源分配的公平性以及产业发展的均衡性方面引起了广泛争议。

为进一步推动工业经济平稳增长和绿色发展，2022 年，国家发展改革委、工业和信息化部等 12 个部门联合印发了《关于印发促进工业经济平稳增长的若干政策的通知》（发改产业〔2022〕273 号），强调整合差别电价、阶梯电价、惩罚性电价等差别化电价政策，建立统一的高耗能行业阶梯电价制度，对符合能效水平要求的企业不增加电价[①]。

---

① https://www.gov.cn/zhengce/zhengceku/2022-02/18/content_5674530.htm.

同时值得注意的是，在资源、环境等要素制约不断加剧的背景下，由浙江率先推出的、基于企业亩均效益综合评价结果的差别化电价政策正在被一些地区采纳和推广（如上海、山东等）。该类政策兼顾了效率与公平，加价对象不再局限于高耗能产业，使得差别化电价的实施范围有了广泛拓展。然而，该类政策的发展仍处于应用初期，相关政策的细节仍有待进一步验证和完善。尤其是在全球持续变暖、电力短缺加剧、碳排放约束趋紧等背景下，有必要沿着中国整合差别化电价的政策导向，探索更精细化的混合定价形式。

综合差别化电价的发展进程、应用特点及研究现状来看，中国现行的差别化电价措施还存在如下缺陷：

（1）在工业领域，差别化电价仅应用于特定的高耗能行业（如电解铝、水泥、钢铁等），既影响产业的均衡发展，也无法对其他行业起到有效的警示或转型激励作用。

（2）阶梯电价、差别电价、惩罚性电价等差别化电价的整合力度不够，易引起资源分配的不公。特别是在依据企业评级结果制定差别化电价政策方面，未考虑企业用电规模差异，统一设定加价标准可能对小规模企业的生存带来威胁。

（3）在阶梯电价中，以能耗指标（如铝液综合交流电耗）作为分档依据，在计算与核查方面对部分产业具有一定难度，不利于差别电价、阶梯电价、惩罚性电价等的整合与推广。

（4）依据企业综合评级进行差别化定价的政策仍处于发展初期，相关标准的制定具有较强的主观性，导致不同地方政府在实施对象及加价标准的制定方面差别较大，有引发区域间产业发展失衡的风险。

基于上述分析，本章将立足于政府管理的视角，在基于企业综合评价结果制定的差别化电价政策中纳入阶梯电价机制，探索整合差别电价、阶梯电价、惩罚电价的新形式，即差别化阶梯电价。在研究过程中，主要涉及的问题有：（1）在差别化阶梯电价中，如何设置阶梯电价的分档标准，以及如何确定每一阶梯的最优加价标准？（2）与现行的差别化电价相比，差别化阶梯电价是否有更好的实施效果？（3）

在不同的企业评级方法下,差别化阶梯电价的实施效果如何?(4)在差别化阶梯电价中,最佳的阶梯数量是多少?(5)在兼顾效率与公平的前提下,对哪些等级的企业实施阶梯电价对社会最为有利?

二、差别化电价的运行机制与研究假说

本章所研究的差别化阶梯电价是对多种差别化电价形式的综合运用,其关键在于结合政府调控和市场自我调节机制,通过整合差别电价、阶梯电价、惩罚性电价等,激活成本驱动,激励效率高或效益好的企业提升效率,同时倒逼效率低且效益差的企业节约用电。其目的在于缓解电力供需紧张的状况,同时加速淘汰落后产能,促进企业转型升级。具体运行机制如图8.1所示:

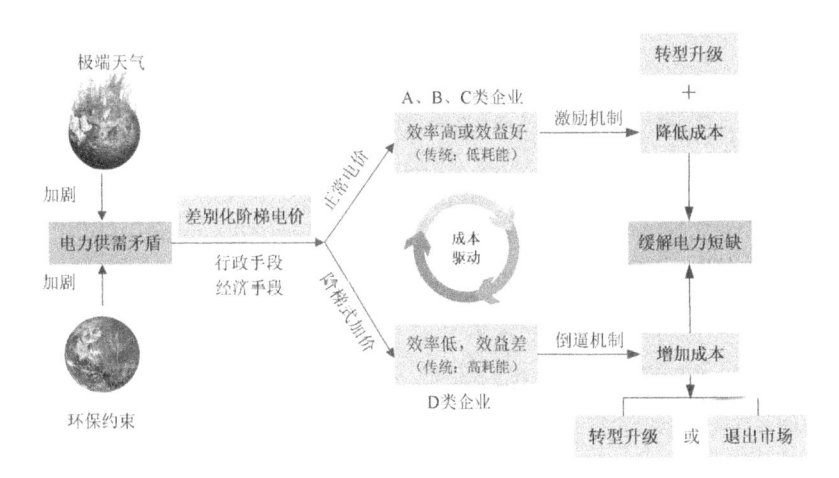

图8.1 差别化阶梯电价的运行机制

(1)通过政府干预工业企业的用电价格,可以更有效地激活成本驱动,达到缓解电力供需矛盾的目的。在全球变暖和环保约束趋紧的背景下,电力短缺程度加剧是电力市场失灵的一种表现。依据新福利经济学理论,为确保国家能源安全,维护社会公平和公共利益,需要通过政府调控电力价格以纠正市场失灵。而差别化电价具有兼顾效率

与公平的性质，是一种帕累托改进的非线性定价方式。尤其是对特定类型的企业（如高耗能企业、综合评级为 D 类的企业）实施递增阶梯电价、差别电价和惩罚性电价等差别化电价措施，有利于激活其节约成本的意识，从而降低用电量，有效平衡电力供需。

（2）通过实施差别化阶梯电价形成一种惩罚机制，倒逼表现差的企业转型升级或退出市场。传统的差别化电价主要应用于特定的高耗能行业（如电解铝、水泥等），主要目的在于抑制其电力需求，并让其承担更多的负外部性成本，以加速淘汰落后技术和工艺（赵琳、林立国，2021）。为提高差别化电价的公平性，本章讨论的差别化电价主要实施对象是效率低且效益差的企业（如评级为 D 类的企业）。通过对这类企业进行阶梯式加价，一部分竞争力强的企业会为了节约成本而提高用电效率，从而实现转型升级。但同时，竞争力较差的那部分企业可能无力应对成本增加的压力，从而导致其产出减少甚至逐渐退出市场。

（3）通过实施差别化阶梯电价形成一种潜在激励机制，刺激表现好的企业提升效率和转型升级。传统的差别化电价主要应用于少数特定的高耗能产业，并不会对其他未实施差别化电价的企业形成激励或警示作用。而本章提出的差别化阶梯电价虽然不会应用于效率高或效益好（如评级为 A、B、C 类的企业）的企业，但其实施对象的确定基于每年一度的企业综合评价结果。如果未实施差别化阶梯电价的企业在技术上原地踏步，那么就有被其他企业赶超的可能性，从而在次年的企业评级中失去优势，继而可能会面临实施差别化阶梯电价所带来的成本上涨。因此，对未实施差别化阶梯电价的企业而言，本章提出的差别化电价措施将会激发其创新积极性和竞争意识，以提高自身的用电效率，主动实现转型升级。同时，效率提升会带来产出的增加以及企业用电成本的减少，有利于社会福利增加。

基于上述分析，依据企业用电效率和经济效益方面的表现区分差别化电价的实施对象，融合阶梯电价建立差别化的电价奖惩机制，有利于更公平地加速市场优胜劣汰，从而在缓解电力供需矛盾的同时促进产业的转型升级。为此，提出如下研究假说：

假说3：差别化电价可通过优化工业企业电力资源配置，提高工业用电效率，平衡电力供需。

假说4：对实施差别化电价的企业而言，阶梯式加价将增加其用电成本，倒逼这类企业实现转型升级或逐渐退出市场。

假说5：对未实施差别化电价的企业而言，阶梯式加价规则的制定将激发其竞争意识，从而促使这类企业提高效率，节约用电成本。

第二节　基于通用权的差别化阶梯电价模型

一、考虑月用电价格的 CSW-DEA 模型

令 x_{ij}^g $(i=1,2,\cdots,I;j=1,2,\cdots,J)$ 和 y_{rj}^g $(r=1,\cdots,R)$ 分别表示 g 类（$g=1,2,3,4$ 分别表示 A、B、C、D 类企业）中企业 e_j 月度的第 i 个非电力资源投入和第 r 个产出，n_g 为第 g 类企业的数量，且所有企业数量 $n=\sum_{g=1}^{4}n_g$。同时，令 g 类中企业 e_j 的月用电量和电力价格分别为 q_j^g 和 p_j^g。将企业的用电价格因素纳入考虑，对 CSW-DEA 模型进行改进，改进后的模型满足：

$$\max \quad \sum_{r=1}^{R}\sum_{g=1}^{4}\sum_{j=1}^{n_g}u_r y_{rj}^g \qquad (8\text{-}1)$$

$$s.t. \quad \sum_{i=1}^{I}\sum_{g=1}^{4}\sum_{j=1}^{n_g}v_i x_{ij}^g + \sum_{g=1}^{4}\sum_{j=1}^{n_g}w q_j^g p_j^g = 1, \qquad (8\text{-}2)$$

$$\sum_{r=1}^{R}u_r y_{rj}^g - \sum_{i=1}^{I}v_i x_{ij}^g - w q_j^g p_j^g \leqslant 0, \qquad (8\text{-}3)$$

$$u_r, v_i, w \geqslant 0. \qquad (8\text{-}4)$$

上述 CSW-DEA 模型是投入角度的 CRS 模型，其目标函数是最大化工业企业的集体用电效率，记为 PUE^{mc}。其中，v_i 和 u_r 分别为企业 e_j 第 i 个非电力资源投入和第 r 个产出的权重，w 为企业 e_j 月度用电成本 $p_j^g q_j^g$ 的权重。公式（8-2）和（8-3）是约束所有工业企业的集体用电效率小于等于 1。

二、基于 CSW-DEA 的差别化阶梯电价模型

本章基于差异化资源要素优化配置思想整合阶梯电价、差别电价和惩罚电价,并结合工业企业的分类分级综合评价,构造基于 CSW-DEA 的差别化阶梯电价模型(differential tiered power pricing,DTPP)。该模型的主要思路是改进当前部分省份对 D 类企业实施的惩罚性加价措施,将统一加价调整为递增阶梯式加价。

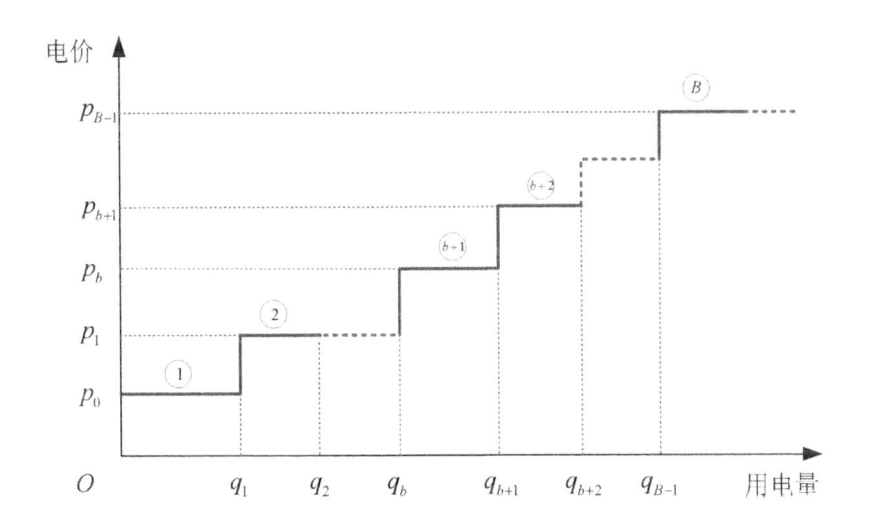

图 8.2 B 阶递增式的阶梯电价形式

考虑包含 B($B \geq 2$)个阶梯的差别化阶梯电价模型。其中,记 P_0(实施差别化阶梯电价前的统一电价)为第一阶梯的电价,P_b ($b=1,\cdots,B-1$) 为第 $b+1$ 阶梯的电价,q_b ($b=1,\cdots,B-1$) 为第 b 和 $b+1$ 阶梯之间用电量的分界点。同时,令差别化阶梯电价实施后,企业 e_j 的月用电量和电力价格分别为 $\tilde{q}_j^g$ 和 $\tilde{p}_j^g$,且企业 e_j 的月产出为 $\tilde{y}_{rj}^g$。则在差别化阶梯电价实施后,g 类中企业 e_j 的电力价格 $\tilde{p}_j^g$ 是关于 $\tilde{q}_j^g$ 的分段函数。分段函数所对应的 B 阶递增式的阶梯电价形式如图 8.2 所

示，函数的基本形式如公式（8-5）所示[①]：

$$p(q)=\begin{cases} p_0, & q \in [0,q_1), \\ p_1, & q \in [q_1,q_2), \\ \cdots \\ p_b, & q \in [q_b,q_{b+1}), \\ \cdots \\ p_{B-2} & q \in [q_{B-2},q_{B-1}], \\ p_{B-1} & q \in (q_{B-1},+\infty). \end{cases} \quad (8\text{-}5)$$

基于上述符号，包含 B 个阶梯的差别化阶梯电价模型的基本形式满足：

$$\max \frac{\sum_{r=1}^{R}\sum_{g=1}^{4}\sum_{j=1}^{n_g} u_r^{mo} \tilde{y}_{rj}^g}{\sum_{g=1}^{4}\sum_{j=1}^{n_g} w^{mo} f(\tilde{q}_j^g) + \sum_{i=1}^{I}\sum_{g=1}^{4}\sum_{j=1}^{n_g} v_i^{mo} x_{ij}^g} \quad (8\text{-}6)$$

$$s.t. \quad K_b p_0 \leq p_b \leq K_{b+1} p_0, \quad (8\text{-}7)$$

$$Q(\rho_b) \leq q_b \leq Q(\rho_{b+1}), \quad (8\text{-}8)$$

$$(1-f_{low})q_j^g \leq \tilde{q}_j^g \leq (1+f_{up})q_j^g, \quad (8\text{-}9)$$

$$(1-k)y_{rj}^g \leq \tilde{y}_{rj}^g \leq (1+k)y_{rj}^g, \quad (8\text{-}10)$$

$$\sum_{r=1}^{R}\sum_{g=1}^{4}\sum_{j=1}^{n_g} u_r^{mo} \tilde{y}_{rj}^g - \sum_{g=1}^{4}\sum_{j=1}^{n} w^{mo} f(\tilde{q}_j^g) - \sum_{i=1}^{I}\sum_{g=1}^{4}\sum_{j=1}^{n_g} v_i^{mo} x_{ij}^g \leq 0,$$

$$(8\text{-}11)$$

---

① $B=2$ 时，$p(q)=\begin{cases} p_0 & q \in [0,q_1], \\ p_1 & q \in (q_{B-1},+\infty). \end{cases}$

$$\sum_{r=1}^{R}u_r^{mo}\tilde{y}_{rj}^{g}-w^{mo}f\left(\tilde{q}_j^{g}\right)-\sum_{i=1}^{I}v_i^{mo}x_{ij}^{g}\leqslant 0. \qquad (8\text{-}12)$$

其中，目标函数（8-6）是所有企业集体用电效率最大化的定义式，v_i^{mo}、u_r^{mo} 和 w^{mo} 分别是 $x_{ij}^{g}(g=1,2,3,4;i=1,\cdots,I)$、$y_{rj}^{g}(r=1,\cdots,R)$ 和 $p_j^{g}q_j^{g}$ 通用权重的最优解，由公式（8-1）—（8-4）计算得到。

模型中还包含了两处关键变量：

（1）$f(\tilde{q}_j^{g})$。$f(\tilde{q}_j^{g})$ 表示实施 B 阶差别化阶梯电价后，g 类中企业 e_j 的月用电成本。记 I_j^{g} 为虚拟变量，$\mathrm{I}_j^{g}=1$ 表示 g 类中的企业 e_j 实施差别化阶梯电价，$\mathrm{I}_j^{g}=0$ 则表示 g 类中的企业 e_j 不实施差别化阶梯电价。$f(\tilde{q}_j^{g})$ 的形式满足：

$$f\left(\tilde{q}_j^{g}\right)=(1-\mathrm{I}_j^{g})\tilde{q}_j^{g}p+\mathrm{I}_j^{g}\int_{0}^{\tilde{q}_j^{g}}p(q)dq. \qquad (8\text{-}13)$$

（2）$Q(\rho_b)$ 和 $Q(\rho_{b+1})$。$Q(\rho_b)$ 和 $Q(\rho_{b+1})$ 分别表示第 b 阶梯和第 $b+1$ 阶梯之间用电量分界点 q_b 的上、下限。其中，Q 是关于 q（j 和 g 满足 $\mathrm{I}_j^{g}=1$）的经验分位数函数，ρ_b 和 ρ_{b+1} 的取值位于区间 $[0,1]$。根据 Parzen（1979）的研究，经验分位数函数的基础定义如下：

给定连续随机变量 x 的一个样本为 $x_1,x_2,\cdots,x_m$，定义 x 的经验累积分布函数为：

$$F(x)=\frac{1}{m}\sum_{i=1}^{m}\mathrm{I}_{xi} \qquad (8\text{-}14)$$

其中，$\mathrm{I}_{xi}=\begin{cases}0, & x_i>x\\ 1, & x_i\leqslant x\end{cases}$。

那么，x 的经验分位数函数可定义为 $Q(p)$：

$$Q(\rho)=x_{(j)},(j-1)/n<\rho<j/n, j=1,2,\cdots,m \qquad (8\text{-}15)$$

其中，$x_{(j)}$ 为 $x_1,x_2,\cdots,x_m$ 的第 j 个次序统计量；$\rho\in[0,1]$，表示概率；若 x 的取值非负，对于 $\rho=0$ 的情景，定义 $Q(0)=x_{(0)}$，且 $x_{(0)}=0$。

差别化阶梯电价模型的主要约束解释如下：

式（8-7）对各阶梯的电价范围进行了约束。参考国外阶梯电价措施中各阶梯电价之间的倍数关系，以及中国对高耗能企业尖峰电价、惩罚性电价、市场购电价格等的要求，约束阶梯 b 的电价 p_b 为第一阶梯电价的 K_b 至 K_{b+1} 倍。

式（8-8）对各阶梯之间的分段点进行了约束。差别化阶梯电价旨在抑制能耗高且效率低的企业超额用电，以在电力短缺情况下实现能源节约的同时，倒逼低效企业转型或加速其淘汰。因此，各阶梯之间分段点的设置应充分考虑不同阶梯对企业的覆盖情况，既要保证小用户的基本生产，又要有效识别应当惩罚的大用户。因此，约束第 b 和 $b+1$ 阶梯之间用电量的分界点 q_b 介于 $Q(\rho_b)$ 和 $Q(\rho_{b+1})$ 之间。

式（8-9）是对企业的月用电量进行约束。主要原因为：企业追求自身利益最大化，月用电量应保证其产出，但在差别化阶梯电价实施前后会有所波动。一方面，实施差别化阶梯电价的企业受电价阶梯式上涨的影响，选择控制生产成本，从而减少用电；另一方面，面对分类评级的压力，已经实施以及尚未实施差别化阶梯电价的企业都可能会升级设备、提高技术水平，以避免被迫实施差别化阶梯电价。与此同时，一些技术水平提升了的企业，为了追求更高的经济效益，月用电量也可能会有所增加。为此，将企业月用电量减少幅度的下限设为 $f_{low} \times 100\%$，月用电量增加幅度的上限设为 $f_{up} \times 100\%$，且 $f_{low}, f_{up} \in [0,1]$。

式（8-10）是对差别化阶梯电价下企业产出变动的约束。受差别化阶梯电价的影响，每个企业的产出会存在一定程度的波动。对实施差别化阶梯电价的企业而言，其产出可能会受到用电成本上涨的冲击而减少。同时，面对分类评级的压力，部分企业会通过提高用电效率来增加产出，但也会有部分企业因竞争力不足而导致产出减少。为此，约束企业在差别化阶梯电价下的产出变动幅度上限为 $k \times 100\%$，且 $k \in [0,1]$。

式（8-11）和式（8-12）分别对企业集体的用电效率和个体的用电效率进行了约束。

概括来说，本章提出的差别化阶梯电价模型是差别电价、阶梯电价、惩罚性电价三种措施的结合，与已有的阶梯电价模型或差别电价模型相比，更有利于电力短缺背景下资源要素向优质高效企业聚集，更能充分发挥政府管制与市场调节相结合的作用。一方面，为促进低效企业节约用电，倒逼低效企业转型升级，同时推动高效企业提高技术升级的主动性，可以通过公式（8-5）和（8-13）约束指定等级的企业实施差别化阶梯电价；另一方面，兼顾政府管制与市场自主调节的作用，可以利用公式（8-10）约束企业产出的波动幅度，以维持产业发展的稳定性和供应链的均衡性。

三、差别化阶梯电价模型的数据说明

本章选用数据时考虑的原因如下：

（1）浙江在企业分类评级和资源要素差异化配置方面具有丰富的实践经验，具备差别化电价的实施基础。自 2006 年绍兴首次探索"亩产论英雄"的分产业评级模型以来，浙江已在资源要素差别化配置方面积累了十几年的工作经验。随着 2017 年"亩产论英雄"升级为"亩均论英雄"，企业分类分级综合评价在推动资源要素由低效企业向高效企业聚集、倒逼低效企业转型升级等方面发挥着关键的导向作用，为差别化阶梯电价的实施提供了可靠的基础条件。

（2）浙江在整合差别电价、阶梯电价和惩罚性电价方面具有明确的政策支持。2014 年，浙江省政府办公厅印发了《关于推广海宁试点经验加快推进资源要素市场化配置改革的指导意见》，支持在严格执行国家和省规定的八大高耗能行业差别电价政策基础上，全面推行企业分类综合评价工作，加大实施资源要素差别化价格政策力度。2019 年，浙江省政府办公厅印发了《关于深化制造业企业资源要素优化配置改革的若干意见》，强调在严格执行国家差别化电价政策的同时，地方政府可根据当地产业结构调整需求，扩大差别电价实施行业的范围，对行业内 D 类企业实施差别化电价。2021 年，《浙江省节能降耗和能源资源优化配置"十四五"规划》进一步强调深化能源市场化配置改革，完善差别电价、惩罚性电价、阶梯电价等差别化电价，建立充分反映市场供求、资源稀缺程度以及环境损害成本的价格形成机制，为本章选择浙江省工业企业数据进行探索性研究提供了重要方向。

（3）浙江省在整合差别电价、阶梯电价和惩罚性电价方面已开展了一些初步尝试，为差别化阶梯电价的实施提供了可行性支撑。基于深化制造业企业资源要素优化配置改革的指导思想，嘉兴、金华、台州、宁波等多地将差别化电价政策的实施范围拓展至 D 类企业，并依据 D 类企业在连续 2—3 年内的分类评级结果制定了动态调整的递增阶梯电价。其中，嘉兴市秀洲区自 2015 年至今，已对 D 类企业实行了八轮差别化电价，在加快企业转型升级方面取得了明显成效，对企业在分类分级综合评价中提档升级具有很好的激励效果和示范作用。

考虑差别化阶梯电价模型计算的复杂性对计算机性能的高要求，本章的实证数据进行了一定微调。具体地，考虑样本的代表性和样本容量规模，将节能与新能源汽车（产业 3）、现代纺织（产业 7）和乙烯（产业 8）等产业相应企业的样本容量缩减 25% 进行重抽样，并依据交叉评级模型对缩减样本容量后的产业分别进行企业分类评级。最终，本章所使用的数据共包含 7852 家样本企业，具体分类结果的描述性统计如表 8-1 所示。其中，A 类企业占 9.17%，B 类企业占 41.35%，C 类企业占 34.78%，D 类企业占 14.7%。

在差别化阶梯电价模型的变量设计中，将企业的职工人数（x_{1j}^g）和月营业成本（x_{2j}^g）作为非电力资源投入变量，月用电成本（月用电量 q_j^g 与电力价格 p 的乘积）作为电力资源投入，月销售额（y_{1j}^g）和月税收收入（y_{2j}^g）作为产出变量。同时，为保证结果的稳定性和公平性，取样本期内各指标的月均值作为变量值。基本描述性统计如表 8.2 所示。

表 8.1　差别化阶梯电价模型中企业分类评级结果的描述性统计

产业	A 类企业占比（%）	B 类企业占比（%）	C 类企业占比（%）	D 类企业占比（%）
1	10.04	40.96	33.33	15.66
2	9.20	41.38	32.18	17.24
3	9.85	42.46	32.12	15.57
4	11.36	39.77	33.52	15.34
5	6.88	44.53	34.82	13.77
6	7.41	44.44	33.33	14.81
7	8.04	41.61	37.00	13.35
8	10.70	37.69	36.03	15.58
9	8.48	44.17	31.10	16.25
10	7.91	41.86	37.44	12.79
11	11.14	38.92	33.89	16.05
总计	9.17	41.35	34.78	14.70

表 8.2　差别化阶梯电价模型中变量的描述性统计

指标	符号	单位	均值	最小值	最大值
月用电量	q_j^g	10^4 kWh	68.00	0.08	31647.18
员工人数	x_{1j}^g	人	151.58	1.00	25642.00
月运营成本	x_{2j}^g	万元	2065.99	37.25	453189.32
月年销售额	y_{1j}^g	万元	1800.41	33.07	509370.26
月税收收入	y_{2j}^g	万元	75.45	0.02	14261.41

此外，图 8.3 展示了不同等级企业的月用电量的经验累计分布函

数图，由图可以清楚看出四类企业用电量分布的差异。其中，D 类企业的用电规模偏高，而 C、B、A 类企业的用电规模依次降低。同时，相同用电量水平（如 200 万 kWh）对 A、B、C、D 四类企业的覆盖率依次降低，这在一定程度上也说明了在制定差别化阶梯电价时应充分考虑企业分类等级的差异。

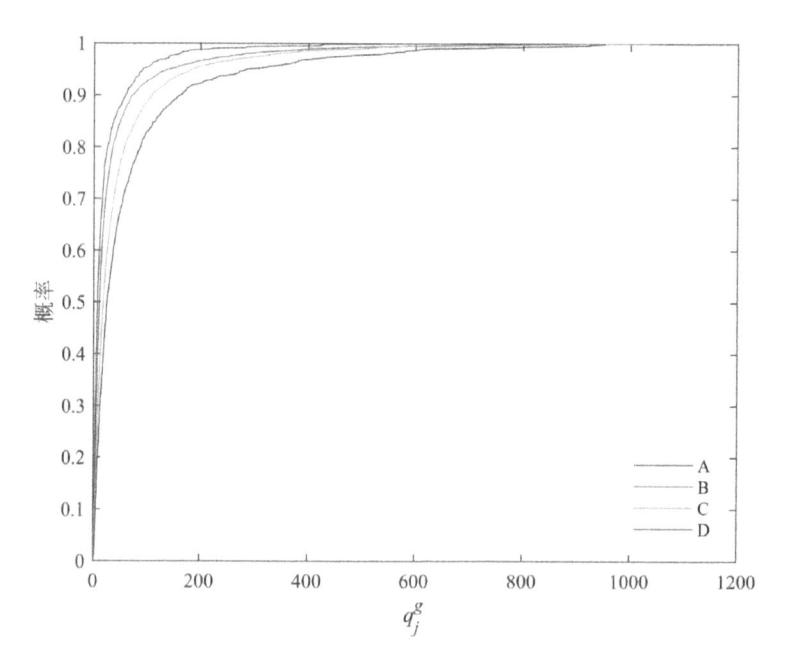

图 8.3　各等级企业月用电量的经验累计分布函数

第三节　差别化阶梯电价模型的中国实践

一、差别化阶梯电价模型的优化结果

(一) 差别化阶梯电价模型的参数设定

利用本章设计的差别化阶梯电价模型对所有企业求解最优电价。情形假定（即参数设置，见表 8-3）如下：(1) 将实施差别化阶梯电价前的原始统一电价设定为 0.4206 元 /kWh；(2) 根据中国居民阶梯电价、高耗能企业阶梯电价，同时参考美国、日本等发达国家阶梯电价的挡位设置，将本章差别化阶梯电价设定为包含三个档位的递增式阶梯电价；(3) 参考国内外现行差别化电价政策的加价标准以及国内高耗能企业市场交易电价的涨幅情况，假定第二阶梯电价是第一阶梯电价的 1 倍至 1.4 倍，第三阶梯电价是第一阶梯电价的 1.4 倍至 1.9 倍；(4) 依据兼顾效率、社会公正和成本补偿的公共资源定价原则，假定第一阶梯和二阶梯分界点的上、下限分别为 $Q(0.8)$ 和 $Q(0.6)$，第二阶梯和三阶梯分界点的上、下限分别为 $Q(0.95)$、$Q(0.8)$。其中，$Q(p)$ 为实施差别化阶梯电价的企业月度用电量的经验分位数函数，见公式 (8-15)；(5) 考虑差别化阶梯电价机制对低效企业的加价惩罚，以及对高效企业可能的激励作用，结合现实中高耗能企业对阶梯电价的响应行为，假定单个企业月用电量减少幅度的下限为 30%，企业月用电量增加幅度的上限为 10%；(6) 考虑到成本上涨给低效企业带来的冲击以及高效企业可能进行的主动转型升级，参考已有研究，假定单个企业产出变动幅度的上限为 25%（Yang et al.，2021）；(7) 基于国内利用企业综合评价制定的差别化电价政策，本章提出模型仅对 D

类企业实行差别化阶梯电价。

表 8.3 差别化电价模型的参数设置

参数	符号	数值	单位
实施差别化阶梯电价前的初始电价	p_j^g, p_0	0.4206	元/kWh
差别化阶梯电价的阶梯数	B	3	—
第二阶梯电价下限相对于第一阶梯电价的倍数	K_1	1	—
第二阶梯电价上限相对于第一阶梯电价的倍数	K_2	1.4	—
第三阶梯电价下限相对于第一阶梯电价的倍数	K_2	1.4	—
第三阶梯电价上限相对于第一阶梯电价的倍数	K_3	1.9	—
第一、二阶梯分界点覆盖率的下限	ρ_1	60	%
第一、二阶梯分界点覆盖率的上限	ρ_2	80	%
第二、三阶梯分界点覆盖率的下限	ρ_2	80	%
第二、三阶梯分界点覆盖率的上限		95	%
企业月用电量减少幅度的下限	f_{low}	30	%
企业月用电量增加幅度的上限	f_{up}	10	%
企业产出变动幅度的上限	K	25	%
实行差别化电价的企业	$I_j^g, g=4$	1	—
未实行差别化电价的企业	$I_j^g, g=1,2,3$	0	—

(二)差别化阶梯电价模型的求解策略

本章提出的差别化阶梯电价模型是一个非线性模型。鉴于决策变量较多且样本容量较大,本章主要利用粒子群算法和 Matlab 软件的 fmincon 工具箱对模型进行混合求解(Chen et al.,2022)。其中,粒子群算法具有易于实现、精度高、收敛快等的特点，可以有效解决大规模的非线性优化问题，因而在电力领域有着广泛应用（Valle et al., 2008；朱继忠，2019）。而 Matlab 软件的 fmincon 工具箱具有灵活处理非线性规划的显著优势（Bornschlegell et al., 2013）。

本章所采取混合求解策略的主要流程是：首先，通过粒子群算法进行全局搜索获得近似的最优解；其次，将粒子群算法得到的近似最优解作为 fmincon 函数中的初始点做进一步优化，以充分综合全局搜索与局部搜索的效果，提高最终解的质量。同时，为确保后续模型对比分析中能够保持一致的随机试验条件，基于多次试运行的结果，在模型求解时将随机种子设置为 515，种群大小设为 200，最大迭代次数为 2000。

表 8.4 展示了切换不同种子时决策变量的优化结果。其中，随机种子数在 1—999 之间随机生成，情景 1、2、3 中的随机种子分别为 199、215 和 456，所得结果如表 8.4 所示。其中，第二、三阶梯的最优电价（分别为 0.4963 元 /kWh、0.6835 元 /kWh），第一、二阶梯之间的最优分界点（为 38.34 万 kWh），以及第二、三阶梯之间的最优分界点（379.63 万 kWh）对随机种子不敏感；但集体用电效率的最优解（介于 0.585 和 0.589 之间）对随机种子的变动略微敏感。此外，由图 8.4 可以看出，在使用粒子群算法求解目标函数近似最优解的过程中，当迭代次数达到 1800 次时测算结果已经收敛。由此可见，采用粒子群算法与 fmincon 工具箱结合的混合求解策略具有相当的稳定性。

表 8.4 差别化阶梯电价模型混合求解策略的稳定性分析

对比项目	单位	原情景 Seed=515	情景 1 Seed=199	情景 2 Seed=215	情景 3 Seed=456
p_1°	元 /kWh	0.4963	0.4963	0.4963	0.4963
p_2°	元 /kWh	0.6835	0.6835	0.6835	0.6835
q_1°	10^4 kWh	38.34	38.34	38.34	38.34

续表

对比项目	单位	原情景	情景 1	情景 2	情景 3
		Seed=515	Seed=199	Seed=215	Seed=456
$q_2°$	10^4 kWh	379.63	379.63	379.63	379.63
PUE_{DTPP}^{mo}	—	0.587	0.583	0.585	0.585

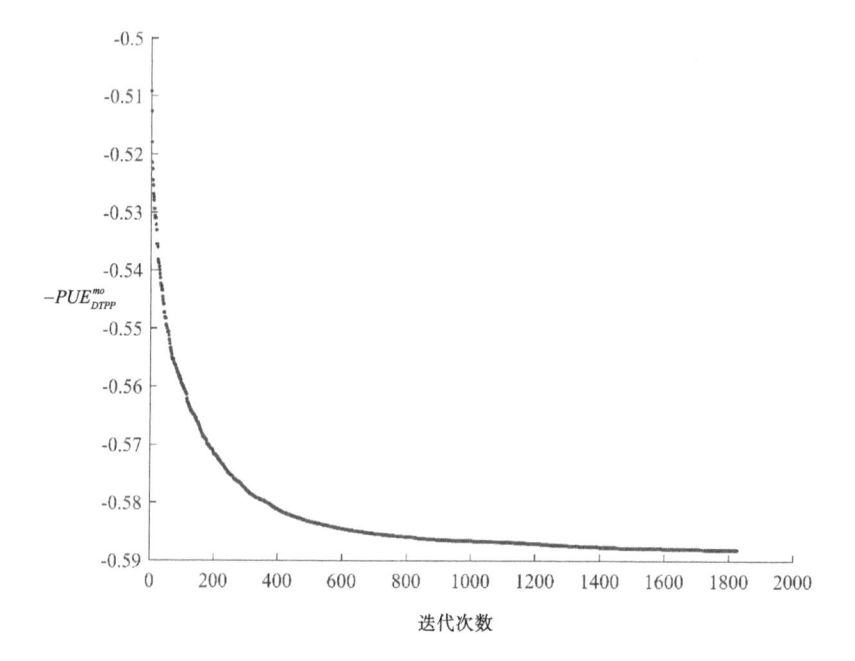

图 8.4 粒子群算法求解目标函数近似最优解的收敛曲线

（三）差别化电价模型的优化结果

1. 最优阶梯电价与最优分档电量

表 8.5 汇总了三阶梯式差别化阶梯电价的最优阶梯电价和最优分档电量。首先，在阶梯价格方面，第二阶梯与第三阶梯的最优电价分别为 0.4963 元/kWh 和 0.6835 元/kWh，分别是第一阶梯电价的 1.18 倍和 1.63 倍。从涨幅来看，第二阶梯与第三阶梯的电价分别较第一阶

梯电价上涨了 0.0757 元/kWh 和 0.2629 元/kWh，涨幅区间较现行政策中对 D 类企业的加价标准（0.1—0.5 元/kWh）略向左偏移。其次，在阶梯分档电量方面，第一阶梯和第二阶梯以及第二阶梯和第三阶梯之间的最优分档电量分别为 38.34 万 kWh 和 379.63 万 kWh。其中，第一阶梯对 D 类企业的覆盖率为 60.31%，第二阶梯对 D 类企业的覆盖率为 94.89%，达到第三阶梯收费标准的 D 类企业总计 59 家。

表 8.5　差别化阶梯电价模型主要参数的优化结果

参数	符号	单位	数值
第二阶梯的电价	p_1^o	元/kWh	0.4963
第三阶梯的电价	p_2^o	元/kWh	0.6835
第一、二阶梯分界点的电量	q_1^o	10^4 kWh	38.34
第二、三阶梯分界点的电量	q_2^o	10^4 kWh	379.63

2. 差别化阶梯电价的实施效果

表 8.6 汇总了差别化阶梯电价模型的电力资源分配结果。首先，在电力资源使用方面，差别化阶梯电价在有效解决电力短缺问题的同时推进了企业的转型优化升级，假说 3 得到验证。具体而言，首先，对 D 类企业实施差别化阶梯电价后，工业企业的月用电总量减少了 16.69%，同时，集体用电效率的最优值为 0.587，较差别化阶梯电价实施之前提高了 18.11%。其次，在工业企业的集体投入产出方面，也表明了对 D 类企业实施差别化阶梯电价后工业企业整体效率的提升以及社会福利的改善。一方面，对 D 类企业实施差别化阶梯电价后，工业企业的月度用电成本总额减少了 9.84%，有较大幅度下降。这与林伯强和刘江华（Lin & Liu，2011）的研究结论相似，即企业在预期更高的电价时会通过降低成本以提高生产效率。另一方面，对 D 类企业实施差别化阶梯电价后，工业企业的销售收入总额增加了 17.69%，而税收收入总额增加了 1.30%。

表 8.6 差别化阶梯电价模型的电力资源分配结果

指标	单位	符号	数值	符号	数值	增幅
集体用电效率	—	PUE^{mo}	0.497	PUE^{mo}_{DTPP}	0.587	18.11%
月用电总量	10^8 kWh	Q^m	53.39	$\tilde{Q}^m$	44.48	−16.69%
月用电成本总额	亿元	Z	22.46	$\tilde{Z}$	20.25	−9.84%
月销售收入总额	亿元	Y_1	1413.68	$\tilde{Y}_1$	1663.78	17.69%
月税收收入总额	亿元	Y_2	59.24	$\tilde{Y}_2$	60.01	1.30%

注：$Q^m = \sum_{g=1}^{4}\sum_{j=1}^{n_g} q_j^g$，$\tilde{Q}^m = \sum_{g=1}^{4}\sum_{j=1}^{n_g} \tilde{q}_j^g$；$Y_r = \sum_{g=1}^{4}\sum_{j=1}^{n_g} y_{rj}^g$，$\tilde{Y}_r = \sum_{g=1}^{4}\sum_{j=1}^{n_g} \tilde{y}_{rj}^g$，$r=1,2$；$Z = \sum_{g=1}^{4}\sum_{j=1}^{n_g} p_j^g q_j^g$，$\tilde{Z} = \sum_{g=1}^{4}\sum_{j=1}^{n_g} \tilde{p}_j^g \tilde{q}_j^g$。$PUE^{mo}$ 和 PUE^{mo}_{DTPP} 分别是利用公式（8-1）—（8-4）和公式（8-6）—（8-12）求得的集体用电效率最优值。

3. 差别化阶梯电价对企业及产业的影响分析

在对企业的影响方面，首先，对比表 8.7 和表 8.2 可以看出，企业月用电量的均值、最小值和最大值均有降低，而企业月销售额和月税收收入的均值、最小值和最大值均有增加，且月用电量均值的降幅达到了 16.69%，月销售额和月税收收入均值的增幅分别达到 17.69% 和 1.30%，这也在一定程度上印证了假说 3。

表 8.7 差别化阶梯电价对企业投入产出的影响分析

参数	符号	单位	均值	最小值	最大值
企业的月用电量	$\tilde{q}_j^g$	10^4 kWh	56.65	0.07	22154.01
企业的月销售收入	$\tilde{y}_{1j}^g$	万元	2118.93	38.96	636711.83
企业的月税收收入	$\tilde{y}_{2j}^g$	万元	76.43	0.02	17825.78

其次，表 8.8 汇总了差别化阶梯电价对各等级企业的影响情况。可以看出：（1）差别化阶梯电价激发了成本驱动，通过让 D 类企业负

担更高的用电成本和社会责任，促进了 D 类企业的能源节约和转型升级，假说 4 得到验证。具体地，对 D 类企业实施差别化阶梯电价，可促使 D 类企业的月用电总量减少 16.71%，月销售总额增加 15.59%。但同时，D 类企业的用电总成本增加 8.38%，月税收收入总额减少 3.33%，表明差别化阶梯电价下，一些低效企业应对成本上涨乏力，显现出了退出市场的迹象。（2）对 D 类企业实施差别化阶梯电价，间接激发了其他类企业在综合评价中的竞争意识，从而促使其他类企业积极采取措施，以降低用电成本并提升用电效率，假说 5 得到验证。具体地，对 D 类企业惩罚性加价，可促使 A、B、C 类企业的月用电总量（月电费总额）分别减少 16.40%、14.06% 和 16.68%，同时月销售收入总额分别增加 19.32%、17.55% 和 18.12%，月税收收入总额分别增加了 1.12%、0.17% 和 3.16%。

表 8.8 差别化阶梯电价对各等级企业的影响分析

指标（%）	A 类企业 (g=1)	B 类企业 (g=2)	C 类企业 (g=3)	D 类企业 (g=4)
用电总量变化率	-16.40	-14.06	-16.68	-16.71
用电总成本变化率	-16.40	-14.06	-16.68	8.38
销售收入总额变化率	19.32	17.55	18.12	15.56
税收收入总额变化率	1.12	0.17	3.16	-3.33

注：月用电总量变化率 $= \left(\sum_{j=1}^{n_g} \tilde{q}_j^g - \sum_{j=1}^{n_g} q_j^g \right) / \sum_{j=1}^{n_g} q_j^g$，月用电总成本变化率 $= \left(\sum_{j=1}^{n_g} \tilde{p}_j^g \tilde{q}_j^g - \sum_{j=1}^{n_g} p_j^g q_j^g \right) / \sum_{j=1}^{n_g} p_j^g q_j^g$，月销售收入总额变化率 $= \left(\sum_{j=1}^{n_g} \tilde{y}_{1j}^g - \sum_{j=1}^{n_g} y_{1j}^g \right) / \sum_{j=1}^{n_g} y_{1j}^g$，月税收收入总额变化率 $= \left(\sum_{j=1}^{n_g} \tilde{y}_{2j}^g - \sum_{j=1}^{n_g} y_{2j}^g \right) / \sum_{j=1}^{n_g} y_{2j}^g$。

在对产业的影响方面，表 8.9 汇总了差别化阶梯电价对各个产业产出的影响。可以看出，差别化阶梯电价能有效促进工业企业增加销售产出（涨幅介于 13.8% 至 22.4% 之间），但对税收收入的影响却因产业而异。具体而言，在差别化阶梯电价下，电子化学材料、集成电路、数字安防、现代纺织、乙烯、数控车床等产业的税收收入有所增加，且高耗能的乙烯产业税收收入涨幅最大（10.2%）；相对地，节能与新能源汽车、生物医药、网络通信、智能家居以及智能机器人等产业的税收收入有所减少，减少幅度介于 -5.01% 至 -0.79% 之间。这表明，本章结合行政约束手段和市场化定价手段设计的差别化电价机制，对所有产业的 D 类大用户进行惩罚性加价，破坏了部分产业的产出均衡。

表 8.9 差别化阶梯电价对各产业产出的影响分析

产业	月销售收入总额变化率（%）	月税收收入总额变化率（%）
1	21.40	2.79
2	22.39	5.94
3	17.11	-1.25
4	20.52	-4.91
5	18.62	1.65
6	19.57	-5.01
7	13.79	1.54
8	19.05	10.24
9	19.35	-0.79
10	16.08	-1.31
11	14.25	0.19

注：月销售收入总额变化率 $= \left(\sum_{g=1}^{4}\sum_{j=1}^{n_g} \tilde{y}_{1j}^g - \sum_{g=1}^{4}\sum_{j=1}^{n_g} y_{1j}^g \right) \bigg/ \sum_{g=1}^{4}\sum_{j=1}^{n_g} y_{1j}^g$，月税收收入总额变化率 $= \left(\sum_{g=1}^{4}\sum_{j=1}^{n_g} \tilde{y}_{2j}^g - \sum_{g=1}^{4}\sum_{j=1}^{n_g} y_{2j}^g \right) \bigg/ \sum_{g=1}^{4}\sum_{j=1}^{n_g} y_{2j}^g$。

二、差别化阶梯电价模型的敏感性分析

为说明本章所提方法的可靠性,在此通过调整阶梯电价的取值范围以及阶梯覆盖范围(主要指第一、二阶梯对 D 类企业的覆盖率)进行敏感性分析。

(一)差别化阶梯电价模型对电价取值范围的敏感性分析

调整第二阶梯和第三阶梯电价的取值范围,设定情景 4 中 K_2=1.25,K_3=1.75,情景 5 中 K_2=1.75,K_3=2.5。由测算结果(表 8.10)可以看出:(1)第二、三阶梯的最优电价随其取值区间上下限的增加而正向变动,表明最优解与模型约束的范围相符。如,当第三阶梯电价的取值范围分别为原始统一电价的 1.25 倍至 1.75 倍、1.4 倍至 1.9 倍、1.75 倍至 2.5 倍时,第三阶梯的最优电价分别是原始统一电价的 1.48 倍、1.63 倍和 2.09 倍。(2)各阶梯之间的分界点对电价区间不敏感。在情景 4 和情景 5 中,第一、二阶梯之间以及第二、三阶梯之间的最优分界点分别为 38.34 万 kWh 和 379.63 万 kWh,均与原情景一致。(3)从资源分配角度来看,差别化阶梯电价在提升集体用电效率、促进能源节约、增加销售产出方面的效果均对阶梯电价取值范围的敏感性较弱,但工业企业总的用电成本和税收收入则对阶梯电价取值范围的设定较为敏感,且随着取值范围的增加,用电成本节约程度减弱,税收收入有所增加。这也表明,虽然提高电价有利于提升工业用电效率,但一味地提高惩罚性加价标准,在促进工业转型升级方面不一定能起到更好的促进效果,反而会增加企业用电成本(王俊杰等,2014)。

表 8.10 优化结果对阶梯价格取值范围的敏感性分析

对比项目	单位	原情景 $K_2=1.4, K_3=1.9$	情景 4 $K_2=1.25, K_3=1.75$	情景 5 $K_2=1.75, K_3=2.5$
p_1°	元/kWh	0.4963	0.4679	0.5626
p_2°	元/kWh	0.6835	0.6204	0.8780
q_1°	10^4 kWh	38.34	38.34	38.34
q_2°	10^4 kWh	379.63	379.63	379.63
PUE_{DTPP}^{mo}	—	0.587	0.584	0.581
$(\tilde{Q}^m - Q^m)/Q^m$	%	-16.69	-16.79	-16.25
$(\tilde{Z} - Z)/Z$	%	-9.84	-12.47	-5.06
$(\tilde{Y}_1 - Y_1)/Y_1$	%	17.69	16.95	16.74
$(\tilde{Y}_2 - Y_2)/Y_2$	%	1.30	0.72	2.32

（二）差别化阶梯电价模型对阶梯覆盖范围的敏感性分析

调整第一、二阶梯对 D 类企业覆盖率的取值范围，情景设定及测算结果如表 8.11 所示。可以看出：(1) 第二、三阶梯的最优电价对阶梯长度（在本小节主要指第一、二阶梯的长度）的覆盖范围不敏感，情景 6—9 的最优解与原情景相同，分别为 0.4963 元/kWh 和 0.6835 元/kWh。(2) 第一、二阶梯之间的分界点对阶梯长度的覆盖范围敏感，而第二、三阶梯之间的分界点对阶梯长度的覆盖范围不敏感。如，当第一阶梯的覆盖率由 45% 至 70% 调整为 80% 至 90%，第一、二阶梯之间的分界点由 22.44 万 kWh 增加为 175.89 万 kWh，但第二、三阶梯之间的分界点始终为 379.63 万 kWh。(3) 从资源分配角度来看，差别化阶梯电价在提升集体用电效率、促进能源节约、增加销售总额以及降低企业用电成本方面的效果对阶梯长度覆盖范围的敏感程度较低，但在提高税收收入方面的效果对阶梯长度覆盖范围的敏感程度相对较高。这是因为，第一、二阶梯长度过长，会弱化阶梯电价在识别用户差异化特征中的有效性，从而在一定程度上导致第三阶梯的规制作用无法充分发挥作用（刘自敏等，2019）。但同时，如果第一、二阶梯的长度过短，又会导致一些中小型企业成本增加，影响差别化阶梯电价实施的公平性（孙传旺，2014）。因此，在政策制定时，应综合权衡利弊，确定合理的阶梯长度。

表8.11 优化结果对阶梯长度覆盖范围的敏感性分析

对比项目	单位	原情景 ρ_1=60% ρ_2=80% ρ_3=95%	情景6 ρ_1=45% ρ_2=70% ρ_3=95%	情景7 ρ_1=70% ρ_2=80% ρ_3=95%	情景8 ρ_1=75% ρ_2=85% ρ_3=95%	情景9 ρ_1=80% ρ_2=90% ρ_3=95%
p_1°	元/kWh	0.4963	0.4963	0.4963	0.4963	0.4963
p_2°	元/kWh	0.6835	0.6835	0.6835	0.6835	0.6835
$\circ$	10^4 kWh	38.34	22.44	57.49	122.43	175.89
q_2°	10^4 kWh	379.63	379.63	379.63	379.63	379.63
ΓUE_{DTPP}^{mo}	—	0.587	0.582	0.587	0.5854	0.583
$(\tilde{Q}^m - Q^m)/Q^m$	%	-16.69	-15.85	-17.00	-16.56	-16.07
$(\tilde{Z} - Z)/Z$	%	-9.84	-9.49	-11.45	-11.07	-10.76
$(\tilde{Y}_1 - Y_1)/Y_1$	%	17.69	16.65	17.66	17.07	16.83
$(\tilde{Y}_2 - Y_2)/Y_2$	%	1.30	0.62	0.59	0.29	2.62

三、差别化阶梯电价的对比分析

为回答本章第一节中提出的问题（2）—（5），本小节从如下四个角度对差别化阶梯电价的实施效果进行对比分析。

（一）与现行差别化电价实施效果的对比分析

图 8.5 描述了现行差别化电价（即统一加价标准的差别化电价）与本章提出的差别化阶梯电价下 D 类企业的最优用电价格。其中，在现行差别化电价下，D 类企业的价格为 0.5909 元 /kWh，是原始统一电价的 1.40 倍，且在三阶梯式差别化阶梯电价中，介于第二阶梯与第三阶梯的价格之间。

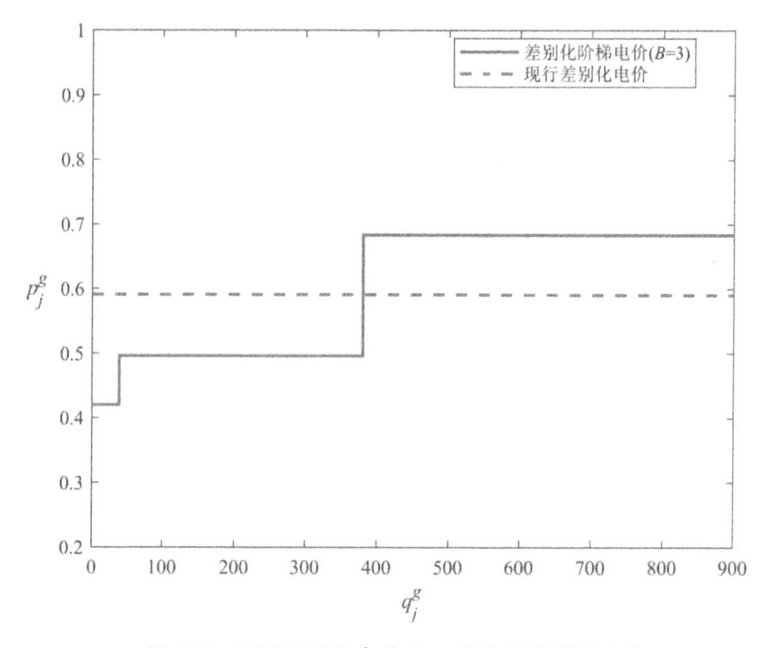

图 8.5　不同差别化电价下 D 类企业的最优电价

表 8.12 和表 8.13 分别展示了不同差别化电价实施效果的对比分析以及现行差别化电价对不同等级企业的影响。可以看出，现行差别化电价与本章提出的差别化阶梯电价均有利于促进工业企业节约用电、提高集体用电效率，同时有利于倒逼 D 类企业和刺激 A、B、C 类企业转型升级，但后者相较于前者更能体现公平性。

具体分析如下：总的来看，现行差别化电价在提升集体用电效率、降低企业用电需求、减少企业用电成本、增加企业产出等方面的效果均不及三阶梯的差别化阶梯电价。其中,在现行差别化电价下,企业总的用电成本较差别化阶梯电价多 3.30%,且会造成税收收入总额减少 1.38%。分类来看,现行差别化电价对 D 类企业采取统一的加价标准,直接或间接导致 A、B、C、D 四类企业的税收收入总额均有所减少,且 D 类企业的用电成本总额达到了三阶梯式差别化阶梯电价下的 2.33 倍。

究其原因,一方面,现行差别化电价在未考虑企业用电规模差异的前提下,对 D 类企业实施了无差别加价,虽然成本驱动可促使 D 类企业减少用电量,但这也给 D 类企业的用电成本和税收收入带来了较大的负面影响。另一方面,规模效应是中国工业能耗不断攀升的主要原因,而企业规模是影响企业能源利用率的主要因素(陈钊、陈乔伊,2019)。差别化阶梯电价通过倒逼 D 类企业中的大用户提升效率,不仅可以实现能源节约和产出增加,而且有利于调动 D 类企业中小型用户的灵活性,激发其发展创新的主动性(肖兴志、谢理,2011)。

表 8.12　不同差别化电价实施效果的对比分析

电价措施	PUE_{DTPP}^{mo}	$\dfrac{\tilde{Q}^m - Q^m}{Q^m}$(%)	$\dfrac{\tilde{Z}-Z}{Z}$(%)	$\dfrac{\tilde{Y}_1-Y_1}{Y_1}$(%)	$\dfrac{\tilde{Y}_2-Y_2}{Y_2}$(%)
差别化阶梯电价	0.587	−15.85	−9.70	17.75	0.95
现行差别化电价	0.580	−14.85	−6.40	16.54	−1.38

表 8.13　现行差别化电价对不同等级企业的影响分析

指标(%)	A 类企业 (g=1)	B 类企业 (g=2)	C 类企业 (g=3)	D 类企业 (g=4)
月用电总量变化率	−20.19	−15.06	−13.97	−14.92
月用电总成本变化率	−20.19	−15.06	−13.97	19.54
月销售收入总额变化率	18.90	15.38	17.39	15.08

续表

指标（%）	A类企业 （g=1）	B类企业 （g=2）	C类企业 （g=3）	D类企业 （g=4）
月税收收入总额变化率	-1.71	-1.70	-0.85	-0.12

注：月用电总量变化率 = $\left(\sum_{j=1}^{n_g}\tilde{q}_j^g - \sum_{j=1}^{n_g}q_j^g\right)\bigg/\sum_{j=1}^{n_g}q_j^g$，月用电总成本变化率 = $\left(\sum_{j=1}^{n_g}\tilde{p}_j^g\tilde{q}_j^g - \sum_{j=1}^{n_g}p_j^g q_j^g\right)\bigg/\sum_{j=1}^{n_g}p_j^g q_j^g$，月销售收入总额变化率 = $\left(\sum_{j=1}^{n_g}\tilde{y}_{1j}^g - \sum_{j=1}^{n_g}y_{1j}^g\right)\bigg/\sum_{j=1}^{n_g}y_{1j}^g$，月税收收入总额变化率 = $\left(\sum_{j=1}^{n_g}\tilde{y}_{2j}^g - \sum_{j=1}^{n_g}y_{2j}^g\right)\bigg/\sum_{j=1}^{n_g}y_{2j}^g$。

（二）不同企业评级方法下差别化阶梯电价实施效果的对比分析

本小节就不同企业评级方法下差别化阶梯电价模型的优化结果进行对比分析。基本思路是，在兼顾全要素效率指标与单要素效率指标的前提下，主要考察交叉评级法、功效系数法、聚类分析法等三种企业评级方法。

表8.14汇总了不同企业评级方法下模型的优化结果。综合来看，与功效系数法和聚类分析法相比，此处所提交叉评级方法下差别化阶梯电价模型的优化结果整体最佳。具体分析如下：（1）三种评级方法下的差别化阶梯电价均有利于促进企业节约用电，且总用电量的减少幅度均在15%以上。（2）相较于功效系数法，交叉评级法下差别化阶梯电价在节约企业用电成本方面的效果稍弱，但在促进集体用电效率提升和产出总额增加方面具有明显优势。

表8.14 不同企业评级方法下差别化阶梯电价模型的优化结果

企业评级方法	PUE_{DTPP}^{mo}	$\dfrac{\tilde{Q}^m-Q^m}{Q^m}$（%）	$\dfrac{\tilde{Z}-Z}{Z}$（%）	$\dfrac{\tilde{Y}_1-Y_1}{Y_1}$（%）	$\dfrac{\tilde{Y}_2-Y_2}{Y_2}$（%）
交叉评级法	0.587	-15.85	-9.70	17.75	0.95
功效系数法	0.584	-16.94	-11.11	17.71	0.65
聚类分析法	0.580	-15.09	-1.41	16.77	-1.04

同时，结合表 8.15，交叉评级法下差别化阶梯电价促使 A、B、C 类企业的税收收入分别增加了 1.12%、0.17%、3.16%，D 类企业的税收收入减少了 3.33%。但在功效系数法下，差别化阶梯电价促使 A、B、D 类企业的税收收入分别增加 0.68%、1.02%、1.73%，而 C 类企业的税收收入减少了 0.15%。这表明，功效系数法在识别 D 类企业时存在一定的误判。（3）相较于交叉评级法和功效系数法，聚类分析法下差别化阶梯电价在提升用电效率、减少用电总量、降低用电成本以及增加产出总额等方面效果均较弱。特别是在聚类分析法下，差别化阶梯电价导致税收收入总额减少 1.04%，且用电成本仅降低了 1.41%，这表明聚类分析法在识别高效企业与低效企业方面存在失真。

表 8.15　不同企业评级法下差别化阶梯电价模型对税收收入的影响

企业评级方法	$\left(\sum_{j=1}^{n_g}\tilde{y}_{2j}^g - \sum_{j=1}^{n_g}y_{2j}^g\right)\bigg/\sum_{j=1}^{n_g}y_{2j}^g$ (%)			
	A ($g=1$)	B ($g=2$)	C ($g=3$)	D ($g=4$)
交叉评级法	1.12	0.17	3.16	-3.33
功效系数法	0.68	1.02	-0.15	1.73
聚类分析法	5.76	-0.71	-1.28	-2.00

（三）不同阶梯数量下差别化阶梯电价实施效果的对比分析

本小节主要对比分析二阶梯、三阶梯、四阶梯以及五阶梯式的差别化阶梯电价。为充分评估不同阶梯数量下差别化电价实施效果的优劣，本小节考虑了两种不同的约束规则。其中，规则一主要参考刘自敏等（2019）在非线性定价讨论中合并阶梯的做法，设定第一、二阶梯分界点的取值区间保持一致，即约束第一阶梯覆盖率的取值范围一致；规则二则主要参考韩国在六阶梯式递增阶梯电价中等距划分阶梯的做法[①]，约束第一阶梯覆盖率的取值范围随阶梯数的增加而减少。两

---

① https://home.kepco.co.kr/kepco/CN/F/B/ENFBPP002.do?menuCd=CN060202.

种约束规则的主要区别如表 8.16 所示，其余参数的设定同表 8.3。

表 8.16　约束规则一与约束规则二的参数设定

约束规则	阶梯数	高阶梯电价的上、下限相对于第一阶梯电价的倍数	各阶梯之间分界点覆盖率的取值范围
约束规则一	$B=2$	$K_1=1, K_2=1.9$	$\rho_1=60\%$，$\rho_2=80\%$
	$B=3$	$K_1=1, K_2=1.4, K_3=1.9$	$\rho_1=60\%$，$\rho_2=80\%$，$\rho_3=95\%$
	$B=4$	$K_1=1, K_2=1.25, K_3=1.55, K_4=1.9$	$\rho_1=60\%$，$\rho_2=80\%$，$\rho_3=87.5\%$，$\rho_4=95\%$
	$B=5$	$K_1=1, K_2=1.2, K_3=1.4, K_4=1.6, K_5=1.9$	$\rho_1=60\%$，$\rho_2=80\%$，$\rho_3=85\%$，$\rho_4=90\%$，$\rho_5=95\%$
约束规则二	$B=2$	$K_1=1, K_2=1.9$	$\rho_1=60\%$，$\rho_2=95\%$
	$B=3$	$K_1=1, K_2=1.45, K_3=1.9$	$\rho_1=60\%$，$\rho_2=82\%$，$\rho_3=95\%$
	$B=4$	$K_1=1, K_2=1.2, K_3=1.5, K_4=1.9$	$\rho_1=60\%$，$\rho_2=75\%$，$\rho_3=90\%$，$\rho_4=95\%$
	$B=5$	$K_1=1, K_2=1.15, K_3=1.35, K_4=1.6, K_5=1.9$	$\rho_1=60\%$，$\rho_2=70\%$，$\rho_3=80\%$，$\rho_4=90\%$，$\rho_5=95\%$

图 8.6 展示了约束规则一和约束规则二下，二至五阶梯差别化阶梯电价模型的优化结果。由图 8.6 可以看出，首先，在这两种约束规则下，最后一个阶梯的最优电价随阶梯数量的增加有明显的递增趋势。其次，两种约束规则下所得最优电价形式可能会存在一定的偏离，且偏离程度随着阶梯数的增加而增强。再次，尽管规则二约束了第一阶梯覆盖率的取值范围随着阶梯数的增加而减小，但优化结果显示，当阶梯数量增加，第一阶梯的长度及覆盖率也有所增加。

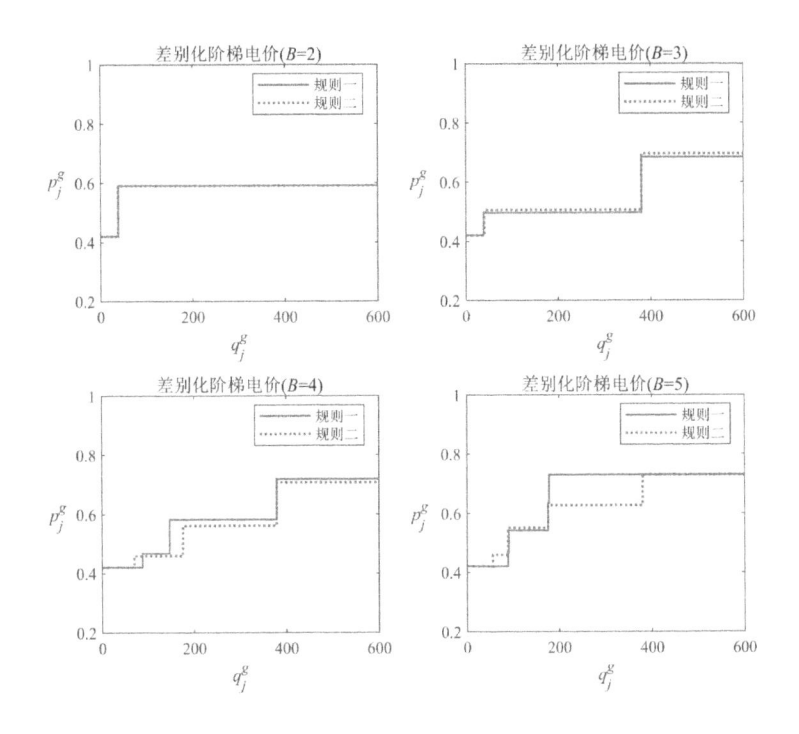

图 8.6　二至五阶梯差别化电价模型的优化结果

表 8.17 描述了两种约束规则下，二至五阶梯差别化阶梯电价实施效果的对比分析。可以看出：（1）与二阶梯相比，三阶梯的差别化阶梯电价在促进能源节约、效率提升、产出增加及用电成本减少方面的效果均更有优势。（2）与四阶梯和五阶梯相比，三阶梯的差别化阶梯电价在减少用电量和降低企业用电成本方面的效果不如四阶梯和五阶梯，但其在促进效率提升和产出增加方面的优势更为显著。尤其是在约束规则一和约束规则二下，三阶梯差别化阶梯电价分别促使税收收入总额增加了 0.95% 和 0.10%，而四阶梯和五阶梯的差别化阶梯电价则导致税收收入总额有 0.81%—3.75% 的减少。（3）四阶梯和五阶梯的差别化阶梯电价在减少用电总量、降低用电成本、增加销售总额等方面的效果区别不大，但四阶梯差别化阶梯电价更有利于提升集体用电效率。此外，这里并未考虑现实中提高阶梯数量所产生的福利代价

（如企业和政府将面临更高的信息成本和计算成本等）（方燕、张昕竹，2011）。因此，综合来看，在兼顾效率、公平以及社会福利的前提下，差别化阶梯电价措施应以三阶梯为宜。

表 8.17 二至五阶梯差别化阶梯电价模型的实施效果分析

阶梯数量	约束规则一				约束规则二			
	$B=2$	$B=3$	$B=4$	$B=5$	$B=2$	$B=3$	$B=4$	$B=5$
PUE_{DTPP}^{mo}	0.584	0.587	0.584	0.578	0.582	0.584	0.580	0.579
$\dfrac{\tilde{Q}^m - Q^m}{Q^m}$（%）	-13.12	-15.85	-17.15	-17.85	-15.53	-16.33	-16.77	-17.30
$\dfrac{\tilde{Z} - Z}{Z}$（%）	-6.11	-9.70	-10.20	-10.10	-8.59	-9.95	-10.76	-10.20
$\dfrac{\tilde{Y}_1 - Y_1}{Y_1}$（%）	17.25	17.75	17.59	17.03	16.75	17.04	16.81	16.74
$\dfrac{\tilde{Y}_2 - Y_2}{Y_2}$（%）	0.83	0.95	-0.81	-0.33	-1.14	0.10	-1.59	-3.75

（四）不同实施范围下差别化阶梯电价实施效果的对比分析

表 8.18 描述了不同实施范围下差别化阶梯电价模型（$B=3$）的对比分析结果。可以看出：（1）当实施范围由 D 类企业逐级向上拓展时，差别化阶梯电价总是有助于降低工业企业的用电总量，提升集体用电效率，增加销售收入总额。其中，用电总量至少降低 15.64%，集体用电效率至少提升 16.30%，销售收入总额至少增加 16.80%。（2）在不同的实施范围下，差别化阶梯电价对用电成本和税收收入总额的影响具有较大差异。其中，仅对 D 类企业实施差别化阶梯电价促使工业企业用电成本总额减少了 9.7%，而当实施范围逐级向上拓展时，工业企业用电成本总额也逐级增加；仅对 D 类企业实施差别化阶梯电价或对所有企业实施差别化阶梯电价，均有助于工业企业税收收入总额的增加，但当实施范围为 C、D 类或 B、C、D 类企业时，差别化阶梯电价

会导致工业企业税收收入分别下降 0.07% 和 0.20%。（3）当对所有企业实施差别化阶梯电价时，工业企业用电总量的降幅以及税收收入总量的增幅最为显著，但相应地，用电总成本也增加得最多，且集体用电效率的增幅最低。这表明，对所有企业实施差别化阶梯电价在一定程度上能推动企业提升效率和扩大生产，但同时，边际效应递减和规模经济的限制也导致了企业用电成本的上升，对效率造成了一定损害（Abeberese，2013）。因此，权衡效率与公平后，仅对 D 类企业实施差别化阶梯电价在节约用电量、提高集体用电效率、增加企业产出等方面的效果最佳。

表 8.18　不同实施范围下差别化阶梯电价模型的优化结果

实施范围（企业类别）	PUE_{DPP}^{mo}	$\dfrac{\tilde{Q}^m - Q^m}{Q^m}$（%）	$\dfrac{\tilde{Z} - Z}{Z}$（%）	$\dfrac{\tilde{Y}_1 - Y_1}{Y_1}$（%）	$\dfrac{\tilde{Y}_2 - Y_2}{Y_2}$（%）
D	0.587	−15.85	−9.70	17.75	0.95
C、D	0.581	−15.64	1.21	16.96	−0.07
B、C、D	0.580	−16.86	7.65	17.20	−0.20
A、B、C、D	0.578	−17.19	10.49	16.80	3.07

第九章

基于季节性电价的工业企业用电配置策略与中国实践

季节性电价（seasonal power pricing，SPP）同样是价格型需求响应的重要手段之一。相较于第八章中讨论的差别化电价，季节性电价的市场化程度更高，其主要是在政府对电力价格的一定管制下发挥市场的调节作用。尤其是在季节性电力供需形势越来越严峻的当下，季节性电价在减载高峰时段的用电负荷、降低用电成本和节约能源方面的优势突出。然而，中国很多地区的季节性电价措施仍处于推广和初步应用阶段，相应制度还需进一步完善和优化。特别是在电力市场改革进程中，有必要探索中长期交易机制，优化不同时段的电价差，引导市场交易电价充分反映成本变化。为此，本章从政府管理的角度探索新型的季节性电价模式及其合理性，为政府完善和丰富市场化的电力需求侧管理手段、制定更科学的工业用电配置策略提供参考。

第一节 季节性电价的问题描述与研究假说

一、季节性电价的问题描述

季节性电价有利于缓解用电高峰季节的电网负荷。特别是随着应对气候变化成为全球共识，能反映不同季节供电成本且具有差别化定价功能的季节性电价在解决电力供需矛盾措施中的地位更加重要，并在全球范围内受到推广（Dong et al., 2016）。

中国是引入季节性电价较晚的国家，且主要通过增加夏季和冬季尖峰时段的方式设置季节性分时电价。尽管现行的季节性电价措施在平衡供电紧张季节的电力系统负荷和节能减排等方面取得了较好的效果，但全球气候变化和清洁能源转型带来的不确定性使得季节性电力供需矛盾更为突出且持久，致使原有的季节性分时电价机制难以适应电力供需新形势的要求（Liang et al., 2016）。

结合前文对季节性电价的应用特点及相关研究的总结，在应对长期的和季节性的电力短缺紧张形势下，当前季节性电价措施的主要局限有：（1）电价的设置忽略了用户电价敏感性的差异，导致实施效果不如预期。一方面，企业对短时间内电价调整的敏感性因企业规模而异，且频繁地调整生产节奏会增加其他生产要素的成本（Zhou et al.，2019）。另一方面，工业企业的价格弹性因行业和季节而异，且一天内的换班次数和天气驱动企业对分时电价的反应差异较大，因此忽略用户行业差异设计的分时电价制度对能源需求和负荷转移的影响非常有限（Zhou et al.，2019）。（2）仅在峰谷分时电价的基础上调整季节性电价，无法有效拉开季节之间平均电价的差距。特别是，在电力市场化改革的过渡期，有引发季节性电价倒挂（夏季或冬季时段的电价或代购电价低于其他月份）和峰谷负荷倒挂（谷时段的用电负荷反超峰时段）的风险（Khalid et al.，2019）。（3）侧重于解决短期需求问题，不利于发挥季节性电价在解决长期电力供需矛盾中的调节作用（Greening，2010）。特别是大型工业用户更倾向于以优惠的价格签订长期合同，但目前季节性电价的设置在一天内随时间变动，不利于企业的连续生产和成本节约（Zhang et al.，2018）。

同时，中国也处于全国统一电力市场体系的加速构建期。为深化电力市场化改革，2020年和2021年，国家发展改革委陆续发布了《关于做好2021年电力中长期合同签订工作的通知》（发改运行〔2020〕1784号）[①]和《关于进一步完善分时电价机制的通知》（发改价格〔2021〕1093号）[②]等文件，提出了健全季节性电价机制、完善中长期市场交易规则的要求，并鼓励有条件的地区根据季节性差异将全年按月份分段实施季节性电价。

为此，在全球能源供需失衡问题和极端天气频发问题持续引发关注的背景下，如何依据政策导向开发具有长效机制的SPP套餐形式，对缓解季节性电力供需矛盾、推进电价改革、实现新型工业化目标具有重要的意义。这主要体现在：（1）中长期合同具有稳定电力价格的

---

① http://www.gov.cn/zhengce/zhengceku/2020-12/03/content_5566580.htm.
② https://www.ndrc.gov.cn/xxgk/zcfb/tz/202107/t20210729_1292067.html?code=&state=123.

重要作用,有利于企业合理规划避峰生产计划,节约成本,降低市场风险(Ausubel & Cramton,2010);(2)提高用电高峰季节的工业电价,有助于倒逼企业进行技术创新,提高工业全要素生产率(Ai et al.,2020);(3)考虑企业对电力价格敏感性差异的SPP套餐可以增加企业选择的灵活性,有利于企业选择更适合自身特征的套餐模式。

针对上述季节性电价措施中存在的局限,本章立足于政府管理的视角,主要从如下问题着手对季节性电价措施进行优化:(1)如何兼顾效率与公平,设计同时考虑产业差异和产业均衡的季节性电价统计模型?(2)电力公司如何在政府一定程度的价格管制下,根据发用电的季节性规律设计合理的年度电价套餐?

二、季节性电价的运行机制与研究假说

季节性电价是为缓解季节性电力系统负荷不均衡问题设计的电价措施(Ming et al.,2013)。其基本做法是,政府部门综合考虑地区的发电负荷、电力消费、气候等周期性规律,将一年划分为不同的季节。电力公司则参考政府出台的电价水平指导政策(如规定了不同季节的电价涨幅限制),设计不同的电价制度。

从理性人角度看,季节性电价旨在发挥价格的调节作用,利用成本驱动机制引导企业错峰生产,以达到调节季节性电力供需矛盾的目的。本章的研究主要聚焦于冬夏季节性电价(暂不讨论丰枯季节性电价),相应运行机制如图9.1所示。

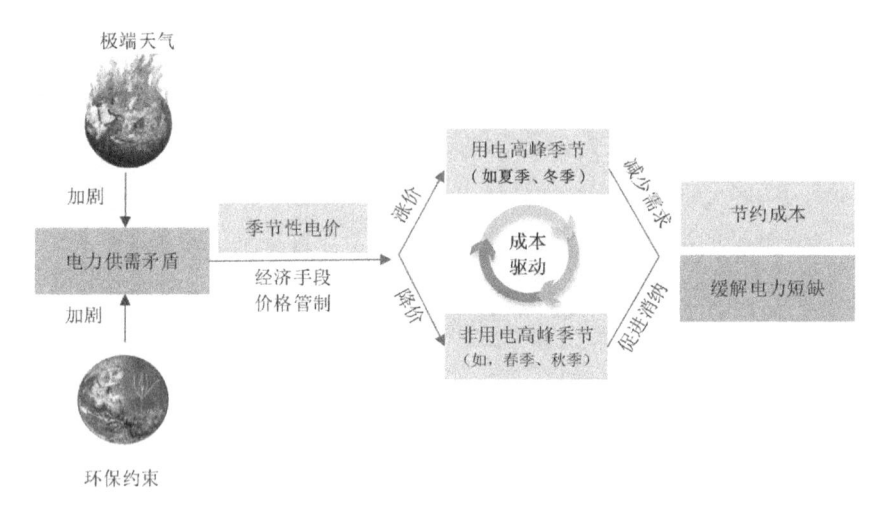

图 9.1　季节性电价的运行机制

基于需求价格弹性理论，当增加用电高峰季节（如夏季、冬季）的电价，降低其他季节（如春季、秋季）的电价，企业将主动调整惯有的生产模式以减少用电成本（Qiu et al., 2018）。一方面，提高用电高峰季节的电价，可有效缓解高峰季节的电网负荷。工业企业用电具有相对较大的长期需求价格弹性，且价格弹性具有季节性（Burke & Abayasekara, 2017）。尤其是当分时电价与季节性电价结合执行时，多数企业会主动选择错峰生产，从而实现缓解高峰时段电网负荷的目的，保护电网安全运行。另一方面，降低非用电高峰季节的电价，可有效促进消费者对电力的消纳。价格下降可以提高消费者的购买力。随着电力价格下降，消费者的用电成本将减少，因此，降价会增加消费者对电力的需求和消纳。此外，提高用电高峰季节的工业电价，有助于倒逼企业进行技术创新，提高工业全要素生产率（Ai et al., 2020）。

基于上述分析，提出如下研究假说：

假说6：季节性电价利用价格调节机制引导企业错峰生产，可以缓解用电高峰季节的电力供需矛盾。

假说7：季节性电价通过增加企业用电的灵活性，可以促进企业提升用电效率，降低企业用电成本。

第二节　基于通用权的季节性电价模型

一、考虑季节性用电价格的 CSW-DEA 模型

对许多企业来说，成本方面的效率比技术方面的效率更重要，且忽略企业用电成本的季节性差异可能会导致评价的不公（Dehnokhalaji et al.，2017）。为此，本节对 CSW-DEA 模型——见公式（9-1）—（9-4）——进行改进，将季节性的电力价格因素纳入考虑，有：

$$\max \quad \sum_{j=1}^{J}\sum_{r=1}^{R} u_r y_{rj} \qquad (9\text{-}1)$$

$$s.t. \quad \sum_{j=1}^{J}\sum_{i=1}^{I} v_i x_{ij} + \sum_{j=1}^{J}\sum_{t=1}^{T} w_t p_j^t q_j^t = 1, \qquad (9\text{-}2)$$

$$\sum_{r=1}^{R} u_r y_{rj} \quad \sum_{i=1}^{I} v_i x_{ij} - \sum_{t=1}^{T} w_t p_j^t q_j^t \leqslant 0, \qquad (9\text{-}3)$$

$$u_r, v_i, w_t \geqslant 0. \qquad (9\text{-}4)$$

其中，令 $x_{ij}(i=1,2,\cdots,I; j=1,2,\cdots,J)$ 为企业 e_j 全年的第 i 个非电力资源投入；$y_{rj}(r=1,2,\cdots,R)$ 为企业 e_j 全年的第 r 个产出；q_j 为企业 e_j 的全年用电量；q_j^t、y_{rj}^{gc} 和 p_j^t 分别表示企业 e_j 在季节 t 的用电量和电力价格，满足 $q_j = \sum_{t=1}^{T} q_j^t$；$v_i$ 和 u_r 分别为企业 e_j 第 i 个非电力资源投入和第 r 个产出的权重，w_t 为企业 e_j 在季节 t 期间电力成本的权重。

上述改进的 CSW-DEA 模型同样是投入角度的 CRS 模型，其目标函数是最大化集体的用电效率（power usage efficiency，PUE），记为 PUE^{sc}。公式（9-2）和（9-3）是约束每个企业的用电效率小于等于 1。

二、基于 CSW-DEA 的季节性电价模型

中长期季节性电价合同机制对丰富需求侧响应措施、发挥电力价格在市场中的调节作用具有重要意义。本节基于 CSW-DEA 构建的季节性电价模型为政府从价格角度优化电力资源配置提供了一个框架。这有利于政府引导电力零售企业在市场价格的基础上，依季节对电价进行个性化调整，从而为中长期季节性电价合同提供依据。

关于季节性电价模型，作如下设定：(1) 用电负荷、发电负荷及气候的季节性规律存在区域差异，因此，季节的划分应因地而异。根据季节性电价的常见做法，本章将全年划分为夏季、冬季和春秋季节。同时，设定夏季和冬季为用电高峰季节，春—秋季节为非用电高峰季节。(2) 在投入变量的选择方面，由于考虑了价格因素，故将用电量与电价的乘积（即电费）作为电力资源投入。(3) 假定季节性电价套餐的适用对象为所有企业，即所有企业均可参与电力市场的直接交易且可选择执行季节性电价套餐。

令 x_{ij} 和 y_{rj} 分别表示企业 e_j 的第 i ($i=1,\cdots,I$) 个非电力资源投入和第 r ($r=1,\cdots,R$) 个产出，n 为该产业中的企业数量。同时，令企业 e_j 在季节 t ($t=1,2,3$，分别表示夏季，冬季和春—秋季节) 的用电量和电力价格分别为 q_j^t 和 p_j^t。在季节性电价实施后，企业 e_j 在季节 t 的用电量和电力价格分别为 $\tilde{q}_j^t$ 和 $\tilde{p}_j^t$，且企业 e_j 的全年产出为 $\tilde{y}_{rj}$。季节性电价模型的基本形式满足：

$$\max \quad \sum_{r=1}^{R}\sum_{j=1}^{n} u_r^{so} \tilde{y}_{rj} \qquad (9\text{-}5)$$

$$s.t. \quad \sum_{t=1}^{3}\sum_{j=1}^{n} \tilde{q}_j^t = (1-\lambda)\sum_{t=1}^{3}\sum_{j=1}^{n} q_j^t, \qquad (9\text{-}6)$$

$$\sum_{t=1}^{3} \tilde{q}_j^t \geq (1-\varphi)\sum_{t=1}^{3} q_j^t, \qquad (9\text{-}7)$$

$$\tilde{q}_j^1 \leq (1+f)q_j^1, \tilde{q}_j^2 \leq (1+f)q_j^2, \tilde{q}_j^3 \geq 0, \qquad (9\text{-}8)$$

$$p_j^1 \leq \tilde{p}_j^1 \leq (1+h)p_j^1, \quad p_j^2 \leq \tilde{p}_j^2 \leq (1+h)p_j^2, \qquad (9\text{-}9)$$

$$(1-h)p_j^3 \leq \tilde{p}_j^3 \leq p_j^3, \qquad (9\text{-}10)$$

$$(1-k)y_{rj} \leq \tilde{y}_{rj} \leq (1+k)y_{rj}, \qquad (9\text{-}11)$$

$$\sum_{r=1}^{R}\sum_{j=1}^{n} u_r^{so}\tilde{y}_{rj} - \sum_{t=1}^{3}\sum_{j=1}^{n} w_t^{so}\tilde{p}_j^t \tilde{q}_j^t - \sum_{i=1}^{I}\sum_{j=1}^{n} v_i^{so} x_{ij} \leq 0, \qquad (9\text{-}12)$$

$$\sum_{r=1}^{R} u_r^{so}\tilde{y}_{rj} - \sum_{t=1}^{3} w_t^{so}\tilde{p}_j^t \tilde{q}_j^t - \sum_{i=1}^{I} v_i^{so} x_{ij} \leq 0. \qquad (9\text{-}13)$$

其中，目标函数（9-5）是所有企业集体用电效率最大化的变形形式，v_i^{so}、u_r^{so} 和 w_t^{so} 分别是 $x_{ij}(i=1,\cdots,I)$、$y_{rj}(r=1,\cdots,R)$ 和 $p_j^t q_j^t$ 通用权重的最优解，由公式（9-1）—（9-4）计算得到。

模型的主要约束解释如下：

式（9-6）对可供使用的用电量进行了约束，假设对所有产业来说总电量供给减少10%。其中，$\lambda \in [0,1]$。

式（9-7）和式（9-8）对企业的全年用电量和季节用电量进行了约束。主要原因为：受供电减少和电价季节性变动的影响，企业全年的用电总量应保证其产出，且在不同季节的用电量相较于季节性电价套餐策略实施前有所波动。理性经济人的假设认为企业以追求自身经济利益最大化为目标。在企业的经营状况和技术水平稳定的情况下，企业倾向于将生产由电价提高的季度转移到电价较低的季度，且全年用电量可尽量满足惯常的订单需求（Jiang & Wang，2020）。因此，假定企业全年的用电量不少于原来用电总量的（1 − φ）*100%。同时，考虑到工业企业电力需求弹性的季节性差异及企业对电价敏感性的差异，故对用电高峰季节（夏季和冬季）的用电量上限进行了约束。

式（9-9）和式（9-10）对电价的变化幅度进行了约束。由政府部门设置价格的上下限是公平分配稀缺资源的一种体现（Nicosia et al.，2016）。两式遵循季节性削峰填谷的基本原则和企业对电力价格需求弹性的季节性规律，对用电高峰季节的电价上涨幅度和非用电高峰季节的电价下降幅度进行了约束（Fan & Hyndman，2011）。

式（9-11）对企业总产出的波动幅度进行了限制。受供电减少和电价季节性变动的影响，每个企业的年度总产出存在小幅波动。但是，在企业经营状况和技术水平稳定的情况下，企业可以通过调整季度生产计划来降低用电成本或增加产出。因此，假定企业全年的总产出波动在一定幅度内。

式（9-12）和式（9-13）分别对企业集体的用电效率和个体的用电效率进行了约束。

概括来说，本章提出的季节性电价模型相比已有模型的优势在于，在企业投入方面考虑了电力价格和企业用电成本的季节性因素，并在兼顾评价权重公平性的同时利用公式（9-11）约束了各产业链的产出均衡（Dehnokhalaji et al.，2017）。设计季节性电价套餐的目的是发挥电力价格在市场中的调节作用以缓解电力供需矛盾（特别是季节性的电力供需矛盾），稳定产业的均衡发展。因此，电力公司在政府一定程度的价格管制下制定年度季节电价合约，会使得每个产业上游、中游和下游的总产出维持相对均衡，即会在一定范围内小幅波动。

另外，上述季节性电价模型的约束（9-12）和（9-13）中同时含有 $\tilde{p}_j^t$ 和 $\tilde{q}_j^t$ 两个未知项的乘积，导致模型难以直接求解（Laws & Hanasusanto，2023）。因此，借鉴杜鹃等（Du et al.，2014）和丁涛等（Ding et al.，2018）的研究，可先对乘积项进行整体求解，即令 $\tilde{p}_j^t \tilde{q}_j^t$ 为一个新的变量 z_j^t，此时季节性电价模型由非线性形式转为线性形式。在线性规划下，可方便求得 z_j^t 和 $\tilde{q}_j^t$ 的最优值，进而利用等式关系 $\tilde{p}_j^t \tilde{q}_j^t = z_j^t$ 间接求得 $\tilde{p}_j^t$ 的最优值。

基于上述思路，对公式（9-9）和（9-10）不等号的两端分别乘以 $\tilde{q}_j^t$，并将公式（9-12）和（9-13）中的 $\tilde{p}_j^t \tilde{q}_j^t$ 替换为 z_j^t，即可将季节性电价模型转化为如下线性形式：

$$\max \quad \sum_{r=1}^{R}\sum_{j=1}^{n} u_r^{so} \tilde{y}_{rj} \qquad (9\text{-}14)$$

$$s.t. \quad \sum_{t=1}^{3}\sum_{j=1}^{n} \tilde{q}_j^t = (1-\lambda)\sum_{t=1}^{3}\sum_{j=1}^{n} q_j^t, \qquad (9\text{-}15)$$

$$\sum_{t=1}^{3}\tilde{q}_j^t \geqslant (1-\varphi)\sum_{t=1}^{3}q_j^t, \qquad (9\text{-}16)$$

$$\tilde{q}_j^1 \leqslant (1+f)q_j^1, \tilde{q}_j^2 \leqslant (1+f)q_j^2, \tilde{q}_j^3 \geqslant 0, \qquad (9\text{-}17)$$

$$p_j^1\tilde{q}_j^1 \leqslant z_j^1 \leqslant (1+h)p_j^1\tilde{q}_j^1, \ p_j^2\tilde{q}_j^2 \leqslant z_j^2 \leqslant (1+h)p_j^2\tilde{q}_j^2, \qquad (9\text{-}18)$$

$$(1-h)p_j^3\tilde{q}_j^3 \leqslant z_j^3 \leqslant p_j^3\tilde{q}_j^3, \qquad (9\text{-}19)$$

$$(1-k)y_{rj} \leqslant \tilde{y}_{rj} \leqslant (1+k)y_{rj}, \qquad (9\text{-}20)$$

$$\sum_{r=1}^{R}\sum_{j=1}^{n}u_r^{so}\tilde{y}_{rj} - \sum_{t=1}^{3}\sum_{j=1}^{n}w_t^{so}z_j^t - \sum_{i=1}^{I}\sum_{j=1}^{n}v_i^{so}x_{ij} \leqslant 0, \qquad (9\text{-}21)$$

$$\sum_{r=1}^{R}u_r^{so}\tilde{y}_{rj} - \sum_{t=1}^{3}w_t^{so}z_j^t - \sum_{i=1}^{I}v_i^{so}x_{ij} \leqslant 0. \qquad (9\text{-}22)$$

三、季节性电价模型的数据说明

本章所使用的数据与第八章相同。考虑原因如下：

（1）浙江面临严重的季节性电力供需矛盾。浙江地处亚热带中部，一年四季分明。从用电规律来看，浙江全社会最高负荷在夏季的7—8月份最为突出，其次是冬季的12月至次年1月，且每年夏、冬两季存在严重的电力硬缺口（如图9.2所示）。据浙江省发改委和浙江省能源局估计，2021年7月和8月的高峰电力缺口达200万千瓦，12月份达100万千瓦。而实际上，浙江于2021年首次实施了季节性电价，但2021年7月11日的全社会最高用电负荷仍超过1亿千瓦，创下历史新高，触发了次日大规模的日前需求响应和分钟级需求响应。

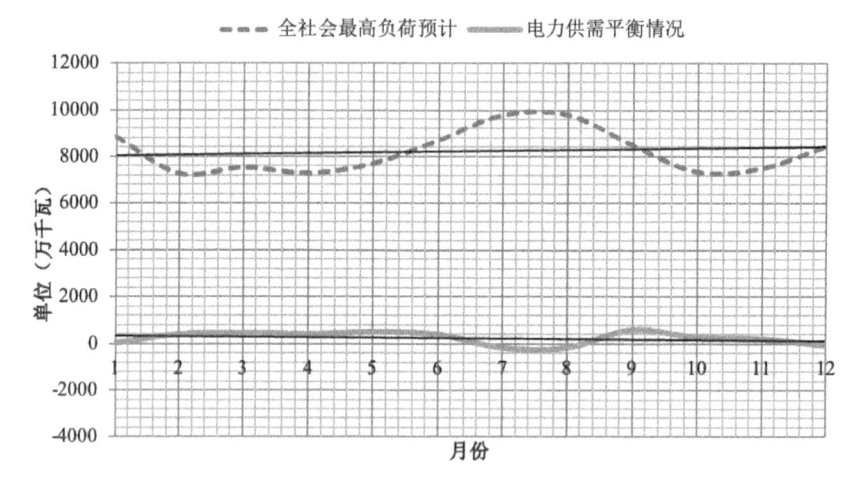

图 9.2　浙江省 2021 年分月电力供需平衡表

（2）浙江在电力市场化改革进程中存在季节性电价倒挂的风险。中国正处于电力市场化改革进程中，工商业用户代理购电过渡政策的实施导致上海、浙江、江苏等地出现了严重的季节性电价倒挂现象，不利于发挥电价在缓解季节性电力供需矛盾中的调节作用。如，2022 年 7 月和 8 月浙江省不满 1 千伏工商业的电网代理购电价格均在 500 元 /MWh 左右，而 4 月和 9 月的代理购电价格则均超过 540 元 /MWh，这在一定程度上会影响工业企业的生产决策，不利于季节性电价缓解电力供需矛盾的调节作用。

表 9.1　季节性电价模型中变量的描述性统计

指标	符号	单位	均值	最小值	最大值
年用电量	q_j	10^4 kWh	798.19	1.02	379766.11
夏季用电量	q_j^1	10^4 kWh	151.97	0.02	72523.69
冬季用电量	q_j^2	10^4 kWh	129.91	0.01	45384.95
春—秋季节用电量	q_j^3	10^4 kWh	516.31	0.66	262965.13

续表

指标	符号	单位	均值	最小值	最大值
员工人数	x_{1j}	人	147.27	1.00	25642.00
运营成本	x_{2j}	万元	24654.36	430.57	5438271.87
年销售额	y_{1j}	万元	20653.54	371.15	6112443.09
税收收入	y_{2j}	万元	863.65	0.27	171136.98

表 9.1 是本章所用数据的基本描述性统计。遵循浙江省现行季节性电价中对季节的划分标准，将 7—8 月记为夏季，12 月至次年 1 月记为冬季，2—6 月以及 9—11 月合并为春—秋季节。在变量设计中，职工人数（x_{1j}）和营业成本（x_{2j}）作为非电力资源投入变量，年销售额（y_{1j}）和税收收入（y_{2j}）作为产出变量。在电力资源投入方面，企业在夏季、冬季和春—秋季节的用电成本作为电力资源投入。其中，用电成本根据相应季节的用电量（q_j^t）和电价（p_j^t）得到。

第三节　季节性电价模型的中国实践

一、季节性电价模型的优化结果分析

（一）季节性电价模型的参数设定

利用本章设计的季节性电价模型对所有企业求解最优电价。情形假定（即参数设置）如表 9.2 所示。

表 9.2　SPP 模型的参数设置

参数	符号	数值	单位
电价波动幅度的上限	h	20	%
冬季（或夏季）企业用电量的增加幅度	f	10	%
总电力供给减少的比例	λ	10	%
企业全年用电量降幅的上限	φ	20	%
各级产业链总产出波动幅度的上限	k	10	%
初始季节电价	p_j^t	0.4206	元/kWh

具体参数设置如下：（1）参考国家发展改革委 2021 年对燃煤发电上网电价的规定，将季节性电价相较于原始电价的波动幅度的上限设定为 20%；（2）考虑冬季和夏季电力价格需求弹性潜在的差异以及企业对电价上涨的不确定性行为，将企业在夏季或冬季的用电量相较于原始用电量的增加幅度的上限设定为 10%（O'Connell et al., 2014；

Roukerd et al., 2020);(3)假定实施季节性电价套餐后企业全年的用电量至少是原来用电量的80%,即在电力总供给减少10%的假定下,企业至少可满足原订单需求总量的80%(Thürer & Stevenson, 2021);(4)季节性电价套餐实施后,上游、中游和下游总产出波动幅度的上限为10%;(5)根据2015年中国推出的电价体系,将样本期间大工业企业的电价拆解为交易价格、输配电价和政府性基金三个部分。考虑到输配电价和政府性基金由政府制定或核定,因此,将拆解出的交易电价(0.4206元/kWh)作为模型中的原始统一电价。

(二)季节性电价模型的优化结果

表9.3汇总了利用Matlab软件得到的季节性电价模型中电价的优化结果。从最优价格来看,夏季的电价略高于冬季,且夏、冬季节的电价显著高于春—秋季节。从波动状态来看,春—秋季节和冬季的电价均较为稳定,而夏季的电价具有一定的波动性。具体地,春—秋季节的电价稳定在0.3785元/kWh左右;冬季的电价稳定在0.4627元/kWh;夏季的电价则在0.4627—0.5047元/kWh之间浮动。

表9.3 季节性电价模型的电价优化结果

电价(元/kWh)	均值	最小值	最大值
$\tilde{p}_j^1$	0.4629	0.4627	0.5047
$\tilde{p}_j^2$	0.4627	0.4627	0.4627
$\tilde{p}_j^3$	0.3785	0.3785	0.3786

表9.4 季节性电价模型的电力资源分配结果

指标	单位	符号	数值	符号	数值	增幅(%)
夏季用电总量	10^4 kWh	Q^1	145.84	$\tilde{Q}^1$	99.04	-32.09
冬季用电总量	10^4 kWh	Q^2	124.67	$\tilde{Q}^2$	90.57	-27.35

续表

指标	单位	符号	数值	符号	数值	增幅（%）
春—秋用电总量	10^4 kWh	Q^3	495.49	$\tilde{Q}^3$	499.79	0.87
年销售总额	万元	Y_1	19819.94	$\tilde{Y}_1$	21799.94	9.99
税收总额	万元	Y_2	827.98	$\tilde{Y}_2$	910.54	9.97
电费总额	万元	Z	322.18	$\tilde{Z}$	276.95	-14.04
集体用电效率	—	PUE^{sco}	0.472	PUE^{sco}_{SPP}	0.519	9.96

注：$Q^t = \sum_{j=1}^{n} q_j^t$，$\tilde{Q}^t = \sum_{j=1}^{n} \tilde{q}_j^t$，$t=1,2,3$；$Y_r = \sum_{j=1}^{n} y_{rj}$，$\tilde{Y}_r = \sum_{j=1}^{n} \tilde{y}_{rj}$，$r=1,2$；$Z = \sum_{t=1}^{3} \sum_{j=1}^{n} p_j^t q_j^t$，$\tilde{Z} = \sum_{t=1}^{3} \sum_{j=1}^{n} \tilde{p}_j^t \tilde{q}_j^t$。$PUE^{sco}$ 和 PUE^{sco}_{SPP} 分别是利用公式（9-1）—（9-4）和公式（9-14）—（9-22）求得的集体用电效率最优值。

表9.4体现了季节性电价套餐的有效性，验证了假说6和假说7。具体地：(1)在缓解季节性电力供需矛盾方面，通过提高夏季和冬季的电价，降低春—秋季节的电价，可以引导企业有计划地错峰生产，使夏季和冬季的用电量分别减少32.09%和27.35%。(2)在提升用电效率方面，企业为追求利益最大化，将主动提升高电价季节的生产技术或调整生产结构，从而使得集体的用电效率由0.472提升至0.519，这与艾洪山等（Ai et al.，2020）的结论一致。(3)在降低企业用电成本方面，错峰生产和效率提升使工业企业的电费总额减少14.04%。以优化后的同等用电量相比，采用季节性电价可使工业企业的电费总额减少4.49%。(4)销售额和税收收入同步增加（分别增加了9.99%和9.97%），有效促进了产业均衡发展。

二、季节性电价模型的敏感性分析

为说明本章所提季节性电价模型的稳健性，在此就调整价格浮动上限、企业产出波动幅度、用电量波动幅度以及电力短缺程度（即电力供给总量减少的比例）进行了敏感性分析。

（一）季节性电价模型对电价浮动上限的敏感性分析

图9.3给出了季节性电价模型对价格浮动上限的敏感性分析结果。可以发现，季节性电价套餐对价格浮动上限（h）较为敏感。从均价来看，当价格浮动上限增加，夏季和冬季的电价均上升（当h由0.1上升为0.2，均价分别上涨4.80%、4.76%；当h由0.2上升为0.3，均价分别上涨4.59%、4.55%），而春—秋季节的电价则下降（当h由0.1上升为0.2，均价下降5.26%；当h由0.2上升为0.3，均价下降5.56%）。从价格分布来看，春—秋季节和冬季的电价分布集中，而夏季电价的波动区间随价格浮动上限的增加而变大。然而，季节性电价套餐缓解夏季和冬季用电负荷的效果对价格波动幅度并不敏感。具体而言，当h的取值从10%增加到30%，夏季用电量减少的比例从31.80%增加到34.72%，冬季用电量减少的比例从27.02%增加到28.65%。因此，为防止电价过度波动影响电力市场的稳定性，将价格波动上限设置为20%。

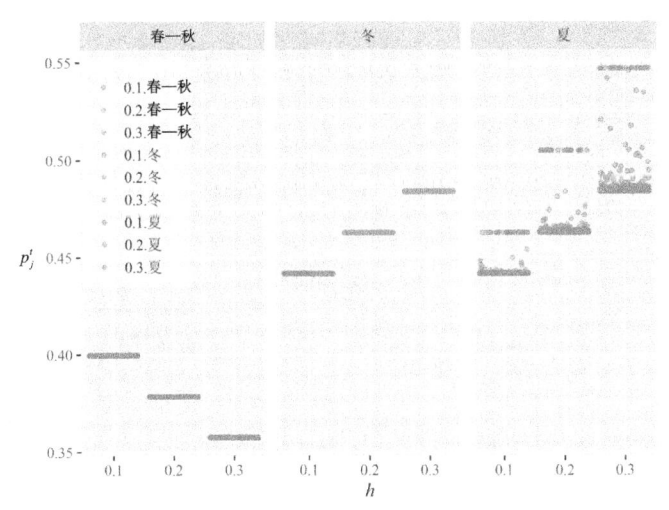

图9.3 最优季节性电价对h的敏感性分析

注：p_j^t表示企业e_j的电价，单位是元/kWh。$t=1, 2, 3$，指标分别表示夏季、冬季和春—秋季节。

(二)季节性电价模型对产出和用电量波动幅度的敏感性分析

图 9.4 描述了季节性电价模型对企业产出波动幅度(k)和用电量波动幅度(f)的敏感性分析结果。图 9.4(a)表明了仅有夏季电价的分布会对企业产出的变动幅度敏感,即随着 k 的增大,会有更多企业在夏季面临高电价。然而,长期反应模型可能会低估价格诱导的短期需求响应(Chassin & Rondeau,2016)。因此,图 9.4(a)也暗示了夏季电价在制定的时候不能过于分散。特别是大型工业企业不会将负荷管理视为优先事项,过于分散的夏季电价有增加企业用电成本增加和诱导产业链失衡的风险(Greening,2010)。图 9.4(b)则表明季节性电价套餐对企业用电量波动幅度不敏感。当 f 由 0.1 增加到 0.3,各季节电价的分布及均价无明显变化。

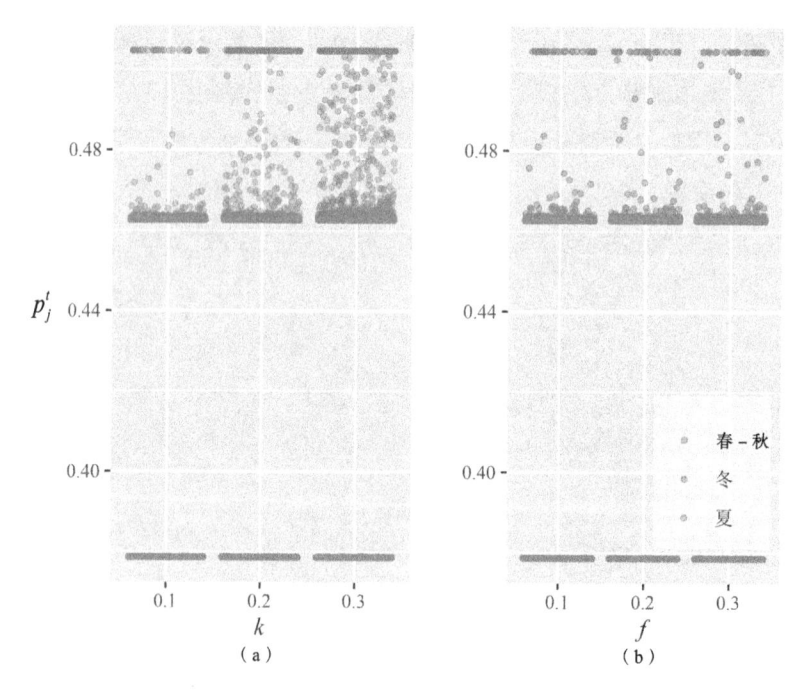

图 9.4 最优季节性电价对 k 和 f 的敏感性分析

注:p_j^t false 表示企业 e_j false 的电价,单位是元 /kWh。$t=1, 2, 3$ 指标分别表示夏季、冬季和春—秋季节。

(三) 季节性电价模型对电力短缺程度的敏感性分析

表 9.5 汇总了电力供给总量分别减少 12.5% 和 15% 时季节性电价模型的稳健性检验结果。对比表 9.3 和表 9.5，可以发现，在不同缺电程度下，季节性电价套餐的价格较为稳定，且季节性电价模型在提高用电效率、缓解高峰季节用电负荷以及减少企业用电成本方面均具有较好的效果。具体而言：(1) 在用电效率方面，即使缺电程度增加，采用季节性电价仍可使工业企业的用电效率提高 9.96%，且产出增加的幅度接近模型约束的上限 (10%)；(2) 在缓解高峰季节用电负荷方面，随着缺电程度增加，夏季和冬季用电量的削减幅度可分别达到 33% 和 28% 左右；(3) 在降低企业成本方面，在 λ 为 12.5% 和 λ 为 15% 的情形下，季节性电价措施促使工业企业的电费总额分别减少 16.39% 和 18.65%，且以优化后的同等用电量相比，季节性电价措施促使工业企业的电费总额分别减少 4.44% 和 4.29%；(4) 当电力总供给减少的比例由 12.5% 增加为 15%，夏季和冬季用电总量减少的比例仅有 0.08% 的减少，而春—秋季节用电总量减少的比例则有 3.81% 的增加。由此可见，随着缺电问题加剧，季节性电价套餐在转移高峰季节负荷方面的作用相对有限 (Adom, 2017)。

表 9.5 不同缺电程度下季节性电价模型的稳健性检验

电价 (元/kWh)	比例 λ 为 12.5% 最小值	最大值	均值	比例 λ 为 15% 最小值	最大值	均值
$\tilde{p}_j^{gc1}$	0.4627	0.5047	0.4629	0.4627	0.5047	0.4629
$\tilde{p}_j^{gc2}$	0.4627	0.4628	0.4627	0.4627	0.4628	0.4627
$\tilde{p}_j^{gc3}$	0.3785	0.3787	0.3785	0.3785	0.3786	0.3785
$(\tilde{Q}^1 - Q^1)/Q^1$ (%)		-33.64			-33.72	
$(\tilde{Q}^2 - Q^2)/Q^2$ (%)		-28.64			-28.77	

续表

| | 比例 λ 为 12.5% ||| 比例 λ 为 15% |||
电价（元/kWh）	最小值	最大值	均值	最小值	最大值	均值
$(\tilde{Q}^3 - Q^3)/Q^3$（%）		−2.22			−6.03	
$(\tilde{Y}_1 - Y_1)/Y_1$（%）		9.99			9.99	
$(\tilde{Y}_2 - Y_2)/Y_2$（%）		9.97			9.97	
$(\tilde{Z} - Z)/Z$（%）		−16.39			−18.65	
集体用电效率的增幅（%）		9.96			9.96	

三、季节性电价与分类分级限电的对比分析

季节性电价措施和分类分级限电措施作为需求响应和有序用电的典型管理手段，在应对电力供需矛盾，特别是长期的电力供需矛盾时，均对维护电网安全具有较好的作用。从政策属性来看，前者属于价格型政策工具，在政府的一定管制下更多依赖于市场的调节作用；而后者属于数量型政策工具，更多依赖于政府的干预和企业的节电行为，且企业自身的节电行为具有一定的不确定性。

为比较季节性电价套餐模型与分类分级限电模型的效果，我们计算了模型优化前后各产业总销售额和总税收收入的改变幅度，以及各产业集体的用电效率。其中，通用权重由不考虑季节和价格因素的 CSW-DEA 模型计算得到。结果如表 9.6 所示。

表 9.6 季节性电价模型和分类分级限电模型优化结果的对比分析

产业	季节性电价模型			分类分级限电模型		
	PUE_{SPP}^{sco}	$\frac{\tilde{Y}_1 - Y_1}{Y_1}$（%）	$\frac{\tilde{Y}_2 - Y_2}{Y_2}$（%）	PUE_{CGPR}^{co}	$\frac{\tilde{Y}_1 - Y_1}{Y_1}$（%）	$\frac{\tilde{Y}_2 - Y_2}{Y_2}$（%）
1	0.644	10.00	10.00	0.644	10.00	10.00
2	0.627	10.00	10.00	0.627	10.00	-7.21
3	0.547	9.99	9.94	0.539	8.27	-9.83
4	0.699	9.94	9.92	0.695	10.00	-7.56
5	0.604	10.00	10.00	0.604	10.00	10.00
6	0.650	10.00	9.99	0.646	10.00	10.00
7	0.534	9.99	9.98	0.533	10.00	10.00
8	0.555	10.00	9.99	0.555	10.00	10.00
9	0.485	10.00	10.00	0.485	10.00	10.00
10	0.595	10.00	10.00	0.595	10.00	-9.14
11	0.645	10.00	10.00	0.649	10.00	10.00

注：PUE_{SPP}^{sco} 和 PUE_{CGPR}^{co} 分别是利用公式（9-5）—（9-13）和公式（9-14）—（9-22）求得的集体用电效率最优值。计算 PUE_{SPP}^{co} 时的通用权重由公式（9-1）—（9-4）得到，电力资源投入和产出由季节性电价模型得到。

通过对比可以发现，季节性电价措施和分类分级限电措施在缓解电力供需矛盾和提升产业集体的用电效率方面均具有较好的效果，但季节性电价措施更有利于保证产业的均衡发展和节省用电成本。具体地：（1）在电力短缺时，采用季节性电价措施和分类分级限电措施都能使产业集体用电效率至少提升 8.23%，且季节性电价具有缓解用电高峰季节（夏季和冬季）负荷的显著优势。（2）在维持产业均衡发展方面，季节性电价实施后，各产业的年销售总额和税收收入总额均有提升。然而，集成电路、节能与新能源汽车、生物医药以及智能机器人产业在分类分级限电措施实施后出现了非均衡的发展，表现为销售额增加，但税收收入减少。这与诺伊（Nooij，2009）等人的研究结论一致。即价格调整和最优限电在维持电力市场供给平衡中都具有较好的作用，但如果政府配给不结合额外的补贴措施，资源配置的公平性可能会受到破坏，影响产业的均衡发展。（3）若假设电力总供给减少10%，季节性电价套餐措施比分类分级限电措施的用电总成本额外减少4.04%。同时值得注意的是，有0.09%的企业在季节性电价下的用电成本会有所上涨（涨幅介于0.02%至1.10%之间）。这意味着季节性电价并非适用于所有企业，但相较于差异化限电，其对大多数企业节约用电成本更有利。

四、季节性电价套餐设计

为了说明如何利用本章提出的季节性电价模型辅助电力公司设计季节性电价套餐，本小节将夏季、冬季和春—秋季节的电价视为企业的三个特征变量，对企业进行 K-means 聚类分析。图 9.5 至图 9.7 汇总了电力短缺程度分别为 $\lambda=10\%$、$\lambda=25\%$ 和 $\lambda=15\%$ 情形下的聚类结果[①]。

由图 9.5 至图 9.7 可以看出，利用本章设计的季节性电价模型得到的最优季节性电价做 K-means 聚类分析，结果具有稳健性。在缺电程度分别为 $\lambda=10\%$、$\lambda=25\%$ 和 $\lambda=15\%$ 的情形下，聚类结果均为三类，且非均衡。其中，第一类（Cluster 1）企业的数量最多，第二类企业（Cluster 2）的数量次之，第三类企业（Cluster 3）的数量最少。

---

① 说明：为优化可视化效果，绘图时对 p^1、p^2 和 p^3 增加了小的随机扰动。

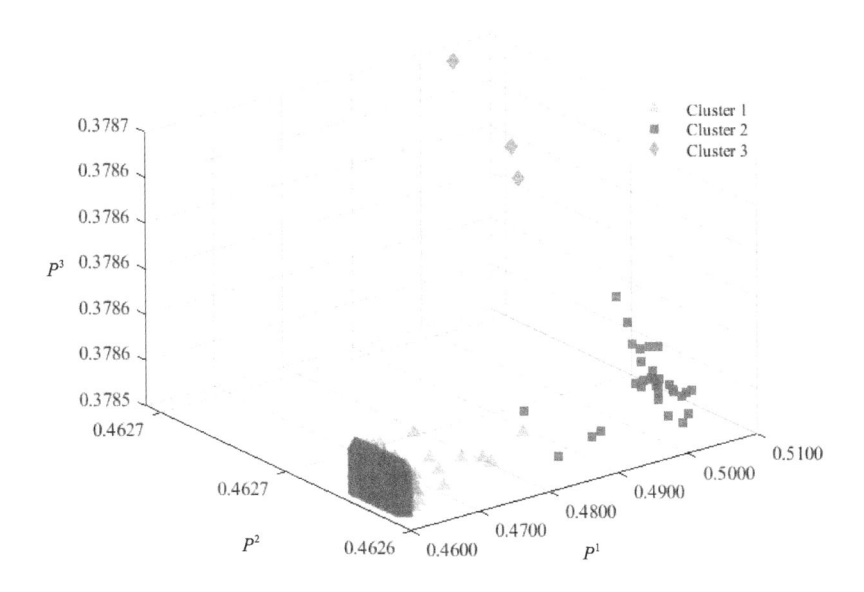

第九章　基于季节性电价的工业企业用电配置策略与中国实践　　309

图 9.5　$\lambda=10\%$ 情形下季节性电价套餐的聚类结果

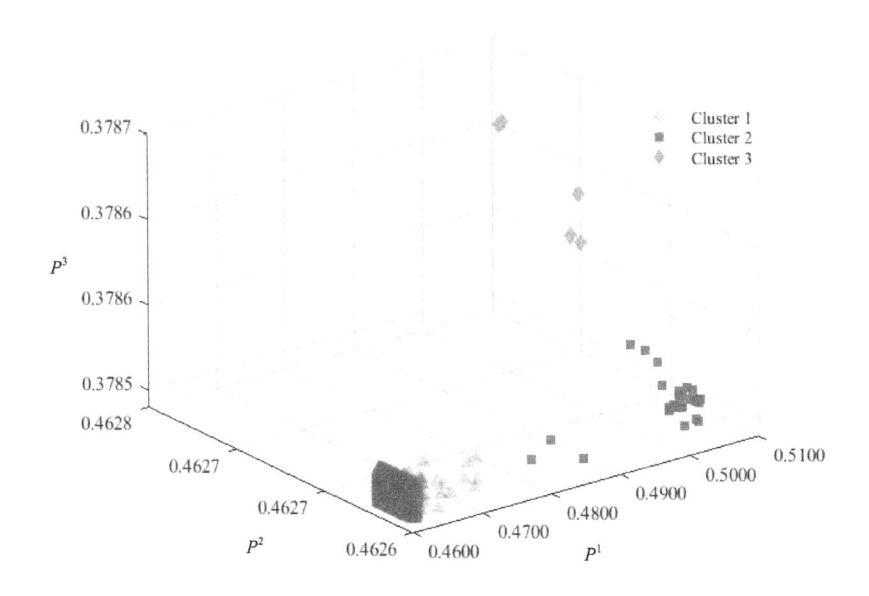

图 9.6　$\lambda=12.5\%$ 情形下季节性电价套餐的聚类结果

图 9.7　λ=15% 情形下季节性电价套餐的聚类结果

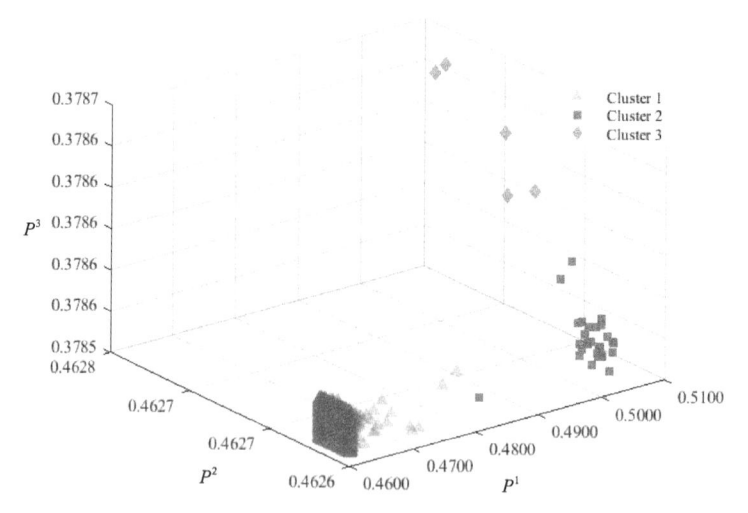

结合图 9.8，进一步分析原因可以发现，随着缺电程度的增加，Cluster 1 对应企业的平均用电成本均下降约 5%，Cluster 2 对应企业的平均用电成本下降约 3.5%，而 Cluster 3 对应企业平均用电成本则由小幅下降（减少 0.5%）转为小幅上涨（增加 0.26%）。由此可见，为大多数企业制定季节性电价套餐有利于企业节约用电成本，但季节性电价也并非适用于所有企业。

	λ=10%	λ=12.5%	λ=15%
Cluster 1	-5.32%	-5.25%	-5.14%
Cluster 2	-3.48%	-3.57%	-3.57%
Cluster 3	-0.50%	-0.01%	0.26%

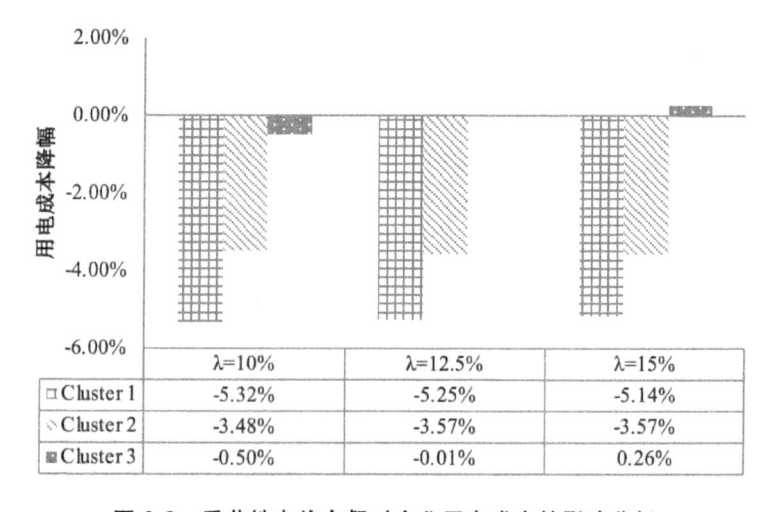

图 9.8　季节性电价套餐对企业用电成本的影响分析

基于上述分析，季节性电价套餐可以设为两类，依次记聚类结果Cluster 1 和 Cluster 2 对应的电价套餐为套餐 1 和套餐 2，结果见表9.7。

可以发现，在不同的缺电程度下，各电价套餐在冬季（0.4627元/kWh）和春—秋季节（0.3785元/kWh）的参考电价基本稳定，主要区别在于夏季电价。夏季电价的具体区别在于：(1) 套餐 1 的夏季电价（包括参考电价及定价范围）总是低于套餐 2。其中，套餐 1 中夏季定价范围的下限稳定，为 0.4627 元/kWh，套餐 2 中夏季定价范围的上限稳定，为 0.5047 元/kWh。(2) 在不同的电力短缺程度下，套餐 1 的夏季参考电价稳定，为 0.4628 元/kWh，而套餐 2 的夏季参考电价随着缺电程度的增加有轻微上调。

表9.7 季节性电价套餐类型

λ 值	套餐	夏季电价（元/kWh）参考电价	夏季电价（元/kWh）定价范围	冬季电价（元/kWh）参考电价	冬季电价（元/kWh）定价范围	春—秋电价（元/kWh）参考电价	春—秋电价（元/kWh）定价范围
10%	1	0.4628	[0.4627,0.4828]	0.4627	0.4627	0.3785	0.3785
	2	0.5028	[0.4860,0.5047]	0.4627	0.4627	0.3785	[0.3785,0.3786]
12.5%	1	0.4628	[0.4627,0.4744]	0.4627	0.4627	0.3785	0.3785
	2	0.5029	[0.4845,0.5047]	0.4627	0.4627	0.3785	[0.3785,0.3786]
15%	1	0.4628	[0.4627,0.4840]	0.4627	0.4627	0.3785	0.3785
	2	0.5040	[0.4848,0.5047]	0.4627	0.4627	0.3785	[0.3785,0.3786]

注：在套餐 1 和套餐 2 中，各季节的参考电价依据 Cluster 1 和 Cluster 2 中所有企业在不同季节的最优电价的均值设定，各季节的定价范围依据 Cluster 1 和 Cluster 2 中所有企业在不同季节的最优电价的最小值和最大值设定。

下篇：
碳达峰经济政策之绿色金融政策

第十章

绿色金融对中国碳排放的影响与效应评价

本章的主要工作是剖析绿色金融如何影响碳排放，具体包括两个问题：（1）双门槛效应问题。我国绿色金融对碳排放的影响是否存在"不显著—显著促进—显著抑制"的动态过程？（2）空间作用机制问题。我国绿色金融对碳排放是否存在空间溢出效应？

第一节　绿色金融对碳排放的影响机制

一、研究背景

碳减排是推动经济结构转型升级、形成绿色低碳产业竞争优势，实现区域绿色可持续发展的内在要求。为减少碳排放，世界各国在碳金融、碳税收等方面取得了进展，比如，欧盟于2005年正式启动碳排放交易机制，2022年碳市场配额成交量91亿吨，在全球碳市场交易总量中占比超过80%；美国于2021年通过了《重建美好法案》（Build Back Better Act），对高于5kWh的储能系统给予最高30%的投资抵税减免（ITC）退税，以鼓励发展清洁能源，减少化石能源的碳排放；日本则建立了碳中和投资税收优惠制度，若企业三年内的碳生产效率高于7%，可享受5%税收减免或者50%特殊折旧；若高于10%，可享受10%税收减免或者50%特殊折旧，以此提高企业碳减排的积极性。

中国是世界上最大的温室气体排放国之一，根据IEA发布的《2022年二氧化碳排放报告》，2022年中国的二氧化碳排放量近115亿吨，约占全球碳排放量的三分之一。为实现碳达峰目标，中国正在加快能源结构转型，逐步减少对煤炭等高碳能源的依赖，增加清洁能源比重，特别是风能、太阳能和水电等可再生能源的利用。据统计，2023年，中国可再生能源总装机达到14.5亿千瓦，占全国发电总装机50%以上，历史性超过火电装机。在碳市场方面，碳交易机制增强了企业"排碳有成本、减碳有收益"的低碳发展意识。自2021年7月上线交易以来，全国碳市场年均覆盖二氧化碳排放量约 51 亿吨，占全国总排放量的比例超过 40%。截至 2023 年底，该机制共纳入 2257 家发电企业，累计成交量约 4.4 亿吨、成交额约 249 亿元。此外，为减少碳排放，中国人民银行等七部委联合印发了《关于构建绿色金融体系的指导意见》，建立了健全的绿色金融体系，截至 2023 年末，我国绿色贷款余额 28.58 万亿元，同比增长 36.8%，居全球首位；同期境内绿色债券市场余额 1.98 万亿元，居全球第二。

绿色金融将环境因素纳入金融业务决策与运营管理范畴，通过引导资金流向节约资源技术开发和生态环境保护产业，实现经济社会全面绿色低碳循环发展，从而达到碳减排目标（何德旭、程贵，2022）。常用的绿色金融工具主要有绿色信贷、绿色债券、绿色保险、绿色投资和碳金融。比如，德国对环保、节能项目予以一定额度的贷款贴息，对于环保节能绩效好的项目，可以给予持续 10 年、贷款利率不到 1% 的优惠信贷政策，利率差额由中央政府予以贴息补贴，最终利用较少的资金调动起一大批环保节能项目的建设和改造，"杠杆效应"非常显著。美国政府每年向财产与巨灾保险人征收 5 亿美元的税款，专门用于严重环境污染的清理；另外，美国区域温室气体减排行动（RGGI）发出倡议，对发电厂可以排放的二氧化碳污染量设置区域上限，要求 2021—2030 年间，区域排放上限每年将下降 3%，最终实现总降幅 30%，持续发挥碳减排功能。

相较于其他政策性工具，绿色金融可以引导资金直接流向环保和低碳项目，进而促进创新和技术发展，提高能源效率，最终降低碳排放（李云燕、张硕，2023）。但是，绿色金融除了通过为绿色项目提供资金融通影响碳排放外，还可能存在门槛效应与空间溢出效应。门槛效应指在绿色金融发展初期，绿色投资项目在建设和维护过程中可能会产生额外的碳排放。但是，当绿色金融发展到一定阶段，企业将在绿色金融引导下通过绿色转型实现碳减排。空间溢出效应指周边地区绿色金融政策的实施不仅会影响其绿色金融水平，还可能出现溢出效应。具体地，周边地区为降低其碳排放水平，会通过绿色金融政策对清洁能源和节能项目进行投资，从而实现产业结构升级。受此影响，本地区的能源结构实现优化、环境规制强度提高，进而实现本地区的碳减排。

二、绿色信贷政策影响碳排放的理论机制

关于绿色金融的测度，主要有两类方法。（1）用单一指标来测度。为了衡量绿色金融的发展，部分学者采用了绿色信贷、绿色债券、绿色基金、绿色保险等单一维度指标。其中，绿色信贷占比最为常用（Flammer et al., 2023; Liu et al., 2023）。（2）构建综合指数来测度。比如，基于绿色信贷、绿色产业投资、绿色债券等维度构建绿色金融综合指数（Ma et al., 2024）。学界较少将综合指数法用于分析绿色金融对碳排放的影响。尽管综合指数法可能存在指标选取无明确标准的问题，但它能更为全面地展现绿色金融发展水平。因此，本节首先采用绿色信贷、绿色保险、绿色投资等指标构建绿色金融综合指数反映绿色金融水平。

关于绿色金融对碳排放的影响，有两种观点。第一种观点认为绿色金融发展会减少碳排放（Yao et al., 2021; An et al., 2021）。部分学者将绿色金融或者环境污染作为门限变量，分析了绿色金融与碳排放、绿色经济、生态环境、产业结构优化和高质量发展的关系，发现绿色金融水平发展对碳排放的影响呈现出从不显著到显著抑制的变化，即存在单一门槛效应（Cai et al., 2022）。另一种观点认为金融发展会导致碳排放增加（Ali et al., 2019）。在国家层面，绿色金融与经济发展的代价使环境恶化和碳排放量增加，尤其是对发展中国家而言。从企业层面来看，绿色金融发展可以减少融资限制、降低生产成本，促进企业购买大型设备、建设新的生产线，但这必然会增加碳排放。在个人层面上，绿色金融发展使人们更容易获取信贷，刺激了消费者购买汽车、空调、冰箱等能源密集型产品，进而增加了地区的碳排放（Sadorsky et al., 2010）。

（一）绿色金融发展对碳排放的结构突变效应

绿色金融的发展可能会对碳排放产生"结构突变效应"（Dong et al.，2022）。可从以下三个过程进行分析：

第一，在绿色金融政策实施前期，绿色金融对排放的影响不显著。主要原因在于，绿色金融政策尚未实施，资源配置的导向作用无法体现，故企业无法从绿色金融中获得潜在利益，绿色转型的动机不足，传统的高污染生产模式仍占主导位置。

第二，在绿色金融政策实施初期，绿色金融可能会增加碳排放，主要路径有：（1）利用绿色金融获得的融资部分用于基础建设，比如太阳能光伏发电系统在建造阶段会因太阳能电池板制造、设备安装和材料运输等过程耗费大量化石燃料，导致碳排放增加；（2）碳信用供应不足可能导致企业碳排放增加，比如，若无法获得足额碳信用，企业短期内在利润驱使下会采取高价购买或支付罚款的方式来维持高碳产品生产。

第三，在发展中后期，绿色金融可能会降低碳排放。随着绿色金融政策逐步实施，绿色信贷和投资规模不断扩大，企业为获得绿色金融支持，会调整企业内部的资源配置，以期通过企业技术创新和低碳化发展获得市场资源，最终达到抑制碳排放的目的（Zhou et al.，2022）。基于上述分析，提出假说1。

假说1：本地绿色金融水平提升对本地碳排放影响存在"不显著—显著促进—显著抑制"的双门槛效应。

（二）绿色金融对碳排放的空间溢出效应

周围地区绿色金融的发展会通过金融服务推动本地区绿色信息、低碳技术和绿色政策理念的扩散，从而抑制本地区的碳排放。具体而言，周围地区的绿色金融主要通过以下两种方式影响本地区的碳排放：

一是绿色理念和低碳技术的空间溢出。当周围地区拥有较完善的绿色发展政策体系和高水平专业人才时，周围地区会率先实现绿色低碳技术革新，形成产业绿色价值链（Tian et al.，2022）。由于周围地区绿色产业集聚会出现"市场拥挤效应"，竞争优势和超额利润的存在将导致高科技低碳产业向本地区扩散（即出现低碳产业横向溢出现象），进而抑制碳排放（Andersson et al.，2021）。

二是绿色资金的空间溢出。当周围地区的绿色金融与低碳技术较为发达，周围地区的资金会与低碳技术一同流向本地区（即出现低碳产业转移现象），此时，本地区的低碳产业结构得到优化，碳排放受此影响出现降低（Wang et al.，2020；Wan et al.，2022）。基于上述分析，提出假说2。

假说2：绿色金融水平对碳排放具有空间抑制效应，即周围地区绿色金融水平提升将抑制本地区的碳排放水平。

第二节 绿色金融对碳排放影响的双门槛分析模型

一、基准回归模型设定

绿色金融的发展可能直接影响二氧化碳排放,因此首先建立模型1以检验绿色金融对碳排放的直接影响。

$$pco_{it} = \alpha + \beta_1 lng_t + \beta_2 control_t + \mu_i + \varepsilon_i \quad (10\text{-}1)$$

其中,i 表示省份,t 表示年度。本节采用人均二氧化碳排放量 pco 作为被解释变量,lng 表示绿色金融综合水平,$control$ 表示影响碳排放的控制变量,u_i 为个体固定效应,ε_i 表示随机扰动项。

二、指标选取

1. 被解释变量。以省域人均碳排放为被解释变量。化石能源消费和水泥生产是人类活动碳排放的主要来源,由于化石燃料主要为含碳物质构成,而其中的碳在燃烧后几乎完全转化为气态性质的二氧化碳,因此,通过估计化石燃料消费量和排放因子可以较为准确地计算国家或区域在一定时间内的碳排放量,即碳排放量 = 能源消费量 × 排放因子。

2. 核心解释变量。参考既有文献,基于绿色信贷(*credit*)、绿色投资(*invest*)、绿色保险(*insurance*)维度构建绿色金融指标体系,对各指标进行标准化处理,运用熵权法对省域绿色金融水平展开测度,构建绿色金融综合指数(*g*)。

3. 控制变量。参考已有文献，本节选取的控制变量包括：经济发展水平（$pgdp$）、政府支持（gov）、外商直接投资（$inter$）、城镇化水平（$city$）、人口增长（peo）、工业污染程度（so_2）、工业占比（ind）等行业层面的特征。接受投资对东道国环境的影响存在两种假说。"污染避难所"假说认为，由于东道国多为发展中国家，环境规制薄弱，投资母国会将一些高污染、高耗能的产业通过投资转移至东道国，造成严重的环境污染问题。"污染晕轮"假说认为：直接投资可以给东道国带来高效的生产模式和清洁技术，从而有助于降低环境污染（宋德勇、易艳春，2011）。两种假说的作用方向相反。相比于农村人口，城市人口人均碳排放较大，因此选择城市人口总量在总人口中的占比表示城镇化水平。人口越多，其使用资源量越大，碳排放总量也就越大，因此本节以人口自然增长率表示人口增长。具体定义见表10.1。

4. 中介变量。中介变量为产业结构（is），本节选用第三产业生产总值与国内生产总值比值作为产业结构方面的指标。

表 10.1　主要变量

变量	变量缩写	变量说明
碳排放	pco	人均碳排放
绿色信贷	$credit$	六大高耗能工业产业利息支出/工业利息总支出
绿色保险	$insurance$	农业保险收入/保险总收入
绿色投资	$invest$	环境保护投资/GDP
经济发展水平	$pgdp$	人均 GDP
政府支持	gov	政府财政支出额/GDP
外商直接投资	$Inter$	外商投资/GDP
城镇化水平	$city$	城镇化率
人口增长	peo	人口自然增长率
工业污染程度	so_2	二氧化硫排量
工业占比	ind	工业增加值/GDP
产业结构	str	第三产业生产总值/国内生产总值

三、双重门槛效应与空间溢出效应检验

前文实证了绿色金融能显著降低碳排放。但是，如以往研究假设提出，绿色金融对碳排放的影响可能存在多重结构性突变。此外，地区之间的产业结构升级与政策示范效应可能会使得绿色金融对碳排放的影响存在空间抑制效应。因此，下面对绿色金融与碳排放之间的结构性突变关系和空间效应进行进一步分析。

（一）双重门槛效应检验

为验证假说1，即绿色金融自身规模与产业结构规模使得绿色金融对碳排放可能存在双重结构效应，本节分别以绿色金融与产业结构为门槛变量，构建以下模型：

$$pco = \alpha + \beta_1 lng * I(lng \leq \partial_1) + \beta_2 \ln g * I(\partial_1 \leq lng \leq \partial_2) + \beta_3 lng * I(lng \geq \partial_2) + \beta_4 control \tag{10-2}$$

$$pco = \alpha + \beta_1 lng * I(str \leq \partial_1) + \beta_2 lng * I(\partial_1 \leq str \leq \partial_2) + \beta_3 lng * I(str \geq \partial_2) + \beta_4 control \tag{10-3}$$

其中，lng 代表碳排放的对数，str 代表产业结构，$control$ 为控制变量，δ_1 和 δ_2 为门槛值；$I(\cdot)$ 表示示性函数。

门槛模型的关键在于检验是否存在门槛效应。对原假设进行 LM 检验，检验统计量如下：

$$F = n \frac{s_0 - s_n(\hat{\partial})}{s_n(\hat{\partial})} \tag{10-4}$$

其中，s_0 表示零假设成立的残差平方和，s_n 表示门槛效应成立的残差平方和，$\hat{\partial}$ 为估计的门限值。由于无法在零假设下得到门槛估计值，因此需要采用 Bootstrap 抽样方法获得 LM 统计量。如若拒绝原假设，则认为存在门槛效应。

（二）空间溢出效应检验

为验证周围地区的绿色金融对本地碳排放的影响是否具有空间溢出效应，本节将采用空间杜宾模型进行分析，同时对假说 2 进行验证。

1. 空间权重矩阵构建。由于各地区的经济活动在区域之间流动，会导致绿色金融对碳排放的影响产生空间效应，因此，本节通过构建地理距离与经济嵌套权重矩阵来刻画空间关联性。地理距离权重矩阵满足：

$$W_{ij} = \begin{cases} \dfrac{1}{d_{ij}}, & i \neq j \\ 0 & i = j \end{cases} \quad (10\text{-}5)$$

其中，d_{ij} 是基于经纬度坐标计算的各省会城市的地理距离。考虑到地理距离权重矩阵仅反映了地理位置的影响，但随着信息通信、AI、大数据等互联网技术的快速发展，地区间的联系比以往更加紧密（朱向东，2021）。同时，国内基础设施的完善使得各地区之间的地理障碍降低，经济距离意义上的空间关联表现得尤为重要（黄建欢，2014）。基于此，借鉴张学良（2012）的相关研究，构建地理与经济嵌套权重矩阵，具体表达式为：

$$W_{ij} = \begin{cases} \dfrac{1}{|pGDP_i - pGDP_j| * distance_{ij}}, & i \neq j \\ 0, & i = j \end{cases} \quad (10\text{-}6)$$

其中，$pGDP$ 表示人均地区生产总值；$distance_{ij}$ 为地区 i 和地区 j 之间以经纬度坐标计算的地理距离。

2. 空间自相关性检验。在构建空间计量模型前，需要进行空间自相关性检验。采用全局莫兰指数检验地区间二氧化碳排放的空间相关特征。其计算公式为：

$$I = \dfrac{\sum_{i=1}^{n}\sum_{j=1}^{n}W_{ij}(x_i - \bar{x})(x_j - \bar{x})}{S^2 \sum_{i=1}^{n}\sum_{j=1}^{n}w_{ij}} \quad (10\text{-}7)$$

其中，n 为样本数，S^2 表示省域层面变量 x 的方差，$\bar{x}$ 为省域层面 x 的均值，W_{ij} 是空间权重矩阵。莫兰指数可用于检测区域间的空间相似性与空间相异性，取值在 -1 和 1 之间，当莫兰指数大于 0 时，表明变量间存在空间正相关；当莫兰指数小于 0 时，表明变量间存在空间负相关；当莫兰指数为 0 时，表明变量间不存在空间相关性。

3. 空间计量经济模型构建。经过"OLS-SAR-SEM-SAC-SDM"的路径检验（韩峰、谢锐，2017），本节选择时空双重固定的杜宾模型（SDM），具体公式如下：

$$CE_{it} = \rho_1 \sum_{i=1}^{n} w_{ij} CE_{it} + \alpha_1 + \beta_1 lng_{it} + \theta_1 \sum_{i=1}^{n} w_{ij} lng_{it} + \qquad (10\text{-}8)$$

$$\beta_2 control_{it} + \theta_2 \sum_{i=1}^{n} w_{ij} control_{it} + \mu_i + \lambda_t + \varepsilon_{it}$$

其中，$\varepsilon_{it} = \lambda w \varepsilon_{it} + \varsigma_{it}$，$CE_{it}$ 是碳排放的对数，W_{ij} 为空间权重矩阵，$control_{it}$ 为控制变量，μ_i 和 η_i 分别表示时间固定效应和地区固定效应，ε_{it} 为误差项，ρ 为空间的自相关系数，λ 为空间的自回归系数。

四、进一步分析

（一）门槛效应进一步分析

现有研究采用单门槛模型验证了绿色金融对碳排放的影响具有从不显著到显著抑制的变化过程，但是，前述理论分析和实证检验均表明，绿色金融可能会促进碳排放。因此，本节结合相关政策实施节点，利用双重差分模型对该结论的稳定性进行验证。具体地，本节将设立绿色金融改革创新试验区这一政策作为一项准自然实验，选取设立绿色金融改革创新试验区的省份为实验组，其余省份为对照组，通过双重差分方法对比两组研究对象在政策实施前后产生的差异，探究设立绿色金融改革创新试验区这一政策的碳减排效果。

根据《关于构建绿色金融体系的指导意见》文件，2017 年 6 月，国务院批准在五省（区）设立绿色金融区域试点，分别是浙江省、广东省、江苏省、山东省和河南省。此外，还有七省（区）十地开展了绿色金融改革创新试验，包括北京市、上海市、天津市、重庆市、四川省、贵州省、云南省。根据双重差分法原理，构建如下模型：

$$pco = \alpha + \theta dt_{it} \times du_{it} + \partial control_{it} + \mu_i + v_t + \varepsilon_{it} \qquad (10\text{-}9)$$

其中，pco 为被解释变量。$du=1$ 表示政策实施地区，$du=0$ 表示其他地区。$dt=1$ 代表政策践行后，$dt=0$ 代表政策践行前。$control_{it}$ 为控制变量。μ_i 表示个体固定效应，v_t 表示时间固定效应，ε_{it} 为随机扰动项。在式（10-9）中，主要关注系数 θ，它衡量了绿色金融政策对碳排放的影响。

（二）空间效应机制检验

本部分分析周围地区绿色金融如何通过影响本地产业结构对本地碳排放产生空间溢出效应。产业结构转型升级包括产业结构合理化和产业结构高级化。从微观层面来讲，产业结构转型升级体现的是企业科技创新、技术进步的过程（李晓西等，2015）。具体地，绿色金融通过金融资源再配置，引导金融资源逐渐脱离高消耗、高污染、高资源依赖的第一产业和第二产业，让更多金融资本流向低消耗、低污染、低资源依赖的第三产业，从而提高第三产业在国民经济中的占比（纪海伦，2022）。因此，本节以第三产业占 GDP 的比重表示产业结构，以此进行机制检验。参照刘畅和田晓丽（2020）的研究思路，采用逐步检验回归系数法构建中介效应模型。由于上文已经分析绿色金融对碳排放的空间溢出效应（即式 10-8），故此处直接从中介效应的第二步检验展开分析，满足：

$$\begin{aligned} M_{it} = {} & \rho_2 \sum_{i=1}^{n} w_{ij} M_{it} + \alpha_2 + \beta_2 lng_{it} + \theta_1' \sum_{i=1}^{n} w_{ij} lng_{it} + \\ & \beta_2' control_{it} + \theta_2' \sum_{i=1}^{n} w_{ij} control_{it} + \mu_i + \lambda_t + \tau_{it} \end{aligned} \qquad (10\text{-}10)$$

$$CE_{it} = \rho_3 \sum_{i=1}^{n} w_{ij} CE_{it} + \alpha_3 + \beta_3 lng_{it} + \theta_3 \sum_{i=1}^{n} w_{ij} lng_{it} + \gamma M_{it} + \sigma \sum_{i=1}^{n} w_{ij} M_{it} +$$
$$\beta_3' control_{it} + \theta_3' \sum_{i=1}^{n} w_{ij} control_{it} + \mu_i + \lambda_t + \vartheta_{it} \quad (10\text{-}11)$$

其中，CE_{it}是碳排放的对数，M_{it}是产业结构的对数，$control_{it}$为控制变量，其余符号的含义与上文相同。

五、数据来源与变量描述性统计

本节采用的数据为中国 2012—2021 年 30 个地区的省级面板数据。其中，港澳台地区和西藏自治区因数据完整性问题暂不予考虑。本节采用的绿色金融数据来源于《中国保险年鉴》《中国环境年鉴》《中国能源年鉴》和国泰安 CSMAR（https://data.csmar.com/）。其他指标的数据均来源于《中国统计年鉴》与各省统计年鉴。

表 10.2 主要变量的描述性统计

变量	(1) N	(2) mean	(3) sd	(4) min	(5) max
lng	300	-1.269	0.302	-2.281	-0.419
lnpco	300	2.129	0.686	0.272	5.026
peo	300	4.278	3.274	-7.800	11.47
gov	300	0.258	0.108	0.107	0.758
ind	300	0.328	0.0811	0.101	0.542
so_2	300	36.98	36.01	0.142	175
insurance	300	0.0694	0.0588	0.0008	0.285
invest	300	0.00107	0.00119	0	0.011

续表

变量	(1) N	(2) mean	(3) sd	(4) min	(5) max
credit	300	0.518	0.155	0.192	0.906
pgdp	300	10.88	0.437	9.849	12.12
city	300	0.602	0.118	0.363	0.896
inter	300	0.00317	0.00346	0	0.0279
str	300	18.78	49.43	1.883	316.8
lnstr	300	1.869	1.072	0.633	5.758

第三节 绿色金融对中国碳排放影响的实证分析

一、基准回归结果

表10.3汇报了绿色金融与碳排放的基准回归结果。其中，列（1）为未加入控制变量的估计结果，列（2）为加入控制变量的估计结果。

基准回归结果表明，列（1）和列（2）中核心解释变量 lng 的系数在5%水平上显著均为负，说明绿色金融的发展能显著抑制碳排放。究其原因，绿色金融促使金融机构、企业和投资者转向低碳生产和生活方式，推动金融资源向碳排放效率高的行业倾斜。企业为满足环保标准和"绿色"门槛，通过升级生产技术和改造生产设备来减少碳排放。此外，绿色金融政策的宣传普及也推动消费者偏好向绿色低碳转变，促进环保产品和服务的使用，进一步抑制碳排放。

表 10.3 基准回归结果

变量	（1） $lnpco$	（2） $lnpco$
lng	−0.2551** （−2.07）	−0.7442*** （−8.7154）
$pgdp$		0.6630*** （4.2388）

续表

变量	（1） lnpco	（2） lnpco
$lnso_2$		0.2464***
		（5.1652）
gov		3.7160***
		（7.2936）
ind		0.9247
		（1.5355）
inter		-8.8909
		（-0.9071）
peo		-0.0134
		（-1.1910）
Observations	300	300
R-squared	0.575	0.479

二、异质性检验

由于中国经济发展不平衡，东部和西部经济发展差异较大，绿色金融对碳排放的影响可能具有较大差异。因此，下面将样本分为东、中、西部地区，以探究绿色金融对碳排放影响的区域异质性。

表10.4报告了西部、中部和东部地区的基准回归结果。其中，列（1）和列（3）中解释变量 lng 的系数在1%水平上显著均为负，表明绿色金融可以抑制中国东、西部地区的碳排放。列（2）中，解释变量系数为0.8743，在5%水平上显著为正，表明绿色金融会促进中国中

部地区的碳排放。因此，中国绿色金融的发展对碳排放的影响具有区域差异性。究其原因，东部地区经济技术和金融市场最为发达，可以率先通过实施绿色金融政策促进产业结构优化，从而有效抑制本地区的碳排放（郭希宇，2022）。西部地区具有后发优势，各项绿色政策向西部倾斜，绿色资金不断进入风电、光伏产业，进而出现绿色金融政策抑制碳排放的现象。相反地，山西等中部地区承接了东部高排放产业的转移重担，重污染产业占比高，外加金融市场不成熟，绿色金融资本使用不规范，致使绿色金融政策在一定程度上促进了碳排放。

表 10.4 分地区回归结果

变量	（1）西部	（2）中部	（3）东部
lng	-0.6338***	0.8743**	-0.3310**
	（2.8429）	（2.0274）	（-1.3975）
$pgdp$	0.0560	10.3052***	-3.5635***
	（0.0194）	（2.9309）	（-3.1169）
$lnso_2$	0.1390	1.2764***	0.2012***
	（0.3813）	（4.7567）	（2.7221）
gov	1.1830**	-2.3885***	0.8679***
	（1.9925）	（-2.9237）	（3.1084）
ind	4.4138***	-12.2674***	6.4470***
	（6.0597）	（-3.8540）	（4.5152）
$inter$	5.3218***	5.2754***	1.2125*
	（3.1240）	（3.4778）	（1.9605）
peo	-14.0714**	20.9568**	-8.2506**
	（-2.4249）	（2.5466）	（-2.6157）
Observations	110	60	100
R-squared	0.505	0.724	0.355

三、双重门槛效应检验

表 10.5 中列（2）分别给出了绿色金融和产业结构作为门槛变量的 p 值。可以发现，在 1% 的显著性水平下，绿色金融与产业结构均存在双门槛效应，即绿色金融对碳排放的影响存在双重结构性变化。具体地，绿色金融作为门槛依赖变量时，产业结构（is）和绿色金融（g）作为门槛变量在 10% 的显著性水平下通过了双门槛检验。因此，下面将利用双门槛模型做进一步分析。

表 10.5 门槛检验结果

门槛变量	核心解释变量	门槛个数	（1）F 统计量	（2）显著性	（3）门槛值
lng	g	单门槛	10.30	0.1300	−1.6839
		双门槛	16.03	0.0000	−0.9302, −0.9545
str	g	单门槛	4.45	0.3167	
		双门槛	25.11	0.0000	0.1498, 0.4218

表 10.6 汇报了基于式（2）和式（3）的回归结果。列（1）给出了门槛变量（绿色金融和产业结构）的三个区间。结合列（2）和列（3）的回归系数和 p 值，可以发现，当 $lng \leqslant -1.684$ 时，绿色金融的估计系数不显著，即绿色金融对碳排放无显著影响。当 $-1.684 < lng \leqslant -0.955$ 时，绿色金融的估计系数在 5% 的显著性水平下显著为正，即绿色金融对碳排放有显著正向促进作用。当 $lng > -0.955$ 时，估计系数在 10% 的显著性水平下显著为负，即绿色金融对碳排放有显著抑制作用。因此，当选取绿色金融作为门槛变量时，其对碳排放的影响存在"不显著—显著促进—显著抑制"变化的结构效应，即验证了假说 1。

当 $str \leqslant 0.1498$ 时，绿色金融的估计系数不显著，即绿色金融对碳排放无显著影响；当 $0.1498 < str \leqslant 0.4218$ 时，绿色金融的估计系数在 1% 的显著性水平下显著为正，即绿色金融对碳排放有显著正向促进作用。当 $str > 0.4218$ 时，绿色金融的估计系数在 10% 的显著性水平下显著为负，即绿色金融对碳排放有显著抑制作用。因此，当选取产业结构作为门槛变量时，绿色金融对碳排放总量的影响也存在"不显著—显著促进—显著抑制"变化的结构效应，由此有效验证了假说 1。

表 10.6 门槛回归结果

被解释变量	门槛变量	（1）区间	（2）回归系数	（3）P 值
pco	lng	$lng \leqslant -1.684$	-0.177	0.331
		$-1.684 < lng \leqslant -0.955$	0.743	0.042
		$lng > -0.955$	-0.209	0.094
	str	$str \leqslant 0.1498$	-0.177	0.308
		$0.1498 < str \leqslant 0.4218$	0.230	0.000
		$str > 0.4218$	-0.847	0.075

四、空间溢出效应检验

表 10.7 中的列（1）汇报了式（7）莫兰指数的结果。结果表明，所有年份碳排放的全局莫兰指数均显著为负，即国内省域层面的碳排放并不是随机分布的，呈现出显著的负向空间相关性和依赖特征，因此，选取空间计量模型有助于减少估计偏差。

表 10.7 碳排放的全局莫兰指数

年份	（1）Moran's I	（2）P 值
2012	−0.126**	0.036
2013	−0.122**	0.042
2014	−0.128**	0.033
2015	−0.126**	0.035
2016	−0.120**	0.047
2017	−0.119**	0.047
2018	−0.117**	0.050
2019	−0.118*	0.048
2020	−0.108*	0.074
2021	−0.095**	0.011

表 10.8 中列（1）给出了式（10-8）的估计结果。通过 lng 的系数的估计结果，可以发现，周围地区的绿色金融对本地区的碳排放存在显著的空间抑制效应，假说 2 得以验证。具体来看，列（2）为直接效应的估计结果，表明本地区的绿色金融对本地区的碳排放水平具有显著抑制作用；列（3）为间接效应的估计结果，表明周围地区的绿色金融水平会抑制本地区的碳排放水平；列（4）为总效应的估计结果，表明本地区的绿色金融对所有地区碳排放水平存在显著抑制作用。

表 10.8 SDM 模型分解结果

变量	（1）Main	（2）Direct	（3）Indirect	（4）Total
lng	−0.2638** （−2.3821）	−0.2768** （−2.3747）	−0.1370** （−2.2601）	−0.1398** （−2.2532）

续表

变量	（1）Main	（2）Direct	（3）Indirect	（4）Total
city	0.2522	0.1280	-0.0653	0.0626
	（0.1983）	（0.1129）	（-0.1162）	（0.1077）
$lnso_2$	-0.0412	-0.0346	0.0172	-0.0174
	（-0.6974）	（-0.5449）	（0.5481）	（-0.5309）
pgdp	0.0652	0.0185	-0.0028	0.0156
	（0.2456）	（0.0579）	（-0.0177）	（0.0975）
gov	0.0632	-0.0040	0.0124	0.0084
	（0.0854）	（-0.0051）	（0.0313）	（0.0217）
ind	0.3592	0.3587	-0.1745	0.1842
	（0.6912）	（0.6862）	（-0.6746）	（0.6809）
inter	2.7786	2.2779	-1.0822	1.1957
	（0.4931）	（0.4237）	（-0.4057）	（0.4342）
Observations	300	300	300	300
R-squared	0.089	0.089	0.089	0.089
Number of num	30	30	30	30

五、进一步分析

表10.9汇报了式（10-9）的估计结果，其中，列（1）是未加入控制变量（control），同时控制个体和时间固定效应的估计结果；列（2）是加入控制变量（control），同时控制个体和时间固定效应的回归结果。

估计结果表明，列（1）中 $du \times dt$ 的系数在 1% 的水平上显著为负，列（2）中 $du \times dt$ 的系数同样显著为负，表明绿色金融政策能够显著抑制碳排放。同时，绿色金融水平的回归系数为 0.7413，在 1% 水平上显著为正，说明尽管绿色金融政策可以发挥碳减排效应，但现有的绿色金融水平会引起二氧化碳排放增加，这样间接验证了绿色金融对碳排放存在双门槛效应。

表 10.9　DID 回归结果

变量	（1） lnpco	（2） lnpco
dtit*duit	−0.3442*** （−3.42）	−0.2055** （−2.1081）
lng		0.7413*** （9.3851）
inter		−7.3954 （−0.7682）
$lnso_2$		0.2551*** （5.3744）
pgdp		0.6699*** （4.3838）
gov		3.5047*** （7.0208）
ind		0.7716 （1.2995）
固定效应	控制	控制
Observations	300	300
R-squared	0.522	0.485

表10.10的第（1）列汇报了方程式（10-10）的回归结果。结果表明，周围地区的绿色金融对本地的产业结构存在显著的空间促进作用。具体来看，列（2）为直接效应的估计结果，表明本地区的绿色金融对本地区的产业结构水平具有显著促进作用；列（3）为间接效应的估计结果，表明周围地区的绿色金融水平会促进本地区的产业结构升级；列（4）为总效应的估计结果，表明本地区的绿色金融对所有地区产业结构存在显著促进作用。因此，本地产业结构可以作为周围地区绿色金融抑制本地区碳排放的一个中介变量。

表 10.10　中介效应检验结果

变量	（1） Main	（2） Direct	（3） Indirect	（4） Total
lng	0.3296**	0.3279**	0.1203*	0.5184*
	（2.47）	（2.46）	（1.6673）	（1.86）
控制变量	Yes	Yes	Yes	Yes
固定效应	Yes	Yes	Yes	Yes
观测值	300	300	300	300

表10.11的第（1）列汇报了方程式（10-11）的回归结果。回归结果显示，周围地区绿色金融能通过影响本地产业结构对本地碳排放产生空间溢出效应。具体来看，列（2）为直接效应估计结果，中介变量产业结构的直接效应回归系数显著为负（-0.7359），说明本地产业结构显著抑制本地碳排放；本地绿色金融回归系数显著为负（-0.3023），说明本地绿色金融显著抑制本地碳排放。列（3）为间接效应估计结果，中介变量产业结构的间接效应回归系数显著为负（-0.8260），说明周围地区产业结构显著抑制本地碳排放；周围地区绿色金融回归系数显著为负（-1.2188），说明周围地区绿色金融显著抑

制本地碳排放。列（4）为总效应估计结果，中介变量产业结构的总效应回归系数显著为负（-3.5402），说明本地产业结构可以显著抑制所有地区碳排放；本地绿色金融回归系数显著为负（-0.9796），说明本地绿色金融显著抑制所有地区碳排放。综上可知，周围地区绿色金融能通过影响本地产业结构抑制本地碳排放，即进一步验证了假设2。

表 10.11 机制检验结果

变量	（1）Main	（2）Direct	（3）Indirect	（4）Total
lng	-0.3023**	-0.3010**	-1.2128**	-0.9796*
	(-2.5345)	(-2.5162)	(-2.1806)	(-1.7547)
Mit	-0.7359*	-0.8260**	-2.7142**	-3.5402**
	(-1.8622)	(-1.9873)	(-2.0187)	(-2.4536)
控制变量	Yes	Yes	Yes	Yes
固定效应	Yes	Yes	Yes	Yes
观测值	300	300	300	300

六、政策建议

根据前文的结论，提出如下建议：

第一，因地制宜，实施差异化的绿色金融政策。对于东部和西部地区，绿色金融发展能抑制碳排放，因此，建议政府强化绿色项目政银企对接，通过绿色信贷、绿色债券、绿色基金等手段提升绿色信贷业务在普惠授信业务中的占比，不断推动绿色金融增量扩面。对于中部地区，绿色金融会促进碳排放，表明当前绿色金融政策实施处于非有效阶段。因此，建议中部地区持续优化绿色信贷管理方式，强化绿色信贷管理，支持实体经济绿色发展。

第二，多措并举加速跨越门槛，以绿色信贷助推碳减排。绿色金融对碳排放的影响具有双门槛效应，因此，如何加速进入使绿色金融有利于碳减排的阶段至关重要。建议政府建立健全的碳市场和碳定价机制，推动低碳技术的发展和应用。同时，鼓励地方性银行与商业银行拓宽思路，创新融资模式，为绿色建筑、绿色出行、绿色矿山等企业融资开启"绿灯"，通过产业升级转型引导区域碳减排。

第三，构建绿色金融统筹机制，促进区域协同发展。绿色金融对碳排放具有明显的"本地—邻地"空间抑制效应。因此，建议加强区域间的绿色金融与经济合作，实现区域间兼容互补、缩小区域发展差距的目标。建立多区域协同机制，构建跨区域绿色投融资、环境信息披露、低碳技术研发、人才流动等交流与信息共享平台，促进区域低碳均衡发展。

第十一章

绿色信贷政策对中国重污染企业碳排放的影响与效应评价

本章从全要素生产率视角，探索绿色信贷政策对高污染企业碳排放的影响。具体研究围绕三个问题：（1）绿色信贷政策能否让重污染企业"变绿"，即绿色信贷政策能否减少重污染企业的碳排放？（2）如何从全要素生产率角度阐释绿色信贷政策影响重污染企业碳排放的作用机理？（3）绿色信贷政策对全要素生产率是否存在分化效应，由此使得重污染企业碳减排具有异质性？

第一节　绿色信贷政策对碳排放的影响机制

一、研究背景

地缘冲突加剧加上经济复苏迟缓令碳减排压力倍增，全球碳预算加速耗尽。绿色低碳转型是实现全球碳中和与净零排放的基本路径（Iyer et al., 2021）。为加速推进全社会绿色转型，全球各经济体多措并举以共谋全球生态文明建设（Dong et al., 2022）。比如，欧盟委员会于2019年发布《欧洲绿色协议》，明确提出减排目标并确立其法律地位，旨在将欧盟打造成全球首个碳中和的大型经济体。2020年，日本经济产业省（METI）提出2050年实现碳中和目标，构建"零碳"社会。美国则在重返《巴黎协定》后提出在经济上计划投入2万亿美元，在政治上把气候变化纳入国家安全战略，以此推动美国"2050"碳中和进程。2020年9月，中国明确提出"双碳"目标，即力争2030年前实现碳达峰，2060年前实现碳中和。

重污染企业具有"三高"特点（耗能高、污染物排放高、碳排放强度高），是碳排放的主要来源之一（Du et al., 2019）。据统计，截至2021年底，中国碳排放占全球比重约31%，其中，重污染企业的碳排放量超20亿吨，占中国碳排放总量的比重逾50%。但同时，重污染企业作为国民经济的"压舱石"，在稳就业、支撑基础经济发展等方面具有重要作用（Lin & Xu, 2021）。因此，协同推进重污染企业"变绿"是实现全社会低碳转型的最重要一环，同时也是各国经济"稳中求进"的必然要求。

绿色信贷政策是绿色金融政策的核心工具。通过市场规律进行调控，绿色信贷政策可以引导信贷资金流向低碳企业，倒逼重污染企业减排"变绿"（Li et al., 2022）。欧洲央行于2021年设立了气候变化中心，以协调整合将气候问题纳入货币政策和银行监管方面的有关工作。若绿色转型无序进行，则要求私人部门的实际借贷减少5%。日本也通过成立环境类融资贷款贴息部门、推出环境和能源对策基金等方式，从国家层面引导更多企业参与绿色金融发展。中国则设立碳减排、煤炭清洁高效利用等专项再贷款政策，通过对金融机构向碳减排重点领域发放的碳减排贷款，由人民银行按贷款本金的60%提供一定期限的再贷款资金支持，利率为1.75%，精准直达绿色低碳项目。

从作用机制看，全要素生产率会影响绿色信贷对重污染企业的碳减排作用（Zhao et al., 2023）。全要素生产率是要素质量以及组合方式变革形成的产出贡献水平（Cheng et al., 2022）。绿色信贷政策通过利率浮动等措施，引导资金流向节能环保产业，形成绿色投资，为经济增长提供资本要素（Su et al., 2022）。商业银行在向企业提供贷款时会充分评估贷款项目的环境风险。若对重污染企业减少贷款，可倒逼其进行转型，从而提高企业层面的全要素生产率（Chen et al., 2022）。重污染企业在转型中会形成一种绿色信号，一定程度上影响企业未来的经营发展战略。比如，为了获取信贷资金，重污染企业会被迫进行绿色技术创新，暂停或废除原有的高碳项目，由此成功"变绿"（Wang et al., 2022）。

二、绿色信贷政策对碳排放的影响机制

重污染企业"变绿"是指重污染企业通过减少污染物排放、提高资源利用效率或采用清洁能源等方式减少对环境的负面影响，实现绿

色转型和可持续发展。目前，重污染企业"变绿"的测度方式主要有三种：（1）用企业绿色技术创新水平来测度。比如，利用研发投入指标或绿色专利数构建综合指标进行衡量（Wang et al., 2022）。（2）用污染排放量来测度。工业烟尘和二氧化硫作为主要的环境污染物，其排放量能够反映企业排污水平，故可以用二氧化硫排放量、烟尘排放量等变量反映重污染企业是否"变绿"（Bu et al., 2023；Liu et al., 2024）。（3）用环境规制强度来测度。比如，可用环境规制政策的数量、污染治理投资等指标进行衡量（Neves et al., 2020）。整体来看，对于重污染企业"变绿"的测度方法，存在的主要问题是指标选取无固定标准，导致测度结果差异较大。本章的研究对象是重污染企业，碳排放量高是其最显著的特点，故直接采用企业碳排放量来衡量其是否"变绿"。

（一）绿色信贷政策与重污染企业"变绿"

绿色信贷政策的本质是基于环境约束进行信贷配给，以限制污染行业的信贷投放，加大对绿色项目信贷支持力度（Chai et al., 2022）。重污染企业通常依赖于传统高碳排放的生产技术和能源消耗模式，面临着更高的环境成本和政策规制压力。在绿色信贷的引导下，重污染企业可通过以下两种途径"变绿"。

一是绿色信贷政策通过"惩罚效应"加快重污染企业"变绿"进程。绿色信贷政策实施后，秉承着环境保护、管控风险的工作思路，金融机构会缩减对重污染企业的信贷投放，使得重污染企业获得长期信贷支持的难度增加（Lin et al., 2023），直接限制了重污染企业的盲目扩张（Wang et al., 2020）。为了符合银行的信贷要求，重污染企业被迫将大量的自有资金和其他关键生产要素投入到减排措施中。另外，在高环境规制强度的驱使下，环保技术的市场需求扩大，激发重污染企业加大技术创新力度，加快"变绿"进程（Hu et al., 2021）。

二是绿色信贷政策通过"激励效应"实现重污染企业绿色"新生"。绿色信贷政策通过提供低息贷款和税收补贴等激励措施，给予绿色部门更加优惠的利率，为重污染企业绿色技术创新提供了契机（Criscuolo et al.，2015；Sun et al.，2023）。绿色创新是应对环境规制的根本性手段，是重污染企业的"竞争优势策略"（Guo et al.，2023）。因此，为获取充足的信贷资金，重污染企业会改善生产工艺和增加研发投入，提高资源利用率，进而治理实现绿色"新生"（Zhu et al.，2022）。

基于上述分析，提出假说1，也即回答本章研究的第一个问题。

假说1：绿色信贷政策能够让重污染企业"变绿"。

（二）绿色信贷政策、全要素生产率与重污染企业"变绿"

重污染企业绿色发展的重要特征之一是基于绿色生产技术改进的全要素生产率增长。由于绿色信贷政策传递出生产技术绿色改造是有利可图的信号，重污染企业意识到提高全要素生产率在企业"变绿"的过程中具有重要促进作用。具体来看，绿色信贷政策、全要素生产率与重污染企业碳排放的关系可从两个过程进行理解：

一是绿色信贷政策会影响企业全要素生产率。"波特假说"认为严格而适当的环境规制可通过创新激励、效率提高和企业内部资源重新分配等途径产生更高的生产率（Porter et al.，1995）。从长期来看，环境规制一方面促进企业技术创新和研发投入，提升企业全要素生产率（He et al.，2021）。另一方面，可以通过"创新补偿效应"促进经济增长（Acemoglu et al.，2012）。政策的"惩罚效应"使得重污染企业不得不通过技术引进等手段降低减排成本，以提高能源效率和促进低碳转型发展。也即，企业创新研发可以补偿企业应对规制政策所产生的额外成本，有利于绿色信贷政策实施后企业全要素生产率的增长（Cao et al.，2024）。

二是全要素生产率的提高可以减少重污染企业的碳排放，这主要是通过改善能源消费结构和使用节能减排技术实现的。重污染企业可以通过提高清洁能源和可再生能源比重、降低传统能源比重对碳排放强度产生抑制作用（Naeem et al.，2023）。另外，节能技术进步使其清洁能源和可再生能源的能源效率进一步提高，起到降低碳排放强度的效果（Ganda et al.，2014）。

综上所述，在绿色信贷政策的指引下，重污染企业的全要素生产率得以提升，进而可以降低碳排放，使其"变绿"。基于上述分析，提出假说2。

假说2：企业全要素生产率在重污染企业"变绿"中具有中介作用。

（三）绿色信贷政策对企业全要素生产率具有分化效应

从企业视角来看，政策效应一定程度上取决于不同类型企业在应对政策时采取的策略差异，这种差异来源于政策对不同类型企业的产业结构和绿色创新行为的影响的异质性。从银行视角来看，绿色信贷政策引导信贷资金在重污染企业内部进行倾向性配置。在目标驱动下，银行以环境治理为导向向不同规模的重污染企业配置绿色信贷资金（Shi et al.，2022）。因此，企业和银行的行为差异会使得政策在实施中具有分化效应，进而导致重污染企业"变绿"因规模具有异质性。

具体地，对于小规模企业，绿色信贷政策可以通过提供低息贷款和优惠税收，为其提供充足的信贷资金，有助于小规模企业快速筹集资金购买环保设备、改进生产工艺等，从而显著提升小规模企业的全要素生产率。大规模企业面临着更为严格的信贷压力和环境规制，环保投资和技术转型存在较大困难，因此偏向于采用"低成本策略"，即企业通过降低生产成本、提高产出效率等方式来获取更多的市场份额和竞争优势（Wu et al.，2021）。但是，低难度的策略性创新不能帮助其完成实质性的技术改进和生产转型，反而会扭曲创新资源配置，负向影响企业生产率水平，阻碍重污染企业"变绿"（Lin et al.，2024）。基于上述分析，提出假说3。

假说3：绿色信贷政策对企业全要素生产率的分化效应会影响重污染企业"变绿"进程。

第二节 绿色信贷政策对中国碳排放影响的 DID 分析模型

一、政策背景

中国经济已由高速增长阶段转向高质量发展阶段。传统的金融政策难以解决粗放经济增长模式导致的高碳排放问题，2007 年，中国首次引入绿色信贷的概念，但受传统经济惯性的影响，绿色信贷余额增长缓慢。图 11.1 显示，截至 2020 年底，绿色信贷余额仅比 2012 年增长不足一倍，远不能弥补高排放带来的损失，且现有的绿色金融制度体系存在"损害其他可持续发展目标"的可能性，与碳达峰目标背道而驰。

为响应碳达峰目标，推动绿色金融为经济高质量发展赋能，中国人民银行于 2021 年制定了《银行业金融机构绿色金融评价方案》（以下简称《政策》），以弥补规则制度的短板，促进金融服务从量的扩张到质的提升。据统计，2023 年中国绿色信贷余额达到 25 万亿元，较 2012 年增长了近 19 万亿元。此外，为了进一步促进绿色金融发展，共有 21 个地区也相继出台了与碳达峰目标一致的绿色金融政策。其中，北京、江苏等地 2021 年的绿色信贷余额更是分别高达 1.39 万亿元和 1.57 万亿元，为中国低碳转型注入了新的动力。

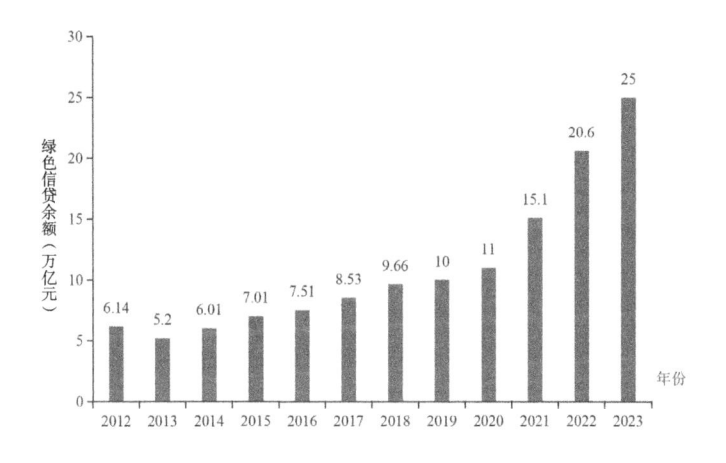

图 11.1　2012—2023 年中国绿色信贷余额

图 11.2 展示了 2017—2022 年中国工业企业碳排放量的变化趋势。其中虚线为控制组，实线为处理组。可以发现，在政策出台之前，重污染企业与非重污染企业的碳排放量增长趋势基本相同，且重污染企业的碳排放量的增速小于非重污染企业；政策出台后，重污染企业与非重污染企业的碳排放量均呈下降趋势，且重污染企业的下降趋势显著高于非重污染企业。因此，此处以该政策作为冲击变量，研究绿色信贷政策对重污染企业"变绿"的影响。

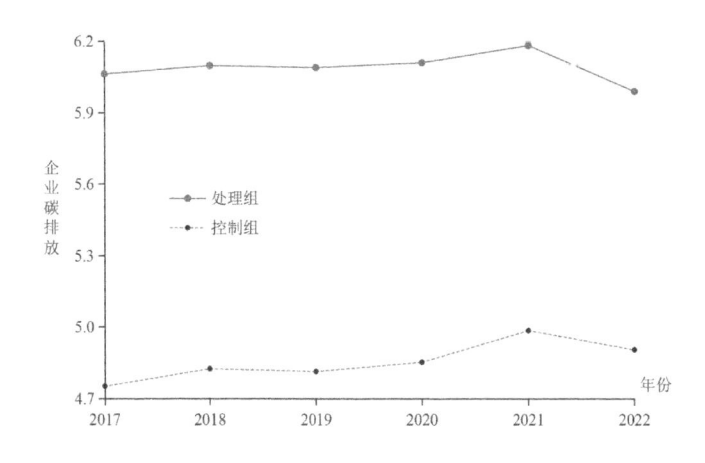

图 11.2　处理组和控制组的碳排放趋势

二、样本选取和数据来源

本节以 2017—2022 年的工业企业为研究对象,将重污染企业设置为处理组,非重污染企业设置为控制组。借鉴潘爱玲等(2019)的做法,参照原环境保护部印发的《上市公司环保核查行业分类管理名录》以及证监会 2012 年修订的《上市公司行业分类指引》,确定了重污染行业范畴(见表 11.1)。

表 11.1 重污染行业代码及类别

大类	行业代码	行业类别
B	B06	煤炭开采和洗选业
	B07	石油和天然气开采业
	B08	黑色金属矿采选业
	B09	有色金属矿采选业
C	C17	纺织业
	C19	皮革、毛皮、羽毛及其制品和制鞋业
	C22	造纸和纸制品业
	C25	石油加工、炼焦和核燃料加工业
	C26	化学原料和化学制品制造业
	C28	化学纤维制造业
	C29	橡胶和塑料制品业
	C30	非金属矿物制品业
	C31	黑色金属冶炼和压延加工业
	C32	有色金属冶炼和压延加工业
D	D44	电力、热力生产和供应业

本章主要涉及的数据库来源于国家统计局。为保证结果的合理性，做了如下处理：(1) 根据《国民经济行业分类》(GB/T4754—2017)，保留两位行业代码观测值；(2) 剔除总资产小于 0 或资产负债率小于 0 以及数据缺失的样本；(3) 为剔除极端值对研究结果的影响，对数据在 1% 和 99% 分位处分别做了缩尾处理。最终，获得了 3416 家工业企业，共 20496 个企业—年度的观测数据。其中包括重污染企业 1322 家，含 7932 个企业—年度观测数据。

三、模型设定及变量定义

双重差分法（Difference-in-Differences, DID）能够在有效估计政策的同时解决回归中的内生性问题（Wen et al., 2021）。因此，本节构建双重差分模型来检验绿色信贷政策对于企业碳排放量的影响。

$$CE_{it} = \alpha_0 + \alpha_1 GC_{it} + \alpha' X_{it} + \eta_i + \delta_t + \varepsilon_{it} \quad (11\text{-}1)$$

其中，被解释变量 CE_{it} 为企业碳排放量，GC_{it} 表示处理组虚拟变量和时间虚拟变量的交乘项，X_{it} 代表一系列企业层面的控制变量，η_i 和 δ_t 分别为行业和年度固定效应，ε_{it} 为随机扰动项。

四、变量说明

被解释变量 CE 利用《2006 年 IPCC 国家温室气体清单指南》提出的标准煤法计算碳排放，具体公式如下：

$$CE = \ln \sum_{i=1}^{8} E_i \times C_i \quad (11\text{-}2)$$

其中，E_i 是第 i 类能源的消费量，C_i 是第 i 类能源的碳排放系数。

核心变量 $GC_{it} = Treat_i \times Post_t$，其中，$Treat_i$ 是处理组虚拟变量，若企业属于高污染行业，赋值为 1，反之，赋值为 0。$Post_t$ 为绿色信贷政策实施的时点，考虑到政策出台于 2021 年 5 月中旬，以及该政策实施后银行从制定实施细则到执行存在滞后性，因此，设定2021年企业实际只有7个月受到政策的影响，即对2021年 $Post_t$ 赋值为0.58(7/12)。

参照已有的关于绿色信贷政策的研究（Lin et al.，2024；Chen et al.，2024），控制变量 X_{it} 包括：企业规模 $Size1_{it}$ 和 $Size2_{it}$，分别表示企业的总资产和从业人数；企业资产负债率 Lev_{it}，用企业的负债总额与总资产的比值来衡量；企业成长能力 $Growth_{it}$，用企业的营业总收入与总资产的比值来衡量；企业利润率 Roa_{it}，用企业的利润总额与营业收入的比值来衡量；企业成熟度 Age_{it}，用企业的成立年限加1的自然对数来衡量。表11.2是所使用的主要变量的描述性统计结果。

表11.2 主要变量的描述性统计

变量	均值	标准差	最小值	最大值
CE	5.331	1.913	1.271	10.568
Post	0.263	0.392	0	1
Treat	0.387	0.487	0	1
Size1	11.67	1.342	9.196	15.74
Size2	4.805	1.003	2.565	7.650
Lev	0.549	0.259	0.0459	1.210
Growth	1.206	0.828	0.139	4.804
Roa	0.0492	0.0981	−0.288	0.426
Age	2.739	0.431	1.386	3.526

第三节　绿色信贷政策对中国碳排放影响的实证分析

一、基准回归结果

表 11.3 汇报了绿色信贷政策与重污染企业碳排放的基准回归结果。其中，列（1）汇报了未加入控制变量的估计结果，列（2）汇报了加入控制变量的估计结果。

基准回归结果表明，列（1）中核心解释变量 $Post \times Treat$ 的系数在 1% 水平上显著为负，列（2）中 $Post \times Treat$ 的系数同样显著为负，说明绿色信贷政策实施以后，相对于非重污染企业，重污染企业的碳排放显著降低。究其原因，中国通过将发展绿色金融纳入碳达峰碳中和"1＋N"政策体系，撬动了更多金融资本和社会资本投向绿色低碳产业。面对融资约束，重污染企业为持续获得绿色贷款，不断提高其能源效率和环境绩效，减少碳排放（Ma et al., 2021；Lv et al., 2022）。因此，假说 1 成立。

表 11.3　基准回归结果

变量	(1) CE	(2) CE
$Post \times Treat$	−0.1762*** (0.0658)	−0.1263*** (0.0482)

续表

变量	(1) CE	(2) CE
控制变量	Yes	Yes
固定效应	Yes	Yes
观测值	20496	20496
调整 R^2 值	0.214	0.572

注：固定效应指包含了年度×行业固定效应。下同。

二、稳健性检验

（一）平行趋势检验

双重差分模型的一个潜在条件是处理组与控制组的样本在受到外生政策的冲击之前具有相似的变化趋势，就本章而言，即要求高污染企业和非高污染企业之间的碳排放的差异在绿色信贷政策出台前不随时间推移而发生显著变化。因此，在模型（11-1）的基础上，采用事件研究法进行平行趋势检验，计量模型如下：

$$CE_{it}=\alpha_0+\alpha_1\sum_{2017}^{2022}(Post_t\times Treat_i)+\alpha X_{it}+\eta_i+\delta_t+\varepsilon_{it} \quad (11\text{-}3)$$

其中，$Post_t$ 是时间虚拟变量，$Post\times Treat$ 衡量了第 t 年处理组与控制组碳排放量之间的差异，其余变量与模型（11-1）一致。以政策出台前各年的 $Post\times Treat$ 的回归系数为依据，判断处理组与控制组是否满足平行趋势假定。样本企业碳排放的平行趋势检验结果如图 11.3 所示。图 11.3 列出了回归系数的动态图，虚线代表 90% 置信区间。结果显示，政策出台前，交互项系数均不显著异于 0，这说明 2021 年以前，重污染企业与非重污染企业的碳排放差异不随时间变化；政策出台后，交互项系数显著异于 0，说明本章使用的双重差分模型满足平行趋势假定。

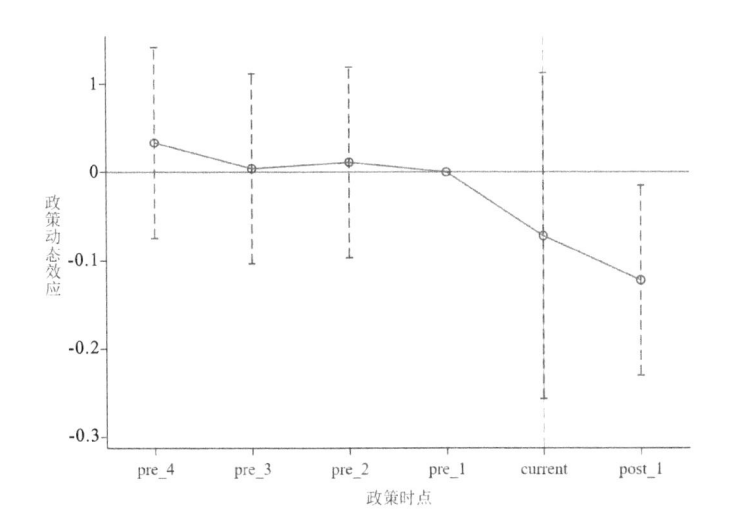

图 11.3 平行趋势检验

（二）PSM-DID 模型

表 11.4 汇报了对样本进行 Logit 回归的结果以及 1∶3 匹配前后可观测变量平衡性检验的结果，经过 PSM 匹配处理后，全部变量标准偏误绝对值小于 5%，因此，使用倾向得分匹配法对数据进行了比较好的匹配。

表 11.4 倾向值匹配结果

指标	样本	平均值 处理组	平均值 对照组	标准偏误	标准偏误减少	t 值
Size1	匹配前	11.555	11.735	−13.6	0.92	−9.41
	匹配后	11.555	11.540	1.1		0.69

续表

指标	样本	平均值 处理组	平均值 对照组	标准偏误	标准偏误减少	t 值
Lev	匹配前	0.58321	0.5268	21.9	0.803	15.26
	匹配后	0.58321	0.5943	-4.3		-2.74
Age	匹配前	2.7365	2.7407	-1.0	0.022	-0.71
	匹配后	2.7365	2.7406	-1.0		-0.63
Growth	匹配前	1.2988	1.1474	18.4	0.742	12.81
	匹配后	1.2988	1.2596	4.8		2.84
Roa	匹配前	0.0414	0.0541	-13.2	0.709	-9.02
	匹配后	0.0414	0.0377	3.9		2.52
Size2	匹配前	4.6368	4.9114	-27.9	0.961	-19.26
	匹配后	4.6368	4.6260	1.1		0.71

基于倾向得分匹配的结果，进一步对绿色信贷政策对于重污染企业碳排放的政策效应进行评估。表 11.5 汇报了利用匹配后的样本进行回归的结果，交乘项 $Post \times Treat$ 的回归系数为 -0.1113，在 5% 的水平上显著，与基准回归的结果保持一致，验证了前文结果的稳健性。

表 11.5 PSM-DID 回归结果

变量	(1) CE	(2) CE
$Post \times Treat$	-0.1768**	-0.1113**
	(0.0702)	(0.0517)
控制变量	Yes	Yes
固定效应	Yes	Yes
观测值	16908	16908
调整 R^2 值	0.232	0.574

（三）安慰剂检验

为避免基准回归结果受到不可观测的遗漏变量的影响，本节基于反事实分析框架对基准模型进行置换检验，即按照随机抽取实验样本的方法进行安慰剂检验。双重差分模型（11-1）中包含了处理组重污染企业1322家，从3416家企业中随机抽取1322家企业作为虚构的处理组进行回归，重复抽样过程进行500次。若基于这样的分组安排和时间设定所得到的估计系数与基准模型的真实系数相差甚远，则说明基准回归结果并非由不可观测的遗漏变量所驱动。

图11.4展示了500次随机抽样的结果，显示随机抽样的回归系数主要分布在0附近。考虑到基准回归结果中交互项系数为-0.1263，且多数回归结果与真实估计系数相距较远，因此，该系数在图11.4中呈现为小概率事件，进一步支持了本节的回归结果的稳健性。

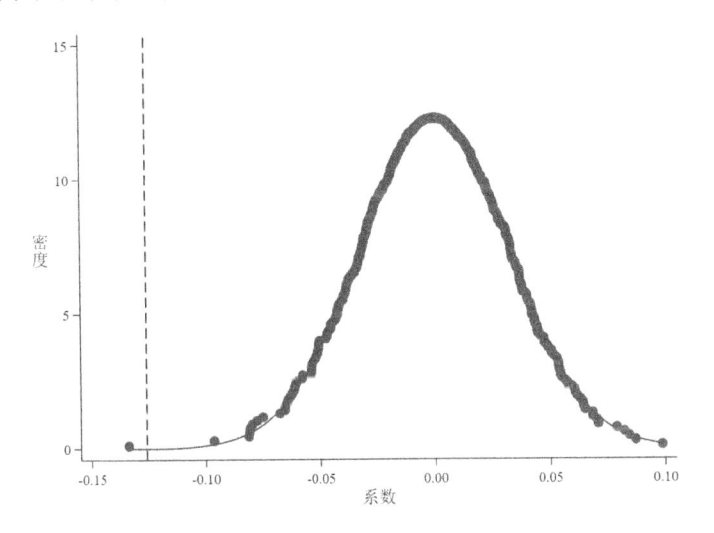

图 11.4 安慰剂检验

（四）调整政策时间窗口

考虑到绿色信贷政策能够让重污染企业"变绿"这一结论可能是由样本期间的其他政策导致的，因此，为尽量避免其他政策对于实证结果的影响，分别调整政策出台时间为 2019 年和 2018 年，以进行稳健性检验。通过改变政策实施的时间窗口，旨在验证本节的结论在政策时间选择方面的敏感性，从而提高研究的可信度和稳健性。

表 11.6 汇报了调整政策时间窗口的回归结果，列（1）和列（2）是分别以 2019 年和 2018 年为政策时间窗口估计的结果。结果表明，交乘项回归系数均不显著，故可以证明政策效应不是在政策出台之前就已经存在的。

表 11.6 调整政策时间窗口的回归结果

变量	(1) CE	(2) CE
Post × Treat	−0.0570	−0.0632
	(0.0402)	(0.0513)
控制变量	Yes	Yes
固定效应	Yes	Yes
观测值	20496	20496
调整 R^2 值	0.572	0.572

三、机制检验

前述实证结果表明，绿色信贷政策能够显著抑制重污染企业的碳排放。那么，需要进一步回答的问题是，其背后的影响机制是什么，故此处基于企业全要素生产率的视角对影响机制进行检验。

（一）绿色信贷政策提升企业的全要素生产率

"波特假说"认为合理的环境政策会诱发企业实施积极的绿色创新

举措、调整资源配置，进而可以提高企业的全要素生产率。因此，在基准回归的基础上，构建如下模型：

$$TFP_{it} = \alpha_0 + \varphi_1 GC_{it} + \varphi^{'} X_{it} + \eta_i + \delta_t + \varepsilon_{it} \quad (11-4)$$

$$CE_{it} = \alpha_0 + \gamma_1 GC_{it} + \gamma_2 TFP_{it} + \gamma^{'} X_{it} + \eta_i + \delta_t + \varepsilon_{it} \quad (11-5)$$

式（11-1）、（11-4）、（11-5）构成了中介效应模型，以检验绿色信贷政策对于企业的影响机制。中介变量 TFP_{it} 表示企业全要素生产率，主要参考莱文索恩和佩特林（Levinsohn & Petrin, 2003）的方法（简称LP）进行测算。

表11.7汇报了基于式（11-3）和式（11-4）的绿色信贷政策对重污染企业碳排放影响机制的基准回归结果。列（1）和列（2）是以企业全要素生产率为中介变量估计的结果。

表 11.7 影响机制检验

VARIABLES	(1) TFP	(2) CE
Post × Treat	0.3283*	−0.0863**
	(0.1747)	(0.0436)
TFP		−0.1219***
		(0.0075)
控制变量	Yes	Yes
固定效应	Yes	Yes
观测值	20496	20496
调整 R^2 值	0.599	0.662

回归结果显示，在绿色信贷政策实施以后，相对于非重污染企业，重污染企业的全要素生产率显著提高，成功实现"变绿"。参考列（1）

的结果，交互项 Post×Treat 回归系数显著为正，表明在绿色信贷政策之下企业的全要素生产率提高，即绿色信贷政策可以通过提升企业全要素生产率来达到环境治理的效果（Cui et al., 2022）。列（2）的中介变量 TFP 的回归系数为-0.1011，在1%水平上显著为负，说明企业的全要素生产率与碳排放呈负向关系。

综上，在绿色信贷政策实施后，重污染企业通过促进绿色创新来提升企业的全要素生产率水平，降低了碳排放水平，也即绿色信贷政策在重污染企业"变绿"的过程中发挥了积极的作用。由此，假说2得以验证。

（二）绿色信贷政策对全要素生产率的分化效应

考虑到不同企业在面对政策时采取的策略不同，会影响政策的有效实施，继而造成银行无法针对企业提供信贷资金。因此，本节将企业进一步划分为三类：重污染企业、清洁能源企业和其他类型企业。同时，分别以重污染企业和清洁能源企业为处理组，其他类型企业为控制组。根据《节能环保清洁产业统计分类（2021）》来确定企业是否属于清洁能源企业，在此基础上，构建如下模型：

$$TFP_{it} = \alpha_0 + \varphi_1 GCC_{it} + \varphi' X_{it} + \eta_i + \delta_t + \varepsilon_{it} \quad (11\text{-}6)$$

$$CE_{it} = \alpha_0 + \gamma_1 GCC_{it} + \gamma_2 TFP_{it} + \gamma' X_{it} + \eta_i + \delta_t + \varepsilon_{it} \quad (11\text{-}7)$$

其中，$GCC_{it}=Treat_i \times Post_t$，$Treat_i$是处理组虚拟变量，对清洁能源企业赋值为1，反之，赋值为0。

表11.8汇报了检验结果，绿色信贷政策没有显著提升清洁能源企业的全要素生产率。列（1）—列（4）是以企业全要素生产率为中介变量的估计结果，列（1）的交互项 Post×Treat 回归系数显著为正，说明绿色信贷政策可以通过提升重污染企业的全要素生产率降低碳排放。列（2）中介变量 TFP 的系数显著为负，说明全要素生产率的提升抑制了企业的碳排放。因此，绿色信贷政策可以通过提升重污染企业的全要素生产率进而抑制其碳排放。列（3）交互项 Post×Treat 回

归系数不显著，说明尽管全要素生产率可以显著降低清洁能源企业的碳排放，但绿色信贷政策对其全要素生产率没有显著影响。因此，绿色信贷政策对不同类型的企业的影响具有差异性。

表 11.8 影响机制检验：基于企业全要素生产率的视角

变量	重污染企业		清洁能源企业	
	(1)	(2)	(3)	(4)
	TFP	CE	TFP	CE
Post × Treat	0.2941*	-0.1038**	0.1678	-0.0359
	(0.1714)	(0.0441)	(0.3152)	(0.0592)
TFP		-0.1305***		-0.1092***
		(0.0064)		(0.0093)
控制变量	Yes	Yes	Yes	Yes
固定效应	Yes	Yes	Yes	Yes
Observations	17904	17904	12564	12564
R-squared	0.616	0.662	0.619	0.646

进一步，本节从企业规模的角度探讨绿色信贷政策的分化效应对重污染企业"变绿"的阻碍作用。在估计过程中，加入交互项 Post × Treat × Size 进行检验。表 11.9 汇报了回归结果，结果显示绿色信贷政策能够显著降低大型重污染企业的全要素生产率，进而增加其碳排放。具体地，列（1）中 Post × Treat × Size 的系数在 5% 水平下显著为负，表明企业规模的扩大削弱了绿色信贷政策对重污染企业全要素生产率的正向促进作用。列（2）中 Post × Treat × Size 系数显著为正，表明大规模企业对绿色信贷政策的减排效应具有负向影响，即重污染企业规模的扩大会阻碍重污染企业"变绿"。因此，绿色信贷政

策对企业全要素生产率的分化效应会影响重污染企业"变绿",假说 3 得以验证。

表 11.9 企业规模与绿色信贷政策的政策效应

变量	(1) TFP	(2) CE
Post × Treat	0.5881*** (0.2210)	-0.2014*** (0.0521)
Post × Treat × Size	-0.5517** (0.2313)	0.2443*** (0.0632)
TFP		-0.1218*** (0.0075)
控制变量	Yes	Yes
固定效应	Yes	Yes
观测值	20496	20496
调整 R^2 值	0.599	0.662

四、异质性检验

基准回归结果表明,绿色信贷政策能够显著抑制重污染企业的碳排放。然而,在不同维度下,绿色信贷政策对重污染企业风险承担的差异性仍需进一步验证。为考察绿色信贷政策对企业碳排放的非对称影响,本节从企业规模和企业行业市场化程度两个维度进行异质性分析。

(一)企业规模

本节以政策实施当年所有样本公司的总资产的平均数为边界,将样本公司区分为大型企业和小型企业,分别进行基准回归,探讨政策对不同规模企业的碳排放的影响。

表11.10中列（1）和列（2）分别汇报了大型企业和小型企业的基准回归结果。其中，列（1）中的交互项系数为负，但不显著，列（2）中交互项系数显著为负。因此，绿色信贷政策实施对于小型企业碳排放的抑制作用更为明显（Lee et al.，2022）。

（二）行业市场化程度

本节以行业管制程度来反映市场化程度。具体地，将如下行业定义为管制性行业：采矿业（B），石油加工、炼焦和核燃料加工业（C25），化学原料和化学制品制造业（C26），非金属矿物制品业（C30），黑色金属冶炼和压延加工业（C31），有色金属冶炼和压延加工业（C32），金属制造业（C33），电力、热力、燃气及水生产和供应业（D）。若企业所在行业属于上述管制性行业，则认定其市场化程度较低；反之，则认为其市场化程度较高。

表11.10中列（3）和列（4）分别汇报了基于市场化程度的异质性分组基准回归结果。回归结果显示，高市场化的企业受到绿色信贷政策的影响，碳排放显著降低。究其原因，高市场化的企业拥有更先进的技术和管理手段，故在面对政策激励时，能更灵活地响应环保政策，从而有效减少碳排放。对于低市场化的企业，可能存在市场准入壁垒、政府监管干预等问题，使得这些企业对绿色信贷政策的响应相对滞后，导致其受绿色信贷政策影响并不显著。

表 11.10　异质性检验结果

变量	(1) 大型企业	(2) 小型企业	(3) 高市场化	(4) 低市场化
Post × Treat	−0.1216 (0.1304)	−0.1263** (0.0511)	−0.1220** (0.0550)	−0.1108 (0.1106)
控制变量	Yes	Yes	Yes	Yes

续表

变量	(1) 大型企业	(2) 小型企业	(3) 高市场化	(4) 低市场化
固定效应	Yes	Yes	Yes	Yes
观测值	3156	17340	16176	4320
调整 R^2 值	0.614	0.484	0.583	0.509

五、政策建议

基于前述分析，提出以下政策建议：

第一，政府应加强对银行绿色信贷业务的激励。重污染企业碳减排是实现碳达峰目标的关键环节，本节论证了绿色信贷可以让重污染企业变绿。因此，对于积极推行绿色信贷制度且效果良好的银行业，政府可以进行财政补贴或税收补贴，提高银行业和企业推进节能降耗、保护生态环境、推动绿色低碳循环发展的积极性。

第二，银行业应制定差异化的绿色信贷政策。本节研究表明绿色信贷政策对小型企业的碳排放抑制效果更为显著。因此，为加速推进重污染企业碳减排，银行业应突出支持小微企业科技创新、专精特新和绿色低碳发展，强化对重点产业链供应链上下游、外贸、消费等领域小微企业的信贷供给保障。另外，也可在完善小型重污染企业信用体系的基础上，加大首贷、续贷投放，积极开发小额信用贷款产品，推广随借随还的循环贷模式。

第三，重污染企业应完善信息共享机制。信息不对称必然导致银行信贷资源配置效率低下，产生信贷歧视。特别是对于重污染民营企业，应尝试形成联盟，共同建立开放的企业环境信息共享平台，将企业的环保信息、碳排放情况等数据资源进行整合和共享，为金融机构提供全面、准确的信息支持。

第十二章

绿色信贷对中国环境代价的影响与效应评价

本章的主要目的是从信贷资金配置视角阐释绿色信贷与环境代价的关系。本章基于带有环境约束的经济增长模型框架,以"绿色信贷—信贷资金配置—环境代价"为研究主线,结合经济事实与理论推导,提出绿色信贷影响环境代价的两条作用路径:(1)绿色信贷通过调节污染产业与清洁产业间的信贷资金配置关系影响环境代价,即绿色信贷通过削弱信贷歧视影响环境代价;(2)绿色信贷通过调节污染产业内部的信贷资金配置关系影响环境代价,即绿色信贷通过增强绿色创新影响环境代价。

第一节 绿色信贷对环境代价影响的理论机制

一、研究背景

绿色信贷是政府通过信贷资金配置进行环保调控,以遏制高耗能高污染产业扩张,最终实现绿色发展的一种有效手段。在市场规律叠加政府调控作用下,绿色信贷政策可以促使信贷资金流向清洁企业,并倒逼污染企业绿色转型,从而降低经济增长的环境代价。比如,纽约绿色银行于2021年向安普太阳能集团有限公司(Amp Solar Group Inc.)提供了规模达1千万美元的优先担保过桥贷款,以鼓励在能源供给侧构建多元化清洁能源供应体系。英国政府于2021年发放了第一笔由国家支持的"绿色转型贷款",用于促进清洁能源消纳,推进能源低碳发展。中国已成为全球最大的绿色信贷市场,据国家金融监督管理总局测算,截至2023年6月末,中国21家主要银行绿色信贷余额达25万亿元,同比增长33%,规模居世界首位,在绿色信贷支持的项目建成后,每年可支持节约标准煤超过4亿吨,减排二氧化碳当量超过10亿吨。

从作用机制看，绿色信贷影响环境代价的关键在于政策对信贷资金配置的有效引导。在产业间，绿色信贷可以调节污染产业与清洁产业间的信贷资金配置关系；在产业内部，绿色信贷可以调节污染产业内部的信贷资金配置关系。展开来说，金融机构的强势地位使得信贷审批门槛偏高，拥有重型资产的污染企业获得了银行的大量贷款。充沛的现金流导致污染产业盲目扩大，客观上加剧了环境代价，即信贷歧视会恶化环境代价（张娟娟，2023）。绿色信贷通过利息补贴等手段增强了面向清洁产业贷款的经济收益，因此，绿色信贷能够缓解金融机构的信贷歧视，进而降低经济增长的环境代价（郭俊杰、方颖，2023）。类似地，在产业内部，绿色信贷政策主要针对企业绿色技术研发与设备升级改造。为获得绿色信贷，企业会加快节能减排、推动绿色化转型（王馨、王营，2021）。也即在污染企业转型过程中，绿色信贷通过补贴政策调节信贷资金流入绿色创新部门，释放绿色转型的有利信号，引导企业进行绿色技术创新，激发节能减排的内生动力，由此减少环境代价。

二、绿色信贷阐释环境代价的理论机制

（一）绿色信贷与环境代价

绿色信贷可以减少经济增长的环境代价。具体过程是：绿色信贷通过降低污染密集型产业的融资比例并增加其环保投资，有效减少了资源消耗（张小可、葛晶，2021；舒利敏、廖菁华，2022）。当环境规制较强时，绿色信贷能够抑制碳排放，从而正向影响绿色经济增长（谢婷婷、刘锦华，2019；王金涛、黄恒，2022）。此外，绿色信贷能够通过促进地区绿色创新、优化产业结构等方式降低污染物排放（赵娜，2021；李增福等，2022；Zhang et al.，2021）。

（二）绿色信贷、信贷歧视与环境代价

信贷歧视会恶化环境代价，但绿色信贷能够削弱信贷歧视。信贷歧视指金融机构偏向于将信贷资金集中投放于重资产与国有企业，而忽视轻资产与非国有企业。因此，相较于清洁产业，污染产业凭借国有产权与资产抵押吸引了大量信贷资金（刘锡良、文书洋，2019）。充沛的现金流导致了污染产业的盲目投资型发展方式，客观上加剧了环境代价，即信贷歧视会恶化环境代价（张娟娟，2023）。绿色信贷同时具备资源配置与环境规制的双重功能，可以有效引导资金流向清洁产业（张可等，2022）。2012年《绿色信贷指引》实施后，重污染企业有息债券及长期负债显著下降，其中高排放地区国有大型重污染企业所受到的影响最大，金融机构的信贷歧视现象由此得到改善，进而降低了经济增长的环境代价（苏东蔚、连莉莉，2018；郭俊杰、方颖，2023）。

（三）绿色信贷、绿色创新与环境代价

绿色信贷可以促进绿色创新，进而抑制环境代价。绿色创新指污染企业实施旨在节能降耗、减少污染的生产技术，从而减轻企业的环境负担并实现生态上可持续发展的目标，即抑制环境代价（张钢、张小军，2013）。现有关于绿色信贷与绿色创新关系的讨论主要形成两类观点：挤出效应和补偿效应（谢乔昕，2021）。挤出效应论认为，绿色信贷迫使企业将坏境成本内生化，令企业配置资金用于预防和减少污染排放，该影响会挤占企业技术创新活动的资金支持（杨柳勇，2022）。相反地，补偿效应论基于"波特假说"，认为绿色信贷将引导企业追加技术创新投入，促进生产工艺绿色转型，以抵偿环境规制对企业盈利水平的负面影响（Zhang et al.，2022；Wang & Li，2022）。

第二节　绿色信贷对环境代价影响的经济增长模型

一、模型基本假定

带有环境约束的经济增长模型能够在一般均衡框架下描述绿色信贷对环境代价的影响（文书洋等，2022）。因此，本节沿用该模型的思路，令居民、企业、金融机构、政府等四个主体构成国民经济的主要部门。在满足预算约束的条件下，居民通过优化产品消费水平与自然环境水平实现效用最大化。企业细分为污染企业与清洁企业，其中，污染企业消耗资本与自然资源生产产品，并对环境产生污染；清洁企业仅消耗资本且不会对环境产生污染。金融机构向上述两类企业提供金融资本，其中，污染企业通过金融资源实现扩大再生产，并加剧了环境污染。因此，为降低企业生产造成的环境代价，政府会制定绿色信贷政策，调节金融机构对污染企业的资金配置。基于上述分析过程，下面对模型做基本假定。

1. 居民。居民通过消费企业产品与自然环境（生态产品）达到效用最大化（黄茂兴、林福寿，2013）。因此，若假定消费者在无限时域上对消费 C 和环境存量 E 存在偏好，那么，可以用可加型固定弹性效用函数刻画居民的效用水平 U（文书洋、刘锡良，2022），满足：

$$U = \frac{C^{1-\sigma}-1}{1-\sigma} + \frac{E^{1-\omega}-1}{1-\omega}, \sigma>0, \omega>0 \qquad (12-1)$$

其中，C 为消费，σ 为相对风险厌恶系数，E 为环境存量，ω 为环境偏好程度。

2. 企业。根据企业在产品生产中的作用不同，本节将企业划分为中间产品生产企业与最终产品生产企业。其中，中间产品生产企业按生产过程中对环境的影响进一步分为清洁企业和污染企业。清洁企业在生产时对自然环境的影响较少，为简化起见，认为清洁企业只消耗投入资本 K_l，则清洁企业的生产函数为：

$$l = K_l^{\gamma} \qquad (12\text{-}2)$$

其中，l 为污染企业生产的产品数量。

污染企业在生产过程中消耗自然资源 N，投入资本 K_h，生产函数为：

$$h = N^{\beta_1} K_h^{\beta_2} \qquad (12\text{-}3)$$

其中，h 为污染企业生产的产品数量。

最终产品生产企业将中间产品进行加工与组装，令生产函数为：

$$F = A(E) h^{\alpha_1} l^{\alpha_2} \qquad (12\text{-}4)$$

其中，F 为最终产品数量，$A(\cdot)$ 是生产的效率参数。

3. 环境。基于上述设定，环境的演化受两方面影响：一是污染企业在生产活动中因消耗自然资源 N 对环境造成破坏，即经济发展会污染环境；二是环境具有一定的再生能力，且再生能力与环境存量呈正相关（戚逸康，2023）。因此，本节认为环境水平的变化速率受环境的自我修复能力与企业的污染水平影响，满足：

$$\dot{E} = v(E_0 - E) - P(N, G) = Z(E, N, K_g) \qquad (12\text{-}5)$$

其中，$\dot{E}$ 为环境存量对于时间的变化速率，$v(E_0 - E)$ 为环境的自我修复能力，$P(N, G)$ 为污染水平，N 为生产消耗的自然资源，G 为清洁技术。

需要说明的是：（1）对于环境的自我修复能力，本节认为环境的自我修复能力 $v(E_0 - E)$ 与初始状态 E_0 和当前状态 E 有关，若初始状态与当前状态的差值增大，则环境的自我修复能力增强（黄茂兴等，

2013）。特别地，若 $E_0=0$，则环境的自我修复能力 $\upsilon(E_0-E)=\psi E$，ψ 为环境的再生能力系数。（2）清洁技术 G 主要指污染行业的减排技术。根据博文伯格和斯穆尔德斯（Bovenberg & Smulders，1995）的研究结论，清洁技术 G、污染水平 P 与自然资源 N 满足：$GP=N$。

4. 金融机构。金融机构通过信贷资金配置为企业的生产活动提供金融资本。不失一般性地令金融机构为污染企业和清洁企业提供金融资本分别为 K_h 和 K_l，其中，金融机构可以通过调节信贷资金在产业间的配置比例影响企业的生产能力。比如，污染企业在生产活动中会产生污染物，而金融机构可以通过对污染企业设定贷款约束影响其排放水平。

5. 政府政策。为抑制污染产业对环境的破坏，政府通过绿色信贷政策调节信贷资金配置，从而改善环境代价。本节假定政府在环境政策时主要考虑两点：（1）政府向污染企业征收排污税（令单位污染税率为 P_p，且税收以转移支付的形式发放给居民；（2）企业需要购买自然资源进行生产活动。假定自然资源的单位价格 v 由资源交易市场的均衡决定，并假定自然资源交易市场的卖方和买方都是价格接受者（文书洋，2022）。另外，在绿色信贷的设定上，政府对金融机构面向清洁产业的贷款提供利息补贴 ε，也即本节所指的绿色信贷规模（刘锡良、文书洋，2019；戚逸康，2023）。

6. 市场出清条件。在经济系统中，上一期的产出 Y 被用于生产、消费 C 和投资 K_h+K_l，因此，资本的运动方程满足：

$$\dot{K}=F(E,N,K_h,K_l)-C \tag{12-6}$$

二、绿色信贷对环境代价的影响机制——基于信贷视角的解释

模型的基本假定可以说明绿色信贷与环境代价的关系，但存在两点问题：（1）忽略了绿色信贷通过产业间的信贷歧视对环境代价产生的影响。金融机构对清洁产业的贷款将获得政府提供的利息补贴，使

得金融机构更倾向于向清洁产业提供信贷资金，降低了对污染产业的投资偏好，即对污染产业存在信贷歧视。（2）忽略了绿色信贷通过污染产业内部的绿色创新对环境代价产生的影响。金融机构对污染产业的绿色创新行为进行贷款同样能获得利息补贴，因此，绿色创新部门将获得更多的信贷资金，从而激发污染产业节能减排的内生动力。

因此，绿色信贷通过调节产业间与产业内部的信贷资金配置，使得污染产业用于生产的资金受到限制，进而减少在生产过程中消耗的自然资源，即降低了环境代价。图12.1中的虚线（---）表示绿色信贷通过产业间的信贷歧视影响环境代价，点划线（·-）表示绿色信贷通过污染产业内的绿色创新影响环境代价。

为对上述机制进行量化分析，本节在企业技术部门中划分出绿色创新部门，并引入金融机构的信贷歧视变量（刘锡良、文书洋，2019；戚逸康，2023）。首先，在居民效用最大水平下，本节推算出资本动态约束下的经济增长路径与污染企业内部的信贷资金配置，是后续对比分析的基准情形。其次，将求得的居民财富动态约束下的经济增长路径作为计算环境代价的基础，进而推导出市场竞争性均衡时产业间与产业内部的信贷资金配置比例，以此说明绿色信贷对信贷歧视与绿色创新的影响。最后，结合经济增长路径与市场出清条件，推导出绿色信贷通过调节信贷资金配置影响环境代价的作用机制。

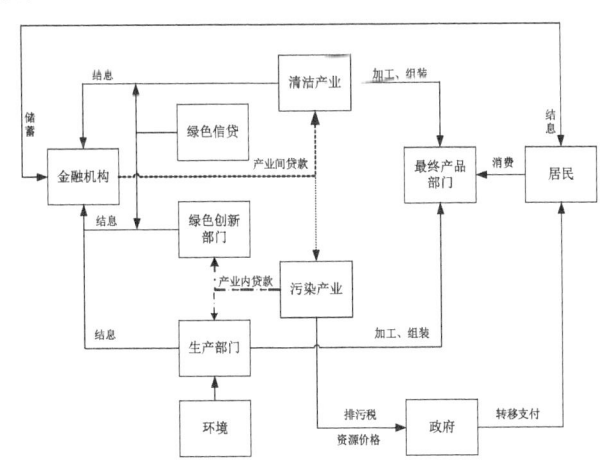

图 12.1　绿色信贷对环境代价的影响机制

（一）经济增长路径

1. 生产部门和绿色创新部门

本项针对污染企业内部的生产部门与绿色创新部门。在生产过程中，生产部门会消耗自然资源并排放污染，而绿色创新部门通过研发绿色技术降低污染排放。不失一般性地将绿色创新部门的研发能力记为 A_g，污染企业向绿色创新部门投入的资本记为 K_g，由此获得的清洁技术为 G，此时，研发能力 A_g 资本 K_g 与清洁技术 G 的关系为：

$$G = A_g K_g^u \quad (12\text{-}7)$$

其中，u 是资本产出的弹性系数。特别地，当 $K_g=0$ 时，$G=G_0$。

需要说明的是，污染企业也可能投入资本 K_g 购买其他企业生产的减排设备，但与上述设定并不矛盾，因为不论资本 K_g 是投入研发过程还是购买减排设备，均不属于投入生产的资本 K_h（文书洋等，2022）。此时，金融机构贷款总量 K 由三部分构成：污染产业的生产资本 K_h、绿色创新投入资本 K_g 以及清洁产业的生产资本 K_l。为方便表述，记 $K_h = \xi K, K_g = \eta K, K_l = (1-\xi-\eta)K$。另外，污染企业的绿色创新投入有助于改善环境，从而使得金融机构在对绿色创新部门贷款时同样会获得利息补贴 ε。

2. 信贷歧视

信贷歧视指金融机构倾向于对重资产行业发放贷款（冯科，2016）。一般情形下，重资产行业往往属于污染产业。在信贷歧视的影响下，金融机构在发放贷款时认为两产业还款的概率不同，假设污染企业的还款概率为 1，则清洁企业的还款概率为 $\varsigma(0<\varsigma<1)$（刘锡良、文书洋，2019）。此时，金融机构的利润为：

$$\Pi_b = R_h K_h + \varepsilon R_g K_g + \varepsilon\varsigma R_l K_l - rK, \varepsilon>1 \quad (12\text{-}8)$$

其中，R 为金融机构向对应产业发放贷款的利率，r 为存款利率。

上述对信贷歧视的设定本质上是金融机构偏向于对污染产业发放贷款的行为，可用金融机构面向污染产业的贷款比例 $\xi+\eta$ 进行测度

(戚逸康,2023)。

3.资本动态约束下的经济增长路径与信贷资金配置

在资本动态约束条件下,本节设定资本存量 K 已知且可控,以此推导居民效用水平最大化时的经济增长路径与信贷资金配置状态。此时,资本动态约束下的解被认为是理论上的最优解,由此计算的经济增长路径与信贷资金配置是后续分析的基准解(刘锡良、文书洋,2019)。下面以资本动态约束下的居民效用水平最大化为约束,利用汉密尔顿函数,求解污染产业内部的信贷资金配置关系与经济增长路径。

(1)资本动态约束下居民效用水平最大化设定。汉密尔顿函数能够描述系统的动态行为并简化求解过程,因此,本节使用汉密尔顿法求解居民效用水平最大化问题。在资本动态约束下,居民效用水平最大化可表述为:

$$\max_{C,E,N,K,K_h,K_g,K_l} \int_0^\infty (\frac{C^{1-\sigma}-1}{1-\sigma}+\frac{E^{1-\omega}-1}{1-\omega})e^{-\rho t}dt \quad (12\text{-}9)$$

$$s.t. \ \dot{K} = F(E,N,K_h,K_l) - C;$$

$$\dot{E} = Z(E,N,K_g);$$

$$K = K_h + K_g + K_l;$$

$$K_h = \xi K, K_g = \eta K, K_l = (1-\xi-\eta)K$$

为求解上述最优化问题,建立汉密尔顿函数:

$$H = U(C,E) + \lambda_1[F(E,N,K_h,K_l) - C] + \lambda_2[Z(E,N,K_g)] +$$

$$\theta(K - K_h - K_l - K_g) \quad (12\text{-}10)$$

其中,汉密尔顿函数的静态约束条件(12-10.1—12-10.5)和动态约束条件(12-10.6—12-10.7)满足:

$$H_{K_h} = 0 \rightarrow \lambda_1 F_{K_h} = \theta \quad (12\text{-}10.1)$$

$$H_{K_l} = 0 \rightarrow \lambda_1 F_{K_l} = \theta \quad (12\text{-}10.2)$$

$$H_{K_g} = 0 \to \lambda_2 Z_{K_g} = \theta \quad (12\text{-}10.3)$$

$$H_N = 0 \to \lambda_1 F_N + \lambda_2 Z_N = 0 \to \frac{\lambda_1}{\lambda_2} = -\frac{Z_N}{F_N} \quad (12\text{-}10.4)$$

$$H_C = 0 \to U_C = \lambda_1 \quad (12\text{-}10.5)$$

$$H_K = \rho\lambda_1 - \dot{\lambda}_1 \to \theta = \rho\lambda_1 - \dot{\lambda}_1 \quad (12\text{-}10.6)$$

$$H_E = \rho\lambda_2 - \dot{\lambda}_2 \to U_E + \lambda_1 F_E + \lambda_2 Z_E = \rho\lambda_2 - \dot{\lambda}_2 \quad (12\text{-}10.7)$$

其中，F_{K_l} 为清洁企业的边际产出，F_{K_h} 为污染企业生产部门的边际产出，F_{K_g} 为污染企业绿色创新部门的边际产出，F_N 为自然资源的边际产出，Z_{K_g} 为绿色创新投入对环境变化速率的边际影响，Z_N 为自然资源对环境变化速率的边际影响，Z_E 为环境存量对环境变化速率的边际影响，U_C 为消费对居民效用水平的边际影响，U_E 为环境对居民效用水平的边际影响。

（2）资本动态约束下的污染产业内部信贷资金配置关系。为计算资本动态约束下的污染产业内部信贷资金配置关系，需要通过资本动态约束下汉密尔顿函数的静态约束条件式（12-10.1）、（12-10.3）和（12-10.4）求得：$\dfrac{Z_{K_g}}{F_{K_h}} = -\dfrac{Z_N}{F_N}$，$Z_{K_g} = \dfrac{\mu N}{A_g K_g^{\mu+1}}$，$Z_N = -\dfrac{1}{A_g K_g^{\mu}}$，$F_{K_h} = \alpha_1 \beta_2 \dfrac{F}{K_h}$，$F_N = \alpha_1 \beta_1 \dfrac{F}{N}$。

通过上述转换等式关系，可进一步得到：

$$\frac{\xi}{\eta} = \frac{\beta_2}{\beta_1 \mu} \quad (12\text{-}11)$$

式（12-11）说明在最优增长路径上，不论其他的变量如何取值，污染产业内部的最优信贷配置比例是一个固定值。

（3）资本动态约束下的经济增长路径。利用式（12-10.1）—式（12-10.7），可以得到：

$$-\frac{U_E}{U_C}\frac{Z_N}{F_N} + F_E \frac{Z_{K_g}}{F_{K_h}} + Z_E = \rho - \frac{\dot{\lambda}_2}{\lambda_2} \quad (12\text{-}12)$$

然后，对式（12-12）进行参数化，有：

$$\frac{E^{-\omega}}{U_C F_N G} + \frac{\delta N}{\alpha_1 \beta_1 E G} + \psi = \rho + \sigma\frac{\dot{C}}{C} - \frac{\dot{G}}{G} - \frac{\dot{F}_N}{F_N} \quad (12\text{-}13)$$

该路径是理论上的最优解，可为居民财富动态约束下的经济增长路径提供依据。

4. 居民财富动态约束下的经济增长路径

在现实市场中，难以达到资本存量 K 已知且可控的约束，故本节将约束条件由资本放宽为居民财富，并推导出经济增长路径，继而将该路径与资本动态约束下的理想解进行对比。

（1）居民财富动态约束下居民效用水平最大化设定。假定居民财富均存入金融机构，记为 a，其来源分为三部分：金融机构利息 r_a、资源收入 vN、污染税的转移支付 $p_P \dfrac{N}{G}$。那么，在居民财富动态约束下，居民效用水平最大化的数学表述为：

$$\max_{C,E,N,a} \int_0^{\infty} (\frac{C^{1-\sigma}-1}{1-\sigma} + \frac{E^{1-\omega}-1}{1-\omega})e^{-\rho t}dt \quad (12\text{-}14)$$

$$s.t. \quad \dot{a} = ra + vN + p_P \frac{N}{G} - C$$

$$\dot{E} = Z(E, N, K_g)$$

为求解上述最优化问题，建立汉密尔顿函数：

$$H = U(C, E) + \lambda_1[r_a - C - vN + p_P \frac{N}{G}] + \lambda_2[Z(E, N, G)] \quad (12\text{-}15)$$

其中，汉密尔顿函数静态约束条件（12-15.1—12-15.2）和动态约束条件（12-15.3—12-15.4）满足：

$$H_N = 0 \rightarrow \lambda_1(v + p_P \frac{1}{G}) + \lambda_2 Z_N = 0 \rightarrow \frac{\lambda_1}{\lambda_2} = -\frac{Z_N}{v + p_P \dfrac{1}{G}} \quad (12\text{-}15.1)$$

378　碳达峰经济政策的中国实践与效应评价

$$H_C = 0 \to U_C = \lambda_1 \quad (12\text{-}15.2)$$

$$H_a = \rho\lambda_1 - \dot{\lambda}_1 \to r\lambda_1 = \rho\lambda_1 - \dot{\lambda}_1 \to r = \rho - \frac{\dot{\lambda}_1}{\lambda_1} \quad (12\text{-}15.3)$$

$$H_E = \rho\lambda_2 - \dot{\lambda}_2 \to U_E + \lambda_2 Z_E = \rho\lambda_2 - \dot{\lambda}_2 \quad (12\text{-}15.4)$$

（2）居民财富动态约束下的经济增长路径。利用式（12-15.1）—式（12-15.4），得到经济增长路径满足：

$$\frac{E^{-\omega}}{C^{-\sigma}(vG+p_P)} + \psi = \rho + \sigma\frac{\dot{C}}{C} - \frac{\dot{v}}{\frac{p_P}{G}+v} - \frac{\dot{G}}{\frac{p_P}{v}+G} \quad (12\text{-}16)$$

通过对比式（12-13）和式（12-16），可以发现：式（12-16）缺少以消费品为度量尺度的环境的边际产品：$\frac{\delta N}{\alpha_1 \beta_1 EG}$，说明市场中尚未有部门就环境损害对生产造成的实际影响承担责任。也即 $q_1 F_E = \frac{Z_{K_g}}{FK_h}\frac{\delta F}{E} = \frac{\mu N}{GK_g}\frac{K_h}{\alpha_1 \beta_2 F}\frac{\delta F}{E} = \frac{\mu\delta}{\alpha_1 \beta_2}\frac{\beta_2}{\beta_1 \mu}\frac{N}{EG} = \frac{\delta N}{\alpha_1 \beta_1 EG}$。

其中，q_1 是以环境损害衡量的资源的影子价格。

（二）绿色信贷、信贷歧视与环境代价

1. 绿色信贷对信贷歧视的影响

本部分证明了绿色信贷对信贷歧视存在抑制作用。首先，将资本市场与产品市场的均衡相结合，有：

$$R_h = \varepsilon R_g = \varepsilon\varsigma R_l = F_{K_h} \quad (12\text{-}17)$$

式（12-17）说明，在市场竞争均衡时，金融机构对各产业发放贷款的利率经绿色信贷 ε 与还款概率 ς 调整后保持一致，且各产业资本的边际收益等于边际成本。

其次，设定企业的利润函数满足：

$$\Pi_E = F - R_h K_h - \varsigma R_l K_l - p_G G - p_P P - vPG \quad (12\text{-}18)$$

其中，P_G 为减排设备 G 的价格。

利用利润最大化的一阶条件，即边际收益等于边际成本，可得：

$$F_{K_h} = R_h, F_{K_l} = R_l, F_N = \frac{p_P}{G} + v, p_G = p_P N G^{-2} \quad (12\text{-}19)$$

最后，结合式（12-19）与利润最大化的一阶条件等式，可得：

$$\frac{1-(\xi+\eta)}{\xi} = \frac{\varepsilon \varsigma \alpha_2 \gamma}{\alpha_1 \beta_2} \quad (12\text{-}20)$$

由式（12-20）可知，信贷歧视 $\xi + \eta$ 随绿色信贷 ε 的增强而减弱，即绿色信贷能够削弱信贷歧视。

需要说明的是，此处存在隐含假设：当 $\xi + \eta$ 减小时，ξ、η 均减小。该假设成立的原因是当污染产业获得的总贷款减少时，投入生产与清洁技术研发的贷款数额也会随之减少。

2. 信贷歧视对环境代价的影响

首先，对式（12-16）进行转换，有：

$$\frac{E^{-\omega}}{C^{-\sigma}(vG+p_P)} + \psi = \rho + \sigma \frac{\dot{C}}{C} - \frac{\dot{v}}{v + \frac{p_P}{G}} - \frac{\dot{G}}{G + \frac{p_P}{v}} = \rho + \sigma \frac{\dot{C}}{C} - \frac{1}{1+\frac{p_P}{vG}}(\frac{\dot{v}}{v} + \frac{\dot{G}}{G}) \quad (12\text{-}21)$$

由于 $\frac{\dot{v}}{v} = \frac{\dot{F_N}}{F_N} = \frac{\dot{Y}}{Y} - \frac{\dot{N}}{N}$，$\frac{\dot{N}}{N} = \frac{\dot{G}}{G} + \frac{\dot{P}}{P}$，有：

$$\frac{\dot{\Re}}{\Re} = \frac{\dot{P}}{P} - \frac{\dot{Y}}{Y} = \frac{\dot{P}}{P} - \frac{\dot{N}}{N} + \frac{\dot{N}}{N} - \frac{\dot{Y}}{Y} = -(\frac{\dot{v}}{v} + \frac{\dot{G}}{G}) \quad (12\text{-}22)$$

其次，将式（12-22）带入式（12-21），得：

$$\frac{vG}{vG+p_P} \frac{\dot{\Re}}{\Re} = \frac{E^{-\omega}}{C^{-\sigma}(vG+p_P)} + \psi - \rho - \sigma \frac{\dot{C}}{C} \quad (12\text{-}23)$$

其中，$\Re = \frac{P}{Y}$ 为环境代价，以单位产出的环境污染进行衡量。

结合式（12-10.1）—式（12-10.7），得：

$$\frac{\dot{\Re}}{\Re} = -\phi_1 \frac{1}{\xi\eta^\mu} + \phi_2 \frac{1}{\xi^{\alpha_1\beta_2}\eta^\mu[1-(\xi+\eta)]^{\alpha_2\gamma}} - \phi_3 \frac{[1-(\xi+\eta)]^{\alpha_2\gamma}}{\xi^{1-\alpha_1\beta_2}} + \psi$$

（12-24）

其中，ξ 和 η 分别为生产部门与绿色创新部门获得贷款的比例，$1-(\xi+\eta)$ 为清洁企业获得贷款的比例，$\xi+\eta$ 为信贷歧视。$\phi_1 = \frac{p_P\psi\beta_2 N}{\beta_1 A_g K^{1+\mu}K^\mu}$，$\phi_2 = \frac{E^{-\omega}+C^{-\sigma}p_P\psi}{C^{-\sigma}\alpha_1\beta_1 AE^\delta N^{\alpha_1\beta_2-1}K^{\alpha_1\beta_2+\alpha_2\gamma}A_g K^\mu}$，$\phi_3 = \alpha_1\beta_1 AE^\delta N^{\alpha_1\beta_1-1}K^{\alpha_1\beta_2+\alpha_2\gamma}$。

由上述动态关系可知，在 $\xi+\eta \in (0,1)$ 的区间上，环境代价的动态方程随信贷歧视的增加呈现出递增关系，即信贷歧视会恶化环境代价。

（三）绿色信贷、绿色创新与环境代价

1. 绿色信贷对绿色创新的影响

本部分证明了绿色信贷对绿色创新存在促进作用。首先，设定绿色创新部门的利润函数：

$$\Pi_G = p_G G - R_g K_g = p_G A_g K_g^\mu - R_g K_g \quad （12-25）$$

利用利润最大化的一阶条件可得：

$$R_g = p_G G_{K_g} = p_G \frac{\mu G}{K_g} \quad （12-26）$$

根据式（12-17）与式（12-26），可以得到：

$$\frac{\eta}{1-(\xi+\eta)} = \frac{p_G \mu G}{\varsigma\alpha_2 \gamma F} \quad （12-27）$$

根据式（12-21）和式（12-27），有：

$$\frac{\xi}{\eta} = \frac{\alpha_1\beta_2 F}{\varepsilon p_G \mu G} \quad （12-28）$$

进一步，通过企业利润最大化的一阶条件 $p_G = p_P NG^{-2}$，将减排设备的价格 P_G 转化为排污税 P_P，有：

$$\frac{\xi}{\eta} = \frac{\alpha_1\beta_2 GF}{\varepsilon p_P \mu N} \quad （12-29）$$

在市场竞争性均衡时,污染产业生产与绿色创新的信贷资金配置 ξ、η 与绿色信贷 ε 的比例关系为:

$$\frac{\xi}{\eta} = \frac{\alpha_1 \beta_2 FG}{\varepsilon p_P \mu N} \quad (12\text{-}30)$$

由式(12-30)可知,绿色信贷 ε 增强时,污染产业的生产部门获得的贷款 ξK 将减少,而绿色创新部门获得的贷款 ηK 将增加,即绿色信贷能够促进污染企业的绿色创新。

特别地,当绿色信贷 $\varepsilon = \frac{\alpha_1 \beta_1 FG}{p_P N}$ 时,式(12-11)与式(12-30)等价,即污染产业内部在竞争性均衡下的信贷资金配置与最优配置一致。此外,$\varepsilon = \frac{\alpha_1 \beta_1 FG}{p_P N}$ 也可以说明绿色信贷 ε 的最优状态与产出水平 F 和环境政策 P_P 存在两点联系:(1)在技术和资源消耗稳定的情况下,随着产出水平的提升,绿色信贷 ε 应相应增强,因此,在经济可持续发展的进程中,绿色信贷发挥的作用越来越明显;(2)绿色信贷 ε 与环境政策 P_P 之间存在一种非完全替代的互补关系,当环境政策的执行力度增强时,绿色信贷应适当减弱力度,反之亦然。

2. 绿色创新对环境代价的影响

本部分证明了绿色创新对环境代价存在抑制作用。由环境代价 $\mathfrak{R}$ 与信贷资金配置 ξ、η 动态关系[见式(12-24)]可知,绿色创新会改善环境代价。

具体地,假定产业间的信贷资金配置不变(即 $\xi + \eta$ 为常数项),此时,产业内 η 增加时 ξ 将减小。同时,假定相较于技术研发投入,企业的生产活动往往需要更多的贷款,即 $\xi > \eta$。因此,当绿色创新增强时(即 η 变大),ξ 减小,且 ξ 与 η 的交乘项增大,故 $\dot{\mathfrak{R}}$ 变小,说明绿色创新能够减少环境代价。

第三节 绿色信贷对中国环境代价影响的实证分析

一、研究假说与模型设定

理论分析表明,在产业间,绿色信贷能够削弱信贷歧视,且信贷歧视会恶化环境代价;在产业内,绿色信贷能够促进绿色创新,且绿色创新会改善环境代价。据此,提出三个假说:

假说 1:绿色信贷能够降低环境代价;

假说 2:绿色信贷通过削弱信贷歧视进而降低环境代价;

假说 3:绿色信贷通过增强污染企业的绿色创新进而降低环境代价。

为验证假说 1,建立如下模型:

$$GC_{it} = \beta_0^A + \beta_1^A CP_{it} + \beta_m^A X_{it} + \varepsilon_i + \mu_{it} \quad (12\text{-}31)$$

其中,GC 为经济增长的环境代价 $\Re$,CP 为绿色信贷 ε,μ_{it} 为个体固定效应与时间固定效应,ε_i 为随机扰动项。若 $\beta_1^A < 0$ 且通过显著性检验,说明绿色信贷能够降低环境代价,即假说 1 成立。

为验证假说 2,建立如下模型:

$$CD_{it} = \beta_0^B + \beta_1^B CP_{it} + \beta_m^B X_{it} + \varepsilon_i + \mu_{it} \quad (12\text{-}32)$$

其中,CD 为信贷歧视,用 $\xi + \eta$ 测度。若 $\beta_1^B < 0$ 且通过显著性检验,则说明绿色信贷会削弱信贷歧视。结合假说 1,即可验证假说 2。

为验证假说 3,建立如下模型:

$$GI_{it} = \beta_0^C + \beta_1^C CP_{it} + \beta_m^C X_{it} + \varepsilon_i + \mu_{it} \qquad (12\text{-}33)$$

其中，GI 为绿色创新，用 $\dfrac{\xi}{\eta}$ 测度。若 $\beta_1^C > 0$ 且通过显著性检验，则说明绿色信贷会增强绿色创新。结合假说 1，即可验证假说 3。

二、数据、指标与样本

本节采用中国 2012—2021 年 30 个地区的面板数据。其中，港澳台地区和西藏自治区因数据完整性问题暂不予考虑。本节采用的绿色信贷数据来源于《中国环境年鉴》《中国能源年鉴》和国泰安 CSMAR（https://data.csmar.com/）。其他指标的数据均来源于《中国统计年鉴》与各省统计年鉴。

1. 绿色信贷。绿色信贷采用省级环保项目信贷总额（$GreenCredit$）占地区生产总值（GDP）的比重进行衡量，计算公式为 $CP_{it} = \dfrac{GreenCredit_{it}}{GDP_{it}}$。

其中，i 为地区，t 为年份。

2. 环境代价。环境代价为单位产出的环境污染（理论分中表示为 $\Re = \dfrac{P}{Y}$），基于该思路，本节采用二氧化硫排放量（S）占地区生产总值（GDP）的比重进行衡量，计算公式为 $GC_{it} = \dfrac{S_{it}}{GDP_{it}}$。此处，采用二氧化硫排放量是考虑到二氧化硫是大气最主要的污染物之一，且相较于碳排放量更能反映绿色金融对环境的污染。为保证结论的可靠性，在稳健性检验时，本章参考刘锡良和文书洋（2019）的做法，采用焦炭消费量占地区生产总值（GDP）的比重进行检验。

3. 信贷歧视。信贷歧视为重污染行业的贷款占全行业贷款比重。参考重污染行业的定义，将电力、热力、水和燃气的生产和供应业、石油石化业、黑色金属开采业、冶炼及压延加工业、有色金属开采业、基础化工业、煤炭开采和洗选业、非金属矿物制品业确定为重污染行业。在实际测算时，本节在上市公司中剔除金融类企业与数据空缺企业。将剩余企业的短期借款与长期借款加总并分类整理,得到各地区的贷款数据。若记重污染行业的贷款总和为 PBorrow,全行业贷款总和为 TBorrow,则指标计算方法为 $CD_{it} = \dfrac{PBorrow_{it}}{TBorrow_{it}}$。

4. 绿色创新。绿色创新指污染企业研发的减排技术,本节采用污染企业的绿色创新专利数占总专利数的比重进行衡量。若记重污染行业绿色创新专利数为 GPatent,专利总数为 TPatent,则计算公式为 $GI_{it} = \dfrac{GPatent_{it}}{TPatent_{it}}$。在数据的处理上,由于专利技术的研发往往需要多年的投入,故使用卷积平滑法进行趋势拟合。

5. 控制变量。为尽可能控制其他可能影响环境代价的因素,本节选取的控制变量包括:(1)考虑到政府财政支出因时间、空间不同而可能存在规模效应,选取单位产出的政府财政支出额(gov)进行控制;(2)考虑到资源配置会因城市规模不同存在差异,选取城镇化率(city)进行控制;(3)考虑到地区对外开放程度差异导致的经济发展水平不同,选取外商投资与地区生产总值的比值(inter)进行控制;(4)考虑到由于产业结构不同所产生的差异,选取第一产业与第三产业产出的比值(str)进行控制;(5)考虑到因人均收入不同而造成的环境影响,选取人均 GDP(pgdp)与人均 GDP 的平方($pgdp^2$)进行控制。

表 12.1 变量说明

变量类型	子项目	缩写	指标说明
解释变量	绿色信贷	CP	节能环保项目信贷总量比 GDP
被解释变量	环境代价	GC	二氧化硫排放总量比 GDP
机制变量	信贷歧视	CD	重污染行业借款比总借款
	绿色创新	GI	重污染行业绿色专利数比专利总数

续表

变量类型	子项目	缩写	指标说明
控制变量	单位财政支出	gov	政府财政支出比 GDP
	城镇化率	city	城镇人口比总人口
	单位外商投资	inter	外商投资比 GDP
	产业结构	str	第三产业产出比第一产业产出
	人均 GDP	pgdp	GDP 比总人口
	人均 GDP 平方	$pgdp^2$	人均 GDP 的平方项

三、估计结果

表 12.2 汇报了绿色信贷对环境代价作用机制的回归结果。列（1）是绿色信贷影响环境代价的主回归估计结果，列（2）是以信贷歧视为机制变量的估计结果，列（3）是以绿色创新为机制变量的估计结果。

回归结果显示，绿色信贷通过削弱信贷歧视与增强绿色创新降低了环境代价。参考列（1）结果，绿色信贷 CP 的回归系数为 -13.09，在 1% 水平上显著为负，说明绿色信贷与环境代价呈负向关系，即绿色信贷能够降低环境代价，假说 1 得到验证。列（2）绿色信贷 CP 对机制变量信贷歧视 CD 的回归系数为 -0.45，在 5% 水平上显著为负，说明绿色信贷能够有效引导信贷资金流入清洁产业，即削弱了信贷歧视。在信贷歧视影响下，污染产业的盲目投资型发展方式导致排放大量污染，因此削弱信贷歧视有助于降低环境代价，假说 2 得到验证。列（3）绿色信贷 CP 对机制变量绿色创新 GI 的回归系数为 0.60，在 10% 水平上显著为正，说明绿色信贷能够有效促进污染产业研发绿色生产技术，即促进了绿色创新。污染产业进行节能降耗的生产技术创新有助于减轻企业的环境负担并实现生态上可持续发展的目标，因此增强绿色创新有助于降低环境代价，假说 3 得到验证。

表 12.2 影响机制检验

	(1)	(2)	(3)
	GC	CD	GI
CP	−13.09***	−0.45**	0.60*
	(−3.35)	(−2.42)	(1.90)
N	300	300	300
R^2	0.87	0.95	0.58
控制变量	是	是	是
时间效应	是	是	是
个体效应	是	是	是

四、稳健性与内生性分析

为检验回归结果的稳健性，本节做如下处理：

（1）更换环境代价的衡量指标。采用省级焦炭消费量与GDP的比值作为环境代价的代理指标（文书洋、刘锡良，2022）。表12.3中列（1）的结果表明，绿色信贷的回归系数为−1.08，在10%水平上显著为负，估计结果较表12.2未发生显著变化，故假说1具有较好的稳健性。

（2）更换信贷歧视的衡量指标。采用省级高污染行业利息费用与总行业利息费用的比值作为信贷歧视的代理指标（李广子，2009）。表12.3中列（2）的结果表明，更换信贷歧视的衡量指标后，绿色信贷的回归系数为−0.25，在10%水平上显著为负，估计结果较表12.2未发生显著变化，故假说2具有较好的稳健性。

（3）更换绿色创新的衡量指标。采用省级高污染行业绿色专利获得数与申请数的比值作为绿色创新的代理指标（王馨、王营，2021）。

表12.3中列（3）的结果表明，替换代理指标后，绿色信贷的回归系数为4.92，在1%水平上显著为正，估计结果较表12.2未发生显著变化，故假说3具有较好的稳健性。

表 12.3　稳健性检验结果

	(1) GC	(2) CD	(3) GI
CP	-1.08* (-1.79)	-0.25* (-1.75)	4.92*** (3.75)
N	300	300	300
R^2	0.98	0.89	0.54
控制变量	是	是	是
时间效应	是	是	是
个体效应	是	是	是

为检验回归结果的内生性，本节做如下处理：

（1）以工具变量法重新估计模型，使用1至4阶滞后项作为工具变量（刘锡良、文书洋，2019）。表12.4中列（1）的结果表明，工具变量的回归系数为-3.21，在1%水平上显著为负，估计结果与表12.1一致。

（2）取绿色信贷的滞后一期作为代理变量（刘锡良、文书洋，2019）。表12.4中列（2）的结果表明，绿色信贷的回归系数为-14.56，在1%水平上显著为负，估计结果同样与表12.1一致，因此认为模型的内生性是可控的。

表 12.4 内生性检验结果

	(1) GC	(2) GC
CP	-3.21***	
	(-3.21)	
L.CP		-14.56***
		(-2.95)
N	180	270
R^2	0.32	0.86
控制变量	是	是
时间效应	是	是
个体效应	是	是

五、政策建议

基于前述分析，提出以下政策建议：

第一，政府与金融机构协同构建有效的绿色信贷资金配置链式管理体系，稳步降低环境代价。由前述理论机制与实证结论可知，绿色信贷通过改变产业间的信贷歧视以降低环境代价。鉴于此，在准入环节，政府就资本实力、风险管理能力、信息披露水平等方面对金融机构的准入资质进行审核，确保其具备提供绿色信贷服务的资质和能力。在贷款投放环节，政府与金融机构明确清洁产业名录并构建奖惩体系，引导金融机构向清洁产业配置信贷资金。在绿色信贷政策执行环节，通过项目收益率、贷款回收率、利润水平等指标衡量绿色信贷对清洁产业扶持力度，进而对清洁产业提供税收减免、税前计提拨备、信用担保等政策保障,建立削弱信贷歧视的长效机制。

第二,政府加大对金融机构贷后管理的监管力度,确保绿色信贷切实用于改善生产技术。本节研究表明,绿色信贷通过增强污染产业内部的绿色创新以降低环境代价。基于此,在产业识别环节,政府应制定明确污染排放标准,通过动态排摸、分类建档、闭环管理等方式对企业开展全面排查,并识别具备绿色创新潜质的污染企业。在贷款投放环节,建立绿色信贷项目库,筛选并推荐符合条件的绿色创新项目。在贷后管理环节,督促金融机构采取现场检查与非现场监测相结合的方式,对贷款企业的生产经营、技术设备进行重点检查,有效落实绿色信贷。此外,受绿色创新技术瓶颈影响,需要构建绿色创新投入产出效率的测度体系,特别是针对技术研发与转化阶段设立预警系统,以平衡信贷资金在各部门间的配置关系,避免因资金的过量投入而引发信贷资金浪费。

参考文献

[1]柏颖，刘晓峰，陈雪颖. 面向需求响应日前市场投标的负荷聚合商决策动力学分析[J]. 电力系统自动化，2022，46(24)：95-103.

[2]陈晖，温婧，庞军，等. 基于31省MRIO模型的中国省际碳转移及碳公平研究[J]. 中国环境科学，2020，40(12)：5540-5550.

[3]陈诗一，祁毓."双碳"目标约束下应对气候变化的中长期财政政策研究[J]. 中国工业经济，2022(5)：5-23.

[4]陈钊，陈乔伊. 中国企业能源利用效率：异质性、影响因素及政策含义[J]. 中国工业经济，2019(12)：78-95.

[5]陈中瑶，林凯颖，王蓓蓓，等. 单侧放开市场中基于Stackelberg均衡分析的最低效率损失需求响应激励机制设计[J]. 电网技术，2022(5)：46-55.

[6]邓荣荣，陈鸣. 中美贸易的隐含碳排放研究——基于I-O SDA模型的分析[J]. 管理评论，2014，26(9)：46-57.

[7]樊纲，苏铭，曹静. 最终消费与碳减排责任的经济学分析[J]. 经济研究，2010，45(1)：4-14，64.

[8]方燕，张昕竹. 递增阶梯定价：一个综述[J]. 经济评论，2011(5)：130-138.

[9]方燕，张昕竹. 连续递增定价、交易成本与递增阶梯定价的渐近有效性[J]. 世界经济，2014(7)：167-192.

[10]方燕. 递增阶梯定价理论[D]. 北京：中国社会科学院，2012.

[11]冯娅，刘阳，鲁庭婷. 中国出口贸易隐含碳测算及其异质性分析——来自"一带一路"沿线国家的证据[J]. 统计与决策，2022，

38(24)：111-116.

[12]傅允生．资源约束与地区经济收敛——基于资源稀缺性与资源配置力的考察[J]．经济学家，2006(5)：33-40.

[13]干春晖，郑若谷，余典范．中国产业结构变迁对经济增长和波动的影响[J]．经济研究，2011，46(5)：4-16+31.

[14]耿涌，董会娟，郗凤明，等．应对气候变化的碳足迹研究综述[J]．中国人口·资源与环境，2010，20(10)：6-12.

[15]龚传正．需求侧响应市场激励敏感度评估与成本收益研究[D]．北京：华北电力大学，2022.

[16]龚梦琪，刘海云．中国双向FDI协调发展、产业结构演进与环境污染[J]．国际贸易问题，2020，46(2)：110-124.

[17]郭正权，荣彤．中国区域间贸易隐含碳转移时空格局演变分析[J]．山西大学学报（哲学社会科学版），2021，44(6)：97-108.

[18]国家发展改革委员会经济运行调节局，国家电网公司营销部，南方电网公司市场营销部．负荷特性及优化[M]．北京：中国电力出版社，2013.

[19]韩梦瑶，刘卫东，杨茗月．低碳转型下中国高耗能行业的碳风险传导解析：基于隐含碳关联网络视角[J]．地理研究，2022，41(1)：79-91.

[20]韩中，王刚．基于多区域投入产出模型中美贸易隐含能源、碳排放的测算[J]．气候变化研究进展，2019，15(4)：416-426.

[21]郝洁，高赐威．基于需求侧竞价的安徽省激励型电力需求响应机制研究及应用[J]．电力需求侧管理，2021，23(2)：63-67.

[22]郝婷，樊小朝，王维庆，等．阶梯式碳交易下考虑源荷不确定性的储能优化配置[J]．电力系统保护与控制，2023，51(1)：101-112.

[23]何小钢，张耀辉．中国工业碳排放影响因素与CKC重组效应——基于STIRPAT模型的分行业动态面板数据实证研究[J]．中国工业经济，2012，30(1)：26-35.

[24]洪娜眉，黄何，李金惠，等.基于产业关联的碳减排绿色科技发展路径研究——以广东省为例[J].科技管理研究，2022，42(22)：199-205.

[25]侯建，王海钺.中国工业用电效率影响因素研究——基于空间面板模型[J].科技管理研究，2019(23)：131-141.

[26]胡雅蓓.中国省际隐含碳排放空间与产业转移路径[J].技术经济，2019，38(9)：130-137.

[27]黄莉，周赣，张娅楠，等.考虑贡献度的聚合商需求响应精准评估与动态激励决策[J].电力工程技术，2022，41(6)：21-29.

[28]黄蕊，钟章奇，孙翊，等.区域分部门贸易的隐含碳排放——以北京为例[J].地理研究，2015，34(5)：933-943.

[29]黄少中.完善电价政策 促进可再生能源发展——可再生能源电价政策取向和着力点[J].价格理论与实践，2009(10)：27-28.

[30]贾康，苏京春.探析"供给侧"经济学派所经历的两轮"否定之否定"——对"供给侧"学派的评价、学理启示及立足于中国的研讨展望[J].财政研究，2014(8)：15-19.

[31]贾康.论供给侧改革[J].管理世界，2016(3)：24-35.

[32]江小国.供给侧改革：方法论与实践逻辑[M].北京：中国人民大学出版社，2017.

[33]江心英，赵爽.双重环境规制视角下FDI是否抑制了碳排放——基于动态系统GMM估计和门槛模型的实证研究[J].国际贸易问题，2019，45(3)：115-130.

[34]姜鸿，高洁，张艺影.基于碳排放权价值的中国省域绿色贸易利益测度[J].中国人口·资源与环境，2022，32(5)：34-45.

[35]兰天，韩玉晶.中国对外贸易隐含碳排放及省际转移研究——基于环境投入产出模型的分析框架[J].中南大学学报（社会科学版），2022，28(4)：94-106.

[36]冷艳丽，杜思正.能源价格扭曲与雾霾污染——中国的经验证据[J].产业经济研究，2016(1)：71-79.

[37]李爱, 王雅楠, 李梦, 等. 碳排放的空间关联网络结构特征与影响因素研究: 以中国三大城市群为例[J]. 环境科学与技术, 2021, 44(6): 186-193.

[38]李富兵, 樊大磊, 王宗礼, 等. "双碳"目标下"拉闸限电"引发的中国能源供给的思考[J]. 中国矿业, 2021(10): 1-6.

[39]李晖, 刘卫东, 唐志鹏. 全球贸易隐含碳净转移的空间关联网络特征[J]. 资源科学, 2021, 43(4): 682-692.

[40]李娉, 邹伟. 权威调控与知识生产: 中国政策试验的双重逻辑——基于能源领域四项试点的案例比较[J]. 中国行政管理, 2022(5): 89-96.

[41]李世祥, 王楠, 吴巧生, 等. 贫困地区能源与环境约束下经济增长尾效及其特征——基于中国21个省份2000～2017年面板数据的实证研究[J]. 数量经济技术经济研究, 2020(11): 42-60.

[42]李新运, 吴学锰, 马俏俏. 中国行业碳排放量测算及影响因素的结构分解分析[J]. 统计研究, 2014(1): 56-62.

[43]李兴, 刘自敏, 杨丹, 等. 电力市场效率评估与碳市场价格设计——基于电碳市场关联视角下的传导率估计[J]. 中国工业经济, 2022(1): 132-150.

[44]林伯强. 电力短缺、短期措施与长期战略[J]. 经济研究, 2004(3): 28-36.

[45]林伯强. 碳中和进程中的中国经济高质量增长[J]. 经济研究, 2022(1): 56-71.

[46]林平. 关于中国建立反垄断法体系的几个基本问题[J]. 管理世界, 2005(8): 38-47.

[47]刘度度. 智能用电技术促进电力资源的合理分配[J]. 科技与企业, 2013(16): 95-95.

[48]刘俊, 罗凡, 刘人境, 等. 大数据背景下电力需求侧管理的应用策略研究[J]. 电力需求侧管理, 2016, 18(2): 5-10.

[49]刘磊, 张永强, 周千惠. 政策协同视角下对中国征收碳税的

政策建议 [J]. 税务研究, 2022(3): 121-126.

[50]刘强, 庄幸, 姜克隽, 等. 中国出口贸易中的载能量及碳排放量分析 [J]. 中国工业经济, 2008, 26(8): 46-55.

[51]刘树杰, 杨娟. 关于阶梯电价的研究 [J]. 价格理论与实践, 2010(3): 12-14.

[52]刘思强, 叶泽, 姚军, 等. 负荷价格弹性的季节特性及尖峰电价政策福利效应估算 [J]. 中国电力, 2016, 49(10): 165-170.

[53]刘宇, 吕郢康, 周梅芳. 投入产出法测算 CO_2 排放量及其影响因素分析 [J]. 中国人口·资源与环境, 2015, 25(9): 21-28.

[54]刘兆炼. 基于遗传算法的电力负荷分配方法 [J]. 科技创新与应用, 2016(8): 185-186.

[55]刘自敏, 邓明艳, 杨丹, 等. 降低企业用能成本可以提高能源效率与社会福利吗——基于交叉补贴视角的分析 [J]. 中国工业经济, 2020(3): 100-118.

[56]刘自敏, 李兴, 朱朋虎. 非线性定价中多维数量参数的优化设计: 以递增阶梯定价为例 [J]. 中央财经大学学报, 2019(9): 73-86.

[57]刘自敏, 李兴. 递增阶梯电价的分档电量政策评价及其优化设计 [J]. 经济与管理研究, 2017, 38(7): 114-125.

[58]刘自敏, 杨丹, 冯永晟. 阶梯定价调整、需求弹性测度与中国电价政策评估 [J]. 财经问题研究, 2017(2): 35-42.

[59]刘自敏, 朱朋虎, 李兴. 递增阶梯电价政策的价格优化与效果评估——基于个人碳交易视角 [J]. 经济与管理研究, 2018, 39(8): 108-122.

[60]陆菁, 鄢云, 黄先海. 规模依赖型节能政策的碳泄漏效应研究 [J]. 中国工业经济, 2022, 40(9): 64-82.

[61]罗琴, 宋依群. 售电市场环境下计及可中断负荷的营销策略 [J]. 电力系统自动化, 2015, 39(17): 134-139.

[62]罗胜. 中国省域碳排放核算与责任分摊研究 [J]. 上海经济研究, 2016, 35(4): 45-53.

[63]吕洁华,张泽野.中国省域碳排放核算准则与实证检验[J].统计与决策,2020,36(3):46-51.

[64]吕延方,崔兴华,王冬.全球价值链参与度与贸易隐含碳[J].数量经济技术经济研究,2019,36(2):45-65.

[65]马昭,赵会茹,霍慧娟.基于实现碳达峰目标的电力系统优化配置研究——以山西省为例[J].现代管理科学,2022(1):79-90.

[66]毛恩荣,周志波.环境税改革与"双重红利"假说:一个理论述评[J].中国人口·资源与环境,2021(12):128-139.

[67]孟凡鑫,苏美蓉,胡元超,等.中国及"一带一路"沿线典型国家贸易隐含碳转移研究[J].中国人口·资源与环境,2019,29(4):18-26.

[68]莫建雷,段宏波,范英,等.《巴黎协定》中中国能源和气候政策目标:综合评估与政策选择[J].经济研究,2018(9):168-181.

[69]庞军,高笑默,石媛昌,等.基于MRIO模型的中国省级区域碳足迹及碳转移研究[J].环境科学学报,2017,37(5):2012-2020.

[70]庞庆华,李涵,杨田田.长江经济带碳排放的空间关联性及其影响因素[J].科技管理研究,2019,39(15):246-251.

[71]彭水军,张文城,孙传旺.中国生产侧和消费侧碳排放量测算及影响因素研究[J].经济研究,2015,50(1):168-182.

[72]普永德,杨捷.居民阶梯电价结构与水平设计的模型研究[J].科学与信息化,2019(6):6-9.

[73]祁兵,郑顺林,孙毅,等.考虑需求侧动态及耦合特性的激励型综合需求响应优化建模[J].中国电机工程学报,2022,42(5):1783-1799.

[74]齐绍洲,李杨.能源转型下可再生能源消费对经济增长的门槛效应[J].中国人口·资源与环境,2018(2):19-27.

[75]齐先军,程桥,吴红斌,等.激励型需求响应对配电网运行可靠性的影响[J].电工技术学报,2018(22):5319-5326.

[76]饶佳黎,周旭,来庭煜.电力资源生产和分配的优化问题[J].

集成电路应用，2018，35(11)：47-48.

[77]单葆国，孙祥栋，李江涛，等.经济新常态下中国电力需求增长研判[J].中国电力，2017，50(1)：19-24.

[78]邵海琴，王兆峰.中国交通碳排放效率的空间关联网络结构及其影响因素[J].中国人口·资源与环境，2021，31(4)：32-41.

[79]申萌.环境规制、产业效率与企业活动：来自差别电价政策的微观证据[J].经济社会体制比较，2015(1)：139-151.

[80]施泉生，丁建勇.电力需求侧管理[M].上海：上海财经大学出版社，2018.

[81]石敏俊，王妍，张卓颖，等.中国各省区碳足迹与碳排放空间转移[J].地理学报，2012，67(10)：1327-1338.

[82]史丹，李鹏."双碳"目标下工业碳排放结构模拟与政策冲击[J].改革，2021(12)：30-44.

[83]苏劲鹏.电力资源分配调度的动态规划模型[J].煤炭技术，2006，25(7)：30-32.

[84]苏为华.多指标综合评价理论与方法问题研究[D].厦门：厦门大学，2000.

[85]孙博伟，张伯伟.全球价值链视角下的出口贸易隐含碳研究[J].云南财经大学学报，2023，39(2)：79-95.

[86]孙传旺.阶梯电价改革是否实现了效率与公平的双重目标？[J].经济管理，2014，36(8)：156-167.

[87]孙立成.考虑阶梯式碳税与碳交易替代效应的企业碳排放决策研究[J].中国人口·资源与环境，2019，29(11)：41-48.

[88]孙振清，汪国军，陈亚男.基于能源平衡表的碳排放清单核算不确定性分析[J].生态经济，2015，31(7)：33-38.

[89]谭显东，陈玉辰，李扬，等.考虑负荷发展和用户行为的分时电价优化研究[J].中国电力，2018，51(7)：136-144.

[90]唐标，程志万，李博，等.基于改进鲁棒DEA模型的电力系统评价研究[J].电子器件，2020，2：273-279.

[91]唐红祥,李银昌.税收优惠与企业绩效:营商环境和企业性质的调节效应[J].税务研究,2020(12):115-121.

[92]田成诗,陈雨.中国省际农业碳排放测算及低碳化水平评价——基于衍生指标与TOPSIS法的运用[J].自然资源学报,2021,36(02):395-410.

[93]万攀兵,杨冕,陈林.环境技术标准何以影响中国制造业绿色转型——基于技术改造的视角[J].中国工业经济,2021(9):118-136.

[94]汪燕,王文治,马淑琴.中国省域间碳排放责任共担与碳减排合作[J].浙江社会科学,2020,36(1):40-51,156.

[95]王安静,冯宗宪,孟渤.中国30省份的碳排放测算以及碳转移研究[J].数量经济技术经济研究,2017,34(8):89-104.

[96]王宝,叶斌,朱刘柱,等.市场环境下中国电力需求响应实践与探索[J].电力需求侧管理,2021,23(5):91-95.

[97]王朝,李伟峰,海霞,等.京津冀城市群能源供需与城市化的关系模式[J].生态学报,2018,38(12):4257-4267.

[98]王丹舟,王心然,李俞广.国外碳税征收经验与借鉴[J].中国人口·资源与环境,2018(7):20-23.

[99]王冬容.激励型需求侧响应在美国的应用[J].电力需求侧管理,2010(1):74-77.

[100]王桂荣,利莉.实施居民阶梯电价的经济学思考[J].价格理论与实践,2011(5):34-35.

[101]王剑,胡浙莹.有序用电管理模式优化与应用[J].电力需求侧管理,2012,14(3):38-39.

[102]王俊博,李鑫,田继军,等.煤炭开发利用产业碳足迹计算方法及减排措施综述[J].煤炭学报,2023,48(1):263-274.

[103]王俊豪.政府管制经济学导论:基本理论及其在政府管制实践中的应用[J].北京:商务印书馆,2017.

[104]王俊杰,史丹,张成.能源价格对能源效率的影响——基于全球数据的实证分析[J].经济管理,2014,36(12):13-23.

[105]王强,崔磊,陈露.山东省制造业重点企业发展规律、问题及建议——兼与广东、江苏、浙江三省的比较[J].山东工业技术,2022,41(2):3-11.

[106]王少剑,田莎莎,蔡清楠,等.产业转移背景下广东省工业碳排放的驱动因素及碳转移分析[J].地理研究,2021,40(9):2606-2622.

[107]王文举,孔晓旭.基于2030年碳达峰目标的中国省域碳配额分配研究[J].数量经济技术经济研究,2022(7):113-312.

[108]王文举,向其凤.国际贸易中的隐含碳排放核算及责任分配[J].中国工业经济,2011,29(10):56-64.

[109]王文娟,梁圣蓉,佘群芝.环境规制与二氧化碳排放——基于企业减排动机的理论和实证分析[J].生态经济,2022,38(4):13-20.

[110]王文治.中国省域消费侧碳排放责任分配的再测算——基于责任共担和技术补偿的视角[J].统计研究,2022,39(6):3-16.

[111]王宪恩,赵思涵,刘晓宇,等.碳中和目标导向的省域消费端碳排放减排模式研究——基于多区域投入产出模型[J].生态经济,2021,37(5):43-50.

[112]王晓平,冯庆,宋金昭.成渝城市群碳排放空间关联结构演化及影响因素[J].中国环境科学,2020,40(9):4123-4134.

[113]王艳丽.基于DEA评价模型的中国电力能源利用效率分析[J].科技传播,2013(6):54-55.

[114]王勇,毕莹,王恩东.中国工业碳排放达峰的情景预测与减排潜力评估[J].中国人口·资源与环境,2017(10):131-140.

[115]王玉燕,林汉川,吕臣.中国企业转型升级战略评价指标体系研究[J].科技进步与对策,2014,31(15):123-127.

[116]王育宝,何宇鹏.增加值视角下中国省域净碳转移权责分配[J].中国人口·资源与环境,2021,31(1):15-25.

[117]王育宝,何宇鹏.中国省域净碳转移测算研究[J].管理学刊,2020,33(2):1-10.

[118]王媛,魏本勇,方修琦,等.基于LMDI方法的中国国际贸易隐含碳分解[J].中国人口·资源与环境,2011,21(2):141-146.

[119]王云,赵永椿,张军营,等.基于全生命周期的O_2/CO_2循环燃烧电厂的技术-经济评价[J].中国科学:技术科学,2011,41(1):119-128.

[120]王韵楚,张智,卢峰,等.考虑用户行为不确定性的阶梯式需求响应激励机制[J].电力系统自动化,2022,46(20):64-73.

[121]王兆君,刘帅,李俊杰.基于生命周期评价法的中国轮胎产业碳排放量测算与分析——以子午轮胎产业为例[J].经济问题探索,2017,38(1):185-190.

[122]王正新,龚吉明,严祥武.资源要素差别化配置的产业升级效应——基于"亩均论英雄"改革的经验研究[J].浙江社会科学,2022(12):26-36.

[123]王志轩,张建宇,潘荔.电力需求侧管理变革[M].北京:中国电力出版社,2018.

[124]王志轩.中国电力需求侧管理变革(上篇)[J].中国电力企业管理,2018(16):48-53.

[125]魏震波,张海涛,魏平桉,等.考虑动态激励型需求响应的微电网两阶段优化调度[J].电力系统保护与控制,2021,49(19):1-10.

[126]吴建宏.基于社会均衡的居民阶梯电价定价模型及政策模拟研究[D].北京:华北电力大学,2013.

[127]吴欣望,朱全涛.发挥市场在创新资源配置中的决定性作用——理论基础与中国国际创新环境构建[J].科技管理研究,2022,42(10):1-10.

[128]武红.中国省域碳减排:时空格局、演变机理及政策建议——基于空间计量经济学的理论与方法[J].管理世界,2015,31(11):3-10.

[129]夏炎,杨翠红,陈锡康.基于可比价投入产出表分解中国能源强度影响因素[J].系统工程理论与实践,2009,29(10):21-27.

[130]夏忠民，王金友，孙晓丽.峰谷电价、阶梯电价的经济学原理及应用[J].农电管理，2021(7)：53-54.

[131]肖兴志，谢理.中国战略性新兴产业创新效率的实证分析[J].经济管理，2011(11)：35-44.

[132]肖雁飞，万子捷，刘红光.中国区域产业转移中"碳排放转移"及"碳泄漏"实证研究——基于2002年、2007年区域间投入产出模型的分析[J].财经研究，2014，40(2)：75-84.

[133]谢里，张斐.电价交叉补贴阻碍绿色发展效率吗——来自中国工业的经验证据[J].南方经济，2017(12)：98-118.

[134]徐斌，陈宇芳，沈小波.清洁能源发展、二氧化碳减排与区域经济增长[J].经济研究，2019(7)：188-202.

[135]徐志勇，曾鸣.有序用电的经济学分析及实施建议[J].电力需求侧管理，2009(1)：35-37.

[136]许鉴，高靖，刘一涛，等.基于鲁棒DEA的新能源电力系统投入产出效率评价研究[J].可再生能源，2019(4)：558-563.

[137]薛爽，洪昀，陈昕.股权性质、政治关系与地方政府拉闸限电——来自有色金属行业的经验证据[J].金融研究，2013(3)：130-142.

[138]闫敏，孙慧.经济内循环视角下中国省域间隐含碳转移网络结构特征研究[J].生态经济，2022，38(2)：13-21.

[139]闫云凤.消费碳排放责任与中国区域间碳转移——基于MRIO模型的评估[J].工业技术经济，2014，33(8)：91-98.

[140]杨军，杨泽，丛建辉，等.责任和收益匹配原则下中国省域碳排放责任共担方案优化[J].资源科学，2022，44(9)：1745-1758.

[141]杨顺顺.中国工业部门碳排放转移评价及预测研究[J].中国工业经济，2015，33(6)：55-67.

[142]姚军，吴永飞，王亚莉，等.两部制电价政策执行方式对市场资源配置效率的影响[J].中国电力，2023，56(3)：154-161.

[143]叶泽.电价理论与方法[M].北京：中国电力出版社，2014.

[144]于冠一，陈卫东.政府主导下的微电网利益相关者识别及合

作开发模式研究[J]. 中国行政管理, 2017(7): 138-142.

[145]余娟娟, 龚同. 全球碳转移网络的解构与影响因素分析[J]. 中国人口·资源与环境, 2020, 30(8): 21-30.

[146]余晓泓, 徐苗. 消费者责任视角下中国产业部门对外贸易碳排放责任研究[J]. 产经评论, 2017, 8(01): 18-30.

[147]袁晓玲, 郗继宏, 李朝鹏, 等. 中国工业部门碳排放峰值预测及减排潜力研究[J]. 统计与信息论坛, 2020(9): 72-82.

[148]曾鸣. 电力需求侧管理的激励机制及其应用[M]. 北京: 中国电力出版社, 2002.

[149]张明. 需求论[M]. 上海: 学林出版社, 2010.

[150]张平淡, 屠西伟. 制造业集聚、技术进步与企业全要素能源效率[J]. 中国工业经济, 2022(7): 103-121.

[151]张钦, 王锡凡, 王建学. 尖峰电价决策模型分析[J]. 电力系统自动化, 2008, 32(9): 11-15.

[152]张希良, 黄晓丹, 张达, 等. 碳中和目标下的能源经济转型路径与政策研究[J]. 管理世界, 2022(1): 35-51.

[153]张希良, 张达, 余润心. 中国特色全国碳市场设计理论与实践[J]. 管理世界, 2021(8): 80-94.

[154]张永姣, 王耀辉. 基于省际贸易隐含碳排放视角的流域生态补偿测算——以黄河流域为例[J]. 生态经济, 2023, 39(2): 26-33.

[155]张宇. 基于DEA模型的中国全要素电能利用效率分析[J]. 决策与信息, 2016(6): 198-199.

[156]张智, 卢峰, 林振智, 等. 考虑用户有限理性的售电公司峰谷组合电力套餐设计[J]. 电力系统自动化, 2021, 45(16): 114-123.

[157]张忠杰. 中国多区域隐含碳贸易的核算和结构分解分析[J]. 统计与决策, 2017, 33(13): 125-129.

[158]赵琳, 林立国. 电力价格政策对企业全要素生产率的影响[J]. 经济学动态, 2021(10): 64-81.

[159]赵志钧, 徐有升. 峰谷分时电价制的试行工作及其经济效益

[J]. 电网技术, 1985(3): 63-66.

[160] 郑航, 叶阿忠. 城市群碳排放空间关联网络结构及其影响因素 [J]. 中国环境科学, 2022, 42(5): 2413-2422.

[161] 郑若楠, 李志浩, 唐雅洁, 等. 考虑居民用户参与度不确定性的激励型需求响应模型与评估 [J]. 电力系统自动化, 2022, 46(8): 154-162.

[162] 中国财科院"企业成本"调研"'有序用电'对企业运营及成本影响"专题组. "有序用电"对企业运营成本的影响及应对 [J]. 财政科学, 2022(3): 97-110.

[163] 周兵, 刘婷婷. 区域环境治理压力、经济发展水平与碳中和绩效 [J]. 数量经济技术经济研究, 2022(8): 110-118.

[164] 周五七. 能源价格, 效率增进及技术进步对工业行业能源强度的异质性影响 [J]. 数量经济技术经济研究, 2016, 33(2): 130-143.

[165] 周洋. 增加值视角下中国省际贸易隐含碳测度 [J]. 统计与决策, 2022, 38(5): 156-160.

[166] 周振华. 产业结构演进的一般动因分析 [J]. 财经科学, 1990(3): 1-6.

[167] 朱继忠. 多能源环境下电力市场运行方法 [M]. 北京: 机械工业出版社, 2019.

[168] 朱庆缘, 董学平, 张珂铜, 等. 可再生能源电力配额指标动态分配机制研究 [J]. 系统工程理论与实践, 2022, 42(4): 967-980.

[169] 左先旺, 荣先钊. 基于优先顺序法的电力系统负荷分配 [J]. 电子测试, 2019(15): 71-73.

[170] Aaberge, R. Axiomatic characterization of the Gini coefficient and Lorenz curve orderings. Journal of Economic Theory, 2001, 101(1): 115-132.

[171] Aalami H A, Pashaei-Didani H, Nojavan S. Deriving nonlinear models for incentive-based demand response programs[J]. International Journal of Electrical Power & Energy Systems, 2019, 106: 223-231.

[172] Aalami H A, Moghaddam M P, Yousefi G R. Demand response

modeling considering Interruptible/Curtailable loads and capacity market programs[J]. Applied Energy, 2010, 87: 243-250.

[173]Abeberese A B. Electricity cost and firm performance: Evidence from India[J]. Review of Economics and Statistics, 2013, 99: 839-852.

[174]Adom P K. The long-run price sensitivity dynamics of industrial and residential electricity demand: The impact of deregulating electricity prices[J]. Energy Economics, 2017, 62: 43-60.

[175]Adom P K, Adams S. Energy savings in Nigeria: Is there a way of escape from energy inefficiency?[J]. Renewable and Sustainable Energy Reviews, 2017, 81 (pt.2):2421-2430.

[176]Afanador, Delgado C. Analysis on various pricing scenarios in a deregulated electricity market[D]. Texas A&M University, 2006.

[177]Afsharian M, Ahn H, Harms S G. A review of DEA approaches applying a common set of weights: The perspective of centralized management[J]. European Journal of Operational Research, 2021, 294: 3-15.

[178]Afsharian M, Ahn H, Thanassoulis E. A DEA-based incentives system for centrally managed multi-unit organisations[J]. European Journal of Operational Research, 2017, 259: 587-598.

[179]Ahammed M T, Khan I. Ensuring power quality and demand-side management through IoT-based smart meters in a developing country. Energy, 2022, 250: 123747.

[180]Ai H, Xiong S, Li K, et al. Electricity price and industrial green productivity: Does the "low-electricity price trap" exist?[J]. Energy, 2020, 207: 118239.

[181]Agarwal N, Grottke M, Mishra S, et al. A systematic literature review of constraint-based innovations: State of the art and future perspectives[J]. IEEE Transactions on Engineering Management, 2017, 64: 3-15.

[182]Aghamohamadi M, Mahmoudi A, Ward J K, et al. A block-

coordinate-descent robust approach to incentive-based integrated demand response in managing multienergy hubs with must-run processes[J]. IEEE Transactions on Industry Applications, 2022, 58: 2352-2368.

[183]Akorede M F, Hizam H, Aris I, et al. Effective method for optimal allocation of distributed generation units in meshed electric power systems[J]. IET Generation, Transmission & Distribution, 2011, 5(2): 276-287.

[184]Alasseri R, Tripathi A K, Rao T J, et al. A review on implementation strategies for demand side management (DSM) in Kuwait through incentive-based demand response programs[J]. Renewable & Sustainable Energy Reviews, 2017, 77: 617-635.

[185]Albadi M H, El-Saadany E F. A summary of demand response in electricity markets[J]. Electric Power Systems Research, 2008, 78: 1989-1996.

[186]Andor M A, Frondel M, Sommer S. Equity and the willingness to pay for green electricity in Germany[J]. Nature Energy, 2018, 3: 876-881.

[187]Andreoni J, Harbaugh W, Vesterlund L. The carrot or the stick: Rewards, punishments, and cooperation[J]. The American Economic Review, 2003, 93(3): 893-902.

[188]Andruszkiewicz J, Lorenc J, Weychan A. Seasonal variability of price elasticity of demand of households using zonal tariffs and its impact on hourly load of the power system[J]. Energy, 2020, 196: 117175.

[189]Anselin L. Spatial Econometrics: Methods and Models[M]. Dordrecht: Kluwer Academic Publishers, 1988.

[190]Anselin L. Thirty years of spatial econometrics[J]. Papers in Regional Science, 2010, 89(1): 3-25.

[191]An Y, Zhai X. SVR-DEA Model of Carbon Tax Pricing for China's Thermal Power Industry[J]. Science of The Total Environment, 2020, 734: 139438-139447.

[192]Arrow K J. The organization of economic activity: Issues pertinent to the choice of market versus non-market allocation[J]. Washington: Government

Printing Office, 1969, 47-64.

[193]Asadinejad A, Tomsovic K L. Optimal use of incentive and price based demand response to reduce costs and price volatility[J]. Electric Power Systems Research, 2017, 144: 215-223.

[194]Astriani Y, Shafiullah G M, Shahnia F. Incentive determination of a demand response program for microgrids[J]. Applied Energy, 2021, 292: 116624.

[195]Athey S, Segal I. An efficient dynamic mechanism[J]. Econometrica, 2013, 81: 2463-2485.

[196]Ausubel L M, Cramton P. Using forward markets to improve electricity market design[J]. Utilities Policy, 2010, 18: 195-200.

[197]Baboli P T, Eghbal M, Moghaddam M P, et al. Customer behavior based demand response model[J]. 2012 IEEE Power and Energy Society General Meeting, (2012): 1-7.

[198]Bahrami S, Toulabi M, Ranjbar S, et al. A decentralized energy management framework for energy hubs in dynamic pricing markets[J]. IEEE Transactions on Smart Grid, 2018, 9: 6780-6792.

[199]Balistreri E J, Böhringer C, Rutherford T F. Carbon policy and the structure of global trade[J]. The World Economy, 2018, 41(1): 194-221.

[200]Bai C, Zhou L, Xia M et al. Analysis of the spatial association network structure of China's transportation carbon emissions and its driving factors[J]. Journal of Environmental Management, 2020, 253: 109765.

[201]Baik S, Davis A L, Park J W, et al. Estimating what US residential customers are willing to pay for resilience to large electricity outages of long duration[J]. Nature Energy, 2020, 5: 250-258.

[202]Baker L. Of embodied emissions and inequality: Rethinking energy consumption[J]. Energy Research & Social Science, 2017, 36: 52-60.

[203]Bastianoni S, Pulselli F M, Tiezzi E. The Problem of Assigning Responsibility for Greenhouse Gas Emissions[J]. Ecological Economics, 2004,

49(3): 253-257.

[204]Barberán R, Arbués F. Equity in domestic water rates design[J]. Water resources management, 2009, 23(10): 2101-2118.

[205]Bedi J S, Toshniwal D. Deep learning framework to forecast electricity demand[J]. Applied Energy, 2019, 238: 1312-1326.

[206]Bornschlegell A S, Pelle J, Harmand S, et al. Thermal Optimization of a High-Power Salient-Pole Electrical Machine[J]. IEEE Transactions on Industrial Electronics, 2013, 60: 1734-1746.

[207]Botelho V. Estimating the economic impacts of power supply interruptions[J]. Energy Economics, 2019, 80: 983-994.

[208]Brijs T, Geth F, Siddiqui S, et al. Price-based unit commitment electricity storage arbitrage with piecewise linear price-effects[J]. Journal of Energy Storage, 2016, 7: 52-62.

[209]Brown D P, Sappington D E. Employing cost sharing to motivate the efficient implementation of distributed energy resources[J]. Energy Economics, 2019, 81: 974-1001.

[210]Burk A. A reformulation of certain aspects of welfare economics[J]. Quarterly Journal of Economics, 1938, 52: 310-334.

[211]Burke P J, Abayasekara A. The price elasticity of electricity demand in the United States: A three-dimensional analysis[J]. Energy Journal, 2017, 39(2): 123-145.

[212]Burke P J, Yang H. The Price and Income Elasticities of Natural Gas Demand: International Evidence[J]. Energy Economics, 2016, 59: 466-474.

[213]Cai H, Qu S, Wang M. Changes in China's carbon footprint and driving factors based on newly constructed time series input–output tables from 2009 to 2016[J]. Science of The Total Environment, 2020, 711: 134555.

[214]Canha L, Ekel P, Queiroz J, et al. Models and methods of decision making in fuzzy environment and their applications to power engineering problems[J]. Numerical Linear Algebra with Applications, 2007, 14(4): 369-390.

[215]Cappers P A, Goldman C R, Kathan D. Demand response in U.S. electricity markets: Empirical evidence[J]. Energy, 2010, 35: 1526-1535.

[216]Carreno E M, Sanchez T L, Padilha-Feltrin A. Consumer Behavior after the Brazilian Power Rationing in 2001[C]. Transmission & Distribution Conference & Exposition: Latin America. IEEE, 2006.

[217]Chalermchaiarbha S, Ongsakul W. Elitist multi-objective particle swarm optimization with fuzzy multi-attribute decision making for power dispatch[J]. Electric Power Components and Systems, 2012, 40(14): 1562-1585.

[218]Chang Y F, Lin S J. Structural decomposition of industrial CO2 emission in Taiwan: an input-output approach[J]. Energy Policy, 2007, 26:5-12.

[219]Charnes A, Cooper W W, Rhodes E. Measuring the efficiency of decision making units[J]. European journal of operational research, 1978, 2(6): 429-444.

[220]Chassin D P, Rondeau D. Aggregate modeling of fast-acting demand response and control under real-time pricing[J]. Applied Energy, 2016, 181: 288-298.

[221]Cheng W, Wei W, Wang J, et al. Equilibrium of interdependent gas and electricity markets with marginal price based bilateral energy trading. IEEE Transactions on Power Systems, 2018, 33(5): 4854-4867.

[222]Chen J, Zhou C, Wang S, et al. Impacts of energy consumption structure, energy intensity, economic growth, urbanization on PM2.5 concentrations in countries globally[J]. Applied Energy, 2018, 230: 94-105.

[223]Chen L, Li K, Chen S, et al. Industrial Activity, Energy Structure, and Environmental Pollution in China[J]. Energy Economics, 2021, 104: 105633-105642.

[224]Chen X, Sasaki T, Brännström Å, et al. First carrot, then stick: how the adaptive hybridization of incentives promotes cooperation[J]. Journal of the Royal Society Interface, 2015, 12(102): 20140935.

[225]Chen Y, Yao Z, Zhong K. Do environmental regulations of carbon emissions and air pollution foster green technology innovation: Evidence from China's prefecture-level cities[J]. Journal of Cleaner Production, 2022, 350: 131537.

[226]Chen Z, Li Z, Chen G. Optimal Configuration and Operation for User-Side Energy Storage Considering Lithium-Ion Battery Degradation[J]. SSRN Electronic Journal, 2022, 145: 108621.

[227]Choi D G, Murali K. The impact of heterogeneity in consumer characteristics on the design of optimal Time-of-Use tariffs[J]. Energy, 2022, 254: 124248.

[228]Cui H, Xia W, Yang S, et al. Real-time emergency demand response strategy for optimal load dispatch of heat and power micro-grids[J]. International Journal of Electrical Power & Energy Systems, 2020, 121: 106127.

[229]Cui W, Li L. A game-theoretic approach to optimize the Time-of-Use pricing considering customer behaviors[J]. International Journal of Production Economics, 2018, 201: 75-88.

[230]Dahl C, Sterner T. Analysing Gasoline Demand Elasticities: A Survey [J]. Energy Economics, 1991, 13(3): 203-210.

[231]Danielsson E, Nyhlén J, Olausson P M. Strategic planning for power shortages[J]. Energy Policy, 2020, 137: 111186.

[232]Daraio C, Simar L. Introducing environmental variables in nonparametric frontier models: A probabilistic approach[J]. Journal of Productivity Analysis, 2005, 24: 93-121.

[233]Dehnokhalaji A, Ghiyasi M, Korhonen P J. Resource allocation based on cost efficiency[J]. Journal of the Operational Research Society, 2017, 68: 1279-1289.

[234]Delorit J D, Schuldt S, Chini C M. Evaluating an adaptive management strategy for organizational energy use under climate

uncertainty[J]. Energy Policy, 2020, 142: 111547.

[235]Ding T, Chen Y, Wu H, et al. Centralized fixed cost and resource allocation considering technology heterogeneity: A DEA approach[J]. Annals of Operations Research, 2018, 268: 497-511.

[236]Dong B, Xu Y, Li Q. Carbon transfer under China's inter-provincial trade: Evaluation and driving factors[J]. Sustainable Production and Consumption, 2022, 32: 378-392.

[237]Dong H, Dai H, Geng Y, et al. Exploring Impact of Carbon Tax on China's CO_2 Reductions and Provincial Disparities [J]. Renewable and Sustainable Energy Reviews, 2017, 77: 596-603.

[238]Dong J, Xue G, Li R. Demand response in China: Regulations, pilot projects and recommendations – A review[J]. Renewable & Sustainable Energy Reviews, 2016, 59: 13-27.

[239]Dong Y, Xie X, Wang K, et al. An Emergency-Demand-Response Based Under Speed Load Shedding Scheme to Improve Short-Term Voltage Stability[J]. IEEE Transactions on Power Systems, 2017, 32: 3726-3735.

[240]Du J, Cook W D, Liang L, et al. Fixed cost and resource allocation based on DEA cross-efficiency[J]. European Journal of Operational Research, 2014, 235: 206-214.

[241]Dunlop T. Mind the gap: A social sciences review of energy efficiency[J]. Energy Research & Social Science, 2019, 56: 101216.

[242]Echenique F, Miralles A, Zhang J. Fairness and efficiency for allocations with participation constraints[J]. Journal of Economic Theory, 2021, 195: 105274.

[243]Ekel P Y, Kokshenev I V, Parreiras R O, et al. Fuzzy set based models and methods of decision making and power engineering problems[J]. 2013, 05(5): 41-51.

[244]Ekel P, Kokshenev I, Parreiras R, et al. Multiobjective and multiattribute decision making in a fuzzy environment and their power

engineering applications[J]. Information Sciences, 2016, 361: 100-119.

[245]Elliott R J, Sun P, Zhu T. Electricity prices and industry switching: Evidence from Chinese manufacturing firms[J]. Energy Economics, 2019, 78: 567-588.

[246]Eranki P L, Landis A E. Pathway to domestic natural rubber production: a cradle-to-grave life cycle assessment of the first guayule automobile tire manufactured in the United States[J]. The International Journal of Life Cycle Assessment, 2019, 24(8): 1348-1359.

[247]Fan S, Hyndman R J. The price elasticity of electricity demand in South Australia[J]. Energy Policy, 2011, 39: 3709-3719.

[248]Färe R, Lovell C A K. Measuring the technical efficiency of production[J]. Journal of Economic theory, 1978, 19(1): 150-162.

[249]Ferreira R D, Barroso L A, Lino P, et al. Time-of-Use tariff design under uncertainty in price-elasticities of electricity demand: A stochastic optimization approach[J]. IEEE Transactions on Smart Grid, 2013, 4: 2285-2295.

[250]Feng Q, Wu Z, Zhou G. Fixed cost allocation considering the input-output scale based on DEA approach[J]. Computers & Industrial Engineering, 2021, 159: 107476.

[251]Ferng J J. Allocating the responsibility of CO_2 over-emissions from the perspectives of benefit principle and ecological deficit[J]. Ecological Economics, 2004, 46(1):121-141.

[252]Furuhata M, Dessouky M M, Ordóñez F, et al. Ridesharing: The state-of-the-art and future directions[J]. Transportation Research Part B-methodological, 2013, 57: 28-46.

[253]Gagne D A, Settle D E, Aznar A, et al. Demand response compensation methodologies: Case studies for Mexico[R]. United States: N. p., 2018. https://doi.org/10.2172/1452706.

[254]Gellings C W. The concept of demand-side management for electric utilities[J]. Proceedings of the IEEE, 1985, 73: 1468-1470.

[255]Ghosh D, Shah J. Supply chain analysis under green sensitive consumer demand and cost sharing contract[J]. International Journal of Production Economics, 2015, 164: 319-329.

[256]Ghosh, S. Status of thermal power generation in India-perspectives on capacity, generation and carbon dioxide emissions[J]. Energy Policy, 2010, 38(11): 6886-6899.

[257]Golkar M A, Rajabzadeh M. Optimum allocation of reactive power in real-time operation under deregulated electricity market[C]. 2009 Australasian Universities Power Engineering Conference. IEEE, 2009: 1-6.

[258]Goldman D P, Joyce G, Zheng Y. Prescription drug cost sharing: associations with medication and medical utilization and spending and health[J]. Journal of the ACM, 2007, 298(1): 61-69.

[259]Graham D, Glaister S. Spatial Implications of Transport Pricing [J]. Journal of Transport Economics & Policy, 2006, 40(2): 173-201.

[260]Grainger C A, Zhang F. Electricity shortages and manufacturing productivity in Pakistan[J]. Energy Policy, 2019, 132: 1000-1008.

[261]Green J R, Kohlberg E, Laffont J J. Partial equilibrium approach to the free-rider problem[J]. Journal of Public Economics, 1976, 6: 375-394.

[262]Greening L A. Demand response resources: Who is responsible for implementation in a deregulated market?[J]. Energy, 2010, 35: 1518-1525.

[263]Gruber K, Gauster T, Laaha G, et al. Profitability and investment risk of Texan power system winterization[J]. Nature Energy, 2022, 7 (5): 409-416.

[264]Griffith D. Spatial Structure and Spatial Interaction: 25 Years Later[J]. Review of Regional Studies, 2007, 37(7): 28-38.

[265]Guo Z, Zhang X, Zheng Y, et al. Exploring the Impacts of a Carbon Tax on the Chinese Economy Using a CGE Model with a Detailed Disaggregation of Energy Sectors [J]. Energy Economics, 2014, 45(9): 455-462.

[266]Haneem F, Kama N, Taskin N, et al. Determinants of master data management adoption by local government organizations: An empirical

study[J]. International Journal of Information Management, 2019, 45: 25-43.

[267]Harks T, Miller K. The worst-case efficiency of cost sharing methods in resource allocation games[J]. Operational Research, 2011, 59: 1491-1503.

[268]Heggie A, Eager D, McKinnon K, et al. Power rationing in a long-term power shortage[J]. Energy Policy, 2018, 121: 202-210.

[269]Hilbe C, Sigmund K. Incentives and opportunism: from the carrot to the stick[J]. Proceedings of the Royal Society B: Biological Sciences, 2010, 277: 2427-2433.

[270]Hoppmann J. Hand in hand to Nowhereland? How the resource dependence of research institutes influences their co-evolution with industry[J]. Research Policy, 2020, 50(2): 104145.

[271]Hu J, Kahrl F, Yan Q, et al. The impact of China's differential electricity pricing policy on power sector CO_2 emissions[J]. Energy Policy, 2012, 45: 412-419.

[272]Hu Y, Li Y, Chen L. Multi-objective optimization of Time-of-Use price for tertiary industry based on generalized seasonal multi-model structure[J]. IEEE Access, 2019, 7: 89234-89244.

[273]Huo T, Cao R, Xia N, et al. Spatial correlation network structure of China's building carbon emissions and its driving factors: A social network analysis method[J]. Journal of Environmental Management, 2022, 320: 115808.

[274]Imas A, Sadoff S, Samek A. Do people anticipate loss aversion?[J]. Management Science, 2017, 63(5): 1271-1284.

[275]Inglesi-Lotz R, Pouris A. Energy efficiency in South Africa: a decomposition exercise[J]. Energy, 2012, 42: 113-120.

[276]Iqbal Q, Malzahn D. Evaluating discriminating power of single-criteria and multi-criteria models towards inventory classification[J]. Computers & Industrial Engineering, 2017, 104: 219-223.

[277]Jacquet-Lagreze E, Siskos J. Assessing a set of additive utility functions for multicriteria decision-making, the uta method[J]. European

Journal of Operational Research, 1982, 10(2): 151-164.

[278]Jaffray, J. Y. Linear utility theory for belief functions[J]. Operations Research Letters, 1989, 8(2): 107-112.

[279]Jakob M, Ward H, Steckel J C. Sharing responsibility for trade-related emissions based on economic benefits[J]. Global Environmental Change, 2021, 66: 102207.

[280]Jamil F, Ahmad E. Income and price elasticities of electricity demand: Aggregate and sector-wise analyses[J]. Energy Policy, 2011, 39: 5519-5527.

[281]Jebaraj S, Iniyan S, Goic R. An optimal electricity allocation model for sustainable resource use in India[J]. International journal of energy research, 2013, 37(8): 923-935.

[282]Jiang E, Wang L. Multi-objective optimization based on decomposition for flexible job shop scheduling under time-of-use electricity prices[J]. Knowledge-Based Systems, 2020, 204: 106177.

[283]Jiang L, He S, Tian X, et al. Energy use embodied in international trade of 39 countries: Spatial transfer patterns and driving factors[J]. Energy, 2020, 195: 116988.

[284]Jiang L, Xu L, Gang H. Regional Electricity Demand and Economic Transition in China[J]. Utilities Policy, 2020, 64: 101047-101055.

[285]Jiang Q, Ma X. Spillovers of environmental regulation on carbon emissions network[J]. Technological Forecasting and Social Change, 2021, 169: 120825.

[286]Jordehi A R. Optimisation of demand response in electric power systems, a review[J]. Renewable and Sustainable Energy Reviews, 2019, 103: 308-319.

[287]Kahneman D, Tversky A. Prospect theory: analysis of decision under risk[J]. Econometrica, 1979, 47: 263-291.

[288]Kanemoto K, Moran D, Lenzen M, et al. International trade

undermines national emission reduction targets: New evidence from air pollution[J]. Global Environmental Change, 2014, 24: 52-59.

[289]Kanniche M, Gros-Bonnivard R, Jaud P, Valle-Marcos J, Amann J M, Bouallou C. Pre-combustion, post-combustion and oxy-combustion in thermal power plant for CO_2 capture[J]. Applied Thermal Engineering, 2010, 30(1): 53-62.

[290]Keupp M M, Gassmann O. Resource constraints as triggers of radical innovation: Longitudinal evidence from the manufacturing sector[J]. Research Policy, 2013, 42: 1457-1468.

[291]Khalid A, Javaid N, Mateen A, et al. Enhanced Time-of-Use electricity price rate using game theory[J]. Electronics, 2019, 8 (1): 48.

[292]Kim D, Kim J. Design of emergency demand response program using analytic hierarchy process[J]. IEEE Transactions on Smart Grid, 2012, 3: 635-644.

[293]Klug T, Beyene A D, Meles T H, et al. A review of impacts of electricity tariff reform in Africa[J]. SSRN Electronic Journal, 2022, 170: 113226.

[294]Kohler M. Differential electricity pricing and energy efficiency in South Africa[J]. Energy, 2014, 64: 524-532.

[295]Kondo Y, Moriguchi Y, Shimizu H. CO_2 Emissions in Japan: Influences of imports and exports[J]. Applied Energy, 1998, 59(2-3): 163-174.

[296]Laguérodie S, Vergara F. The theory of price controls: John Kenneth Galbraith's contribution[J]. Review of Political Economy, 2008, 20: 569-593.

[297]Landes W M, Posner R A. The economic structure of tort law[R]. Cambridge, Mass. [u.a.]: Harvard University Press, 1987.

[298]Laws N D, Hanasusanto G A. Linearizing bilinear products of shadow prices and dispatch variables in bilevel problems for optimal power system planning and operations[J]. IEEE Transactions on Power Systems, 2023, 38: 668-680.

[299]Lei, Liu, Tong, et al. An equity-based framework for defining national responsibilities in global climate change mitigation[J]. Climate and Development, 2015, 9(2): 152-163.

[300]Lenzen M, Murray J, Sack F, et al. Shared producer and consumer responsibility-Theory and practice[J]. Ecological Economics, 2007, 61(1): 27-42.

[301]Lenzen M. Primary energy and greenhouse gases embodied in Australian final consumption: an input–output analysis[J]. 1998, 26(6): 495-506.

[302]LeSage J P, Pace R K. Introduction to spatial econometrics[M]. Boca Raton, FL: CRC Press, 2009.

[303]LeSage J P, Pace R K. Spatial econometric modeling of origin-destination flows[J]. Journal of Regional Science, 2008, 48(5): 941-967.

[304]Li A, Lin B. Comparing climate policies to reduce carbon emissions in China. Energy Policy, 60, 667-674.

[305]Li M, Gao Y, Meng B, et al. Managing the mitigation: Analysis of the effectiveness of target-based policies on China's provincial carbon emission and transfer[J]. Energy Policy, 2021, 151: 112189.

[306]Li G, Ruonan L, Yingdan M, et al. Improve technical efficiency of China's coal-fired power enterprises: Taking a coal-fired-withdrawl context[J]. Energy, 2022, 252: 123979.

[307]Liang Q M, Fan Y, Wei Y W. Multi-regional input–output model for regional energy requirements and CO_2 emissions in China[J]. Energy Policy, 2007, 35(3): 1685-1700.

[308]Liang Z, Tian Z, Sun L, et al. Heat wave, electricity rationing, and trade-offs between environmental gains and economic losses: The example of Shanghai[J]. Applied Energy, 2016, 184: 951-959.

[309]Lin B, Liu J. Principles, effects and problems of differential power pricing policy for energy intensive industries in China[J]. Fuel and Energy Abstracts, 2011, 36(1): 111-118.

[310]Lin B, Jia Z. The energy, environmental and economic impacts of carbon tax rate and taxation industry: A CGE based study in China[J]. Energy, 159, 558-568.

[311]Liobikien G, Butkus M. The European union possibilities to achieve targets of Europe 2020 and Paris agreement climate policy[J]. Renewable Energy, 2017, 106: 298-309.

[312]Liu D, Qin Z, Hua H, et al. Incremental incentive mechanism design for diversified consumers in demand response[J]. Applied Energy, 2023, 329: 120240.

[313]Liu D, Sun Y, Qu Y, et al. Analysis and accurate prediction of user's response behavior in incentive-based demand response[J]. IEEE Access, 2019, 7: 3170-3180.

[314]Liu F F, Peng H H. Ranking of units on the DEA frontier with common weights[J]. Computers & Industrial Engineering, 2008, 35: 1624-1637.

[315]Liu J, Bai J, Deng Y, et al. Impact of energy structure on carbon emission and economy of China in the scenario of carbon taxation[J]. Science of the Total Environment, 2020, 762: 143093-143103.

[316]Liu L, Ma X, Sun J. An investigation of the relationship between economic growth and electricity consumption with different industrial structures in different regions in China. In 2013 48th International Universities' Power Engineering Conference (UPEC), IEEE, 2013: 1-6.

[317]Liu Z, Guan D, Moore S, Lee H, Su J, Zhang Q. Climate policy: steps to China's carbon peak[J]. Nature, 2015, 522(7556): 279-281.

[318]Lozano S, Villa G. Centralized resource allocation using data envelopment analysis[J]. Journal of productivity analysis, 2004, 22: 143-161.

[319]Lozano S, Villa G, Canca D. Application of centralised DEA approach to capital budgeting in Spanish ports[J]. Computers & Industrial Engineering, 2011, 60(3): 455-465.

[320]Lotfi F H, Hatami-Marbini A, Agrell P J, et al. Allocating fixed resources and setting targets using a common-weights DEA approach[J]. Computer & Industrial Engineering, 2013, 64(2): 631-640.

[321]Lovallo D, Brown A, Teece D J, et al. Resource re-allocation capabilities in internal capital markets: The value of overcoming inertia[J]. Southern Medical Journal, 2020, 41: 1365-1380.

[322]Lu R, Hong S H. Incentive-based demand response for smart grid with reinforcement learning and deep neural network[J]. Applied Energy, 2019, 236: 937-949.

[323]Ma H. Prediction of industrial power consumption in Jiangsu Province by regression model of time variable[J]. Energy, 2022, 239: 122093.

[324]Ma F, Wang Y, Yuen K F, et al. The evolution of the spatial association effect of carbon emissions in transportation: a social network perspective[J]. International Journal of Environmental Research and Public Health, 2019, 16(12): 2154.

[325]Mahdiloo M, Ngwenyama O K, Scheepers R, et al. Managing emissions allowances of electricity producers to maximize CO_2 abatement: DEA models for analyzing emissions and allocating emissions allowances[J]. International Journal of Production Economics, 2018, 205: 244-255.

[326]Mahmoodi J, Patel M K, Brosch T. Pay now, save later: Using insights from behavioural economics to commit consumers to environmental sustainability[J]. Journal of Environmental Psychology, 2021, 76: 101625.

[327]Mallapragada D S, Naik I, Ganesan K, Banerjee R, Laurenzi I J. Life cycle greenhouse gas impacts of coal and imported gas-based power generation in the Indian context[J]. Environmental Science & Technology, 2019, 53(1): 539-549.

[328]Makridou G, Andriosopoulos K, Doumpos M, et al. Measuring the efficiency of energy-intensive industries across European countries[J]. Energy Policy, 2016, 88: 573-583.

[329]Mannhardt J, Gabrielli P, Sansavini G. Collaborative and selfish mitigation strategies to tackle energy scarcity: The case of the European gas crisis. iScience, 2023, 26: 106750.

[330]Mar-Molinero C, Prior D, Segovia M, et al. On centralized resource utilization and its reallocation by using DEA[J]. Annals of Operations Research, 2014, 221: 273-283.

[331]Mchopa A D. Power Rationing: A lethal phenomenon culminating the dwindling performance of Micro and small enterprises in Moshi Town Tanzania[J]. European academic research, 2016, 4(1): 569-586.

[332]Mehta A, Roughgarden T, Sundararajan M. Beyond moulin mechanisms[J]. Games and Economic Behavior, 2007, 67: 125-155.

[333]Meng B, Peters G P, Wang Z, et al. Tracing CO_2 emissions in global value chains[J]. Energy Economics, 2018, 73: 24-42.

[334]Meyabadi A F, Deihimi M. A review of demand-side management: Reconsidering theoretical framework[J]. Renewable & Sustainable Energy Reviews, 2017, 80: 367-379.

[335]Ming Z, Song X, Ming-juan M, et al. Historical review of demand side management in China: Management content, operation mode, results assessment and relative incentives[J]. Renewable & Sustainable Energy Reviews, 2013, 25: 470-482.

[336]Monteiro H. Residential water demand in Portugal: checking for efficiency-based justifications for increasing block tariffs[R]. ISCTE-IUL, Business Research Unit (BRU-IUL), 2010.

[337]Moulin H. The price of anarchy of serial, average and incremental cost sharing[J]. Economic Theory, 2008, 36: 379-405.

[338]Munksgaard, Jesper, Pedersen, et al. CO_2 accounts for open economies: producer or consumer responsibility?[J]. Energy Policy, 2001, 29(4):328-328.

[339]Narayana S, Buyya R, Srirama S N, et al. A manifesto for future

generation cloud computing: Research directions for the next decade[J]. ACM Computing Surveys, 2017, 51(5): 105.

[340]Nepal R, Paija N. Energy security, electricity, population and economic growth: the case of a developing south Asian resource-rich economy[J]. Energy Policy, 2019, 132: 771-781.

[341]Nicosia G, Pacifici A, Pferschy U. Price of Fairness for allocating a bounded resource[J]. European Journal of Operational Research, 2016, 257 (3): 933-943.

[342]Nooij M D, Lieshout R, Koopmans C C. Optimal blackouts: Empirical results on reducing the social cost of electricity outages through efficient regional rationing[J]. Energy Economics, 2009, 31: 342-347.

[343]O'Connell N, Pinson P, Madsen H, et al. Benefits and challenges of electrical demand response: A critical review[J]. Renewable & Sustainable Energy Reviews, 2014, 39: 686-699.

[344]Oliveira C, Zulanas C, Kashiwagi D. A long-term solution to overcome the problems caused by droughts in the Brazilian power systems[J]. Procedia Engineering, 2016, 145: 948-955.

[345]Özer Ö, Phillips R L. The Oxford handbook of pricing management[M]. New York: Oxford University Press, 2012.

[346]Özkara Y, Atak M. Regional total-factor energy efficiency and electricity saving potential of manufacturing industry in Turkey[J]. Energy, 2015, 93: 495-510.

[347]Pan A, Xiao T, Dai L. The structural change and influencing factors of carbon transfer network in global value chains[J]. Journal of Environmental Management, 2022, 318: 115558.

[348]Pan X, Ai B, Li C, et al. Dynamic relationship among environmental regulation, technological innovation and energy efficiency based on large scale provincial panel data in China[J]. Technological Forecasting and Social Change, 2017, 144: 428-435.

[349]Pandey V C, Gupta N, Niazi K R, et al. Modeling and assessment of incentive based demand response using price elasticity model in distribution systems[J]. Electric Power Systems Research, 2022, 206: 107836.

[350]Parzen E. Nonparametric statistical data modeling[J]. Journal of the American Statistical Association, 1979, 74: 105-121.

[351]Peters G P, Hertwich E G. Post-Kyoto greenhouse gas inventories: production versus consumption[J]. Climatic Change, 2008, 86(1-2):51-66.

[352]Pébereau C, Remmy K. Barriers to real-time electricity pricing: Evidence from New Zealand[J]. International Journal of Industrial Organization, 2023, 89: 102979.

[353]Pfeffer J, Salancik G R. The external control of organizations: A resource dependence perspective[M]. New York, NY: Harper and Row, 1978.

[354]Pigou A C. The economics of welfare[M]. London: Macmillan and Co, 1920.

[355]Pollitt M G, Anaya K L. Competition in markets for ancillary services? The implications of rising distributed generation[J]. The Energy Journal, 2020, 41: 5-31.

[356]Proops J, Faber M, Wagenhals G. Reducing CO_2 emissions: A comparative input-output study for Germany and the UK[M]. New York: Springer, 1993.

[357]Qiu Y M, Kirkeide L, Wang Y D. Effects of voluntary Time-of-Use pricing on summer electricity usage of business customers[J]. Environmental and Resource Economics, 2018, 69: 417-440.

[358]Ragwitz M, Steinhilber S. Effectiveness and efficiency of support schemes for electricity from renewable energy sources[J]. Wiley Interdisciplinary Reviews: Energy and Environment, 2014, 3(2):213-229.

[359]Raineri R, Giaconi P. Price and access charge discrimination in electricity distribution: An application to the Chilean case[J]. Energy Economics, 2005, 27(5):771-790.

[360]Ran C, Xu X, Zhang S. Embodied carbon emissions transfers via inter-regional trade: evidence from value-added extended decomposition model in China[J]. Heliyon, 2022, 8(9): e10521.

[361]Roll Y, Cook W D, Golany B. Controlling factor weights in data envelopment analysis[J]. IIE Transactions, 1991, 23 (1): 2-9.

[362]Roughgarden T, Sundararajan M. Quantifying inefficiency in cost-sharing mechanisms[J]. Journal of the ACM, 2009, 56(4): 1-33.

[363]Roukerd S P, Abdollahi A, Rashidinejad M. Uncertainty-based unit commitment and construction in the presence of fast ramp units and energy storages as flexible resources considering enigmatic demand elasticity[J]. Journal of Energy Storage, 2020, 29: 101290.

[364]Sadeghi J, Dehnokhalaji A. A comprehensive method for the centralized resource allocation in DEA[J]. Computers & Industrial Engineering, 2019, 127: 344-352.

[365]Safarzadeh S, Rasti-Barzoki M, Hejazi S R. A review of optimal energy policy instruments on industrial energy efficiency programs, rebound effects, and government policies[J]. Energy Policy, 2020, 139: 111342.

[366]Samboko P, Chapoto A, Kuteya A, et al. The impact of power rationing on Zambia's agricultural sector[R]. Indaba Agricultural Policy Research Institute, 2016.

[367]Samuelson P A. Economics: An introductory analysis[M]. New York: McGraw-Hill Company, 1949.

[368]Steininger K, Lininger C, et al. Multiple carbon accounting to support just and effective climate policies[J]. Nature Climate Change, 2016, 6(1): 35-41.

[369]Schmalensee R. Output and welfare implications of monopolistic Third-degree price discrimination[J]. The American Economic Review, 1980, 71: 242-247.

[370]Schoengold K, Zilberman D. The economics of tiered pricing and

cost functions: are equity, cost recovery, and economic efficiency compatible goals? [J]. Water Resources & Economics, 2014, 7: 1-18.

[371]Shen B, Ghatikar G, Lei Z, et al. The role of regulatory reforms, market changes, and technology development to make demand response a viable resource in meeting energy challenges[J]. Applied Energy, 2014, 130: 814-823.

[372]Shi W, Wang G, Zhao X, et al. Price determination in the electrolytic aluminum industry: The role of electricity prices[J]. Resources Policy, 2018, 59: 274-281.

[373]Shu C, Zhong H, Xia Q. A design of electricity market bidding mechanism considering efficiency and fairness[J]. Power System Technology, 2014, 38(3): 681-686.

[374]Smith R K. Biomass electricity plant allocation through non-linear modeling and mixed integer optimization[M]. The Johns Hopkins University, 2012.

[375]Somoye O A. Energy crisis and renewable energy potentials in Nigeria: A review. Renewable and Sustainable Energy Reviews, 2023, 118: 113794.

[376]Stucki T. Which firms benefit from investments in green energy technologies? – The effect of energy costs[J]. Research Policy, 2019, 48 (3): 546-555.

[377]Sun C. An empirical case study about the reform of tiered pricing for household electricity in China[J]. Applied energy, 2015, 160: 383-389.

[378]Sun M, Ji J, Ampimah B C. How to implement real-time pricing in China? A solution based on power credit mechanism[J]. Applied energy, 2018, 231: 1007-1018.

[379]Tang W, Li H, Chen J. Optimizing carbon taxation target and level: Enterprises, consumers, or both?[J]. Journal of Cleaner Production, 2021, 282: 124515-124528.

[380]Tinbergen J. Shaping the world economy: suggestions for an international economic policy[M]. New York: The Twentieth Century Fund, 1962.

[381]Tirkaso W, Gren M. Road Fuel Demand and Regional Effects of Carbon Taxes in Sweden[J]. Energy Policy, 2020, 144(9): 111648.

[382]Thaler R H. Toward a positive theory of consumer choice[J]. Journal of Economic Behavior and Organization, 1980, 1: 39-60.

[383]Thomas D, Fung J F. Measuring downstream supply chain losses due to power disturbances[J]. Energy Economics, 2022, 114: 106314.

[384]Thürer M, Stevenson M. Order release, dispatching and resource assignment in multiple resource-constrained job shops: an assessment by simulation[J]. International Journal of Production Research, 2021, 60: 3669 - 3681.

[385]Tobler W R. A computer movie simulating urban growth in the Detroit region[J]. Economic Geography, 1970, 46(1): 234-240.

[386]Torriti J, Hassan M A, Leach M. Demand response experience in Europe: Policies, programmes and implementation[J]. Energy, 2010, 35: 1575-1583.

[387]Torriti J. Price-based demand side management: Assessing the impacts of time-of-use tariffs on residential electricity demand and peak shifting in Northern Italy[J]. Energy, 2012, 44: 576-583.

[388]Valle Y D, Venayagamoorthy G K, Mohagheghi S, et al. Particle swarm optimization: Basic concepts, variants and applications in power systems [J]. IEEE Transactions on Evolutionary Computation, 2008, 12: 171-195.

[389]VanRullen R, Koch C. Is perception discrete or continuous?[J]. Trends in Cognitive Sciences, 2003, 7: 207-213.

[390]Vardakas J S, Zorba N, Verikoukis C V. A survey on demand response programs in smart grids: Pricing methods and optimization

algorithms[J]. IEEE Communications Surveys & Tutorials, 2015, 17: 152-178.

[391]Varmaz A, Varwig A, Poddig T. Centralized resource planning and Yardstick competition[J]. Omega-international Journal of Management Science, 2013, 41: 112-118.

[392]Véliz K, Kaufmann R K, Cleveland C J, et al. The effect of climate change on electricity expenditures in Massachusetts[J]. Energy Policy, 2017, 106: 1-11.

[393]Vroom V H. Work and motivation[M]. New York: Wiley, 1964.

[394]Vuelvas J, Ruiz F, Gruosso G. Limiting gaming opportunities on incentive-based demand response programs[J]. Applied energy, 2018, 225: 668-681.

[395]Walawalkar R S, Blumsack S, Apt J, et al. An economic welfare analysis of demand response in the PJM electricity market[J]. Energy Policy, 2008, 36: 3692-3702.

[396]Wang B, Wang L, Zhong S, et al. Low-Carbon Transformation of Electric System against Power Shortage in China: Policy Optimization[J]. Energies, 2022, 15(4): 1574.

[397]Wang B, Wei J, Tan X, et al. The Sectorally Heterogeneous and Time-Varying Price Elasticities of Energy Demand in China[J]. Energy Economics, 2021, 102: 105486-105496.

[398]Wang C, Zhou K, Yang S. A review of residential tiered electricity pricing in China[J]. Renewable and Sustainable Energy Reviews, 2017, 79: 533-543.

[399]Wang F, Jiang Y, Zhang W, et al. Elasticity of factor substitution and driving factors of energy intensity in China's industry[J]. Energy & Environment, 2019, 30(3): 385-407.

[400]Wang H, Yang X, Xu X, et al. Exploring opportunities and challenges of solar PV power under carbon peak scenario in China: a PEST analysis[J]. Energies, 2021, 14(11): 3061.

[401]Wang H, Zhang Z. Forecasting Chinese provincial carbon emissions using a novel grey prediction model considering spatial correlation[J]. Expert Systems with Applications, 2022, 209: 118261.

[402]Wang K, Wu M, Sun Y, et al. Resource abundance, industrial structure, and regional carbon emissions efficiency in China[J]. Resources Policy, 2019, 60: 203-214.

[403]Wang L Y, Zhang B H, Wang K Q, et al. Assessment on economic benefit of n-1 principle in market environment[J]. Power System Technology, 2006, 30(9): 16-21.

[404]Wang X, Wei C, Wang Y. Does the current tiered electricity pricing structure still restrain electricity consumption in China's residential sector?[J]. Energy Policy, 2022, 165: 112995.

[405]Wang Z, Paranjape R B, Chen Z, et al. Layered stochastic approach for residential demand response based on real-time pricing and incentive mechanism[J]. Iet Generation Transmission & Distribution, 2020, 14: 423-431.

[406]Warren P. A review of demand-side management policy in the UK[J]. Renewable & Sustainable Energy Reviews, 2014, 29: 941-951.

[407]Wei Y M, Chen K, Kang J N, et al. Policy and management of carbon peaking and carbon neutrality: A literature review[J]. Engineering, 2022, 14: 52-63.

[408]Wilson R. Nonlinear pricing[M]. New York: Oxford University Press, 1993.

[409]Wolf A, Wenzel L. Welfare implications of power rationing: An application to Germany[J]. Energy, 2015, 84: 53-62.

[410]Wu Y, Zhang L. Evaluation of energy saving effects of tiered electricity pricing and investigation of the energy saving willingness of residents[J]. Energy Policy, 2017, 109: 208-217.

[411]Xu B, Wang J, Guo M, et al. A hybrid demand response mechanism based on real-time incentive and real-time pricing[J]. Energy, 2021, 231:

120940.

[412]Xu D, Zhang Y, Li Y, et al. Path analysis for carbon transfers embodied in China's international trade and policy implications for mitigation targets[J]. Journal of Cleaner Production, 2022, 334: 130207.

[413]Xu J, Lv T, Hou X, et al. Provincial allocation of renewable portfolio standard in China based on efficiency and fairness principles[J]. Renewable Energy, 2021, 179: 1233-1245.

[414]Yang C. Opportunities and barriers to demand response in China[J]. Resources Conservation and Recycling, 2017, 121: 51-55.

[415]Yang M, Patino-Echeverri D, Yang F, et al. Industrial energy efficiency in China: Achievements, challenges and opportunities[J]. Energy Strategy Reviews, 2015, 6: 20-29.

[416]Yang M, Yuan Y, Sun C. The economic impacts of China's differential electricity pricing policy: Evidence from energy-intensive firms in Hunan Province[J]. Energy Economics, 2012, 94: 105088.

[417]Yuan X, Sheng X, Chen L, et al. Carbon footprint and embodied carbon transfer at the provincial level of the Yellow River Basin[J]. Science of The Total Environment, 2022, 803: 149993.

[418]Yuan Y, Zhou J. Influence of multi-dimensional characteristics and evolution of industrial structure on carbon emissions at provincial scale in China[J]. Journal of Natural Resources, 2021, 36(21): 3186-3202.

[419]Yu H, Xin X. Demand Elasticity, Ramsey Index and Cross-Subsidy Scale Estimation for Electricity Price in China[J]. Sustainable Production and Consumption, 2020, 24: 39-47.

[420]Yu J, Yang T, Ding T, et al. "New normal" characteristics show in China's energy footprints and carbon footprints[J]. Science of The Total Environment, 2021, 785: 147210.

[421]Yu M, Hong S H. Incentive-based demand response considering hierarchical electricity market: A Stackelberg game approach[J]. Applied

Energy, 2017, 203: 267-279.

[422]Yusuff A A, Mosetlhe T C, Ayodele T R. Allocation of active power losses to generators in electric power networks[J]. International Journal of Emerging Electric Power Systems, 2021, 23(1): 73-88.

[423]Zhai Z, Zhang L, Hou X, et al. Price elasticity of electricity demand in China–A new instrument variable based on marketization policy[J]. Energy for Sustainable Development, 2023, 76: 101275-101285.

[424]Zhao L, Yang C, Su B, et al. Research on a single policy or policy mix in carbon emissions reduction[J]. Journal of Cleaner Production, 2020, 267: 122030-122039.

[425]Zhang C, Guo Z, Xu Z, et al. Optimal electricity distribution of 'three innovations' manufacturing enterprises under China's peak carbon strategy[J]. Applied Intelligence, 2023, 53(11): 14043-14057.

[426]Zhang Q, Bremen A M, Grossmann I E, et al. Long-term electricity procurement for large industrial consumers under uncertainty[J]. Industrial & Engineering Chemistry Research, 2018, 57: 3333-3347.

[427]Zhang S, Lin B. Impact of tiered pricing system on China's urban residential electricity consumption: Survey evidences from 14 cities in Guangxi Province[J]. Journal of Cleaner Production, 2018, 170: 1404-1412.

[428]Zhang Y, Li X, Jiang F, et al. Industrial policy, energy and environment efficiency: Evidence from Chinese firm-level data[J]. Journal of environmental management, 2020, 260: 110123.

[429]Zhang Z, Chen W. Embodied carbon transfer between China and the Belt and Road Initiative countries[J]. Journal of Cleaner Production, 2022, 378: 134569.

[430]Zhe T, Wu Y, Gu Y, et al. An overview on implementation of environmental tax and related economic instruments in typical countries[J]. Journal of Cleaner Production, 2022, 330: 129688-129713.

[431]Zheng H, Zhang Z, Wei W, et al. Regional determinants of China's

consumption-based emissions in the economic transition[J]. Environmental Research Letters, 2020, 15(7): 074001.

[432]Zheng S, Sun Y, Li B, et al. Incentive-based integrated demand response for multiple energy carriers under complex uncertainties and double coupling effects[J]. Applied Energy, 2020, 283: 116254.

[433]Zheng Z. Re-calculation of responsibility distribution and spatiotemporal patterns of global production carbon emissions from the perspective of global value chain[J]. Science of The Total Environment, 2021, 773: 145065.

[434]Zhong H, Xie L, Xia Q. Coupon incentive-based demand response: Theory and case study[J]. IEEE Transactions on Power Systems, 2013, 28: 1266-1276.

[435]Zhou Y, Ma R, Su Y, et al. Too big to change: How heterogeneous firms respond to time-of-use electricity price[J]. China Economic Review, 2019, 58: 101342.

[436]Zhu M, Zhao Z, Chen J, et al. Unfolding the evolution of carbon inequality embodied in inter-provincial trade of China: Network perspective analysis[J]. Environmental Impact Assessment Review, 2022, 97: 106884.

后　记

中国式现代化是人与自然和谐共生的现代化。积极稳妥推进碳达峰碳中和，是我国在新发展阶段寻求包容性增长、推动高质量发展和实现人与自然和谐共生的现代化的必由之路，体现了我国对人与自然前途命运的主动担当。为此，国务院于2021年10月24日印发的《2030年前碳达峰行动方案》中对政策保障给出了具体意见，并从税收、电价、绿色金融三个角度明确了完善经济政策助力碳达峰的基本思路。本团队充分借鉴社会经济统计中的多指标理论，结合计量经济理论、系统科学与工程理论等开展了系列研究。本书撰写的基本思路是以三大经济政策（碳税、电价和绿色金融）为对象，通过不同角度、不同层次的定量分析体现推进碳达峰的中国行动和中国经验。诚然，实践中还存在其他类型的经济政策，且在一定程度上直接或间接影响我国碳达峰工作的推进，这些均可作为后续研究的重点方向。

本书主要由张崇辉、苏为华撰写完成。另外，参与本书部分初稿撰写的有王真（浙江农林大学）、张栋才（浙江工商大学）、金欢欢（杭州电子科技大学）等年轻教师，章盛程、王聪、王正晖、李一函、黄婉翔、计佳苗等研究生。李茹茹、张娜、郭子旭等研究生则参与了初稿的校对工作。

在本书付梓之际，我要特别感谢团队的大力支持，感谢合作者慷慨应允把一些合作成果体现在本书相关章节之中。本书相关工作得益于国内外统计学界、经济学界、管理科学与工程学界等领域的成果，在撰写过程中参考了大量国内外文献，受益良多。在此，对相关学者表示感谢。诚然，本书涉及的文献或观点，已尽量做到"应标尽标、应注尽注",但由于部分文字内容成文时间稍早,或一些观点已成为学界共识,可能会造成遗漏,在此对引用但未标注的文献作者也一并表示感谢与歉意。

感谢全国哲学社会科学工作办公室对本专著的支持,感谢商务印书馆在成果方面的指导帮助。特别感谢陈洁樱等编辑审阅勘误工作之细致、质量之不凡,指出了文稿中的诸多疏漏与谬误。

碳达峰碳中和是推动高质量发展的内在要求,也是实现中国式现代化的必然要求。从研究角度,开展碳达峰经济政策的研究是一项长期性、复杂性、多学科融合的工作,需要不断汲取统计学、经济学、管理学,甚至是政治学、系统科学等众多学科的新思想与新方法。基于不同学科背景开展的研究视角存在差异,研究重心也有所不同,但均可相互借鉴。本书更多的是从统计学的分支——经济统计学,以及经济学的分支——计量经济学的角度开展的相关探索。本书在出版过程中,已尽量把当前最新的一些工作或思想予以体现,但研究成果不断推陈出新,故部分观点可能需要进一步商榷。我们期待来自读者与同行的宝贵的批评意见或建设性建议。我的邮箱是:zhangch1988@zjgsu.edu.cn。

张崇辉于浙江工商大学
2024 年 8 月